Los 50

EN FOTOGRAFÍAS

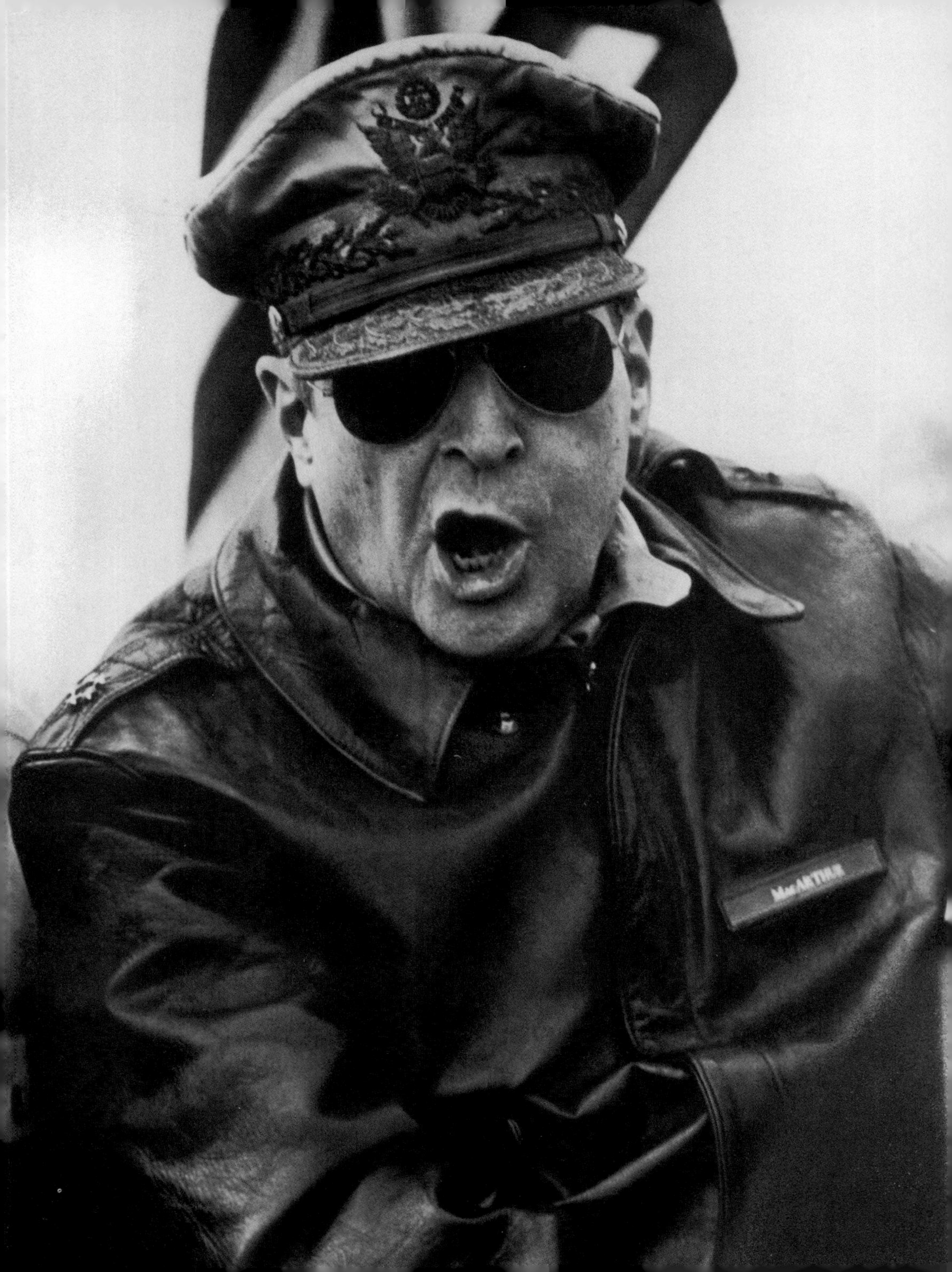
MacARTHUR

James Lescott

Los 50 EN FOTOGRAFÍAS

Parragon
Bath · New York · Singapore · Hong Kong · Cologne · Delhi · Melbourne

Parragon Books Ltd
Queen Street House
4 Queen Street
Bath BA1 1HE, Reino Unido

Traducción del inglés: Raquel Valle Bosch para Equipo de Edición, S.L., Barcelona
Redacción y maquetación: Equipo de Edición, S.L., Barcelona

Creación y producción: Endeavour London Ltd.
21-31 Woodfield Road
London W9 2BA

Con especial agradecimiento al equipo de Endeavour London Ltd.: Jennifer Jeffrey, Kate Pink, Franziska Payer-Crockett y Liz Ihre

ISBN: 978-1-4075-2724-6

Impreso en China
Printed in China

Todas las imágenes han sido cedidas por Getty Images, que agradece a los siguientes fotógrafos y bibliotecas de imágenes representados por Getty Images su estimable ayuda:

20th Century Fox: 14, 126; Agence France Presse: 99, 105-107, 109-110, 124, 146, 178, 182, 208 (arriba), 242-243; CBS Archives: 171; Columbia Pictures: 121, 248; Daiei Studios: 16; Ernst Haas: 36; MGM: 54-55, 84, 249; Paramount Pictures: 15; Ponti-De Laurentiis Cinematografica: 120; Roger Viollet: 250; Time & Life Pictures: 2, 8-13, 15, 17 (abajo), 18-21, 24-27 (abajo), 29, 32-33, 47, 50, 52, 62, 72, 78, 82-83, 85-86, 96-98, 100-103, 112-113, 116, 119, 121, 125, 128-129, 133, 135-137, 141, 144-145, 152-156, 160-161, 164-165, 170, 172, 174-175, 187-189, 192-193, 195, 198 (arriba), 202-203, 207, 211, 215, 218-219, 224, 226-228, 230-237(arriba), 238, 240-241, 244-248, 252, 255; Ultramar Films: 17 (arriba); United Artists: 17 (abajo), 56, 85; Warner Brothers: 57, 149

Página 2

El general estadounidense Douglas MacArthur da órdenes desde el buque insignia *USS Mount McKinley* mientras la 1.ª división de la Marina estadounidense desembarca en Inch´on (Corea), el 15 de septiembre de 1950.

Página 7

La multitud se agolpa alrededor del expositor de la marca estadounidense Ford en la Exposición Automovilística de París, el 22 de octubre de 1956. Para la mayoría de la población de la época, el coche de sus sueños era el *Firebird II,* un prototipo dotado de carrocería de titanio, motor de turbina de gas y un diseño excepcional.

Sumario

Introducción

La década de 1950 fue una época de transición. Una vez superada la herencia de la Segunda Guerra Mundial, se construyeron nuevas viviendas para la población afectada, se reconoció la soberanía de la República Federal de Alemania y se readmitió a Japón en la comunidad internacional. Las armas dejaron paso a la tecnología agrícola, los automóviles, las cocinas, los televisores, los robots de cocina, las motocicletas, los minicoches y los discos de larga duración. En esta década, los primeros supermercados abrieron sus puertas, apareció la comida basura y empezaron a popularizarse los cafés.

En el ámbito de la política, en la década de 1950 se resolvieron algunos viejos problemas y surgieron conflictos nuevos: la crisis de Suez hirió de muerte al Imperio británico, la guerra de Indochina expulsó a los franceses del sureste asiático y dividió Vietnam en dos, un joven abogado cubano llamado Fidel Castro dirigió la revolución que derrocó al régimen corrupto de Fulgencio Batista e instauró un Estado comunista en Cuba, a poca distancia de Estados Unidos. Por último, la guerra de Corea terminó como había empezado: dejando tras de sí una herida abierta que, cincuenta años más tarde, seguiría sin cerrarse.

Al margen de estos conflictos, en esta década el arte abstracto floreció, el surrealismo logró sobrevivir, la arquitectura orgánica echó raíces y la música dodecafónica causó estragos. De la mano de los compositores Richard Rodgers y Oscar Hammerstein II, los musicales de Broadway adquirieron la grandiosidad y el prestigio de los dramas líricos. Además, las orquestas de Stan Kenton y Duke Ellington se pasaron a la música sinfónica y el *rock and roll* hizo enloquecer a las masas. Uno de sus principales representantes, Elvis Presley convirtió el tema *Heartbreak Hotel* en un éxito de ventas gracias a sus provocadoras interpretaciones en televisión y al entusiasmo de sus seguidores.

Hollywood se defendió de forma eficaz de la competencia generada por el desarrollo de la televisión gracias al sonido estereofónico y la pantalla panorámica. Además, creció la publicación de periódicos. Respecto a los deportes, la Copa del Mundo de Fútbol regresó en 1950 y los Juegos Olímpicos de 1952 y 1956, celebrados en Helsinki y Melbourne respectivamente, fueron escenario de numerosos momentos de gloria.

Pero, sobre todo ello, se cernía una espantosa amenaza: la bomba atómica.

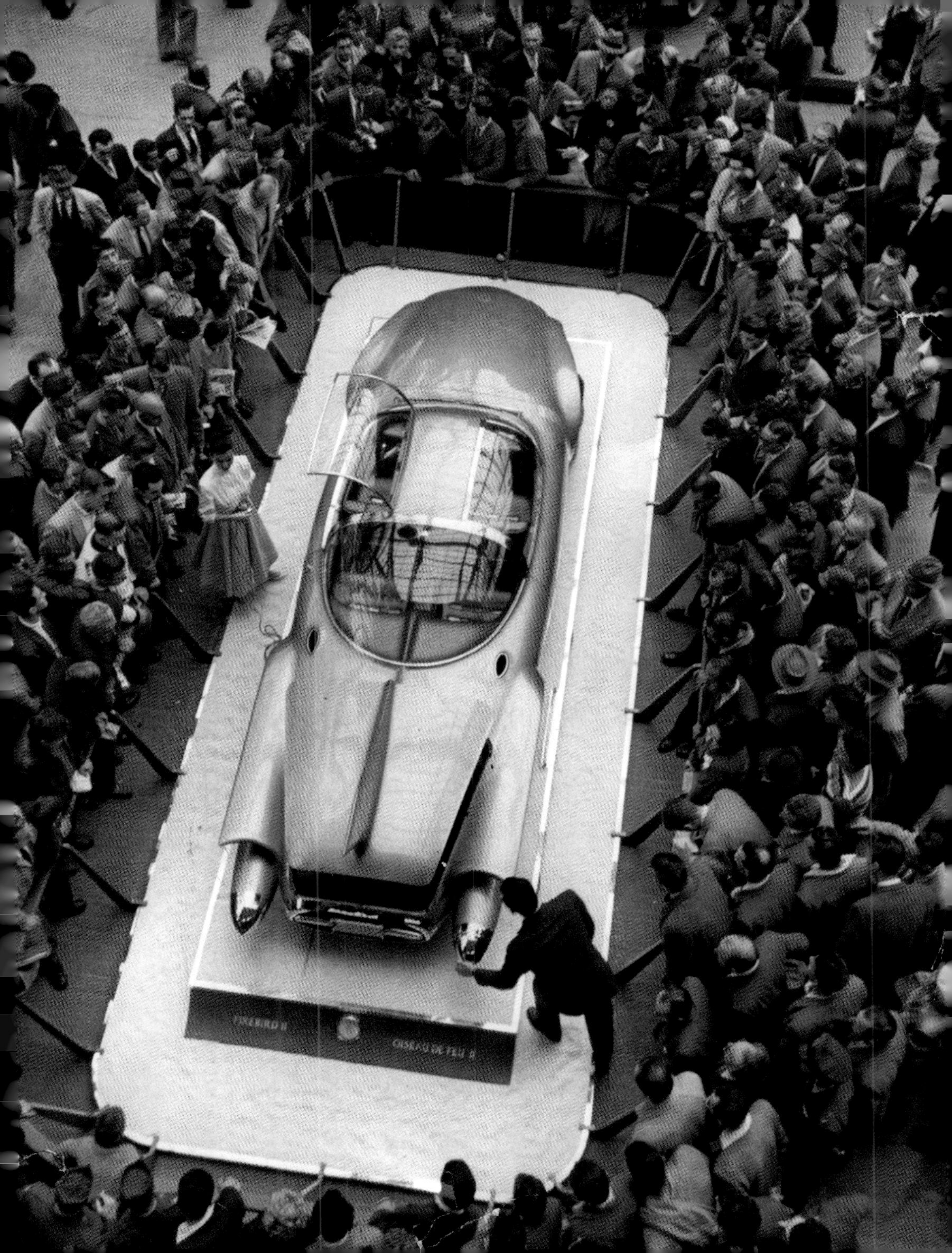
FIREBIRD II
OISEAU DE FEU II

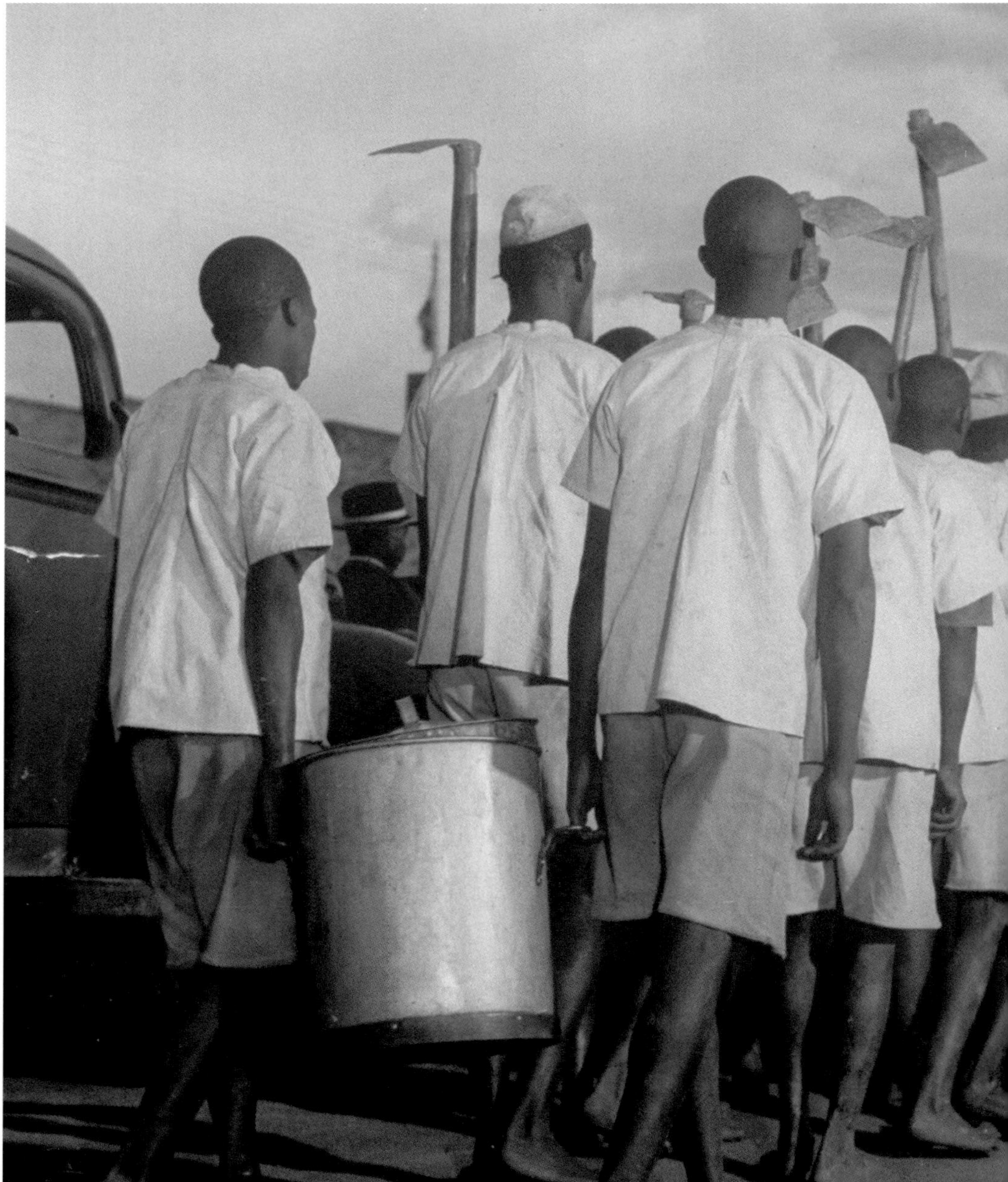

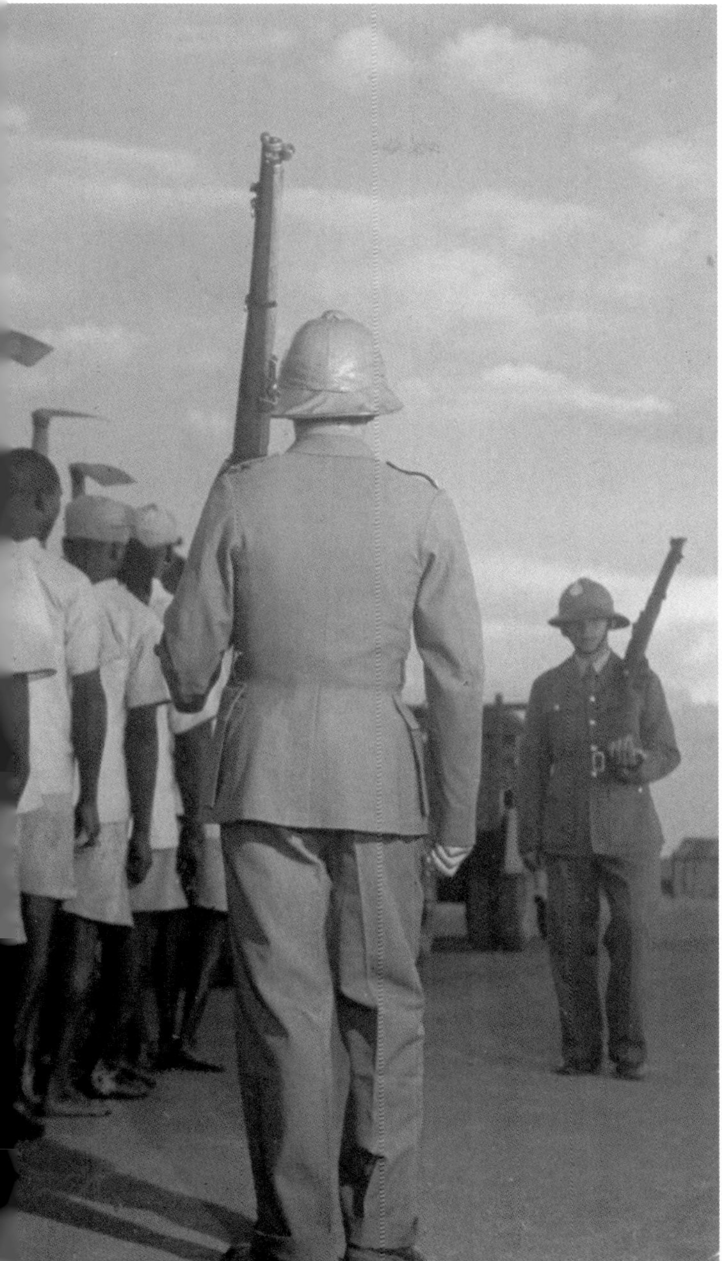

En 1950, el sistema del ***apartheid*** estaba bien asentado en la República de Sudáfrica. Esta medida segregacionista constituía para la población blanca un gran beneficio económico; en cambio, para los habitantes de raza negra, suponía poco menos que la esclavitud. *(Izquierda)* Un grupo de trabajadores de una cárcel agrícola construida y mantenida por agricultores blancos. Estos reclusos no recibían ningún tipo de remuneración laboral.

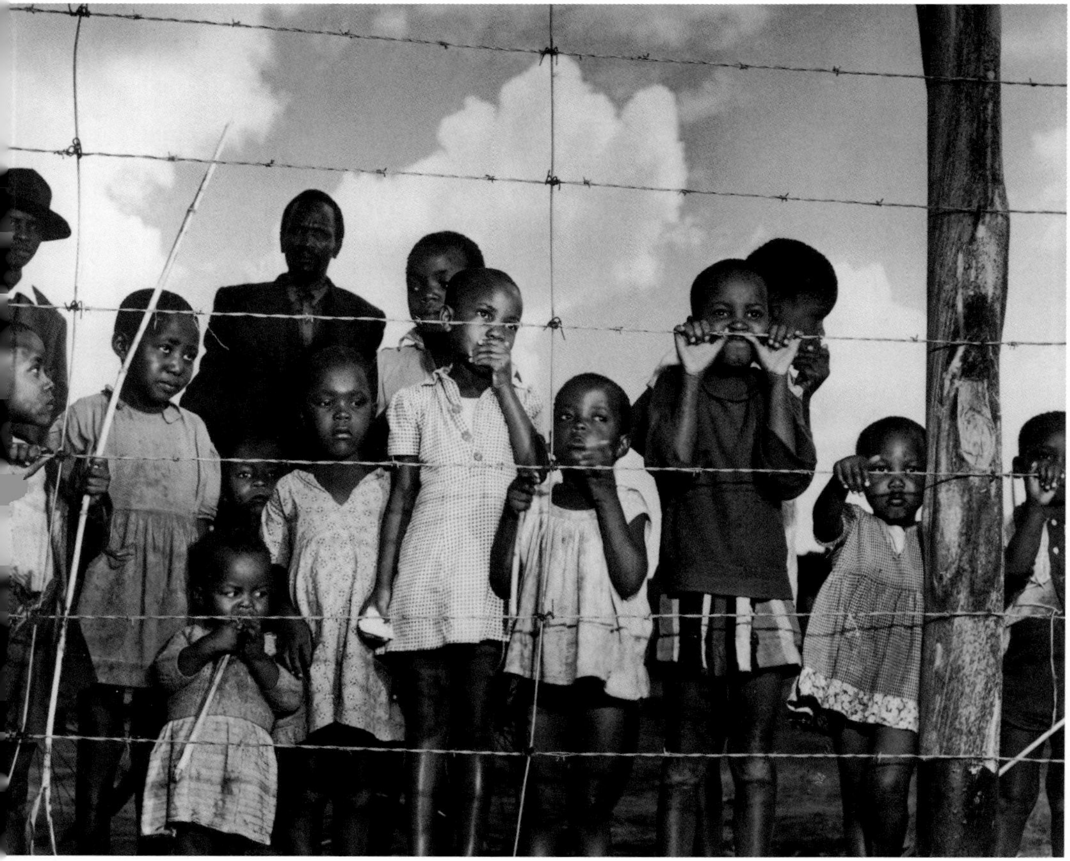

Imagen de la alambrada que señalaba los límites del gueto de Moroka en la ciudad sudafricana de **Soweto,** en la periferia de Johannesburgo. La vida de estas familias era muy dura y, en los siguientes años, empeoraría de forma notable.

1950

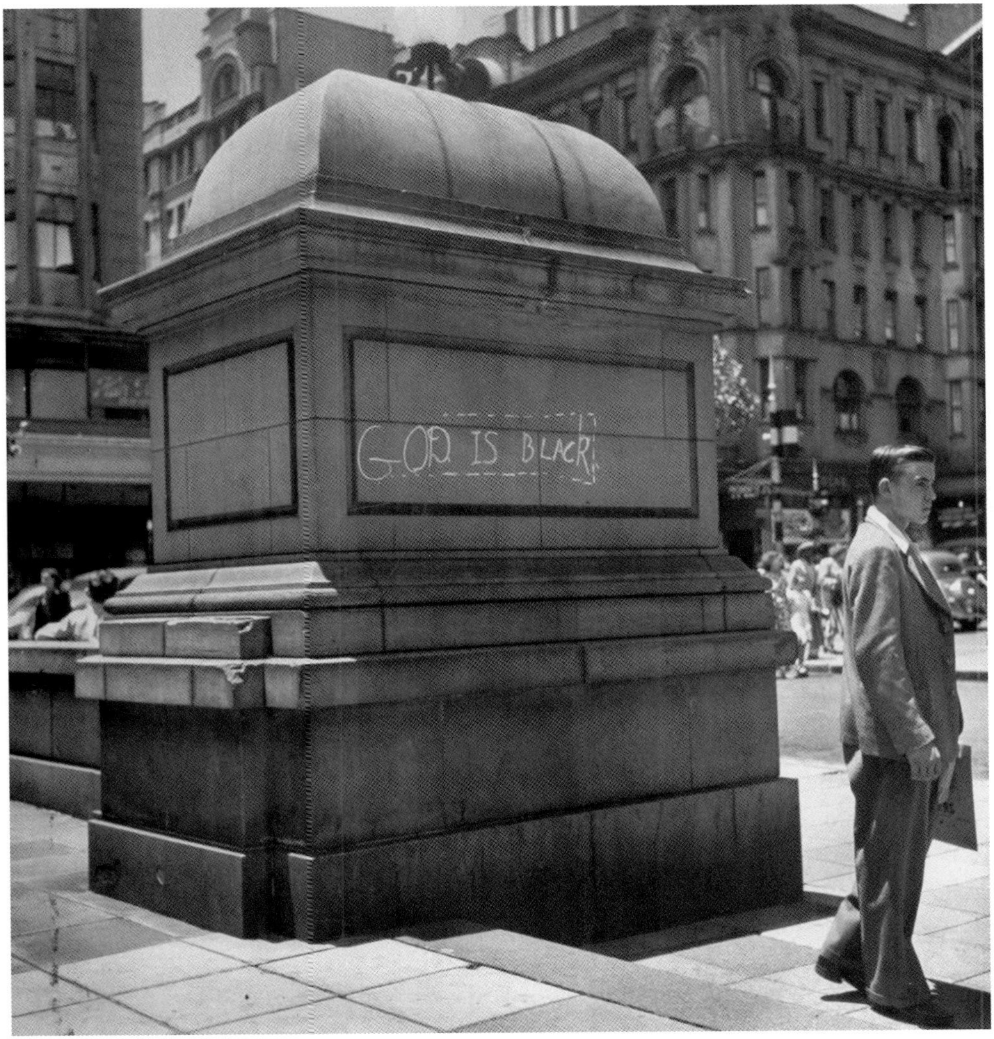

En un monumento del centro de **Johannesburgo** se lee una valiente pintada escrita con tiza blanca: *«God is black»* («Dios es negro»). En cambio, para las autoridades no cabía duda de que Dios era blanco.

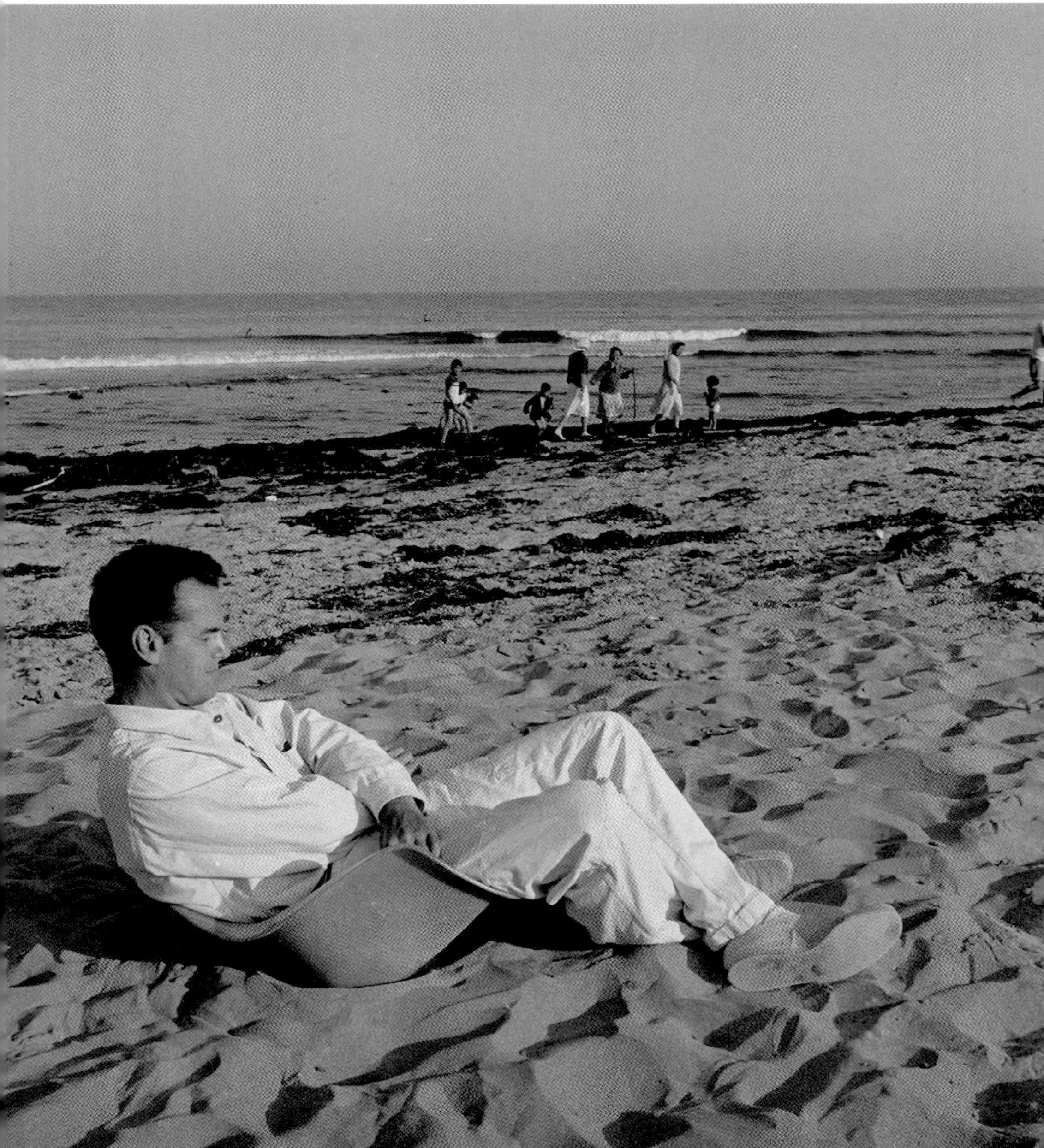

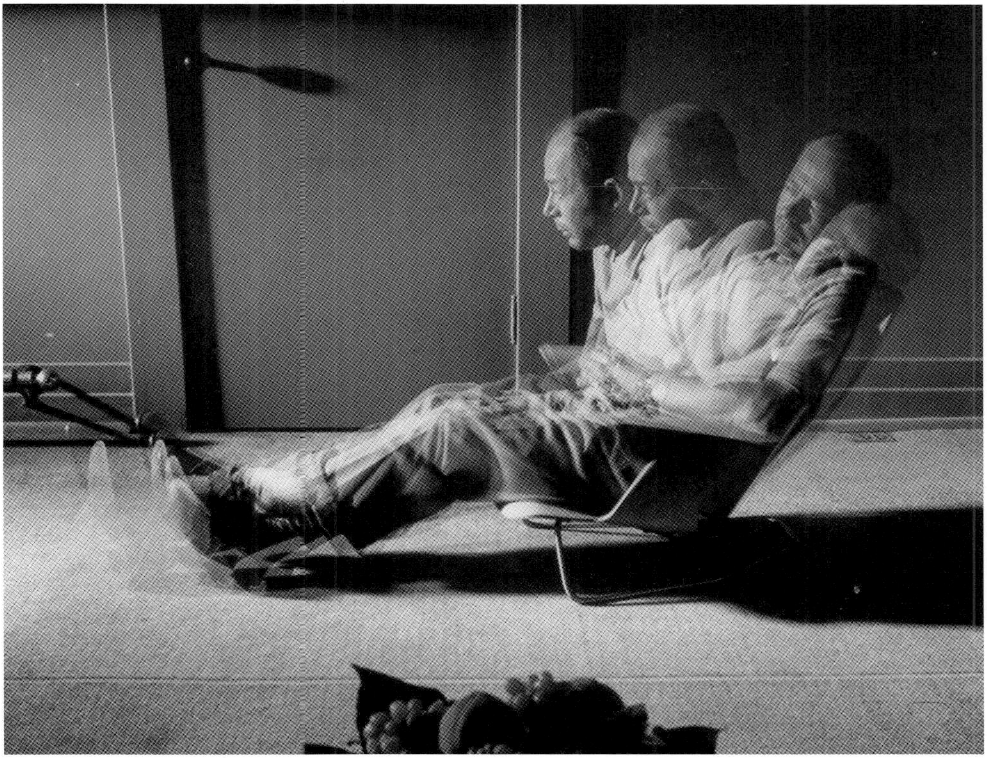

(*Arriba*) El cineasta estadounidense de origen austriaco, Billy Wilder, sentado en otra de las **sillas de plástico de Eames.** La flexibilidad de la fina base de metal permitía usar la silla como una mecedora.

En la década de 1950, el diseño industrial se concentró en la utilización de nuevas técnicas y de materiales modernos como el plástico y el cromo. *(Izquierda)* El diseñador estadounidense Charles Eames se relaja sentado en una **silla de plástico moldeado** en una playa de Pacific Palisades, en el estado de California, en agosto de 1950.

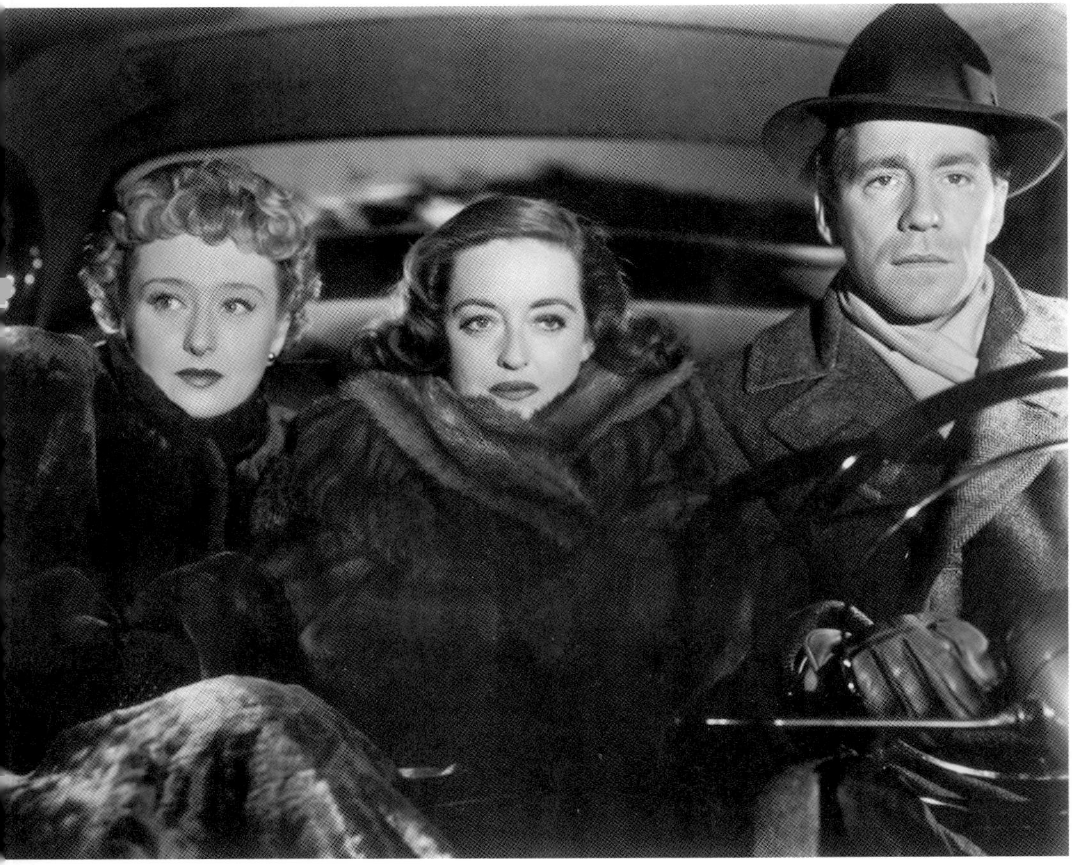

En el año 1950, el Oscar a la mejor película fue para el drama ***Eva al desnudo.*** *(Arriba, de izquierda a derecha)* Los actores Celeste Holm, Bette Davis y Hugh Marlowe se «abrochan los cinturones para enfrentarse a una noche agitada», tal y como rezaba una de las más recordadas frases del filme.

Otra de las películas nominadas ese año fue ***El crepúsculo de los dioses,*** en la que la actriz Gloria Swanson *(derecha)* interpretaba a una satírica versión de sí misma: una estrella del cine mudo caída en el olvido.

1950

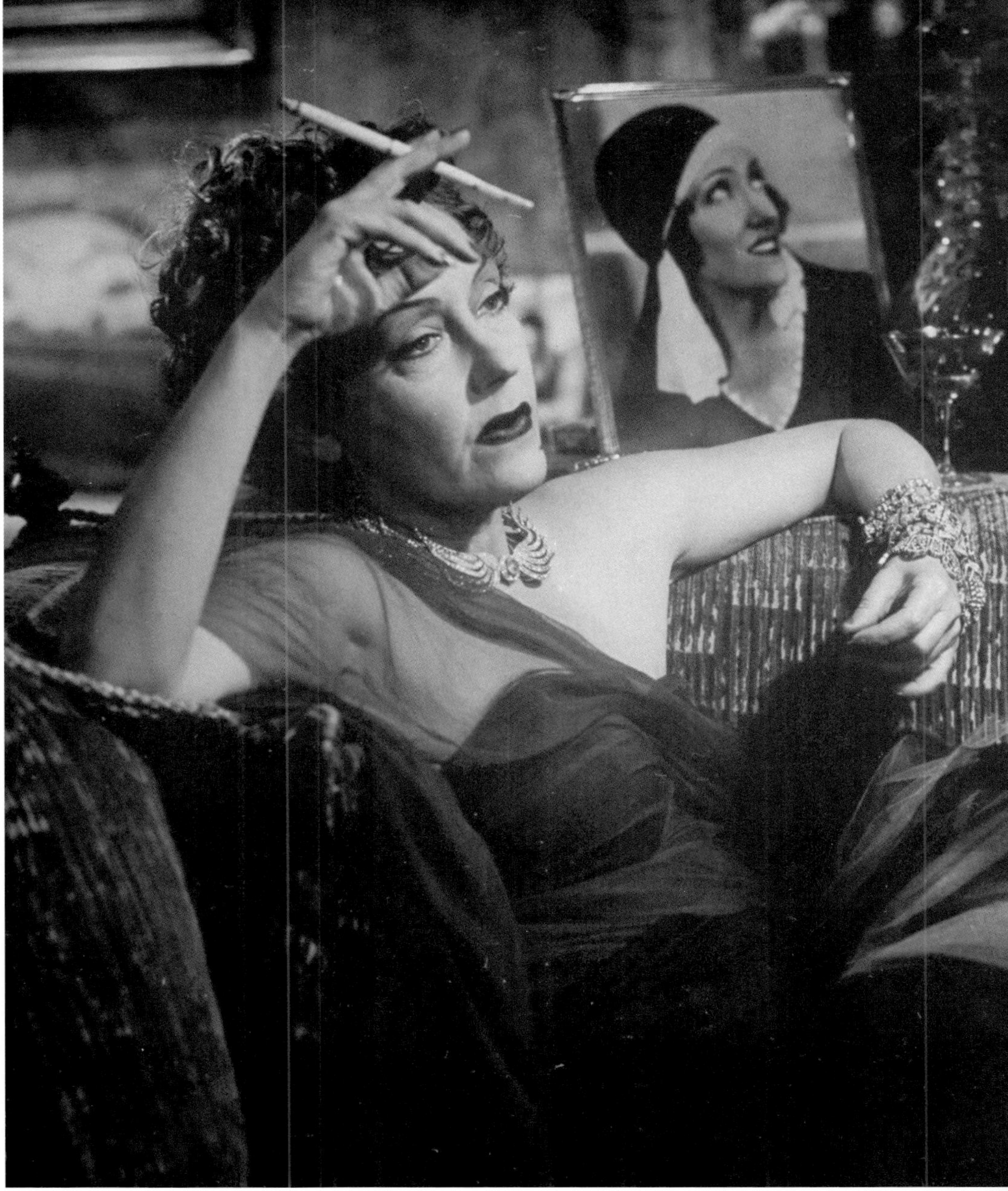

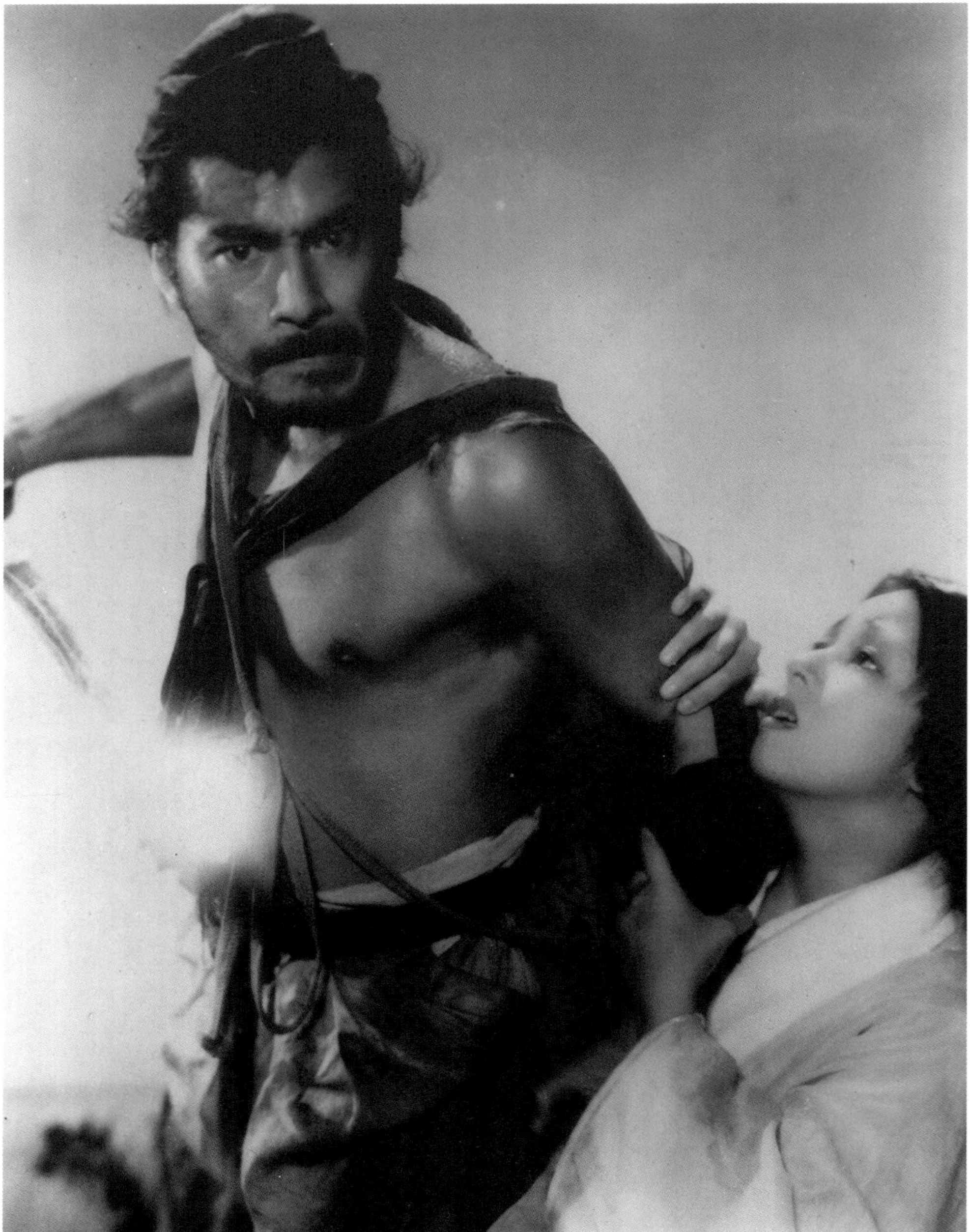

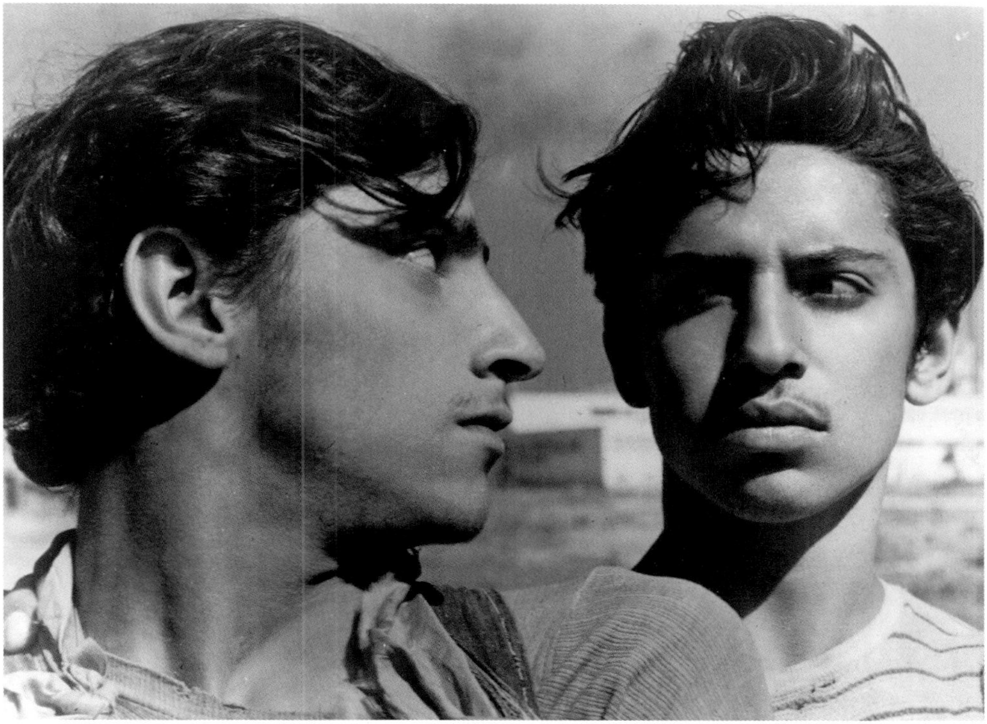

La película ***Rashomon*** *(izquierda)*, dirigida por Akira Kurosawa y protagonizada con extraordinaria maestría por Toshiro Mifune, dio a conocer el cine japonés al público occidental. *(Arriba)* Fotograma de ***Los olvidados,*** de Luis Buñuel, que narra la historia de unos jóvenes delincuentes en los suburbios de Ciudad de México. *(Derecha)* José Ferrer en el papel de ***Cyrano de Bergerac.***

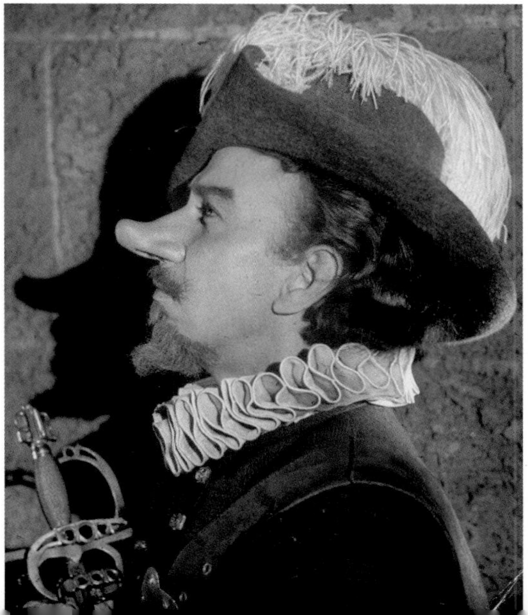

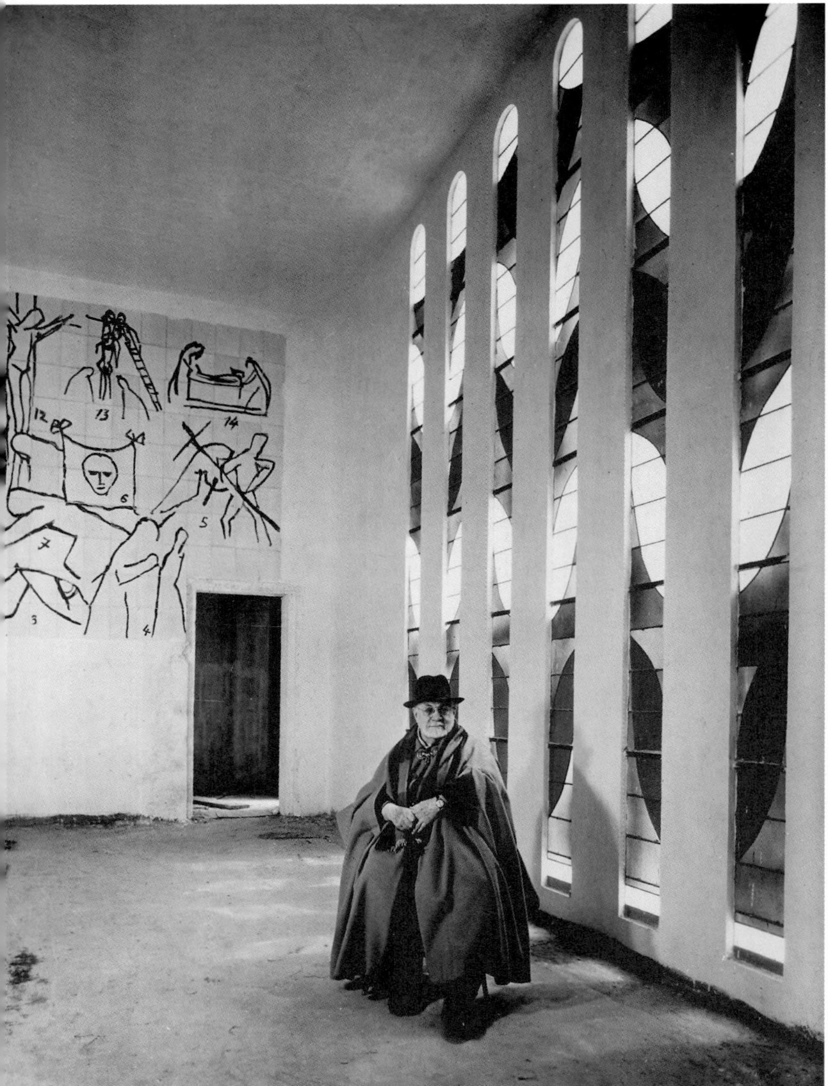

(Izquierda) Los murales de la capilla del Rosario de la ciudad francesa de Vence, pintados sobre azulejos, fueron una de las mejores obras del gran maestro galo **Henri Matisse.** El poeta francés Louis Aragon dijo de ellos que eran «tan alegres que convertían la capilla en un salón de baile». Matisse *(derecha)* tenía ochenta años cuando creó esta obra de arte.

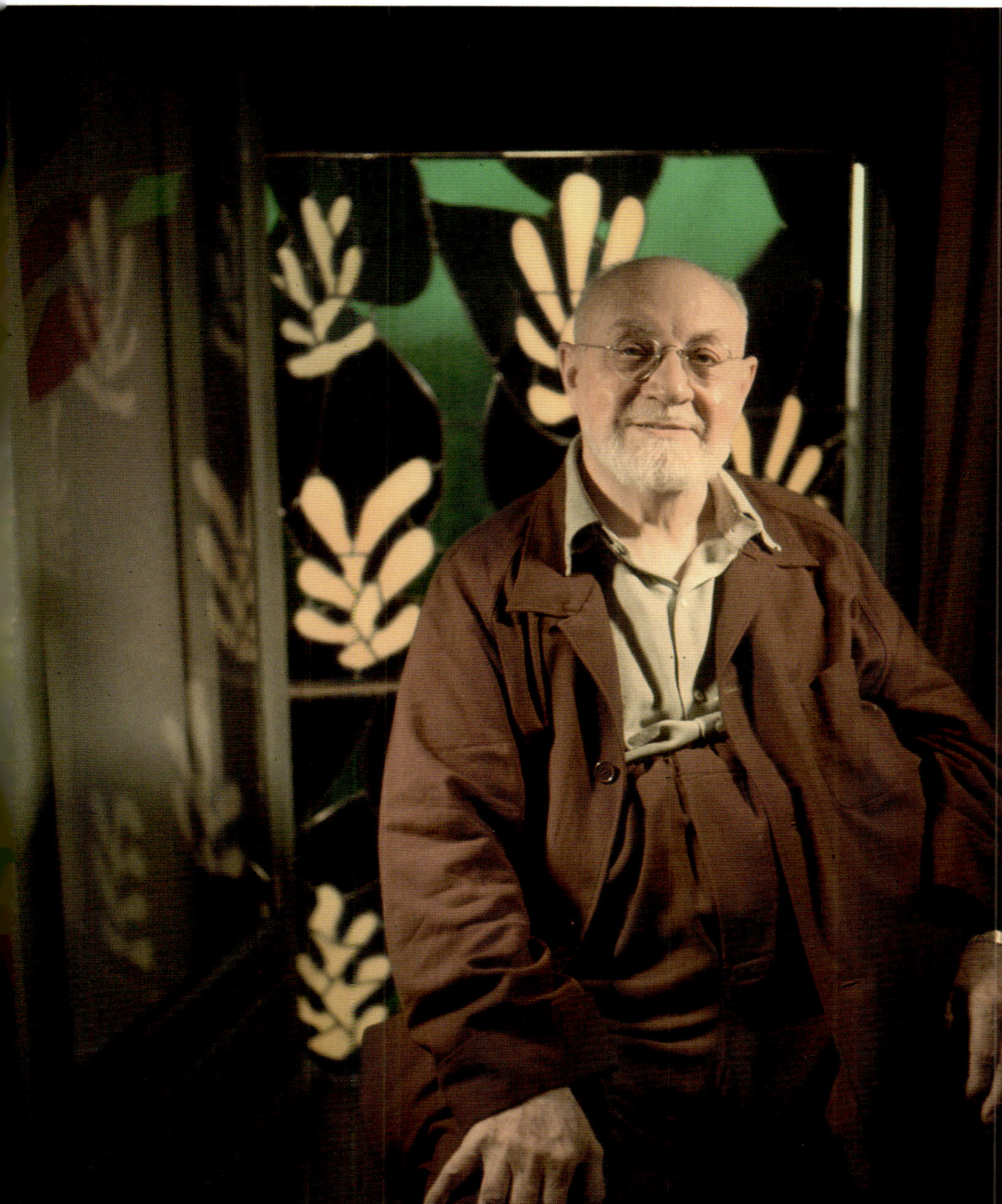

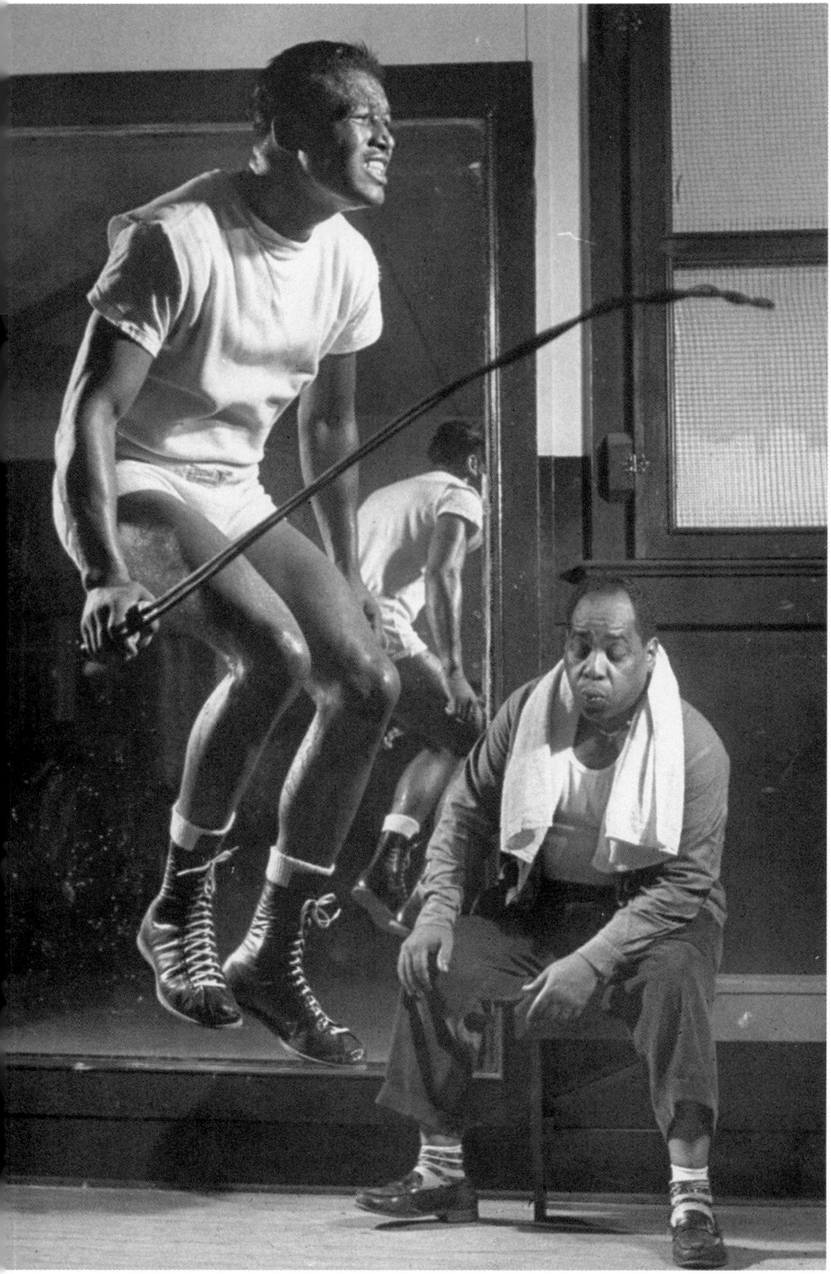

El estadounidense **Sugar Ray Robinson,** carismático campeón de los pesos wélter y medio, fue el boxeador más popular de la década de 1950. *(Izquierda)* Imagen de Robinson durante un entrenamiento. *(Derecha)* Sugar Ray posa con su cadillac rosa ante uno de los dos restaurantes que poseía en el barrio neoyorquino de Harlem.

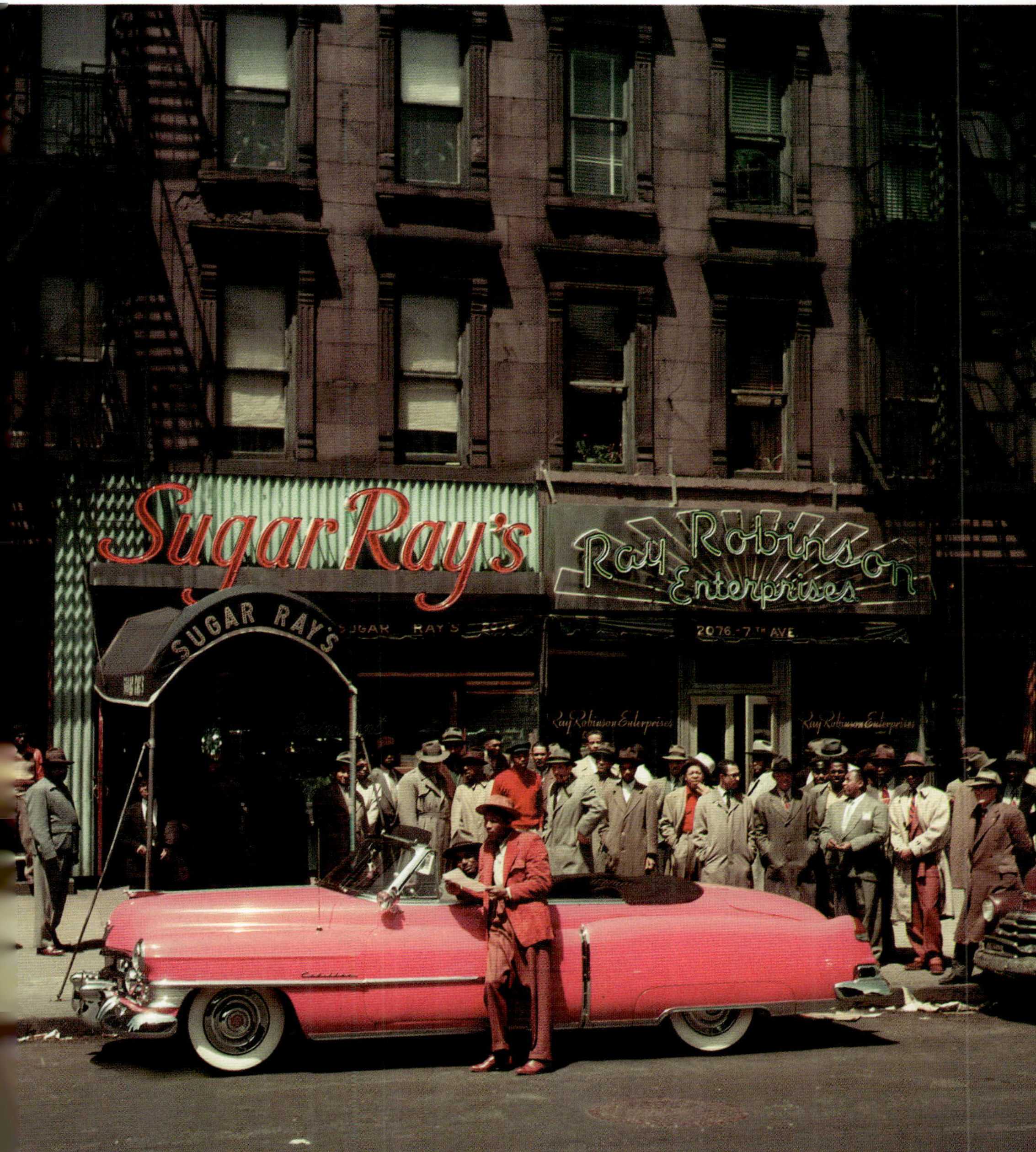
Sugar Ray's
Ray Robinson Enterprises
SUGAR RAY'S
2076-7TH AVE.
Ray Robinson Enterprises
Ray Robinson Enterprises

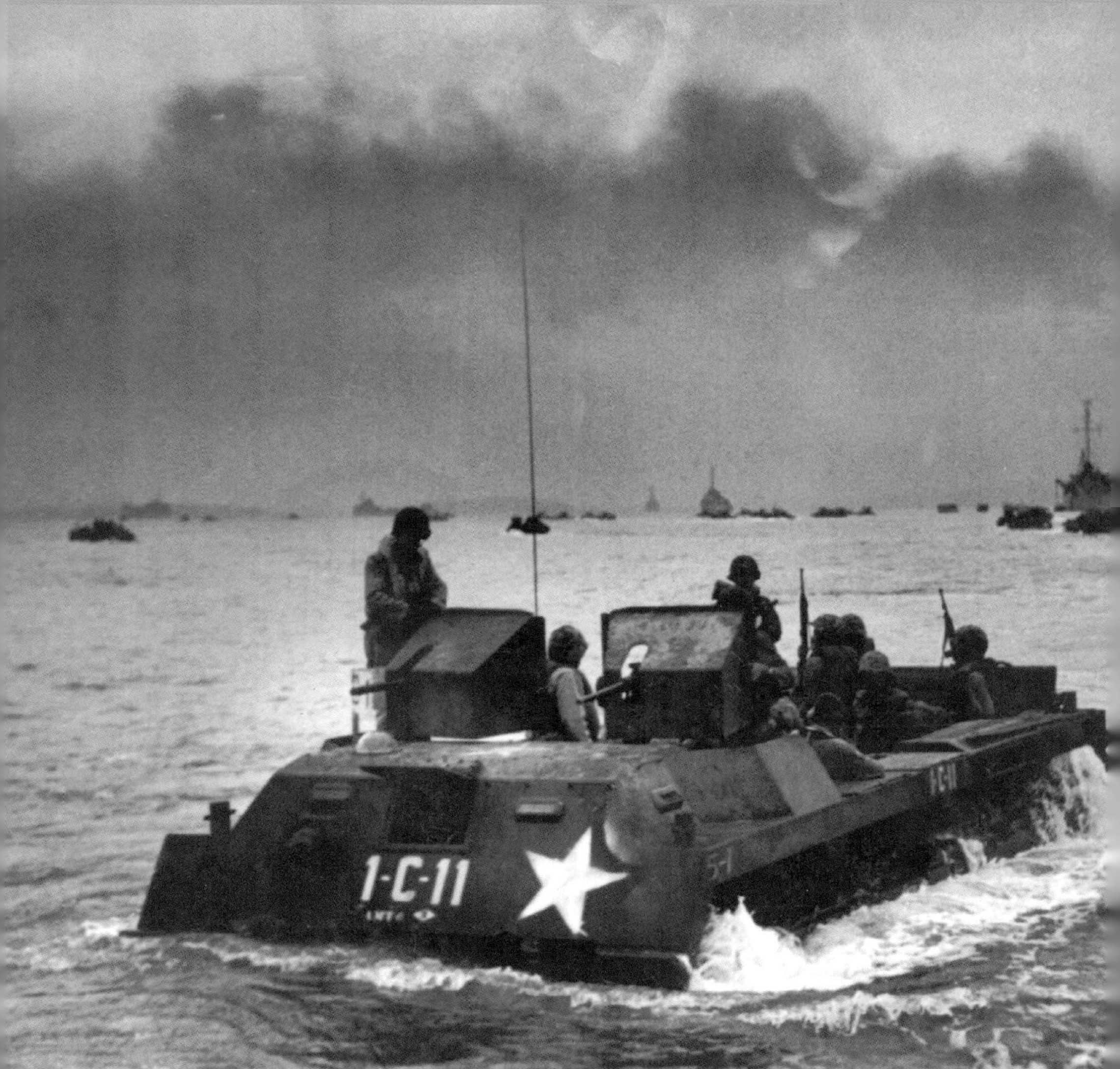

(Arriba) **Una formación de embarcaciones de asalto anfibias conducen a los marines estadounidenses a Inch'on, un municipio costero del área metropolitana de Seúl, durante el primer gran contraataque de la guerra de Corea, el 7 de octubre de 1950.** *(Derecha)* **Fotografía de Bert Hardy que reproduce a un grupo de marines alcanzando tierra firme.**

1950 La guerra de Corea

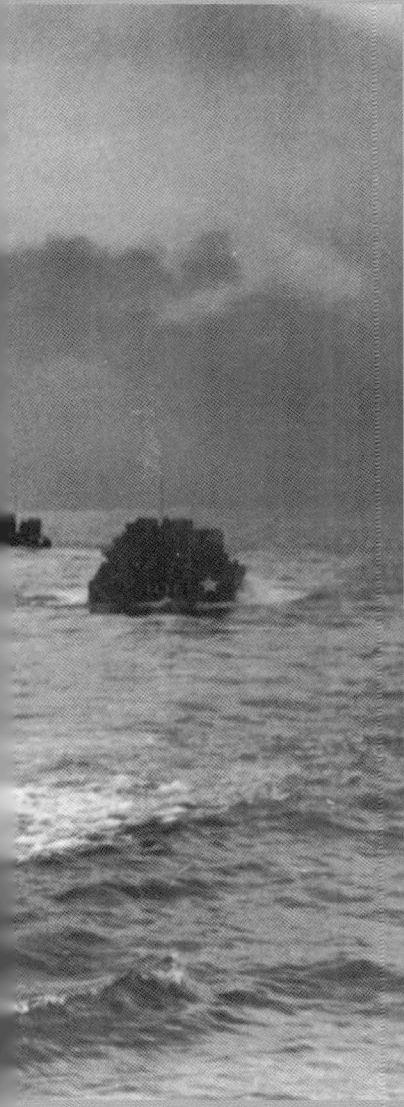

El gobierno de Estados Unidos y sus aliados asistieron consternados al avance del comunismo en China y Corea. El 25 de junio de 1950, las fuerzas norcoreanas invadieron Corea del Sur. El Consejo de Seguridad de la Organización de las Naciones Unidas (ONU), que estaba siendo boicoteado por la URSS, autorizó el uso de la fuerza para contrarrestar la agresión. De esta manera, el 19 de julio empezaron a desembarcar marines en la península y, en el mes de septiembre, llegaron las tropas de la ONU.

La cruenta lucha recordó algunos de los peores episodios de la Segunda Guerra Mundial, aunque el gobierno de Estados Unidos decidió, esta vez, no utilizar armas nucleares. Al principio del conflicto, los norcoreanos, con el apoyo de China, avanzaron imparables hasta Seúl, la capital de Corea del Sur, y obligaron a las fuerzas estadounidenses y de la ONU a replegarse alrededor de la ciudad de Pusan. Durante el invierno de 1950-1951, la coalición recuperó terreno, aunque con un elevado coste. Al final de la contienda, en verano de 1953, los estadounidenses habían perdido unos 25.000 efectivos, y los surcoreanos, más de un millón. Las bajas en los ejércitos norcoreano y chino fueron aún mayores.

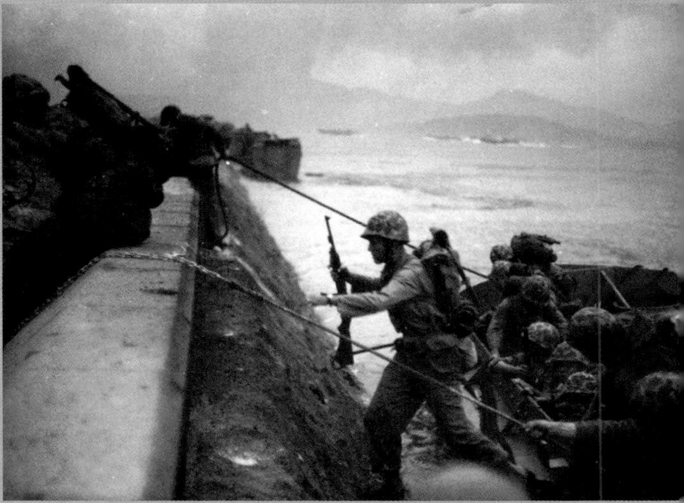

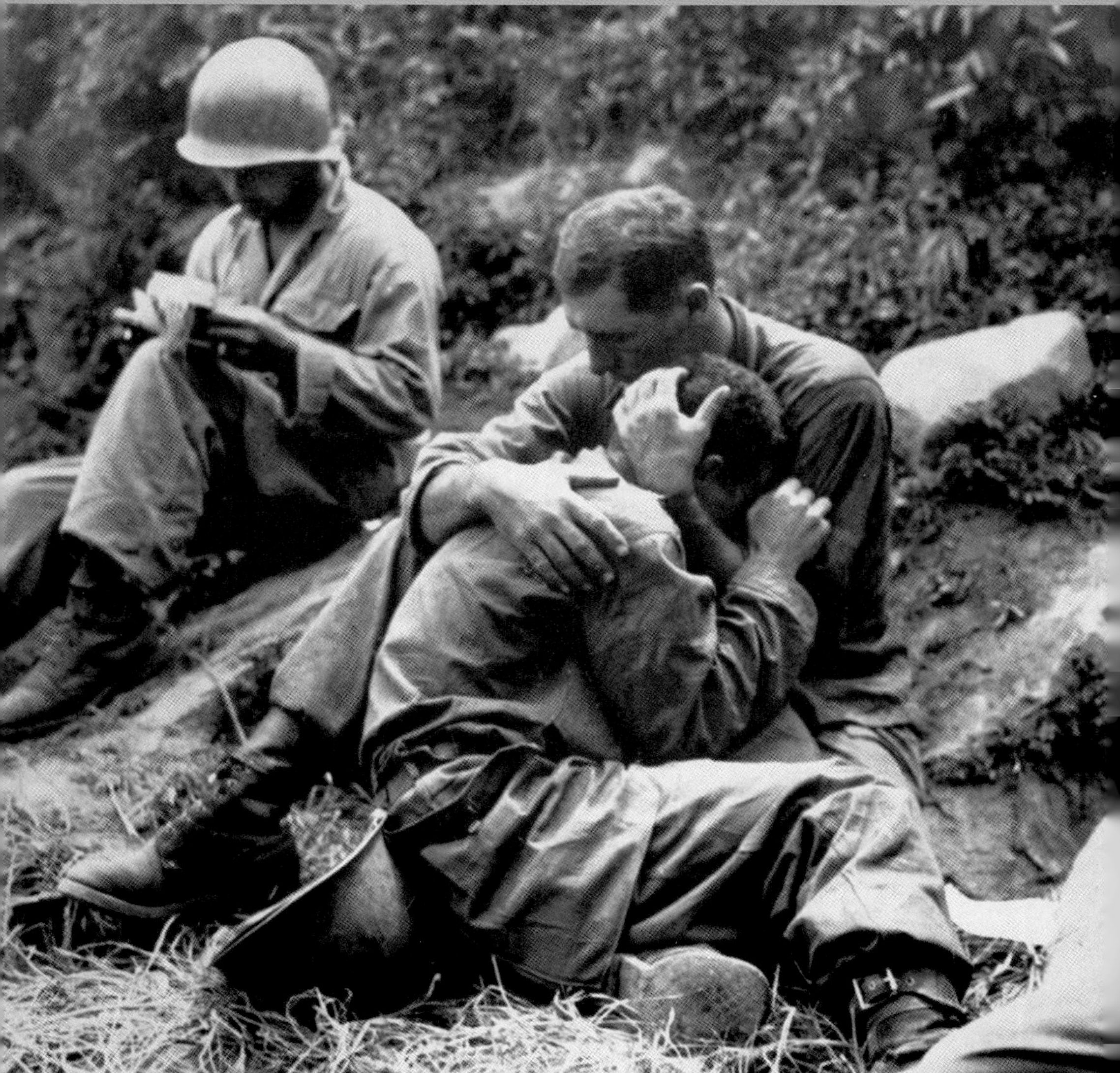

(Arriba) Cerca de la ciudad surcoreana de Haktong-ni, durante una tregua, un soldado de infantería estadounidense trata de consolar a uno de sus compañeros tras la muerte de uno de sus amigos. A su lado, otro soldado rellena una lista de bajas. *(Derecha)* Un grupo de marines estadounidenses obligan a desplazarse en ropa interior a prisioneros comunistas capturados en los primeros días de la guerra.

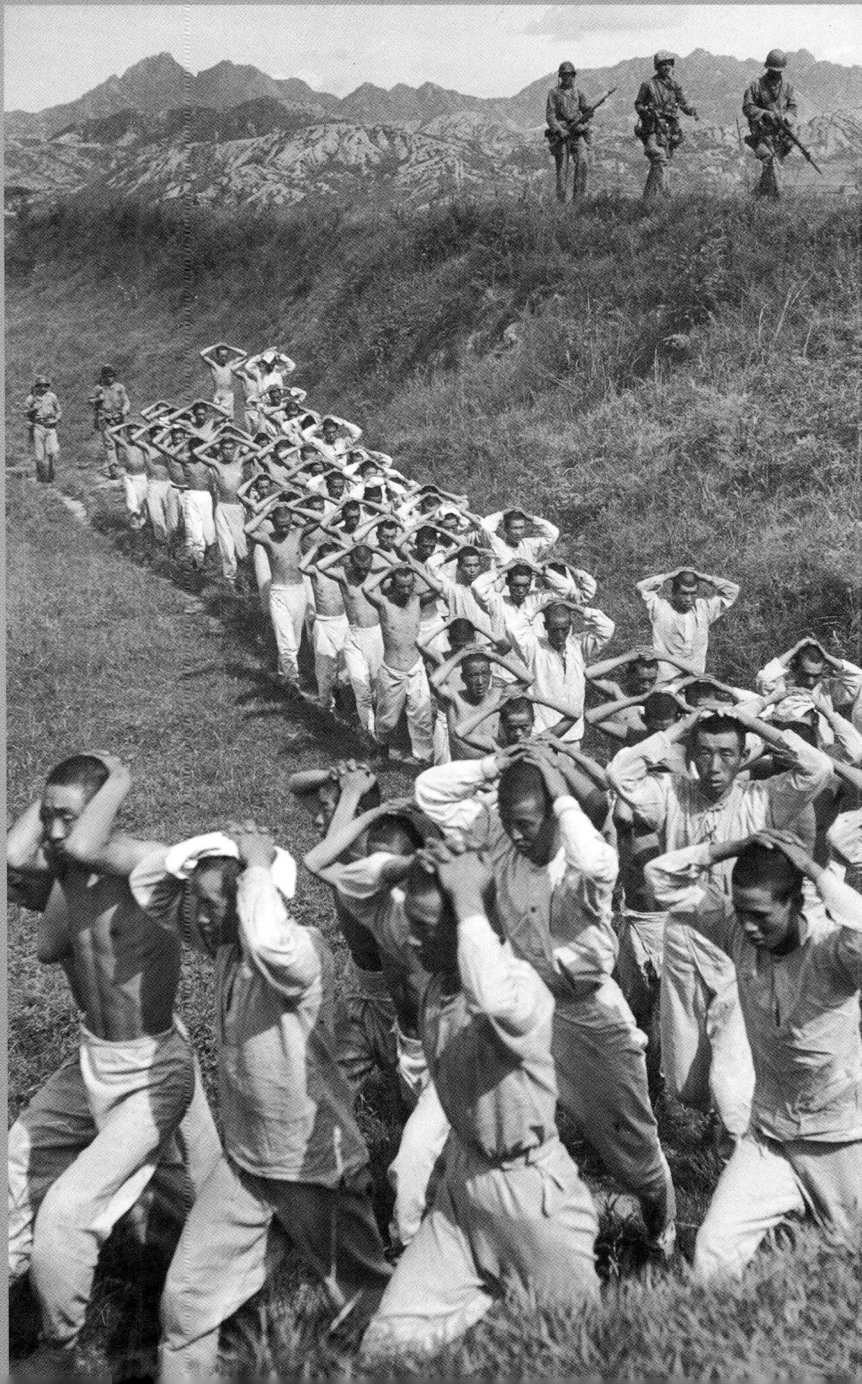

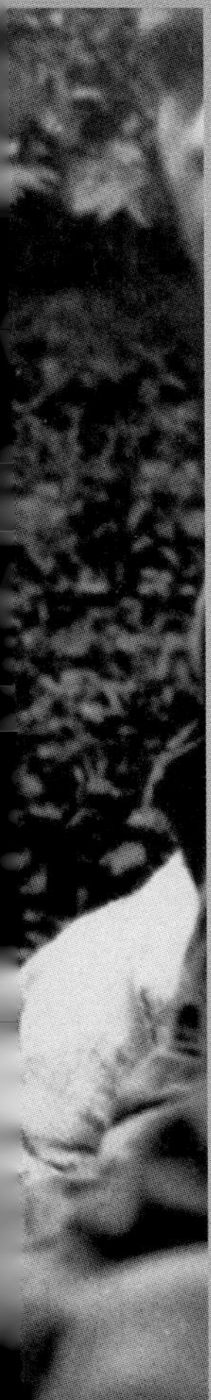

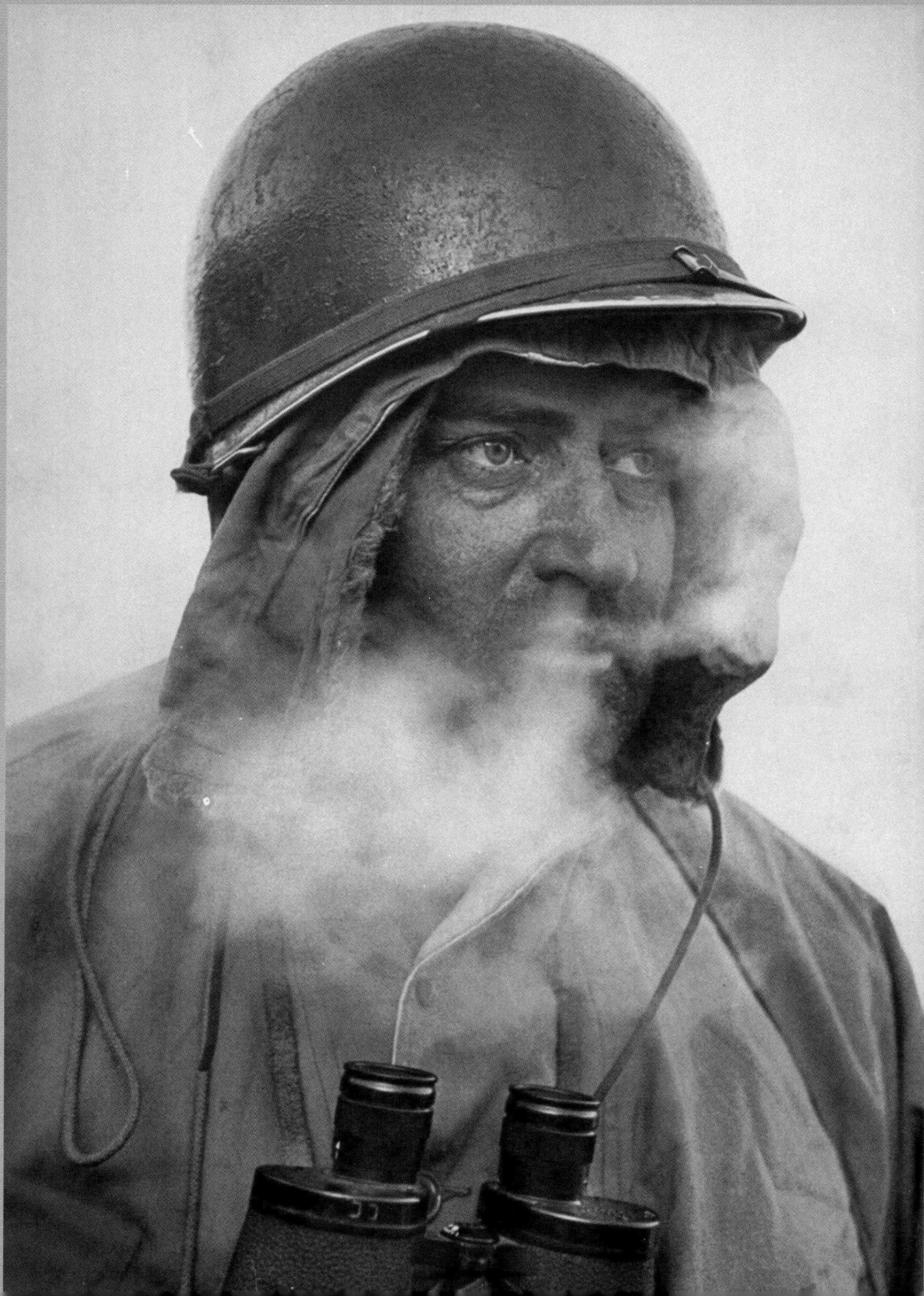

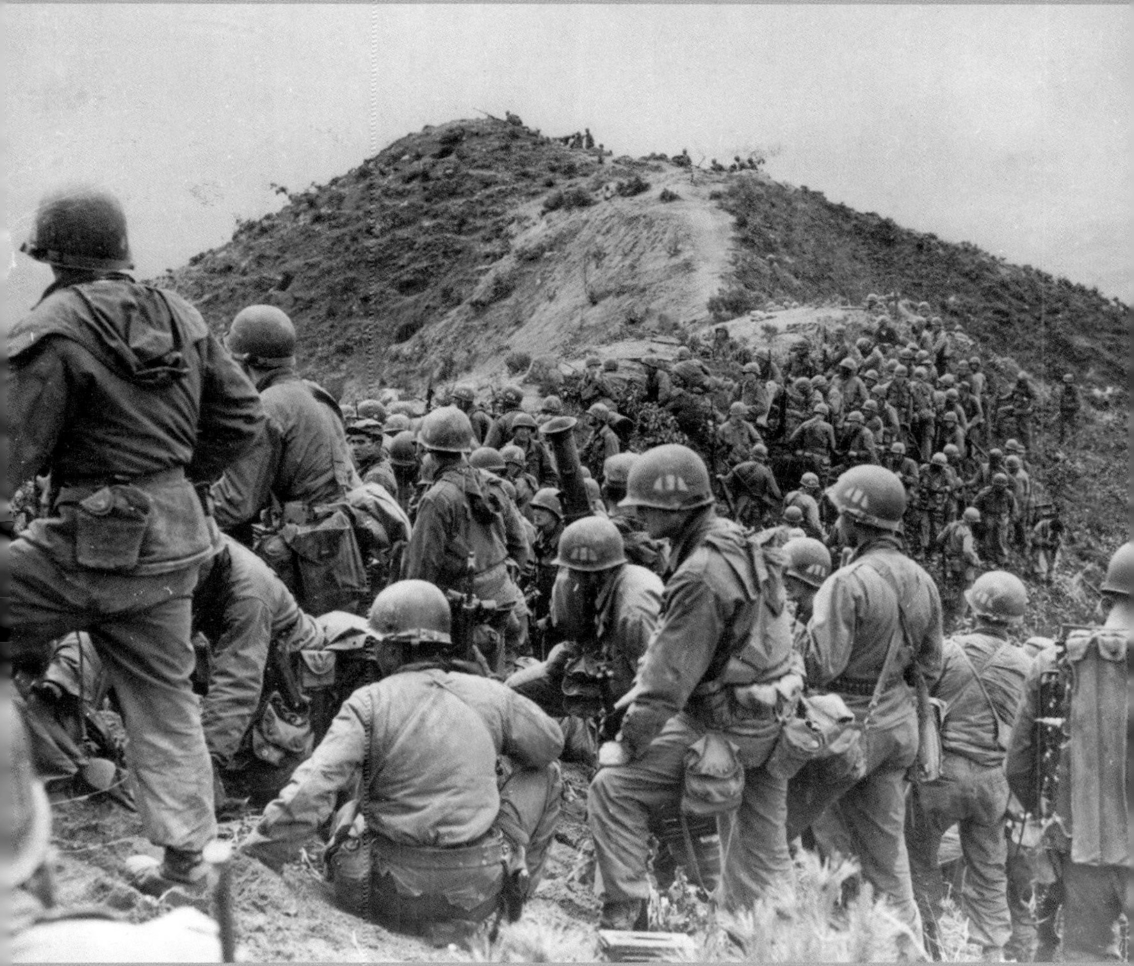

(*Izquierda*) El comandante estadounidense Carroll Cooper después de tres días de lucha en los cañones del río Yalu, en diciembre de 1950. (*Arriba*) Miembros del 187.° regimiento del ejército norteamericano se preparan para atacar una cadena de colinas, el 3 de mayo de 1951. (*Derecha*) Al día siguiente, los soldados se hicieron con el control del lugar.

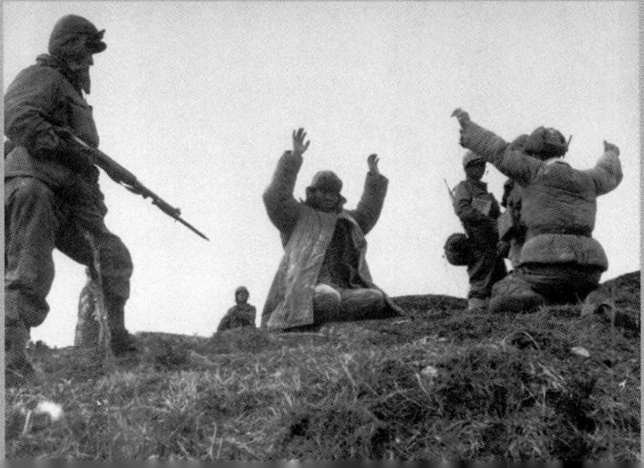

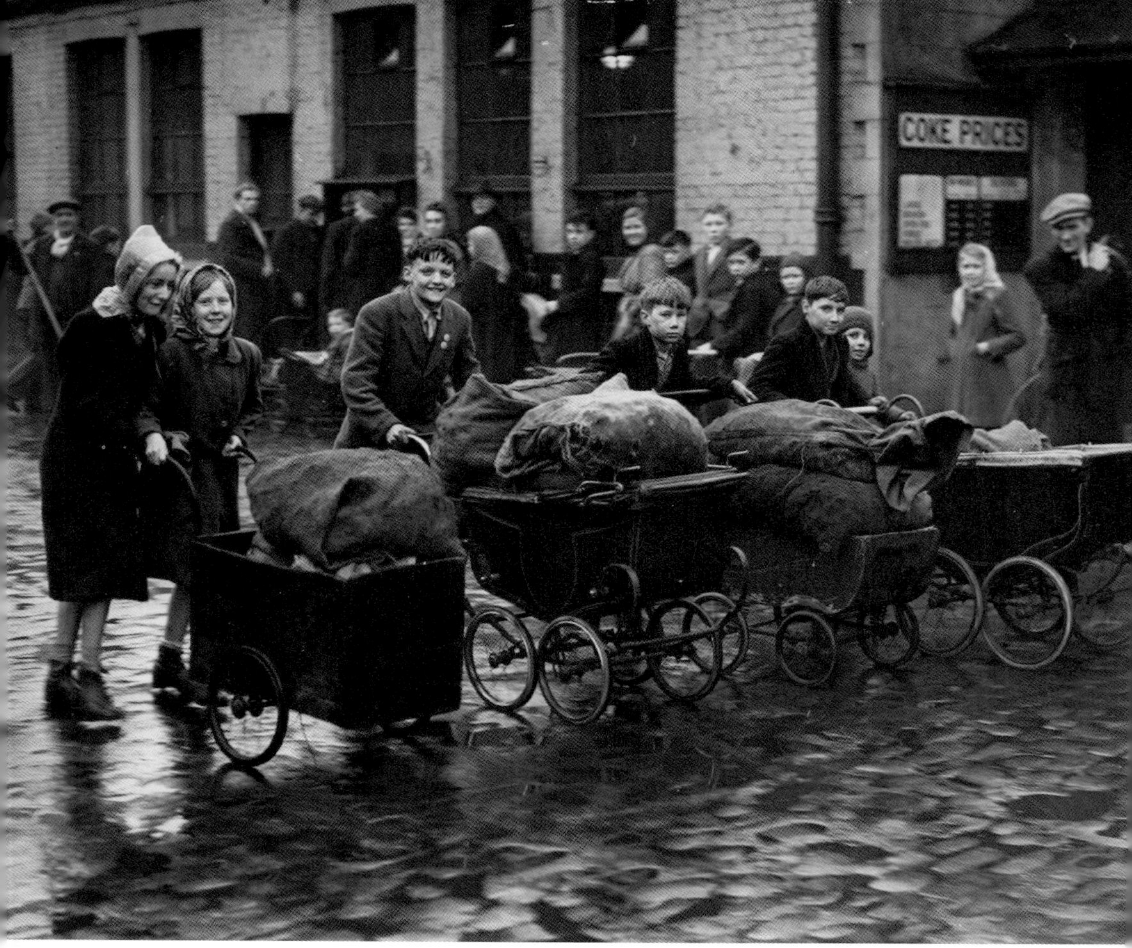

Aunque habían pasado seis años desde el final de la Segunda Guerra Mundial, algunos productos como el pan, la carne, la gasolina y los dulces, seguían racionados en el Reino Unido. *(Arriba)* Varios niños regresan del almacén de Nine Elms, en Londres, tras recoger la ración de **carbón y coque** que corresponde a su familia. *(Derecha)* Dos clientas observan con descontento su **ración de carne.**

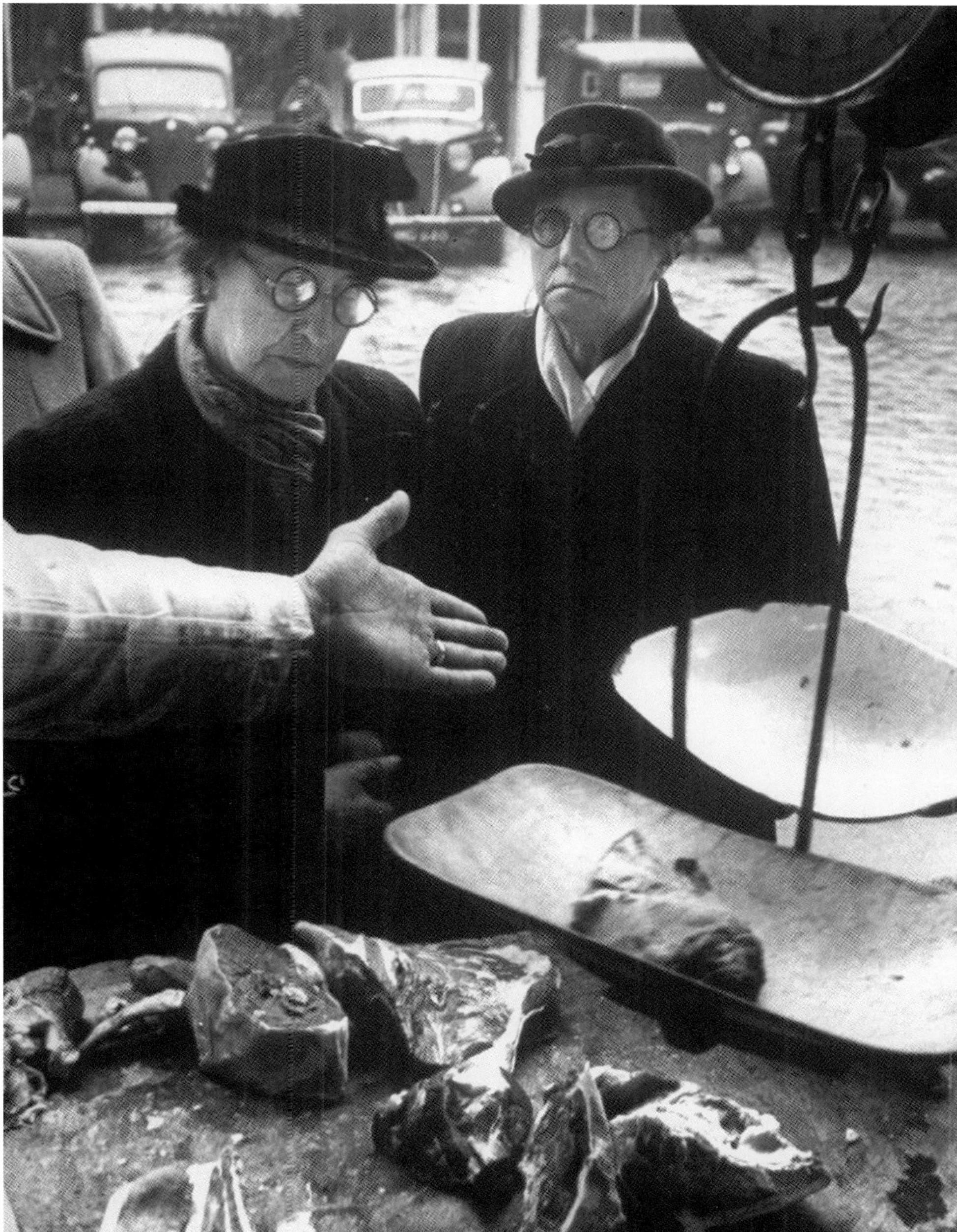

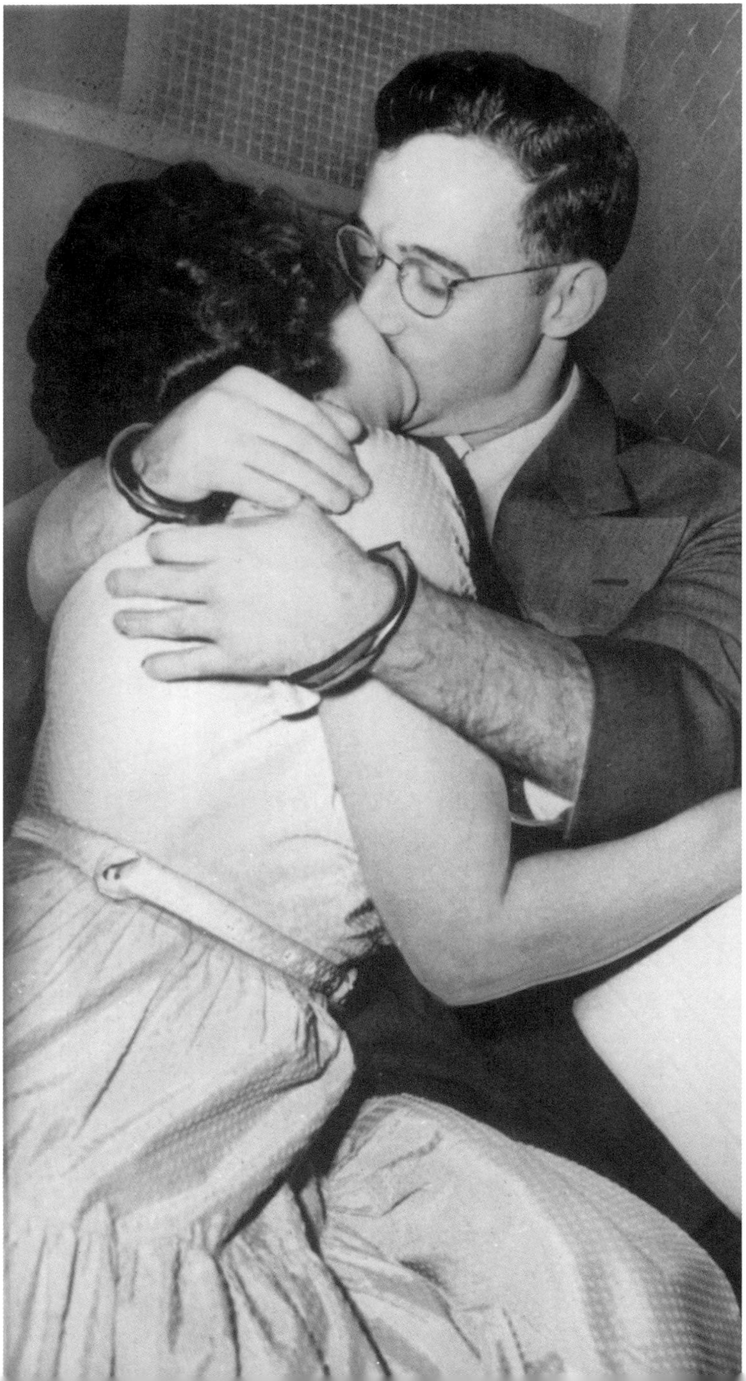

El matrimonio judío estadounidense, **Ethel y Julius Rosenberg** fueron declarados culpables de espionaje y de revelar secretos atómicos a la Unión Soviética el 30 de marzo de 1951. Finalmente, el 5 de abril fueron condenados a muerte. *(Derecha)* Fotografías de las fichas policiales de la pareja. *(Izquierda)* El matrimonio Rosenberg se besa en un furgón celular tras su comparecencia en un tribunal de Nueva York.

1951

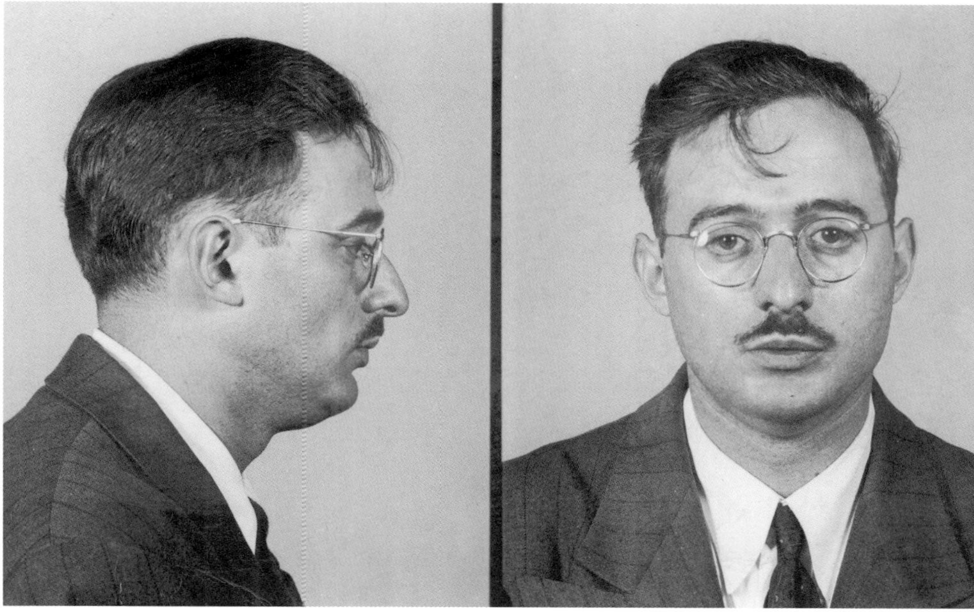

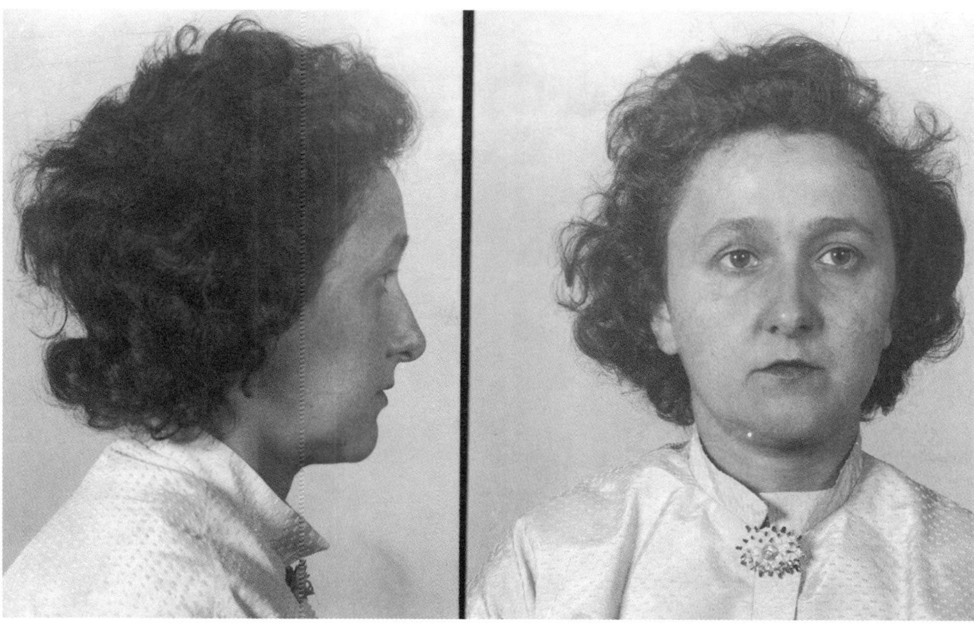

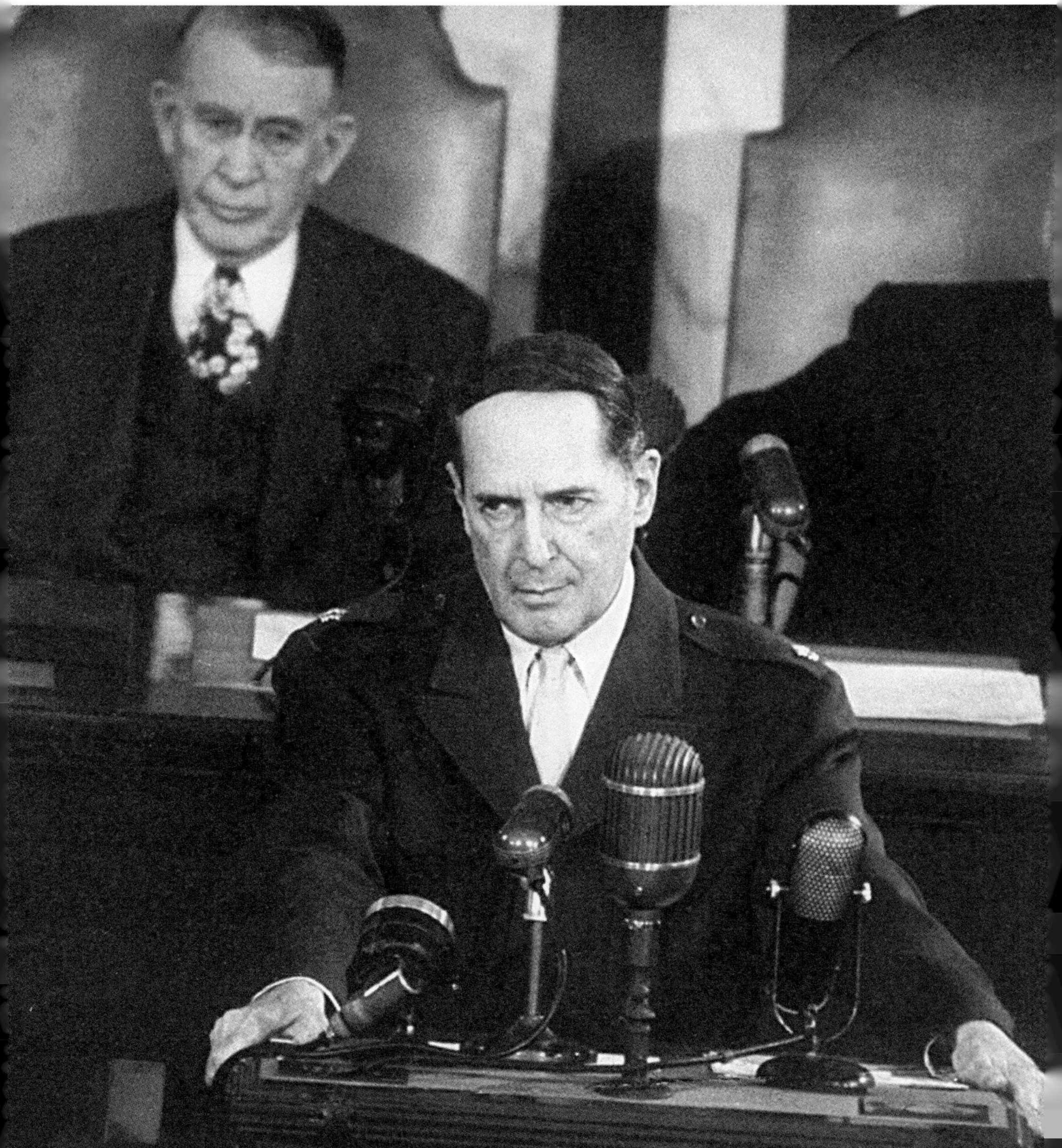

Dos hombres poderosos que se enfrentaron en 1951. *(Izquierda)* El **general Douglas MacArthur,** comandante de las tropas estadounidenses en Corea y principal estratega de la ofensiva aliada en Asia oriental, se dirige a los asistentes de una sesión conjunta del Congreso de Estados Unidos, en abril de 1951.

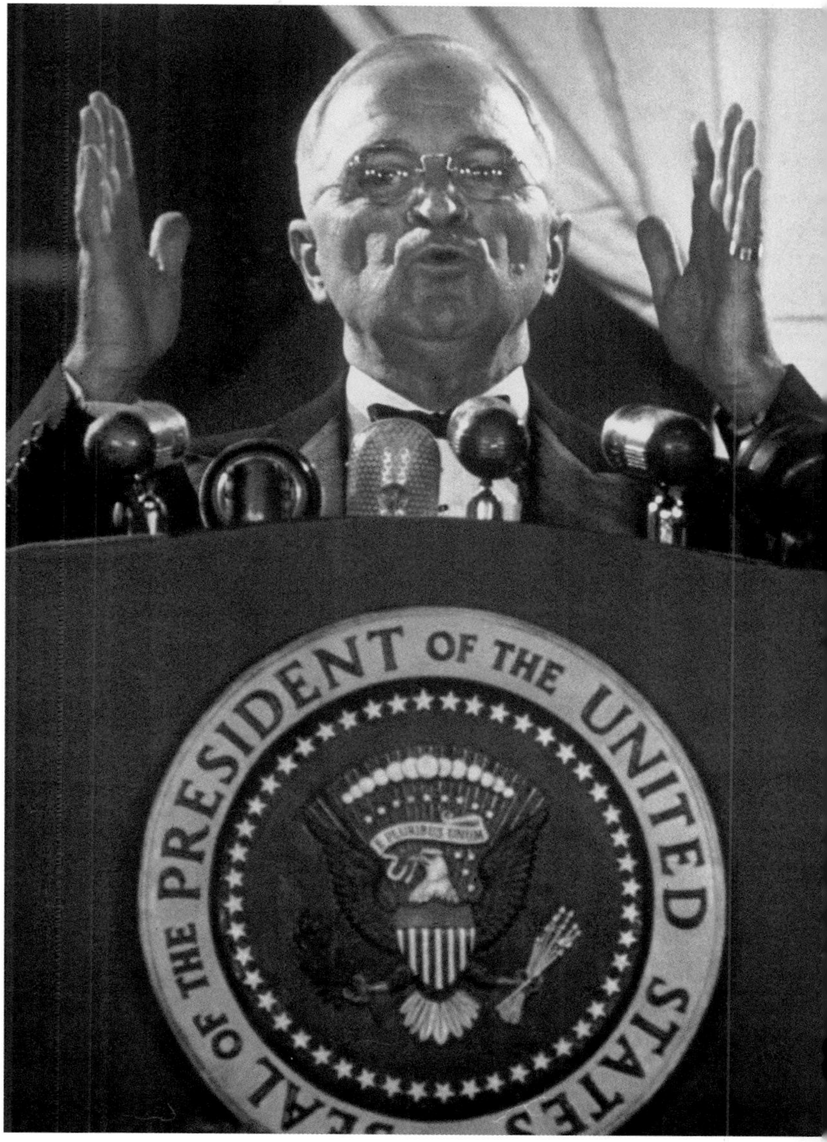

(Arriba) El presidente estadounidense **Harry Spencer Truman** en abril de 1951. Preocupado por la agresividad de MacArthur y por su amenaza de utilizar armas atómicas, lo destituyó un mes más tarde.

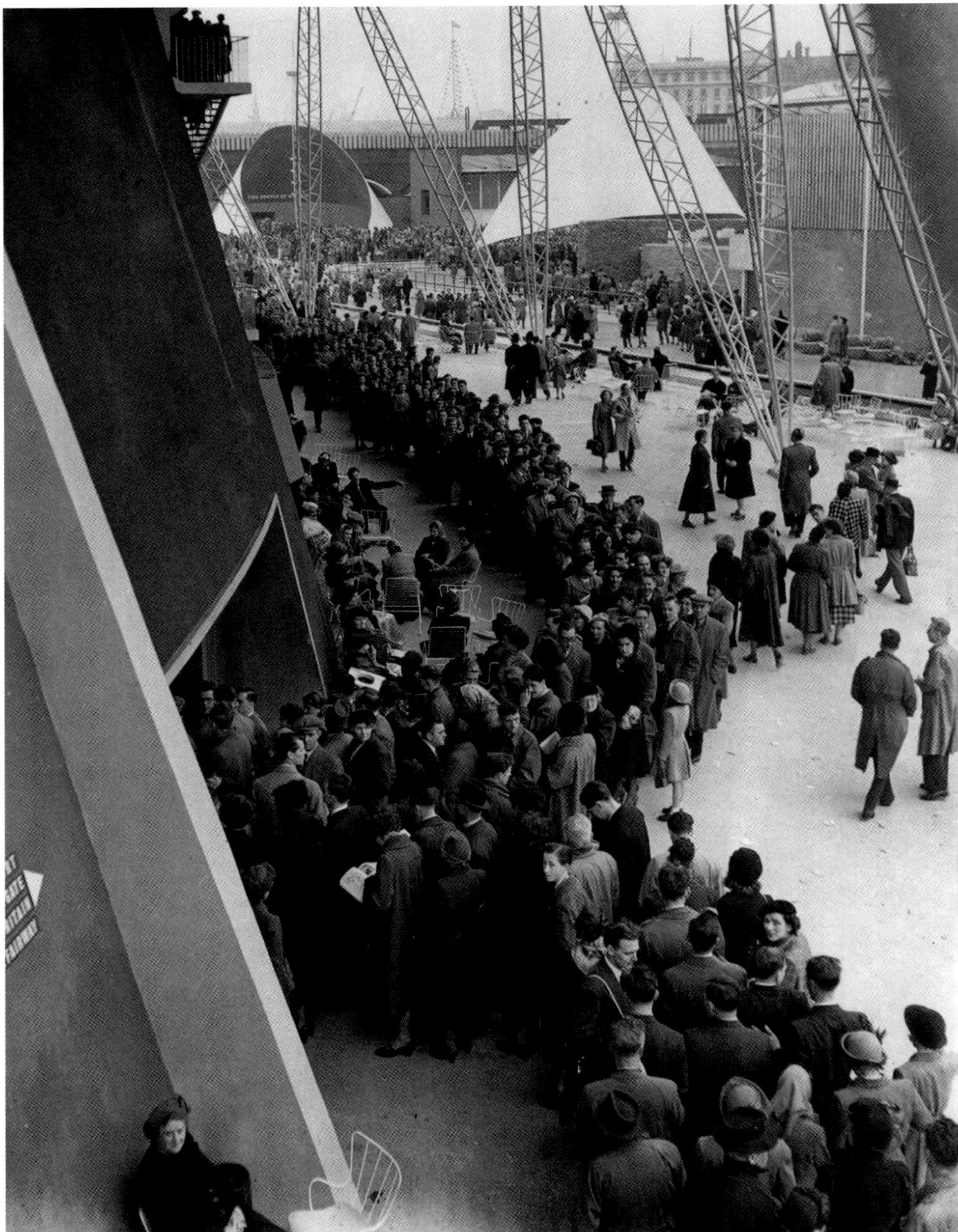

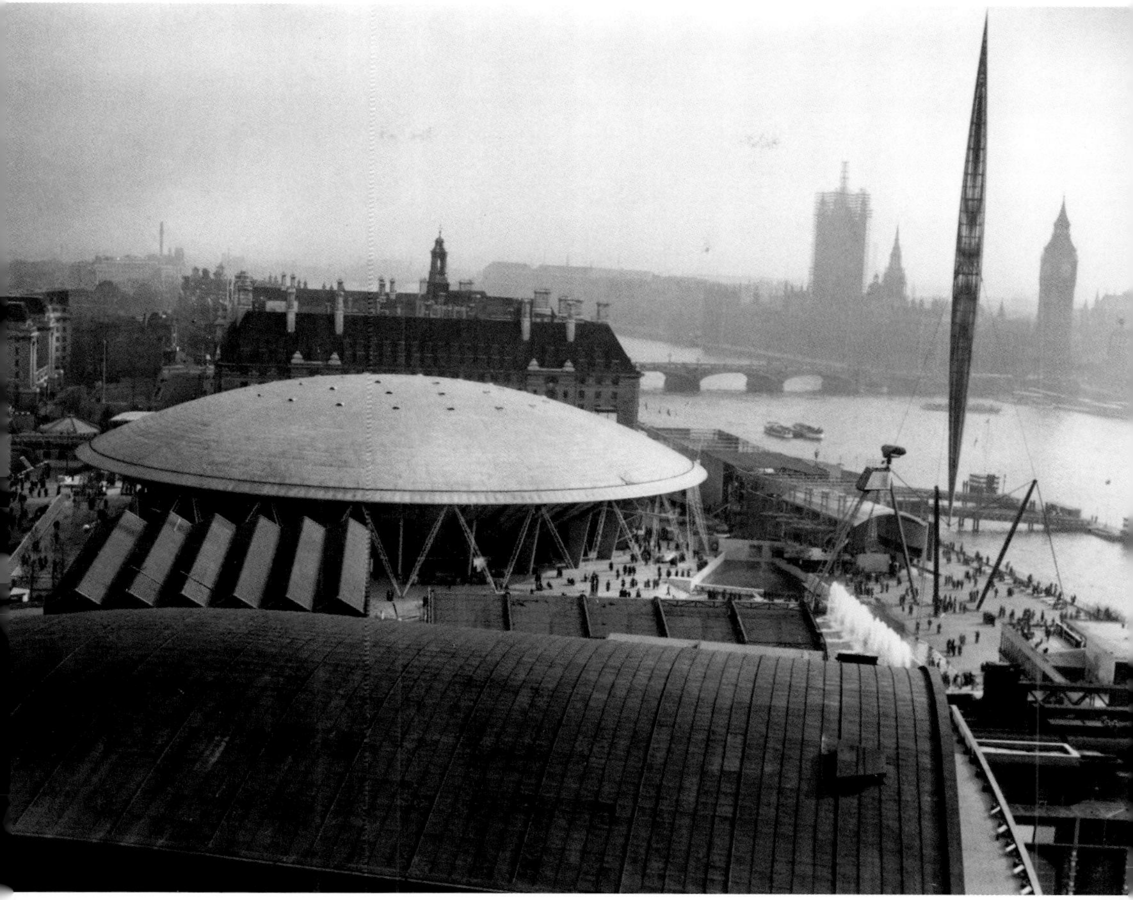

«Todo el mundo viene a Londres, a ver lo que hemos hecho...» Un siglo después de la Exposición Universal de 1851, la capital británica se convirtió en sede del **Festival de Gran Bretaña.** *(Izquierda)* Un grupo de personas guarda cola para entrar en la Cúpula del Descubrimiento, donde se ensalzaba la ciencia moderna. *(Arriba)* Imagen de las principales instalaciones del evento en South Bank: el Festival Hall (en primer plano), la Cúpula del Descubrimiento y el Skylon, una estructura en forma de aguja.

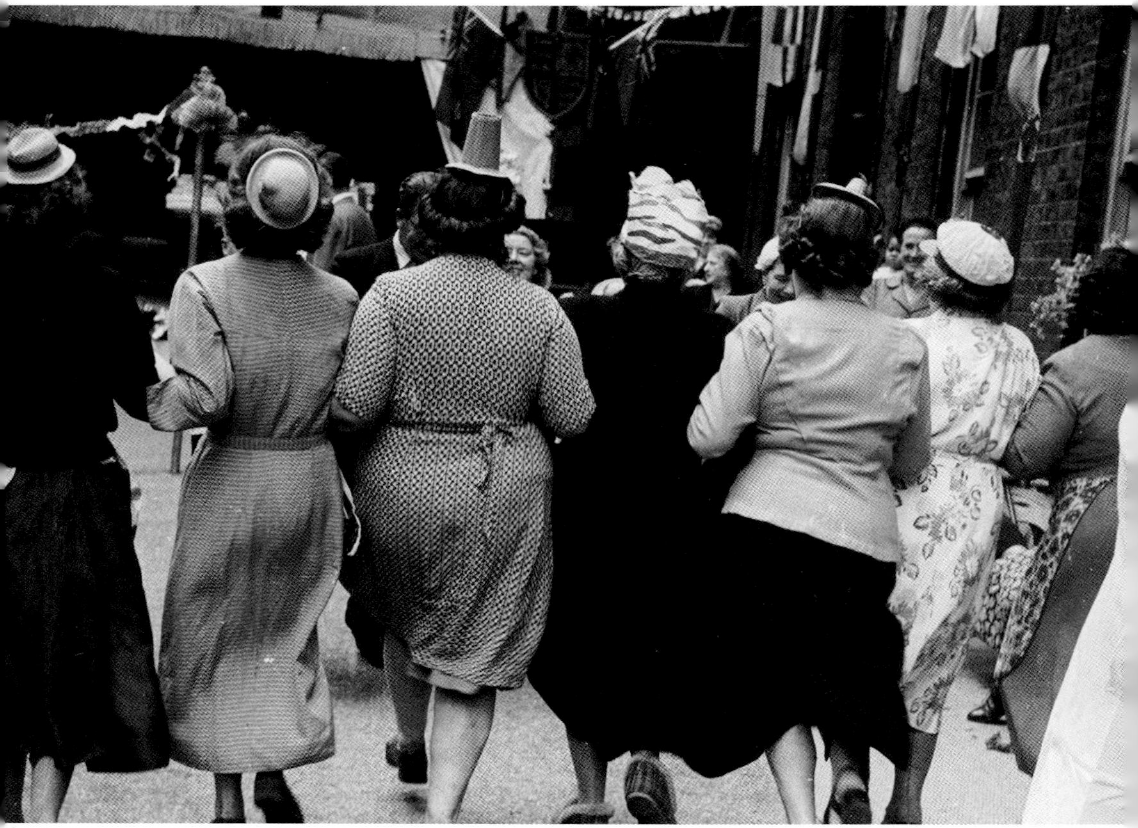

Además de exposiciones interesantes, el festival ofrecía diversión y espectáculos a sus visitantes. *(Arriba)* Durante la celebración del certamen, un grupo de mujeres se dirige a una **fiesta al aire libre** con paso de *chassé*.

En Battersea Park, en pleno centro del Festival de Gran Bretaña, había un gigantesco parque de atracciones dotado de columpios y tiovivos, así como un extraordinario ferrocarril denominado The Far Tottering and Oystercreek Railway y una montaña rusa. En la fotografía, dos muchachas del **Windmill Theatre** montan en la atracción.

1951

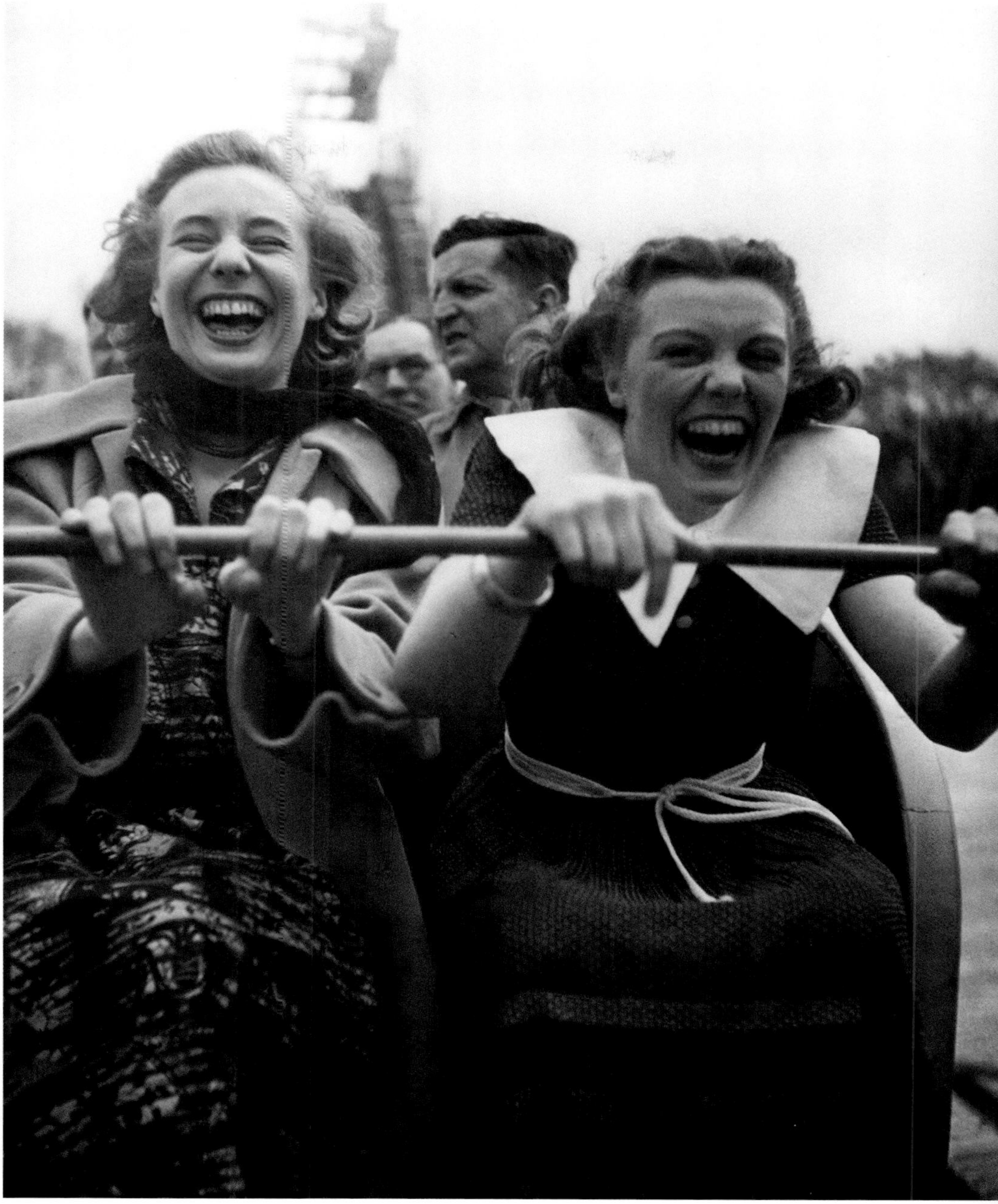

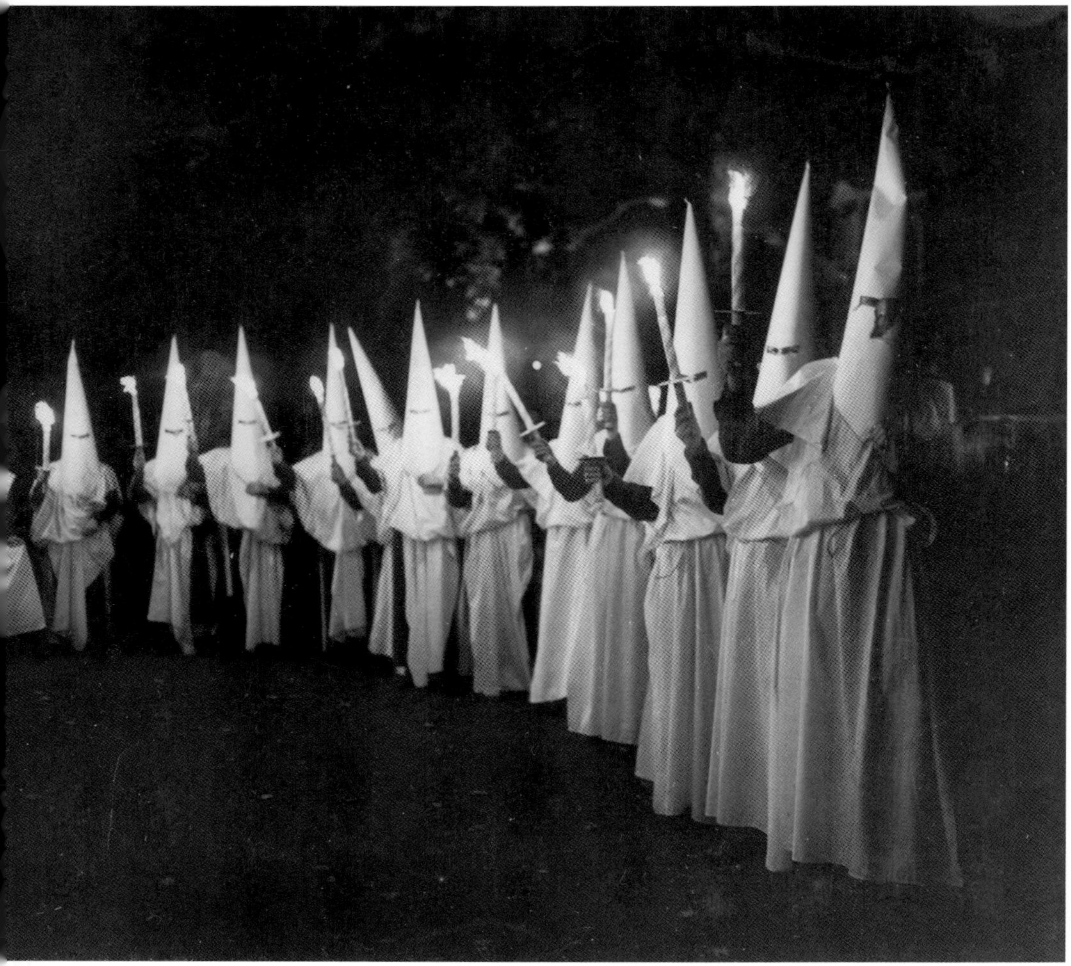

(*Arriba*)) Un lamentable descuido burocrático permitió que el 6 de octubre, durante la celebración del Festival de Gran Bretaña, la organización racista **Ku Klux Klan** desfilara con cirios encendidos por los jardines de Battersea. *(Derecha)* Finalmente, el certamen se clausuró el 3 de noviembre de 1951 con una espectacular exhibición de fuegos artificiales junto al río, cerca de los jardines.

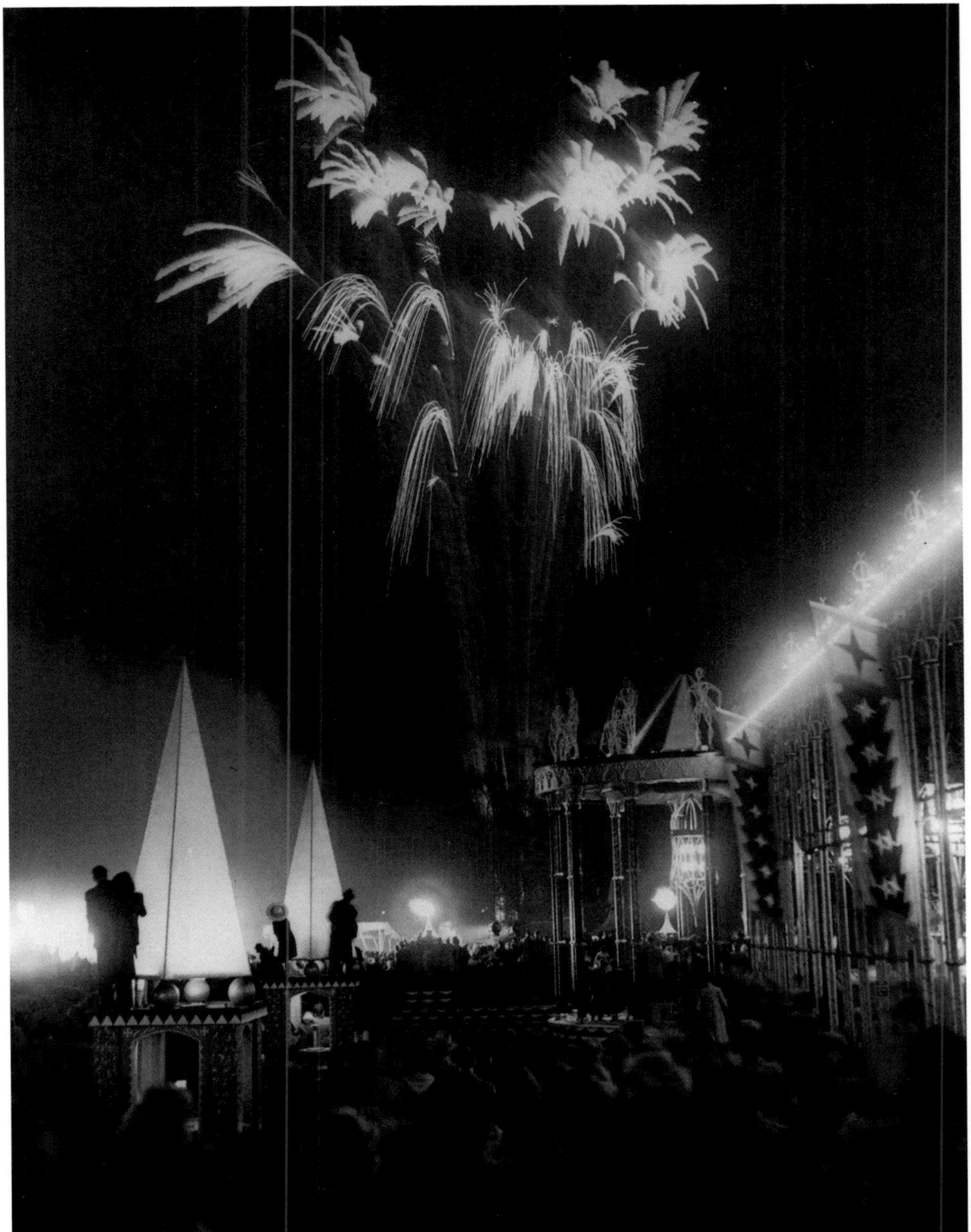

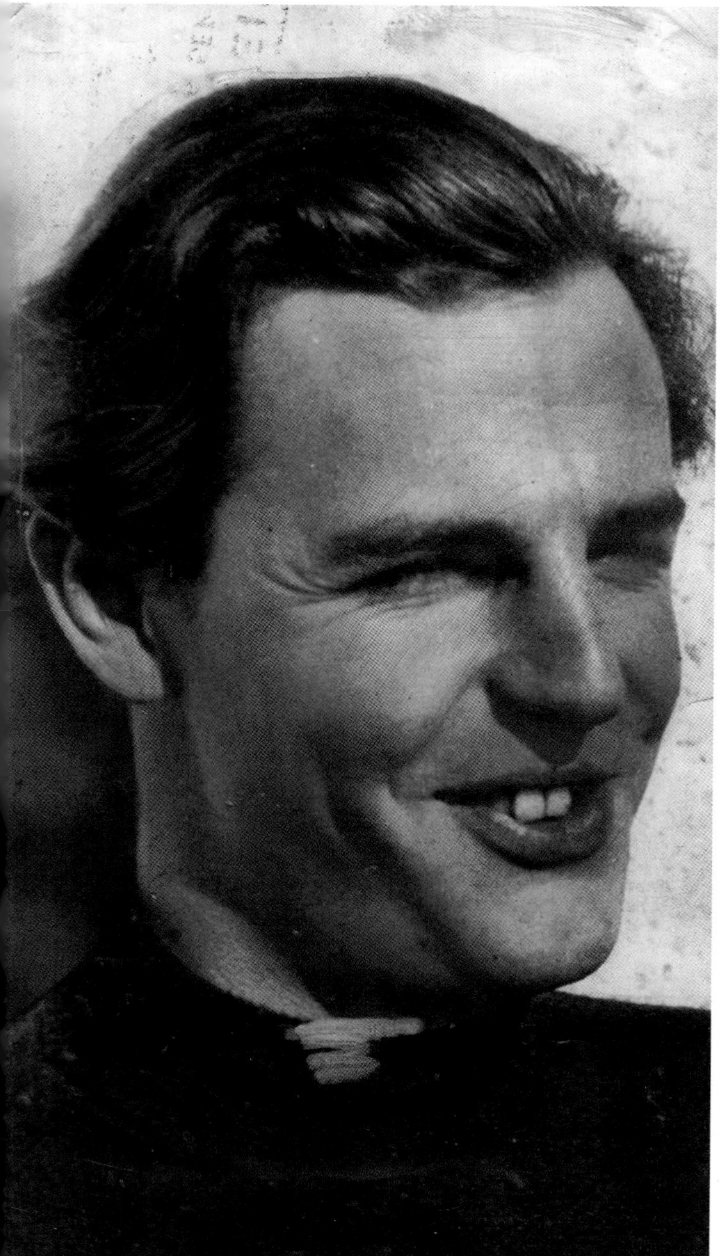

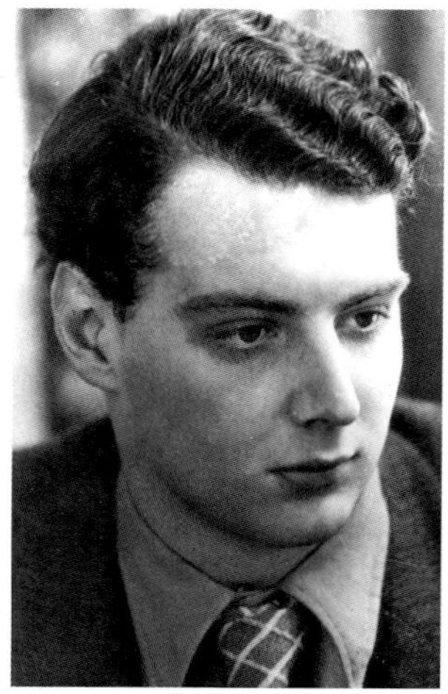

La desaparición y posterior exilio en la Unión Soviética de dos importantes diplomáticos, Guy Francis de Moncy **Burgess** *(arriba)* y Donald **MacLean** *(izquierda)* supuso una pesadilla para los servicios secretos británicos. *(Derecha)* MacLean (a la derecha), en calidad de primer secretario de la embajada del Reino Unido en Washington, en el despacho del embajador británico en EE.UU., John Balfour, en junio de 1951.

1951

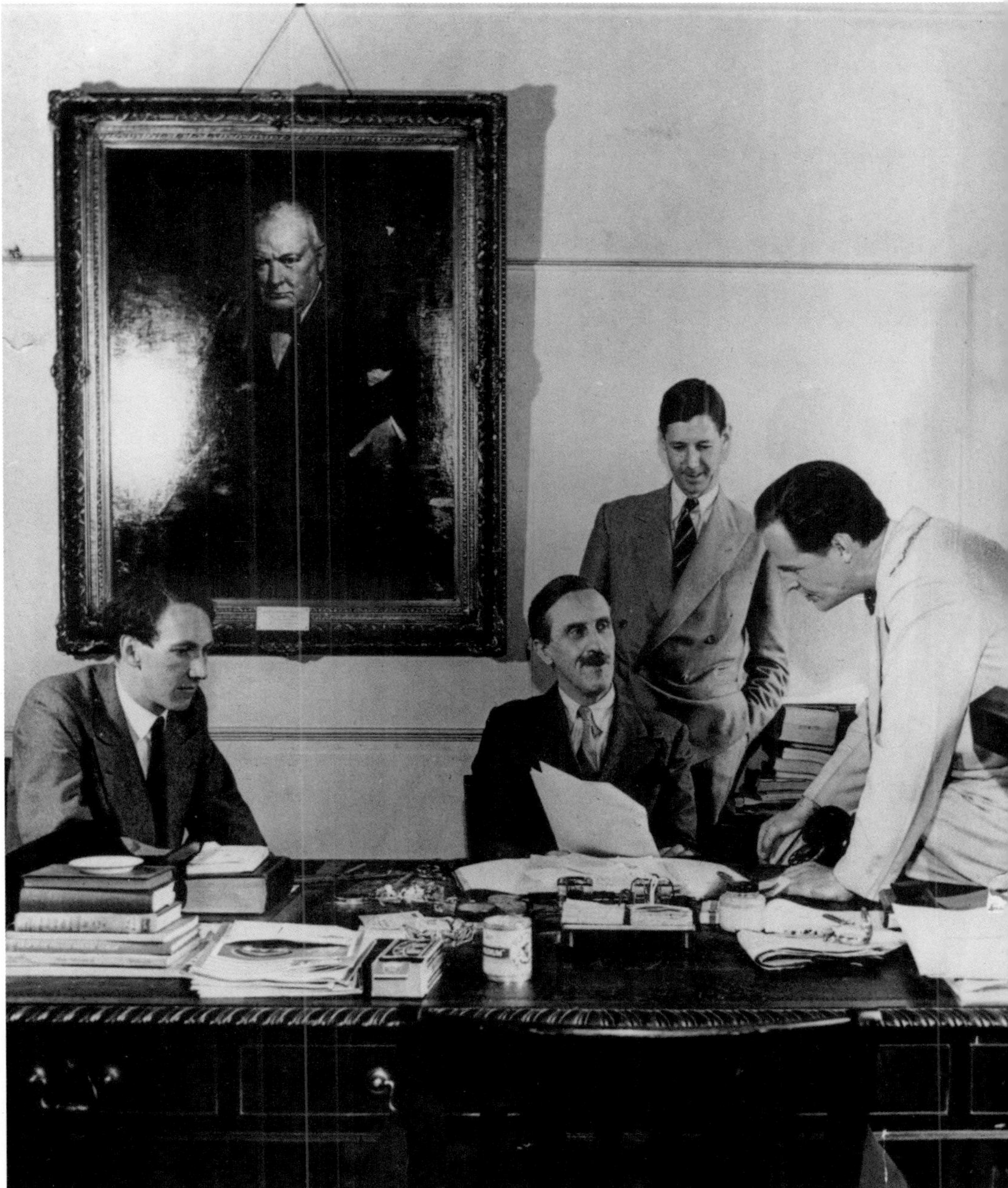

1951

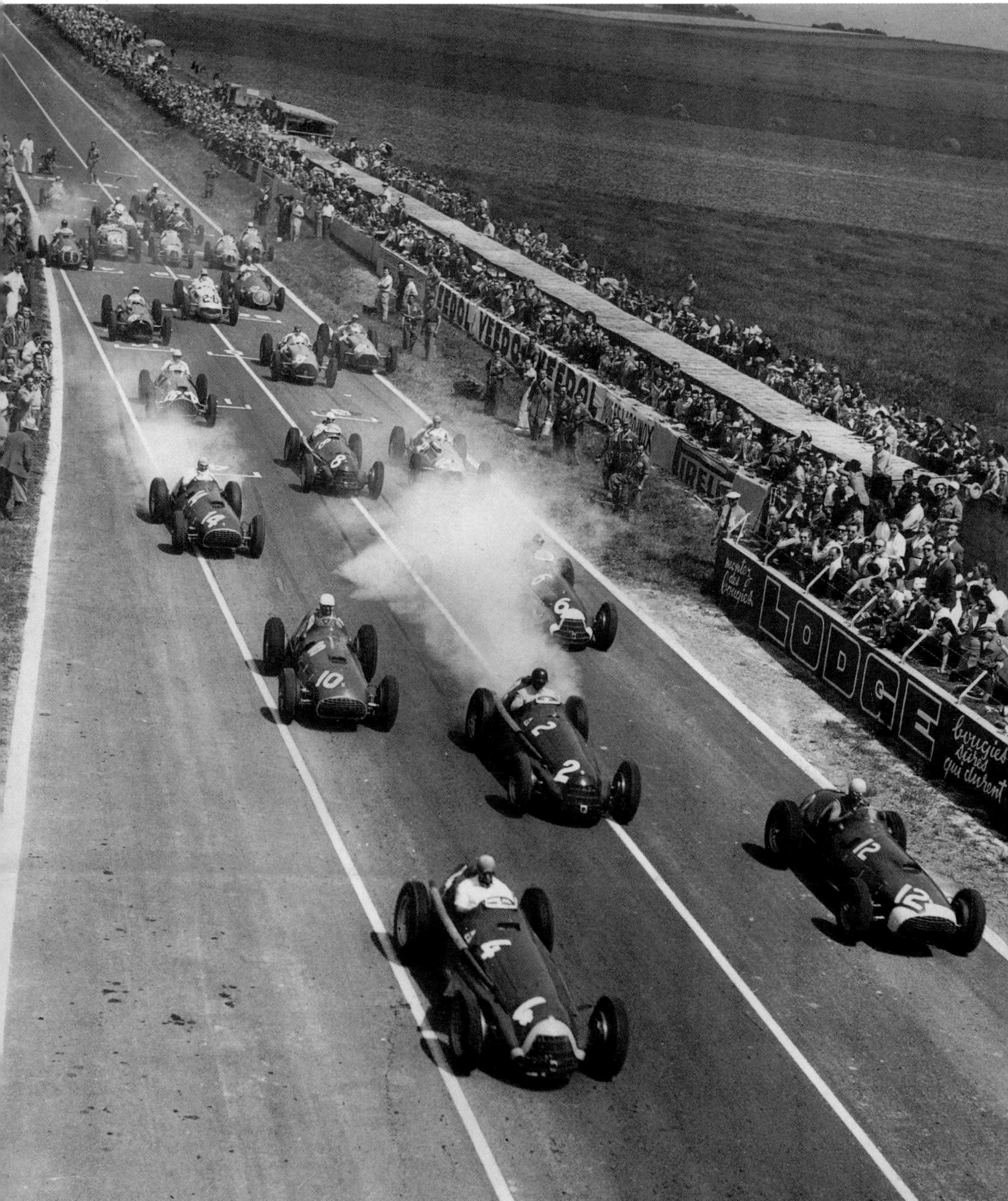

El argentino **Juan Manuel Fangio,** más conocido como «el maestro», fue el mejor piloto automovilístico de la década de 1950. A lo largo de su carrera deportiva, ganó en cinco ocasiones el Campeonato Mundial, cuya primera edición data de 1950. *(Izquierda)* Los pilotos se sitúan en la parrilla de salida del Gran Premio de Reims, el 2 de julio de 1951. *(Derecha)* Al final de la carrera, Fangio, al volante de su Alfa Romeo, agradece la ovación del público tras proclamarse campeón.

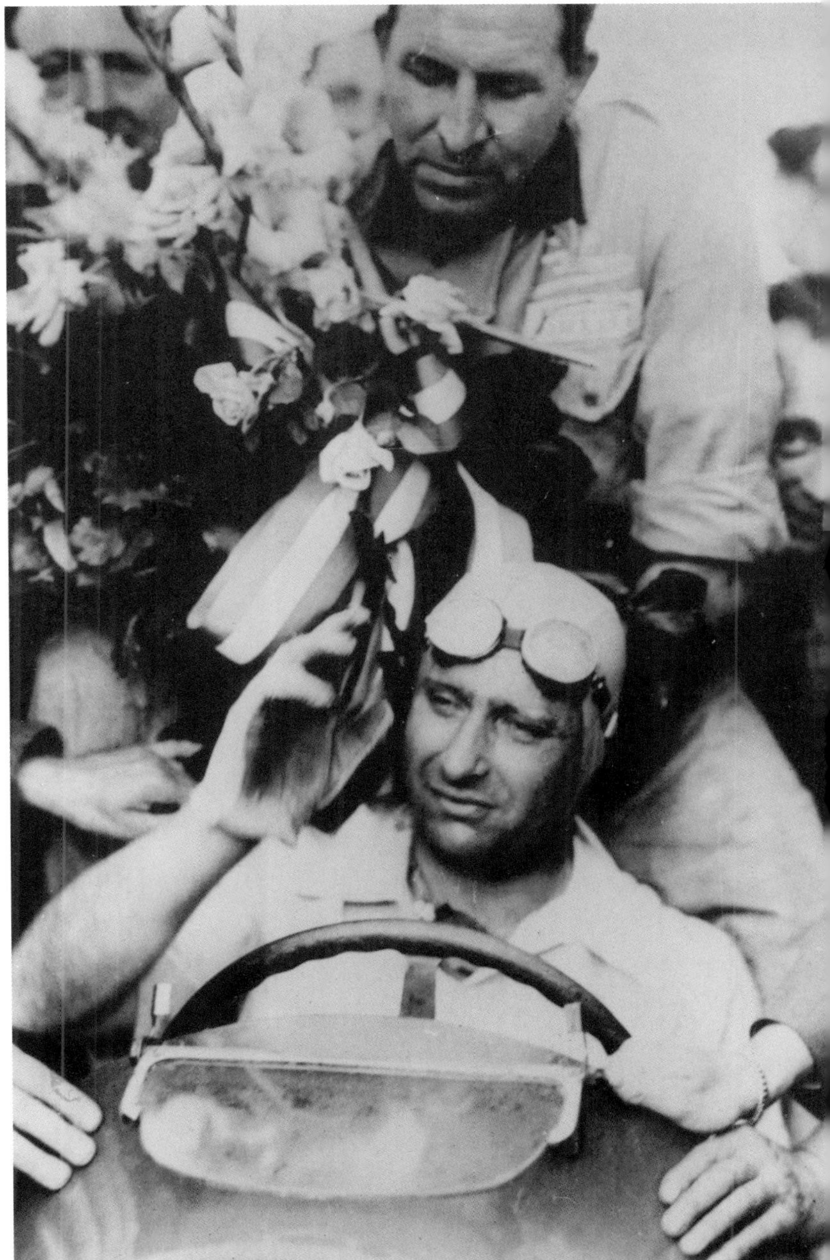

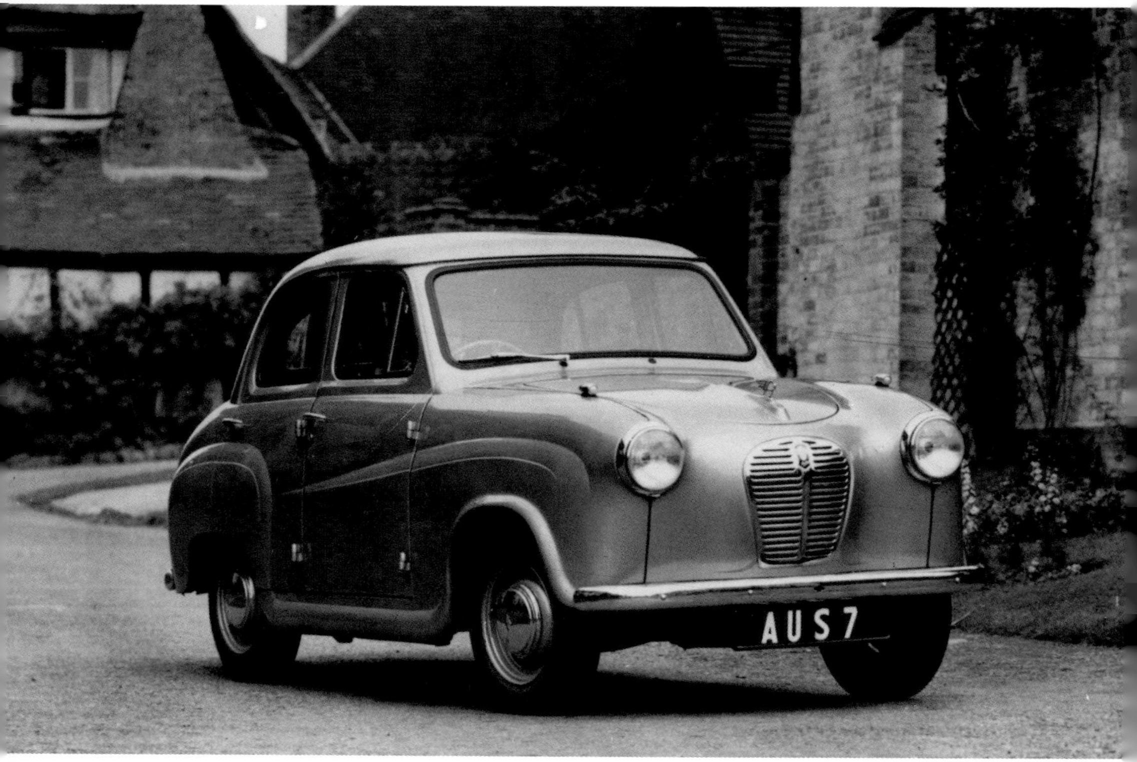

La industria automovilística británica tardó en recuperar la normalidad tras la guerra ya que faltaba maquinaria y era necesario reconstruir la mayoría de las fábricas y cadenas de producción. *(Arriba)* El **Austin 7,** más conocido como A30 o A35, era un coche para las masas.

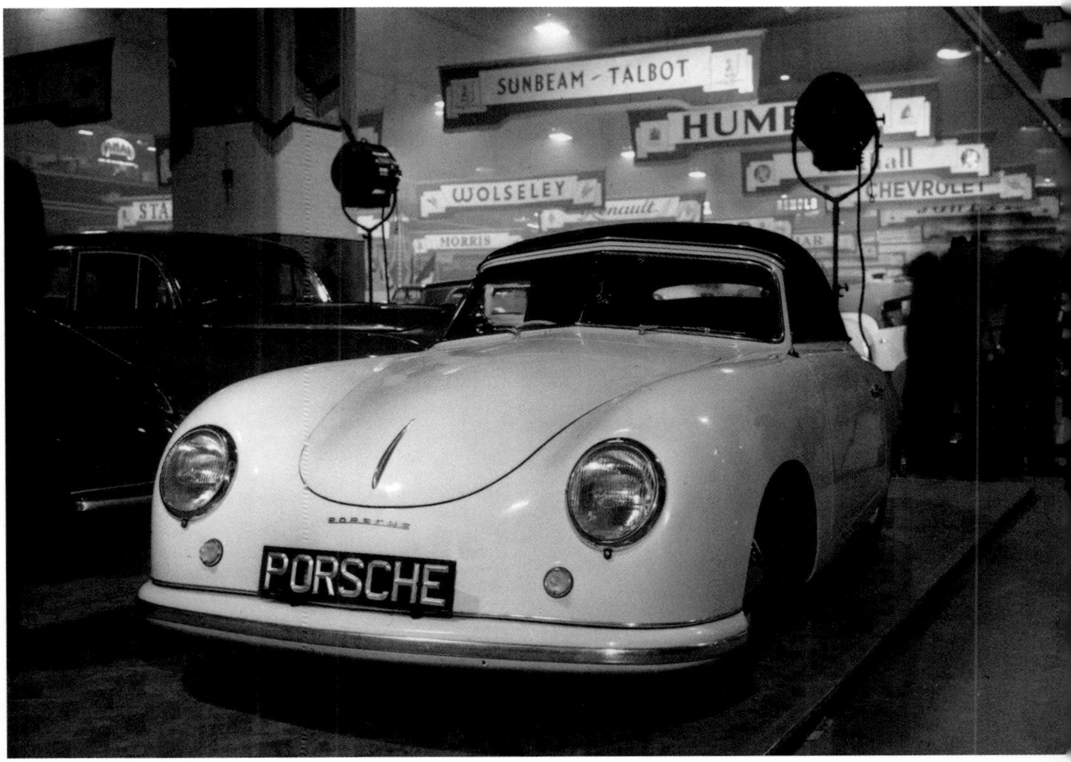

(Arriba) En el extremo opuesto del mercado, se hallaba el **Porsche** descapotable de Auto Union, expuesto en la XXXVI Exposición Automovilística Internacional de Earl's Court, en Londres, el 16 de octubre de 1951, año de la muerte del fundador de la marca, Ferdinand Porsche.

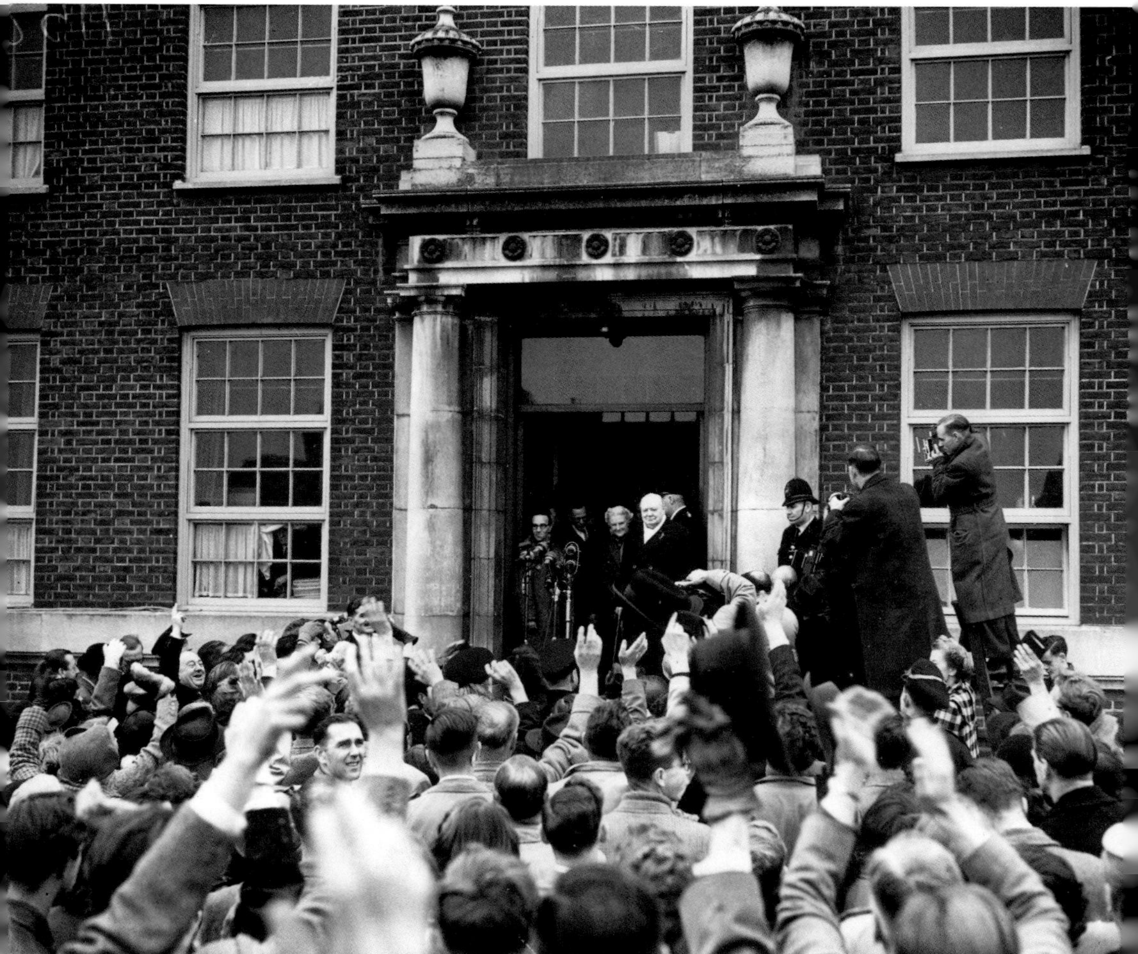

Tras haber sido destituido por el electorado británico en 1945, **Winston Churchill** volvió al poder en 1951. *(Arriba)* Miles de personas se congregan a las puertas de St. Barnabas School, en la circunscripción electoral de Woodford, el 26 de octubre. *(Derecha)* El famoso saludo con los dedos en forma de uve del nuevo primer ministro.

1951

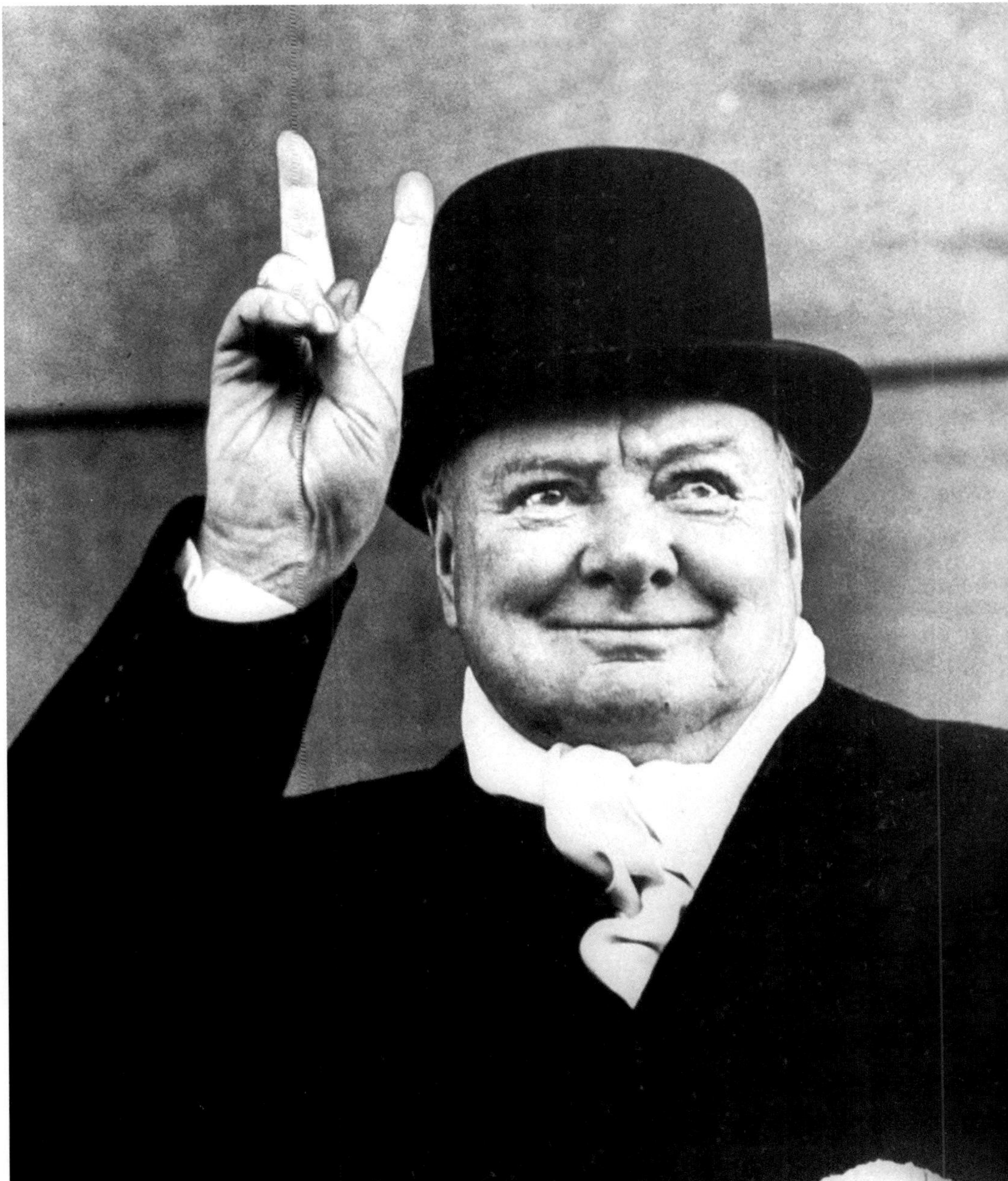

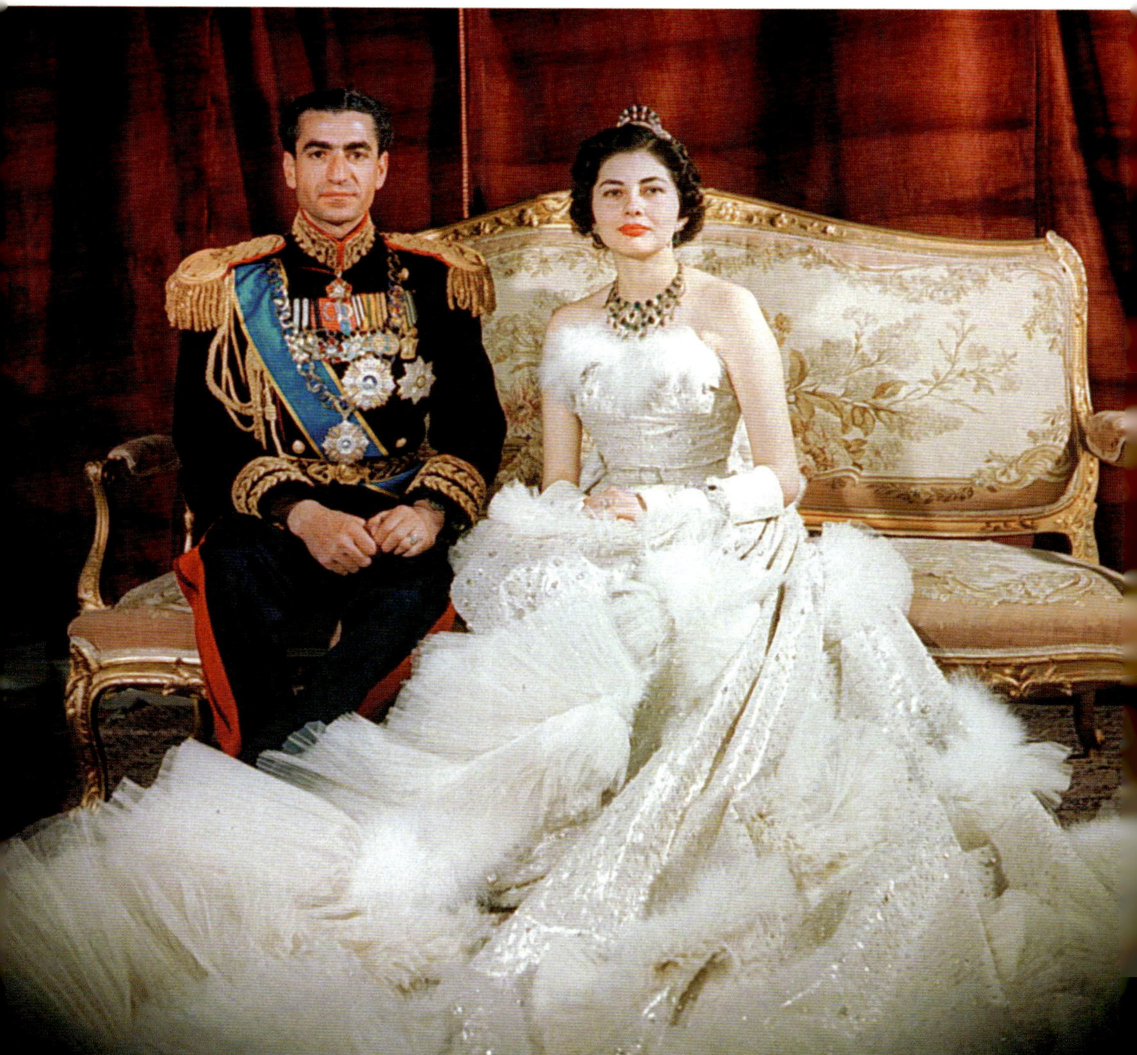

(Arriba) Un matrimonio que duró poco: Muhammad Reza Pahlavi, **sha de Persia,** con su esposa, la princesa Soraya Esfandiary Bakhtiari, el 28 de febrero de 1951. *(Derecha)* «Hasta que la muerte nos separe...» La futura primera ministra británica **Margaret Hilda Roberts,** de terciopelo azul marino, contrae matrimonio con Denis Thatcher, el 13 de diciembre de 1951.

1951

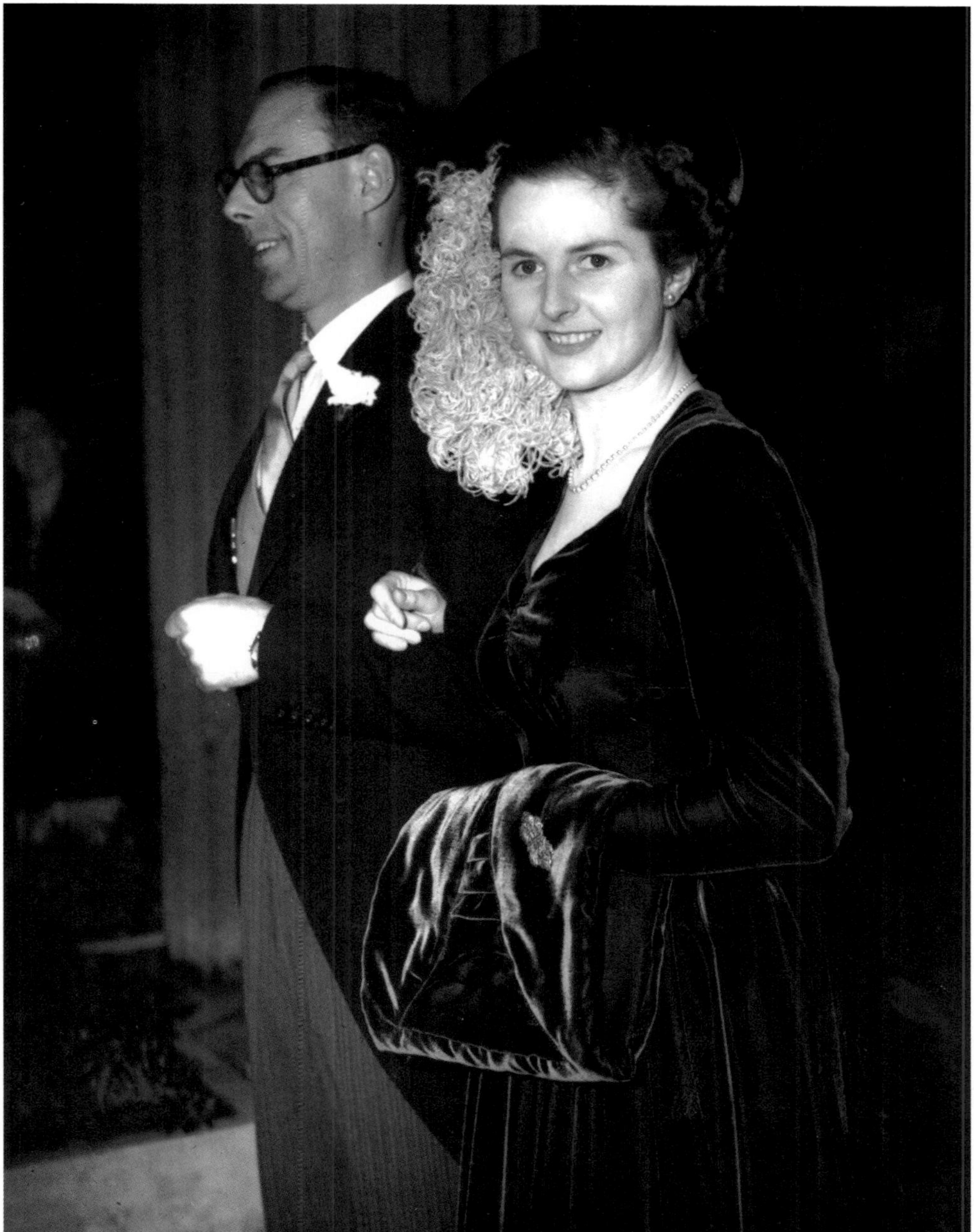

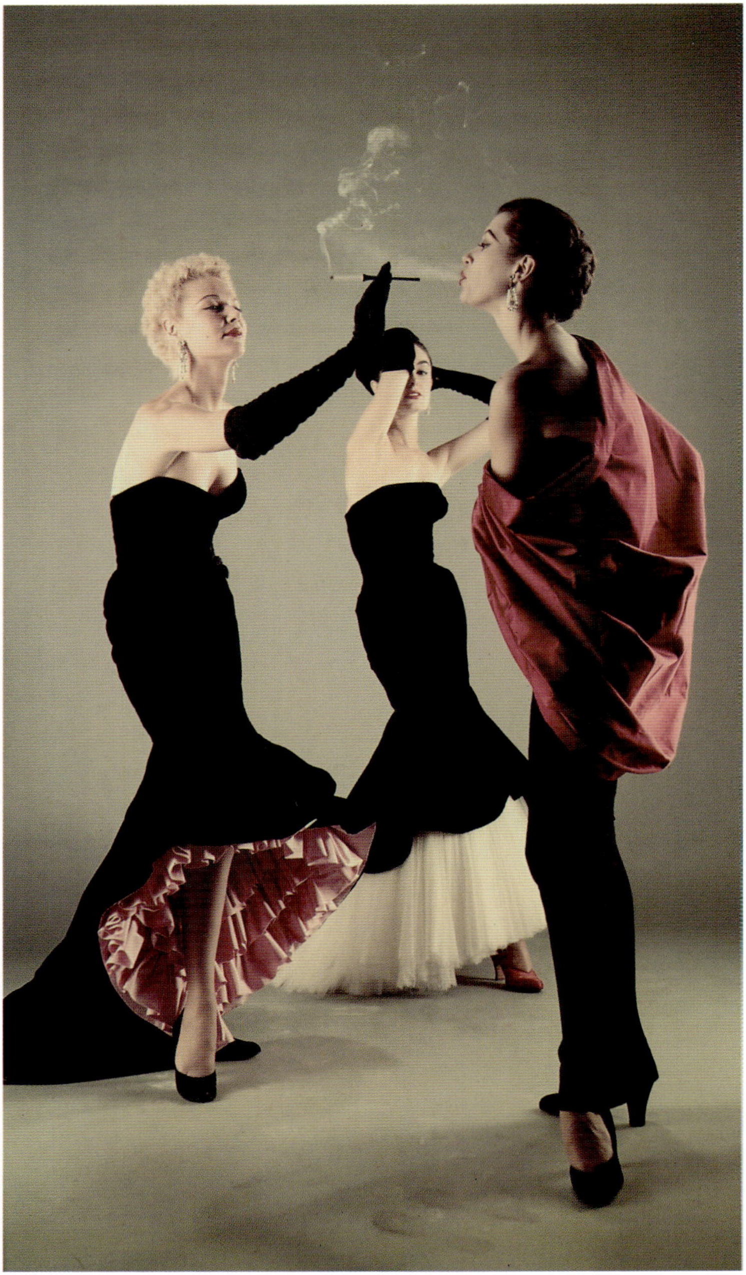

El mundo de la alta costura. *(Izquierda)* Tres trajes de noche de **Cristobal Balenciaga** en un desfile de moda de Nueva York. Los diseños estaban inspirados en la obra del pintor francés Henri de Toulouse-Lautrec. *(Derecha)* Tras las penurias de la guerra, ya no hacía falta dibujarse líneas en la pierna: una modelo luce unas **medias con costura decorativa.**

1951

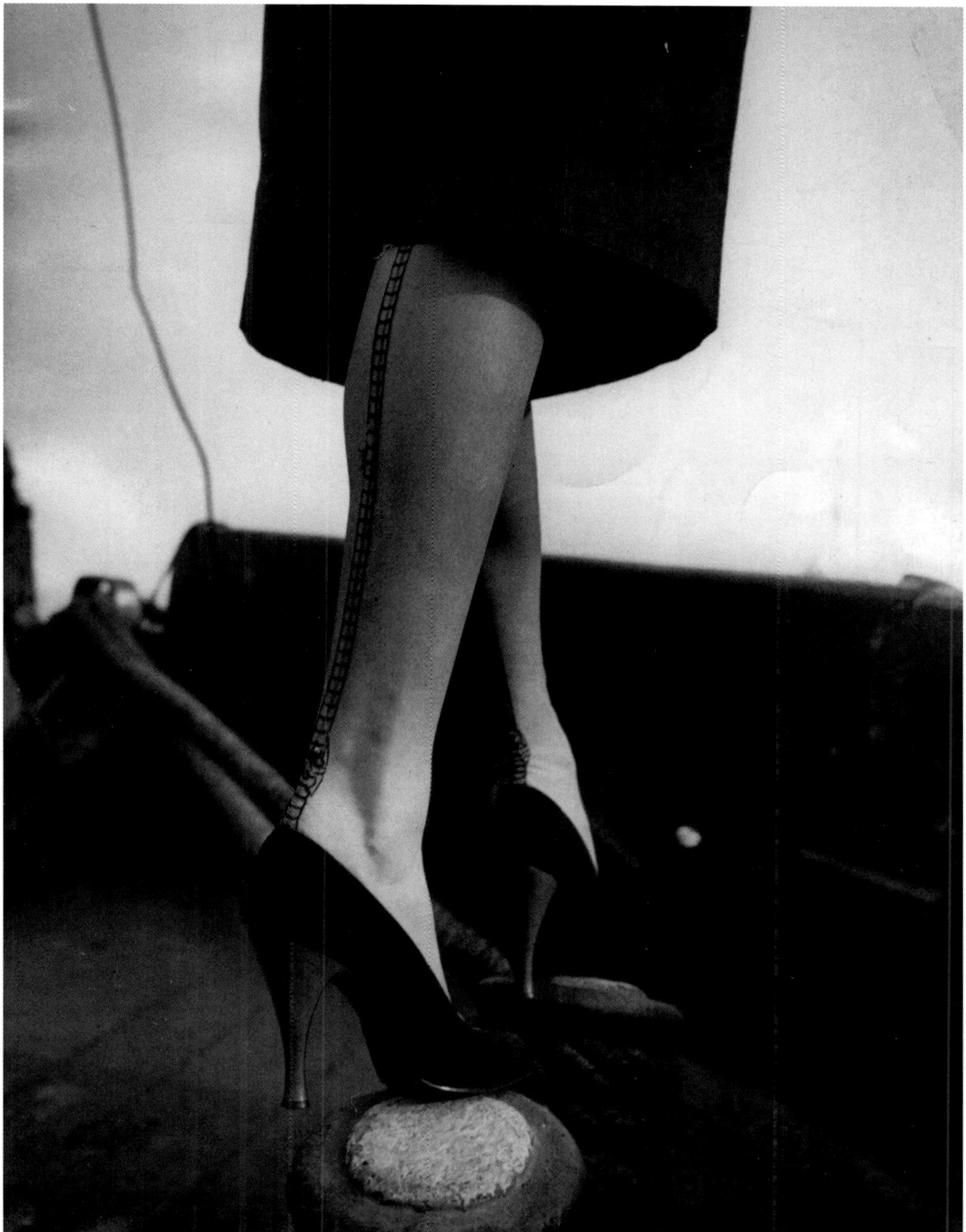

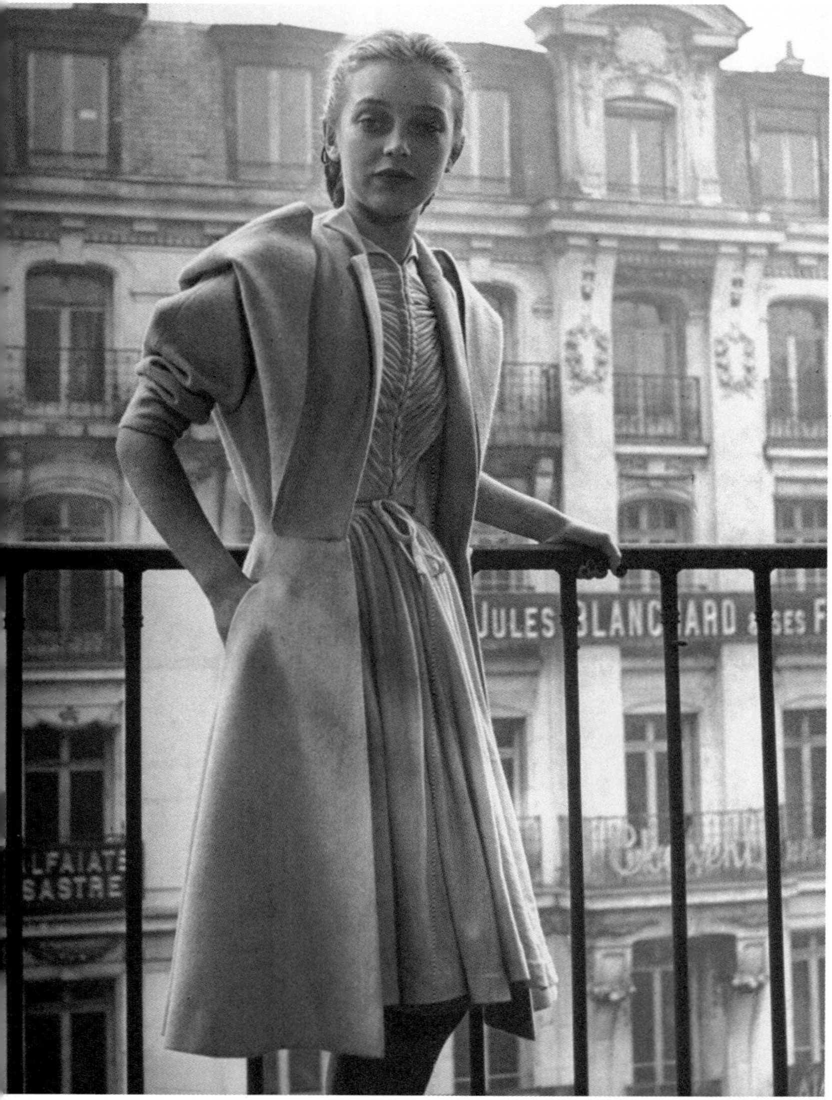

(Arriba) Una modelo posa con un abrigo de lana amarillo diseñado por la modista francesa **Alix Grès,** quien empezó su trayectoria profesional con un pequeño taller en la Rue du Faubourg-Saint-Honoré, en la década de 1930. Dos décadas más tarde era una de las mejores diseñadoras de París.

En 1951, París se había recuperado casi por completo de los efectos devastadores de la guerra y la ocupación. *(Derecha)* Una elegante parisina toma el aperitivo en un café de los **Campos Elíseos,** el 23 de junio de 1951.

1951

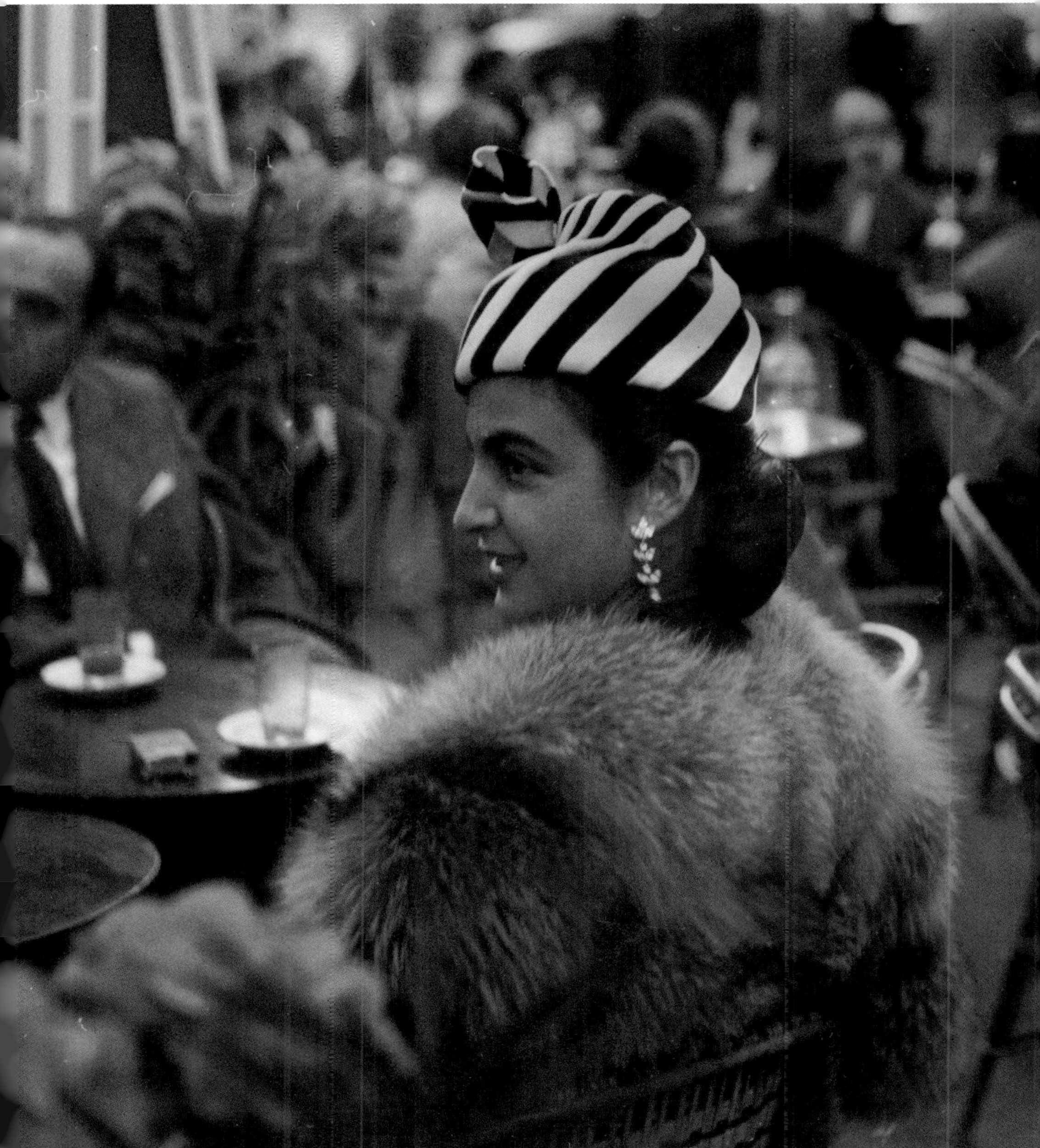

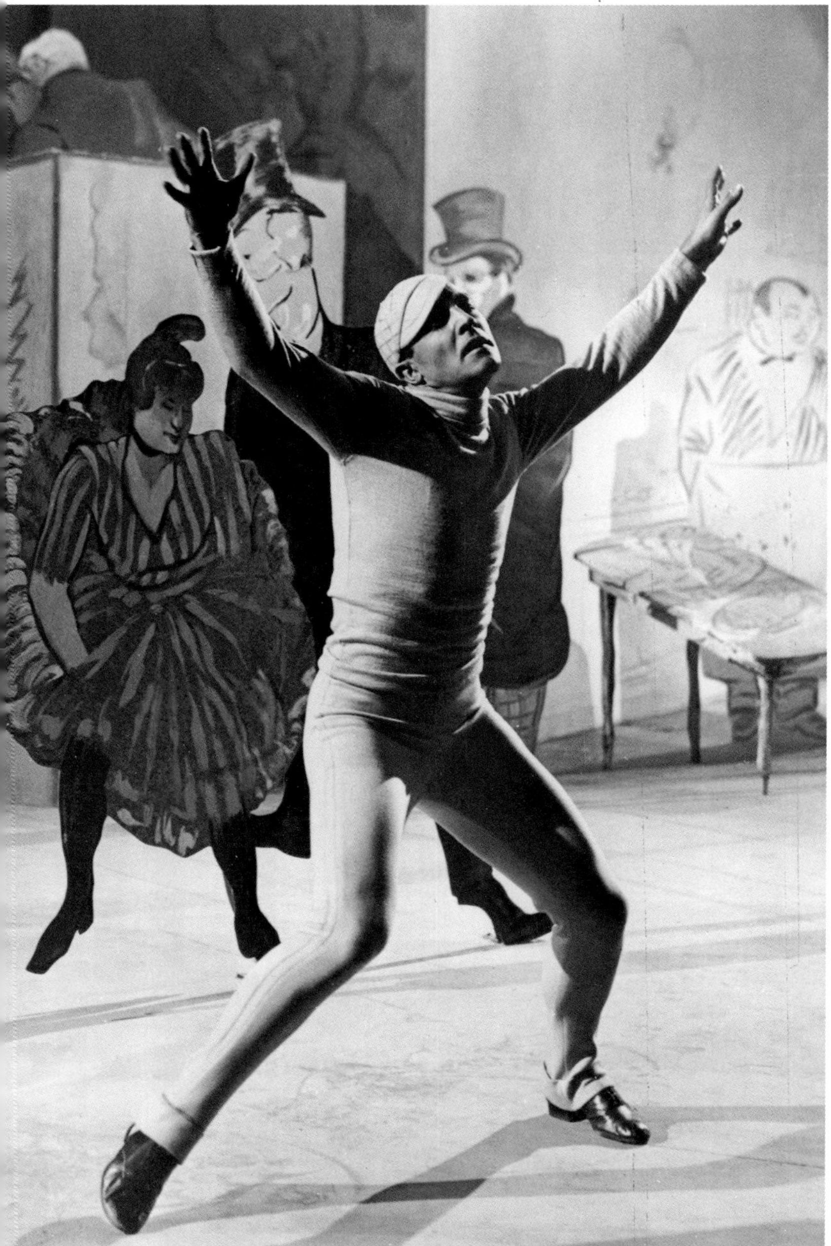

La capital de Francia fue el escenario del rodaje de ***Un americano en París,*** un espectacular musical de la Metro Goldwyn Mayer que ganó el Oscar a la mejor película de 1951. *(Izquierda)* El actor y bailarín Gene Kelly durante la fastuosa escena del ballet. *(Derecha)* La actriz Leslie Caron, pareja de Kelly en el filme.

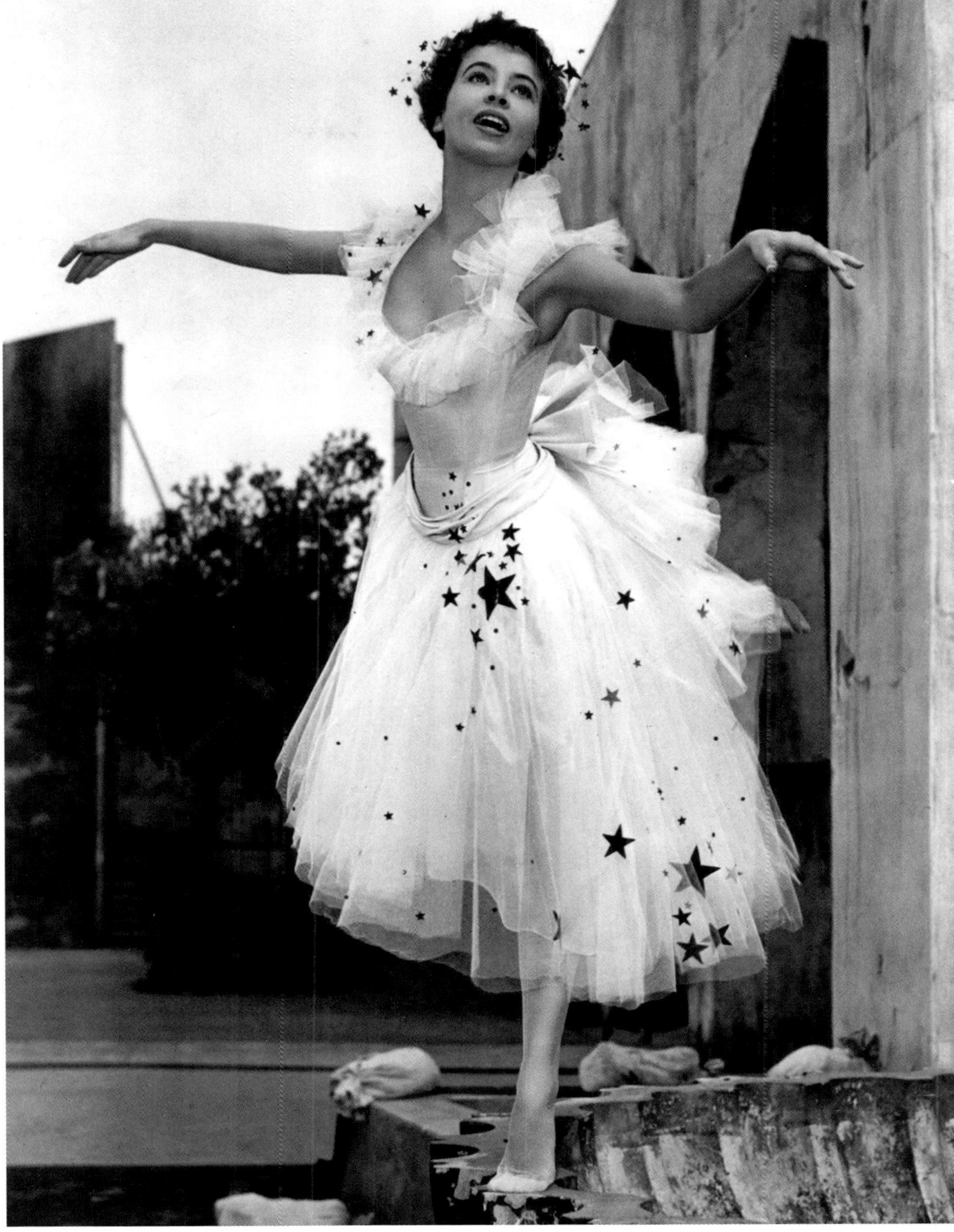

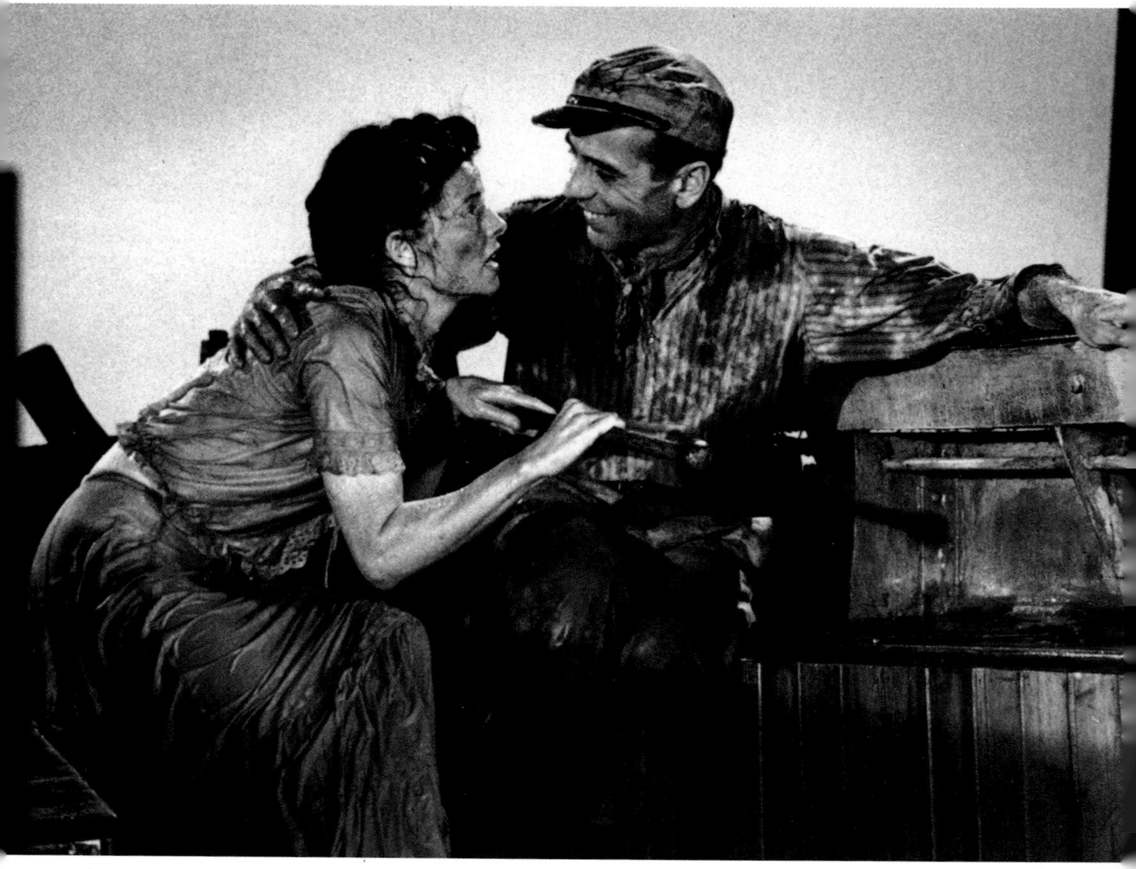

(Arriba) Los actores Humphrey Bogart y Katharine Hepburn en una embarcación azotada por la tempestad de los estudios Isleworth, en Londres, durante el rodaje de ***La reina de África,*** de John Huston. Gracias a esta comedia de aventuras, Bogart ganó un Oscar por su interpretación de Charlie Allnut. *(Derecha)* Los actores Marlon Brando y Vivien Leigh en la adaptación cinematográfica de ***Un tranvía llamado deseo,*** melodrama que le valió a Leigh el Oscar a la mejor actriz.

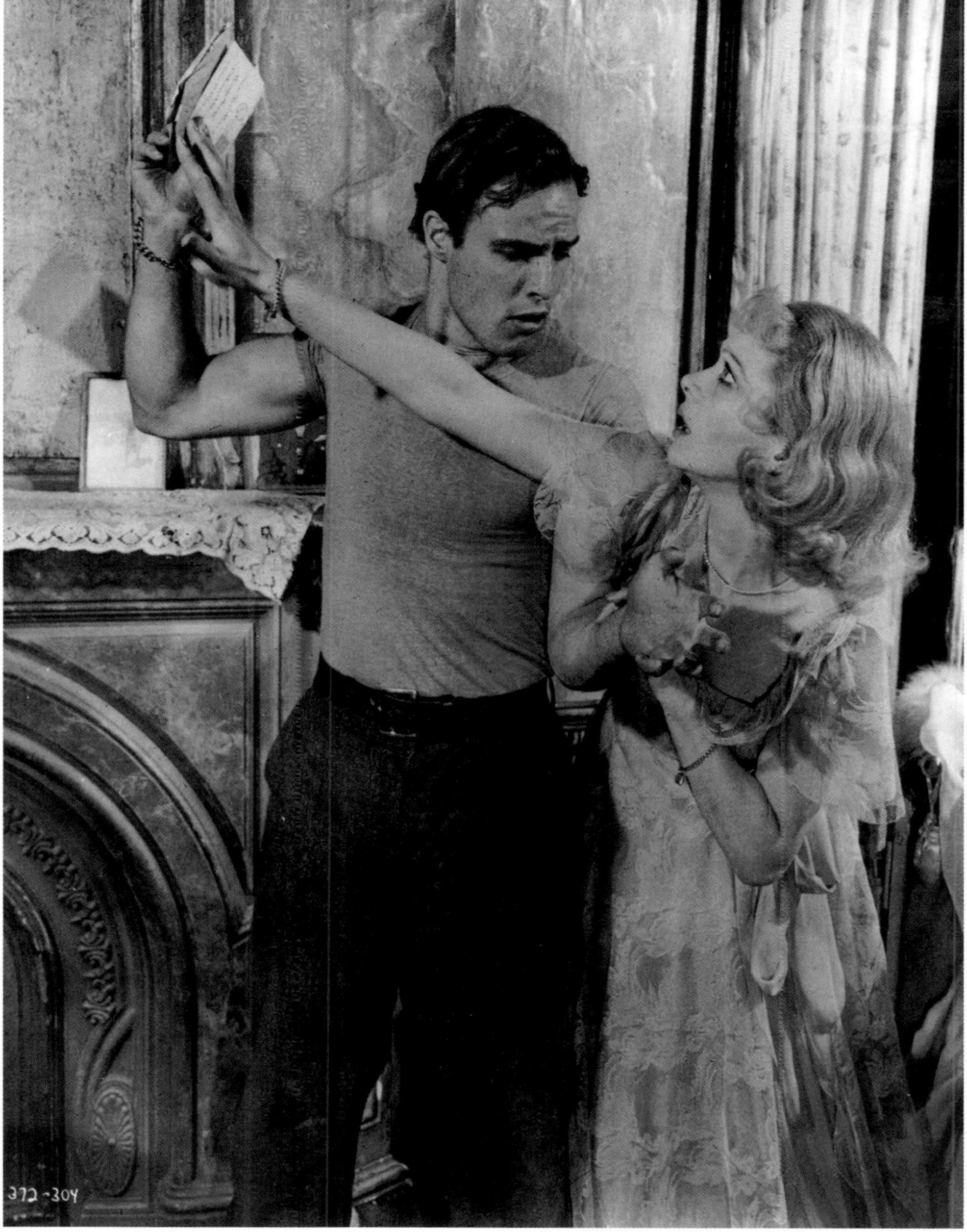
372-304

La bomba atómica

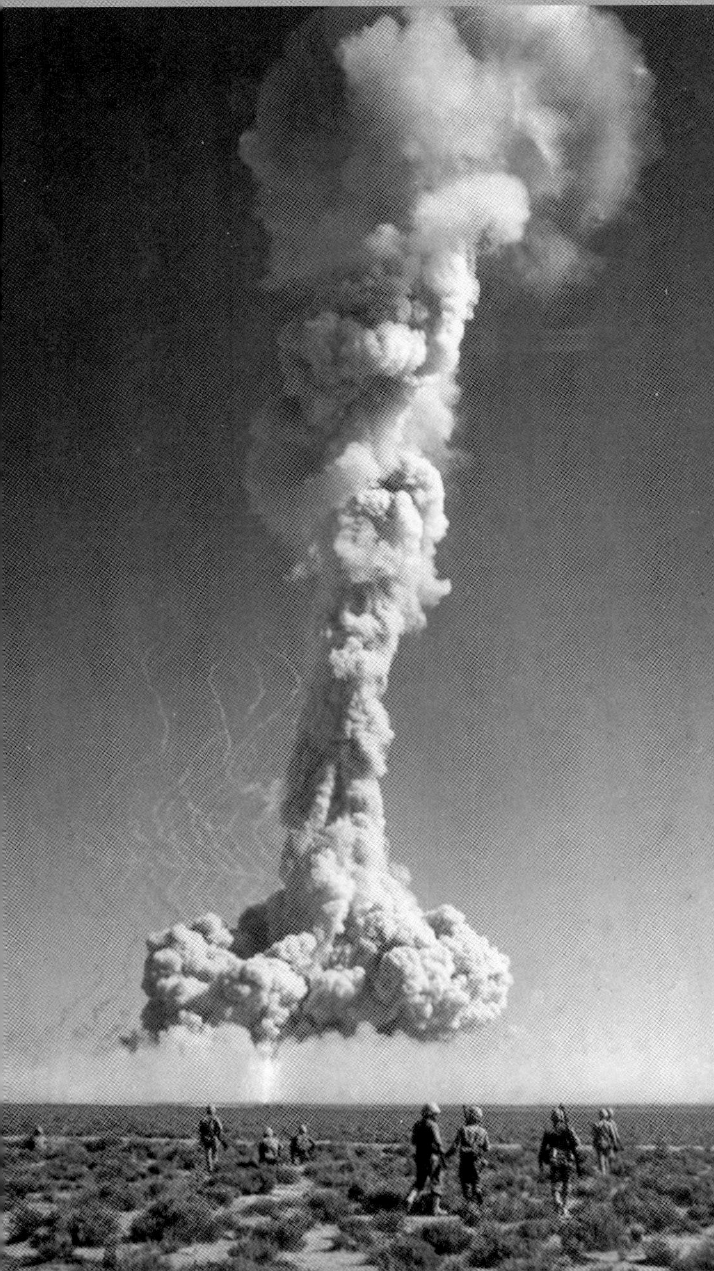

Tras la destrucción de las ciudades japonesas de Hiroshima y Nagasaki en 1945, la bomba atómica no volvió a utilizarse en todo el siglo XX. El mero hecho de que existiera fue suficiente para determinar la política exterior de los bloques comunista y occidental. La investigación nuclear que permitió la creación de la bomba atómica pasó del Reino Unido a Estados Unidos y de ahí, gracias al papel de espías y traidores, a la URSS. En la década de 1950, numerosos países ansiaban obtener sus propios arsenales nucleares, como Israel, Francia, India o Pakistán. La mayor parte de jefes de Estado valoraban la posesión de la bomba atómica, aunque solían referirse a ella en términos cautelosos. En cambio, los altos mandatarios militares la veían con recelo, excepto el general MacArthur. Por último, los ciudadanos de ambos bloques poco podían hacer aparte de temerla.

(Izquierda) **) Una nube se eleva 1.060 metros durante una de las pruebas de la bomba atómica llevadas a cabo en las llanuras de Yucca, en el estado de Nevada, el 19 de marzo de 1952.**

1952 La bomba atómica

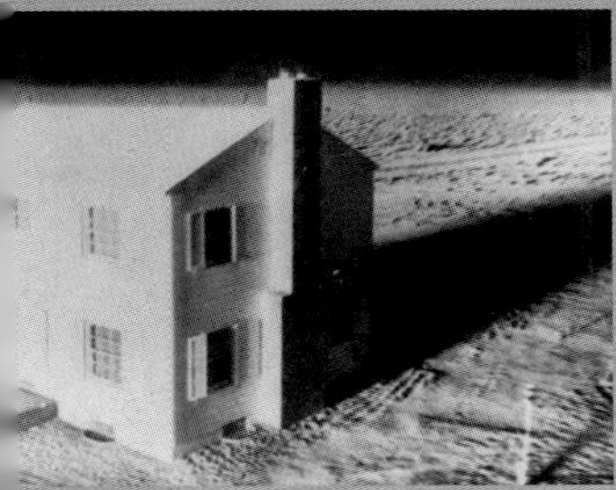

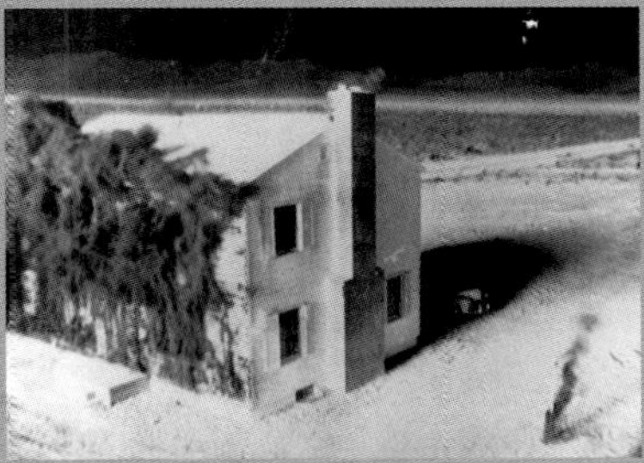

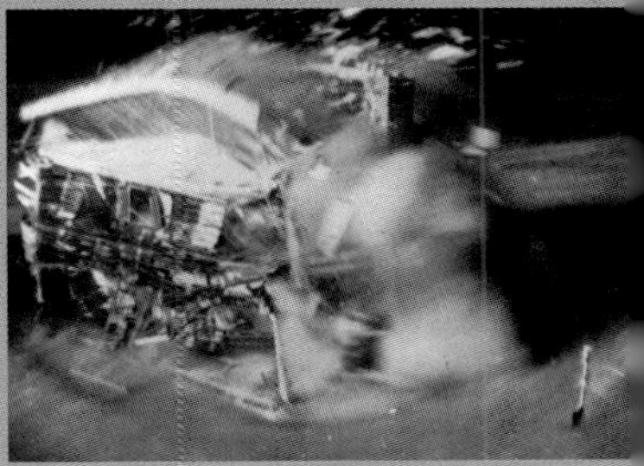

(Arriba y abajo) **Durante las pruebas, se utilizó una casa construida específicamente para comprobar el efecto de la explosión atómica. Para poder fotografiar los resultados, se protegió la cámara con una funda de plomo de 5 cm de grosor. La única iluminación utilizada para tomar las imágenes fue la generada por la propia explosión.**

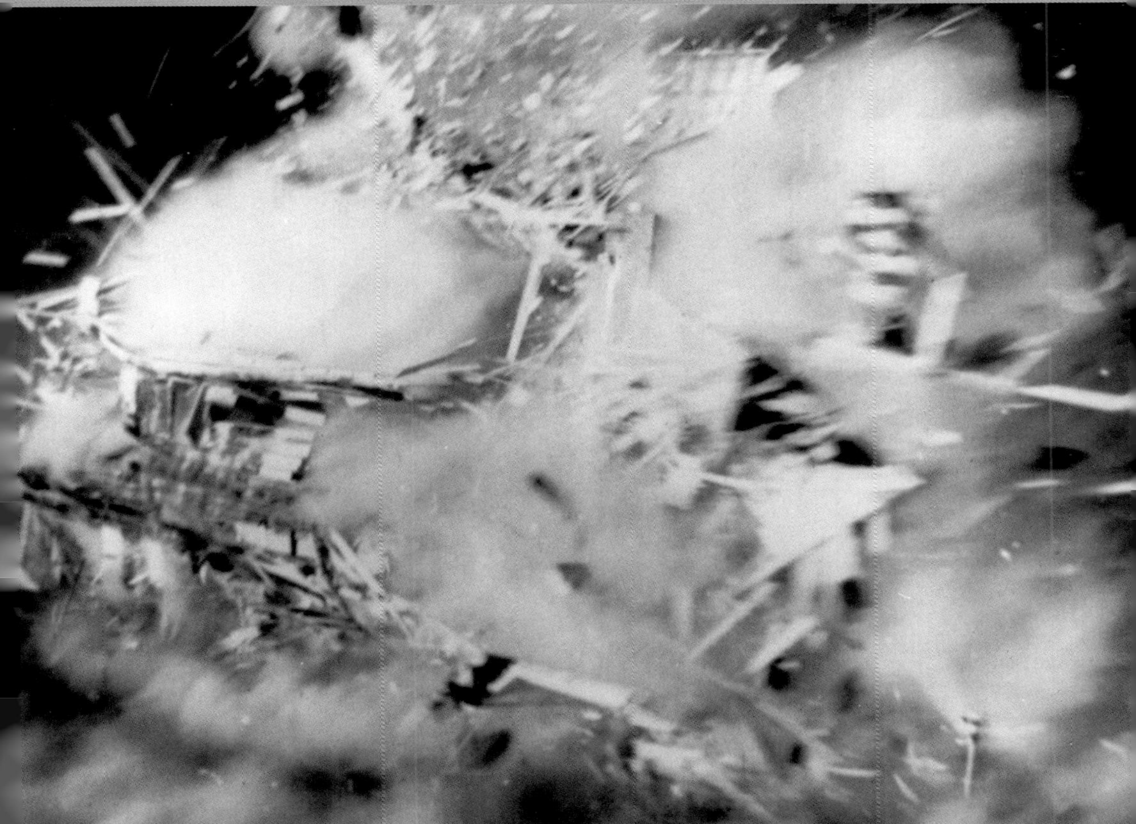

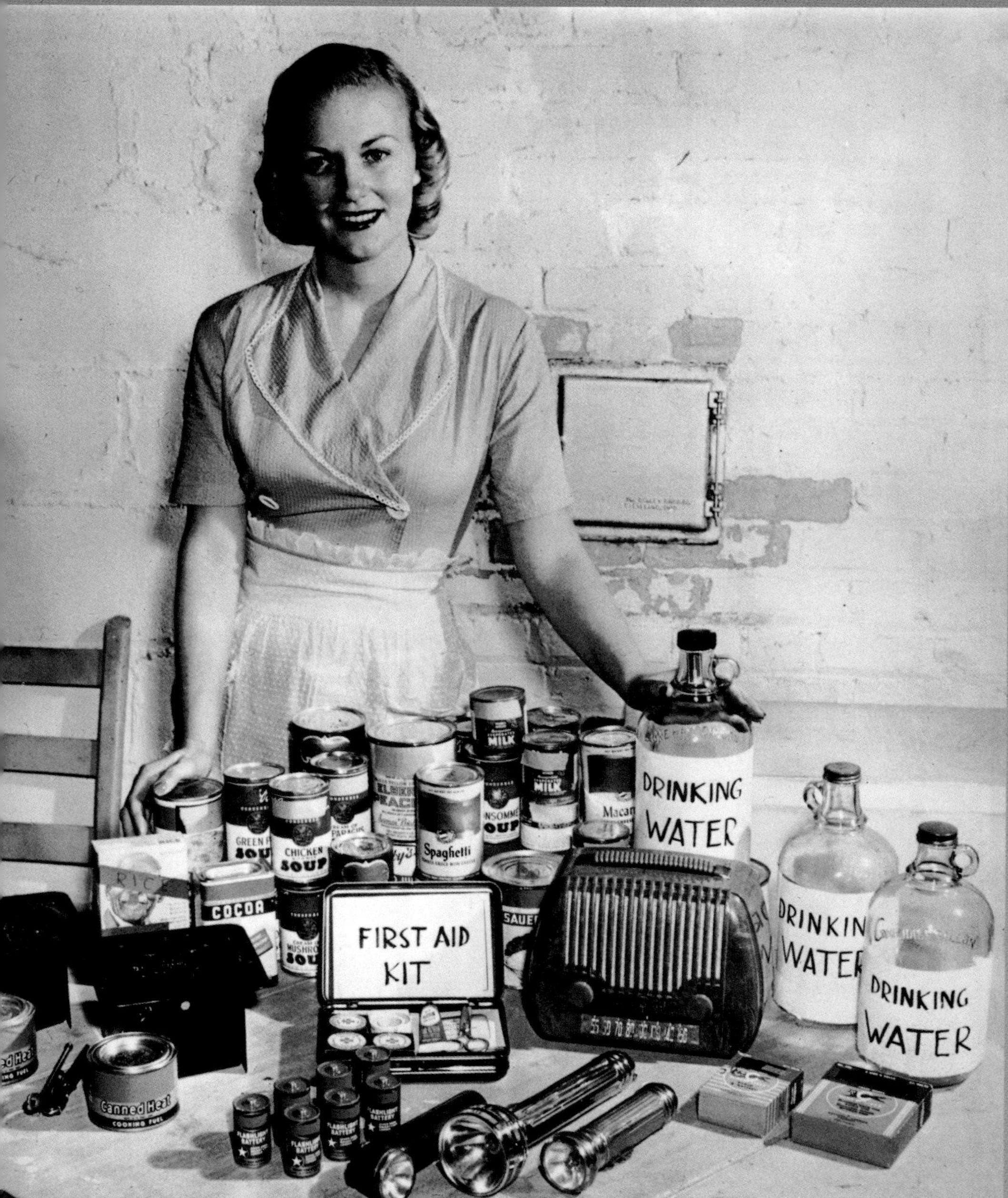
DRINKING WATER
CHICKEN SOUP
Spaghetti
MILK
FIRST AID KIT
DRINKING WATER
DRINKING WATER
Canned Heat
COOKING FUEL

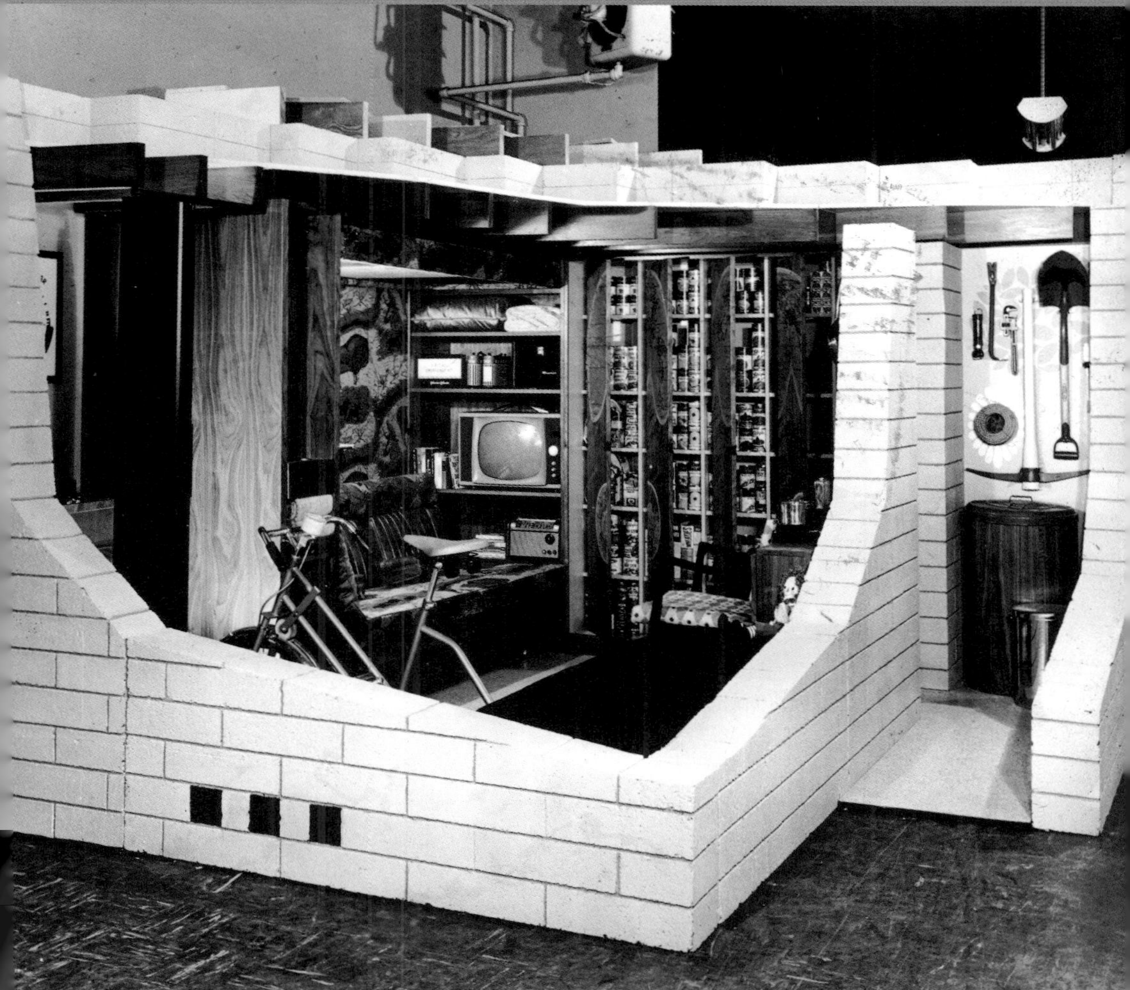

Las autoridades estadounidenses eran optimistas respecto a las probabilidades de resistencia a un ataque nuclear. *(Izquierda)* Imagen de un equipo de supervivencia para refugios nucleares que contiene todo lo necesario para subsistir durante los seis primeros meses posteriores a una explosión atómica. *(Arriba)* Imagen de un completo modelo de refugio nuclear.

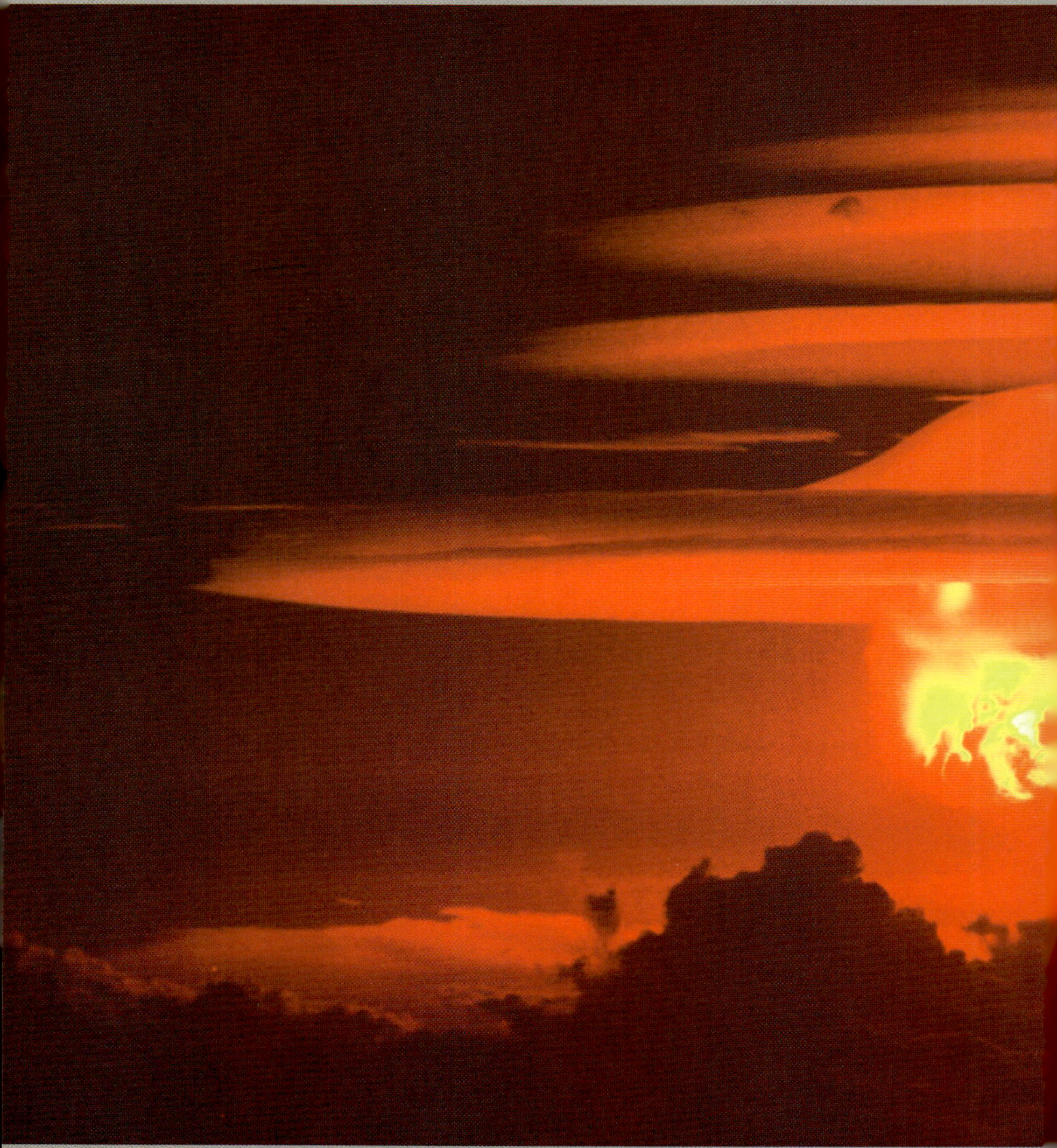

Una bola de fuego formada por gases en combustión se expande sobre el océano Pacífico tras la explosión

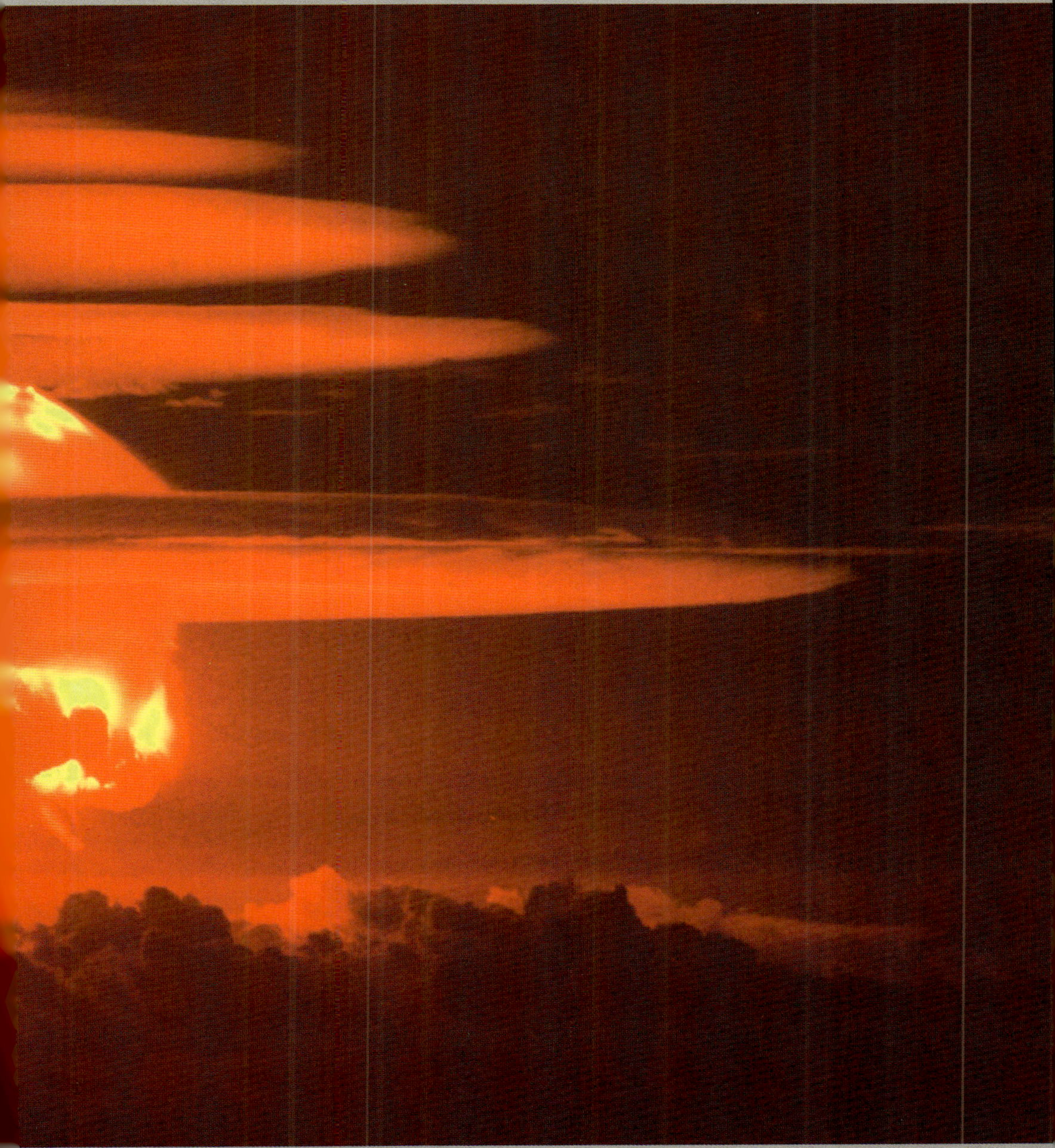

controlada por parte de Estados Unidos de su primera bomba de hidrógeno, en el atolón de Enewetak, en las (Islas Marshall, el 31 de octubre de 1952, misión conocida como Ivy Mike.

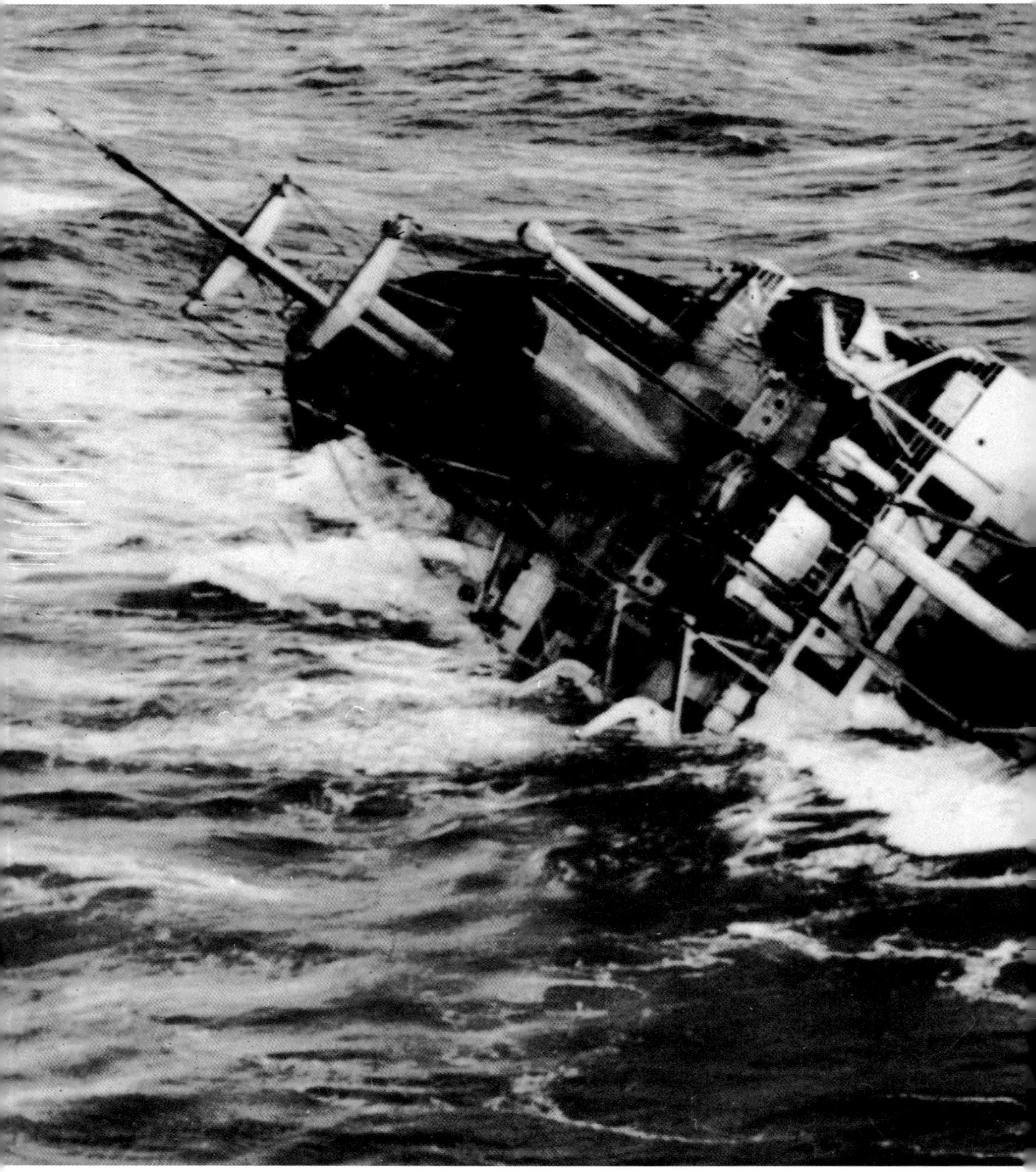

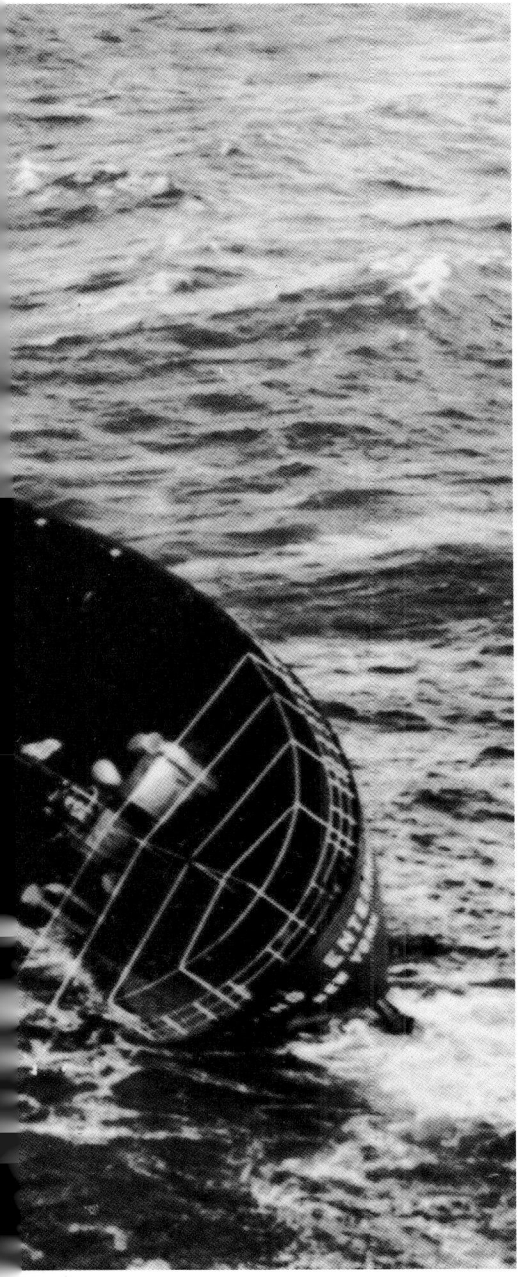

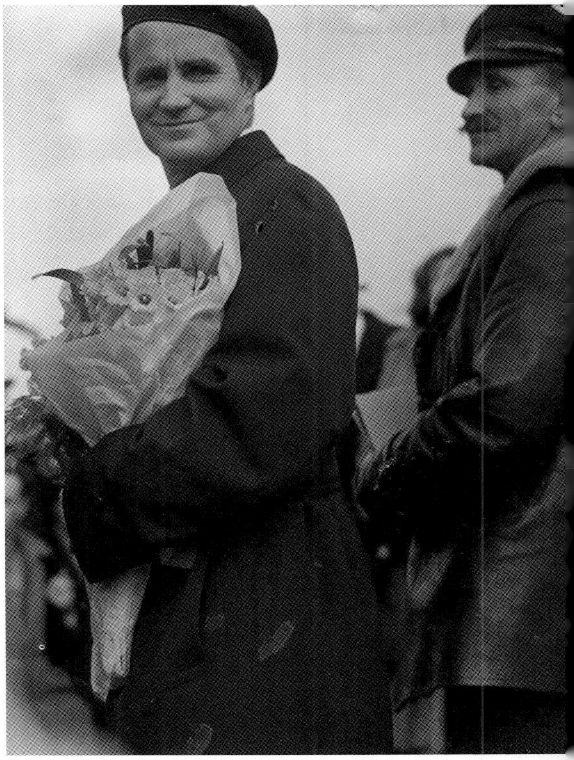

Mientras navegaba de Europa a Estados Unidos, el buque de carga Flying Enterprise se encontró en el norte del océano Atlántico con fuertes tempestades que le rompieron el casco. El capitán danés **Henrik Kurt Carlsen,** hizo todo lo posible por regresar al Reino Unido. A 64 kilómetros de Falmouth, el barco alcanzó una escora de 80 grados *(izquierda)* y la tripulación lo abandonó. Carlsen *(arriba)* resistió hasta el momento del naufragio, el 9 de enero de 1952.

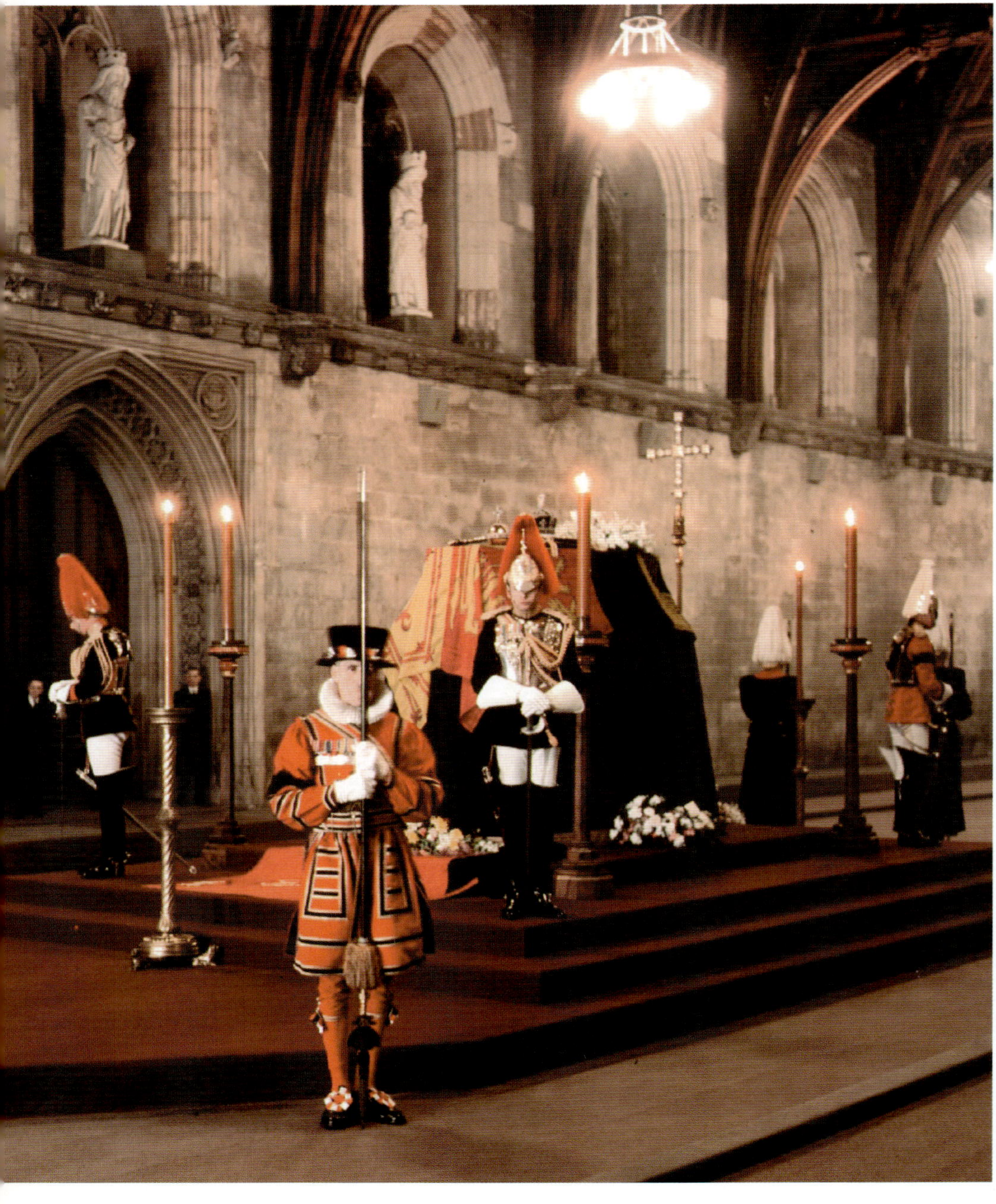

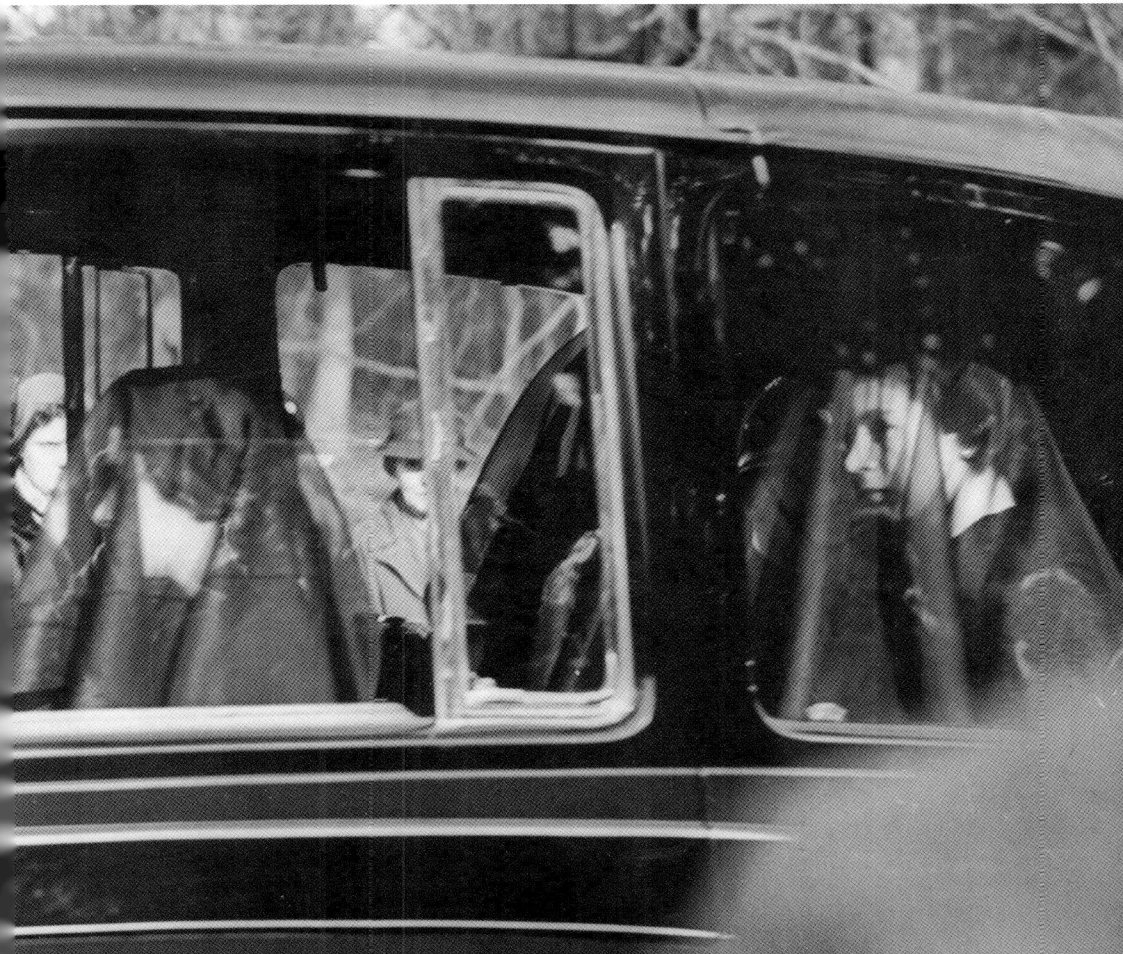

El rey de Inglaterra, **Jorge VI,** murió de cáncer del 6 de febrero de 1952. Su cuerpo permaneció varios días en la capilla ardiente de Westminster Hall *(izquierda)*, antes de ser enterrado a la capilla de San Jorge, en Windsor. *(Arriba)* Tras el fallecimiento, la futura **Isabel II** (derecha), se dirige a Westminster Hall con su hermana Margarita de Sandringham, el 11 de febrero.

1952

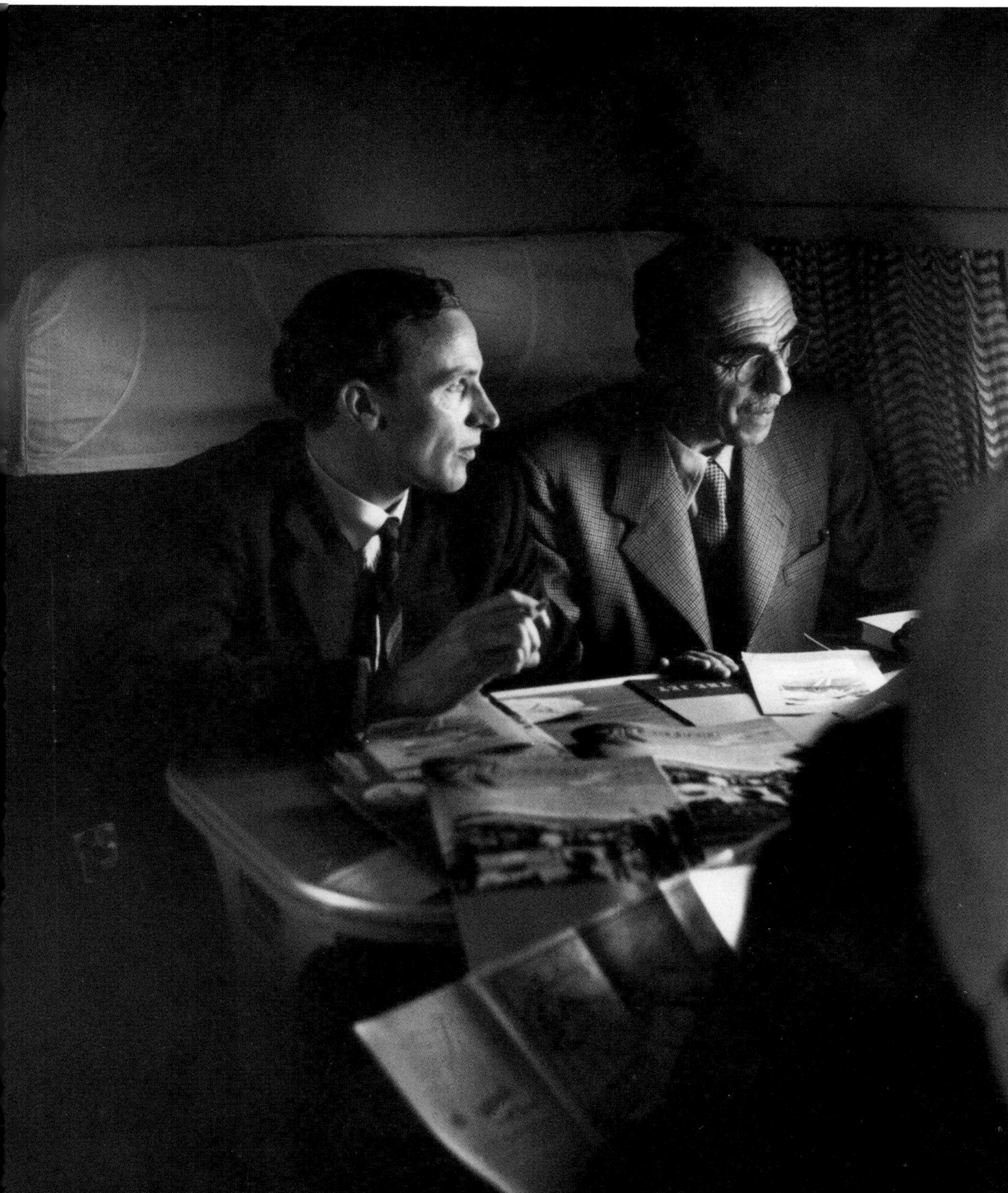

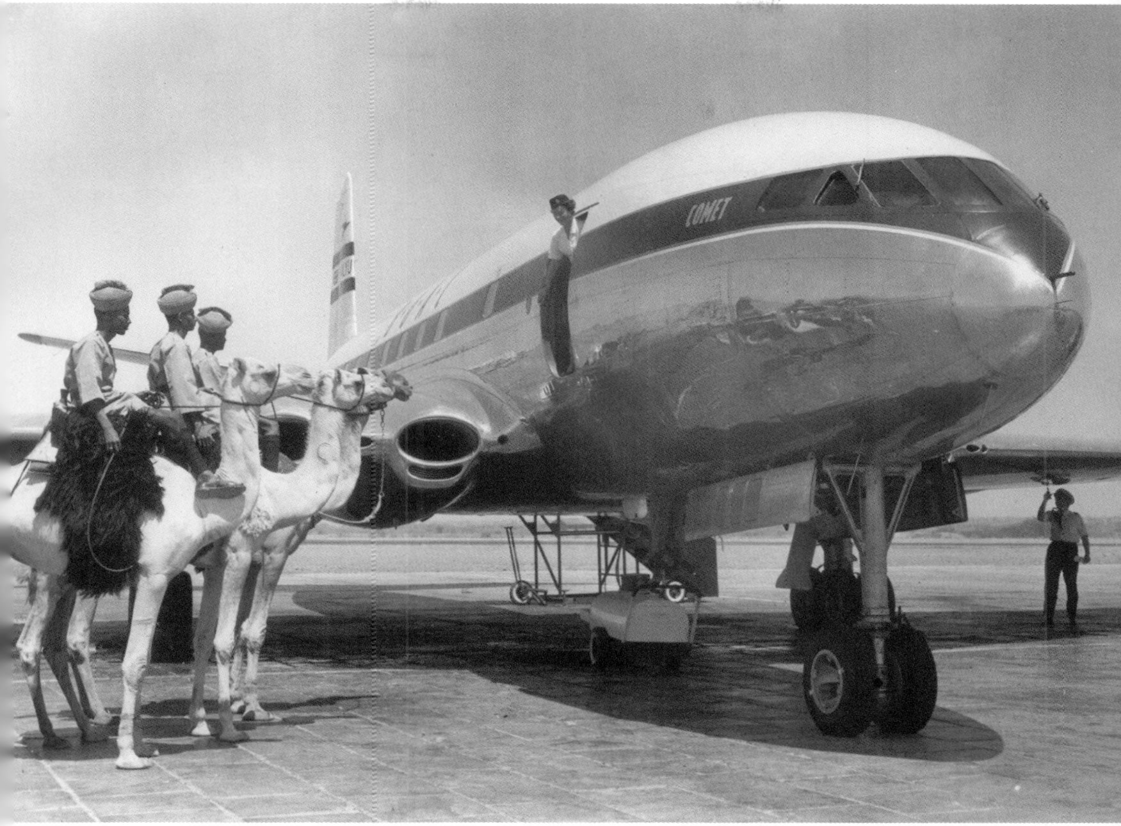

En abril de 1952, el primer avión a reacción de pasajeros del mundo, el ***Comet***, perteneciente a la compañía aérea pública británica BOAC, comenzó sus vuelos regulaes. Su primer vuelo programado recorrió el trayecto Londres (Heathrow)–Johannesburgo. En aquella época, un billete de ida y vuelta costaba 315 libras esterlinas y el vuelo, que cubría 11.000 kilómetros de distancia, duraba 23 horas y 40 minutos. *(Arriba)* El *Comet* hace una escala para repostar combustible en la ciudad sudanesa de Jartum. Al margen de esta parada, el avión también hacía escala en Roma, Beirut, Entebbe y Livingstone. *(Izquierda)* Dos pasajeros disfrutan de uno de los primeros vuelos del *Comet*.

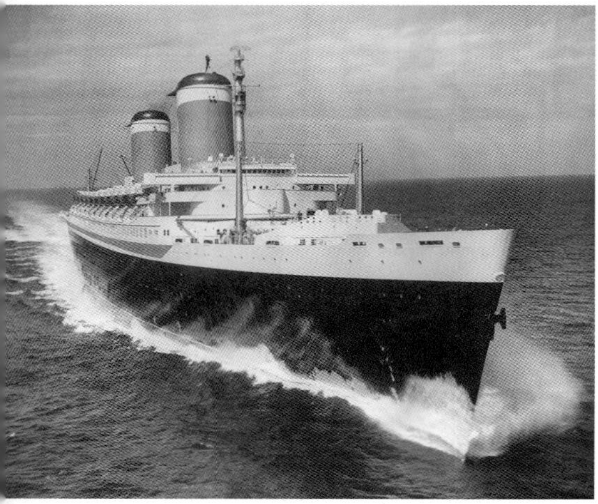

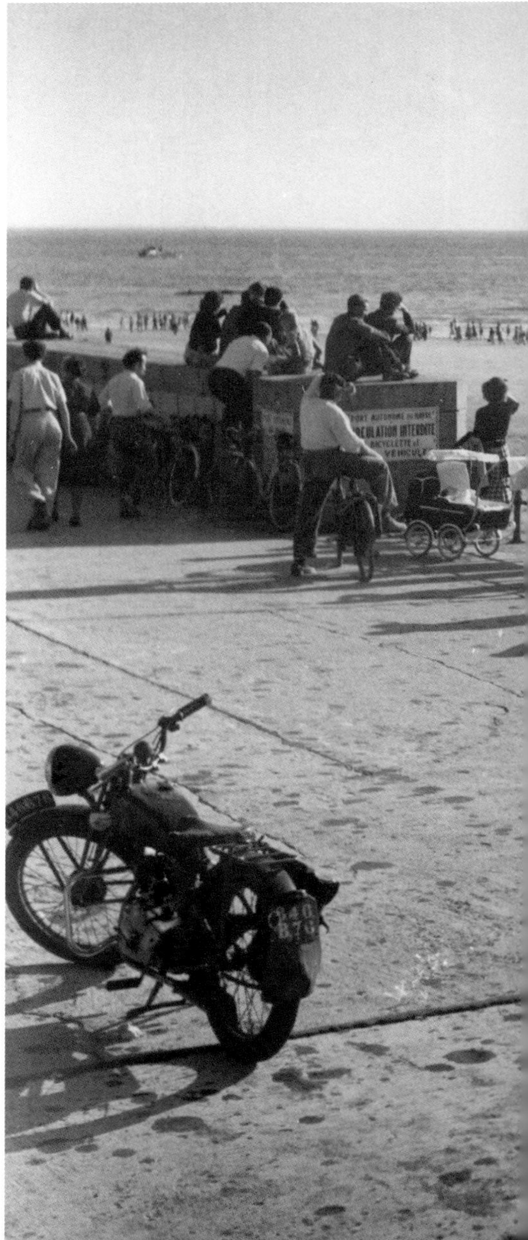

El ***SS United States*** *(arriba)* se convirtió en el nuevo portador de la Banda Azul tras lograr ser el navío más rápido en cruzar el océano Atlántico. Gracias a esta gesta un transatlántico estadounidense recuperó el récord después de sesenta años . *(Derecha)* El *United States* llega al puerto francés de Le Havre tras cruzar el océano en 3 días, 10 horas y 40 minutos a una velocidad media de 35,59 nudos.

1952

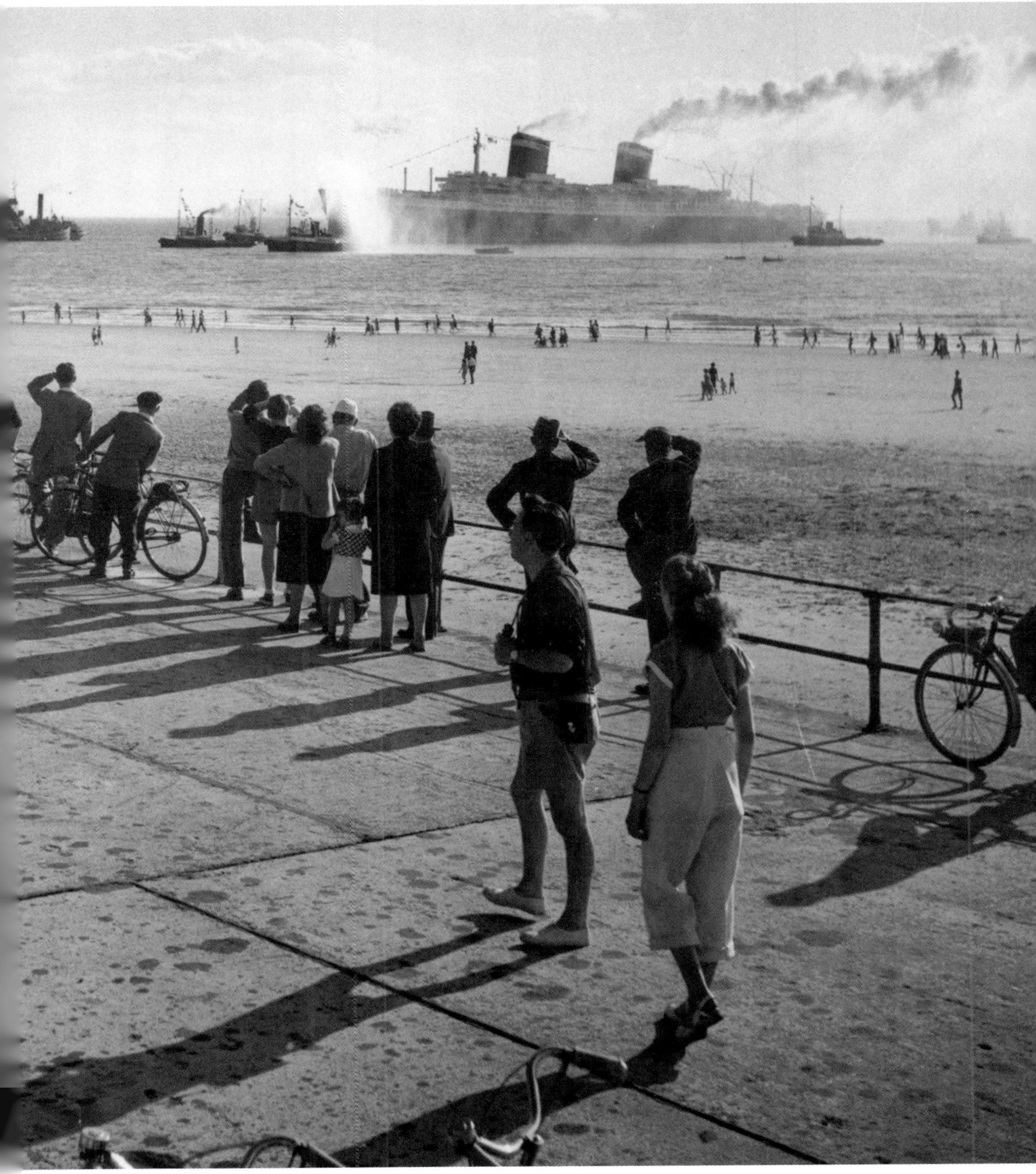

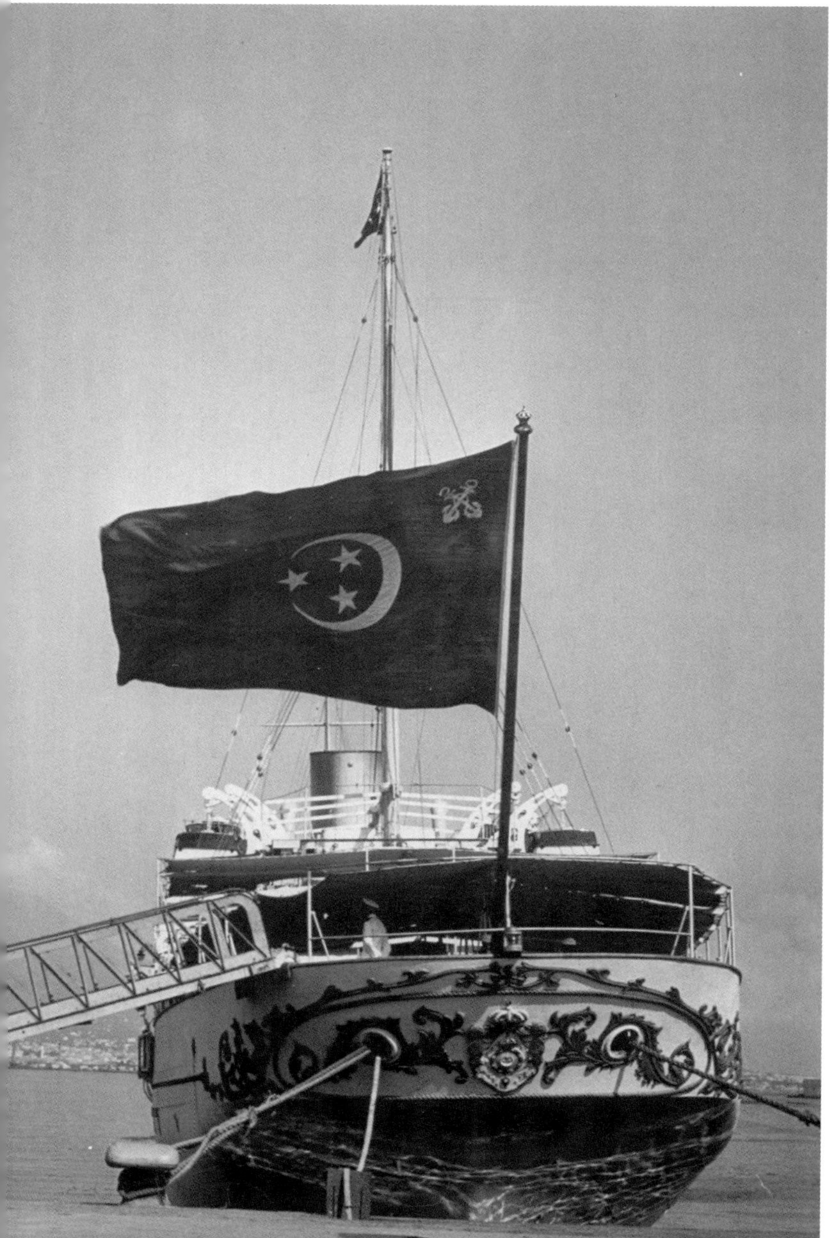

En Egipto, los acontecimientos se precipitaron en el verano de 1952. El día 23 de julio, el **general Muhammad Naguib** *(derecha)* derrocó al hedonista **rey Faruk** y se hizo con el poder. Tres días más tarde, el rey y su familia abandonaron el país a bordo del yate *Mahrusa* *(izquierda)* para exiliarse en Nápoles.

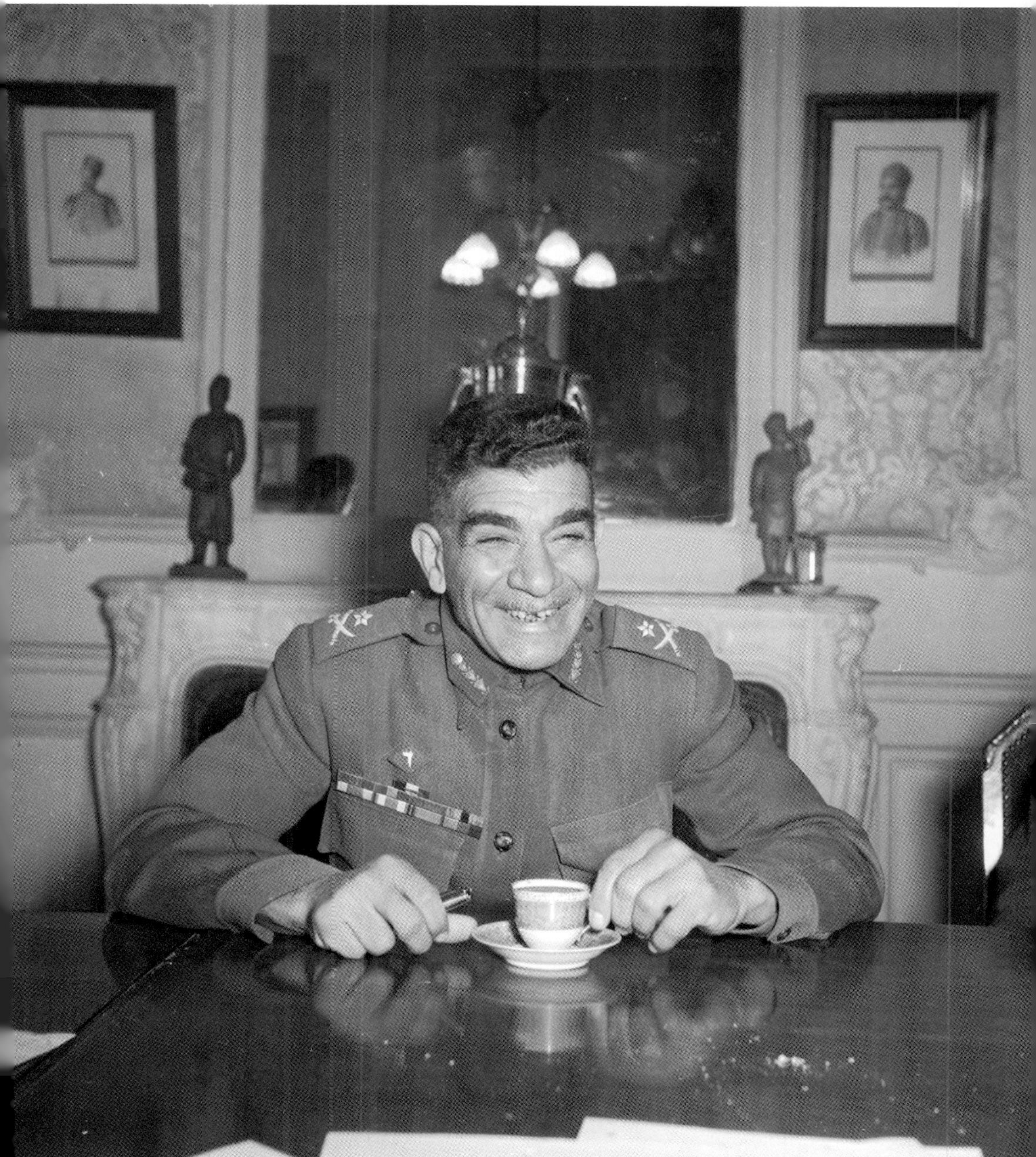

1952

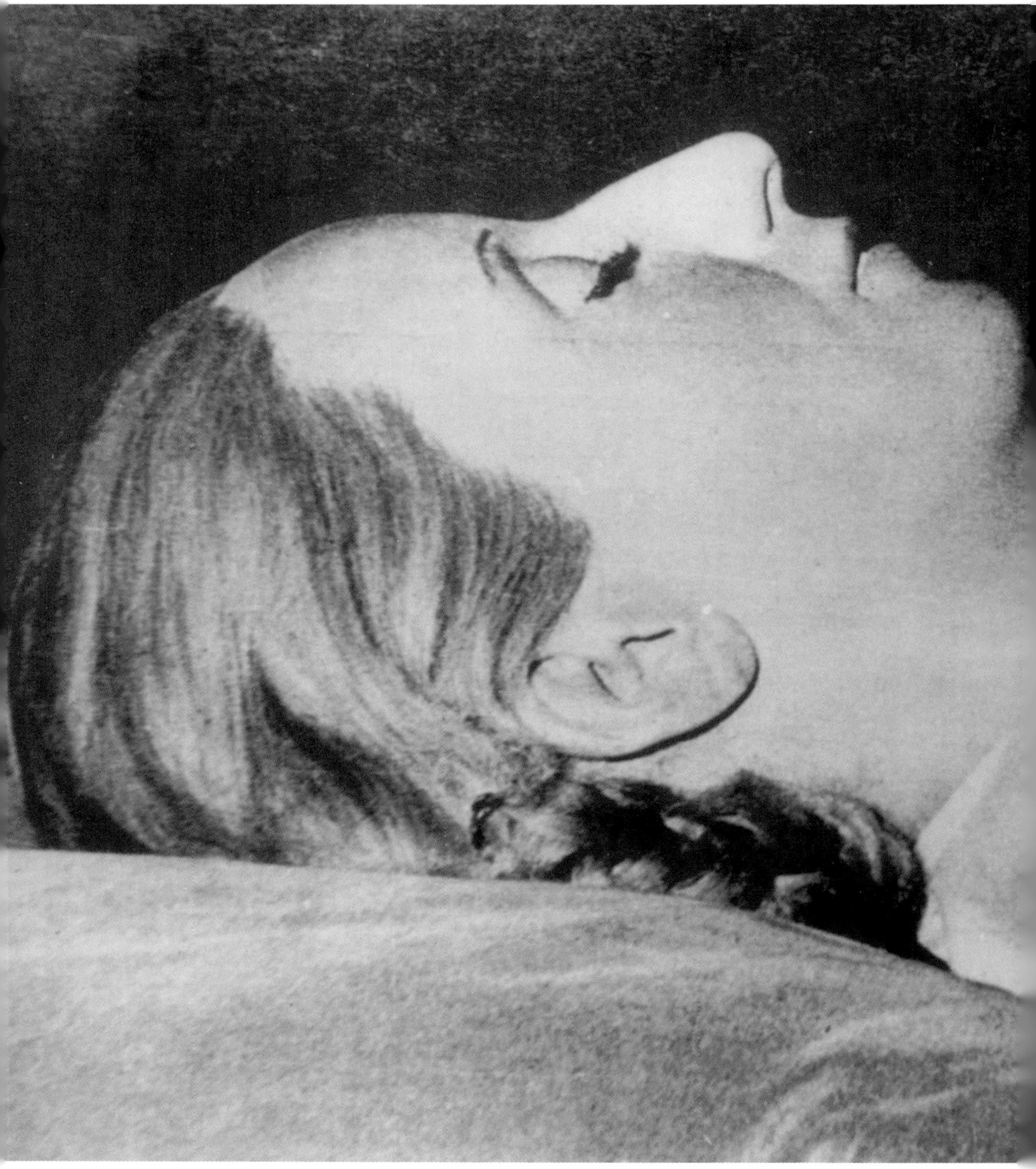

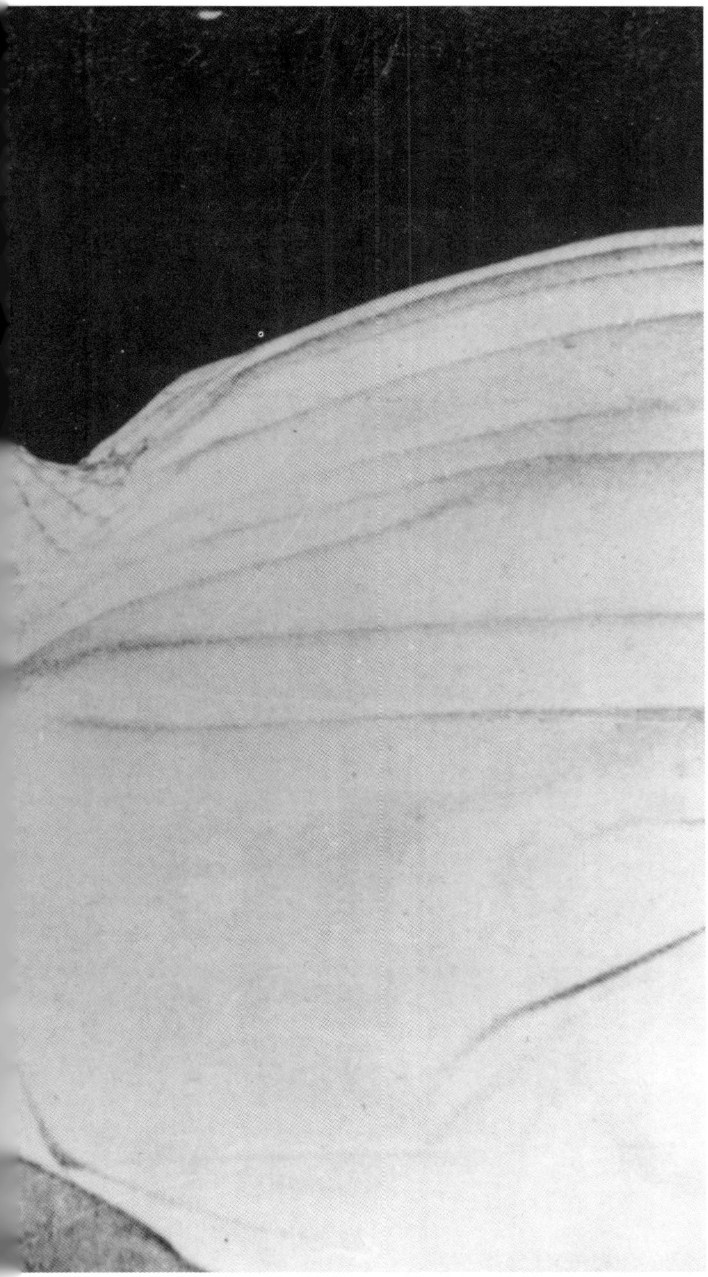

El cuerpo de la política argentina, **María Eva Duarte de Perón,** en la capilla ardiente. Su muerte de cáncer a los 33 años de edad se lloró en toda Argentina, donde había sido una de las figuras políticas más influyentes de los últimos años. Sin duda, en tanto que «líder espiritual de la nación» durante el segundo mandato presidencial de su esposo, fue tan poderosa como él, gracias al apoyo que recibió de los sindicatos, la Fundación Eva Perón y el Partido Peronista Femenino.

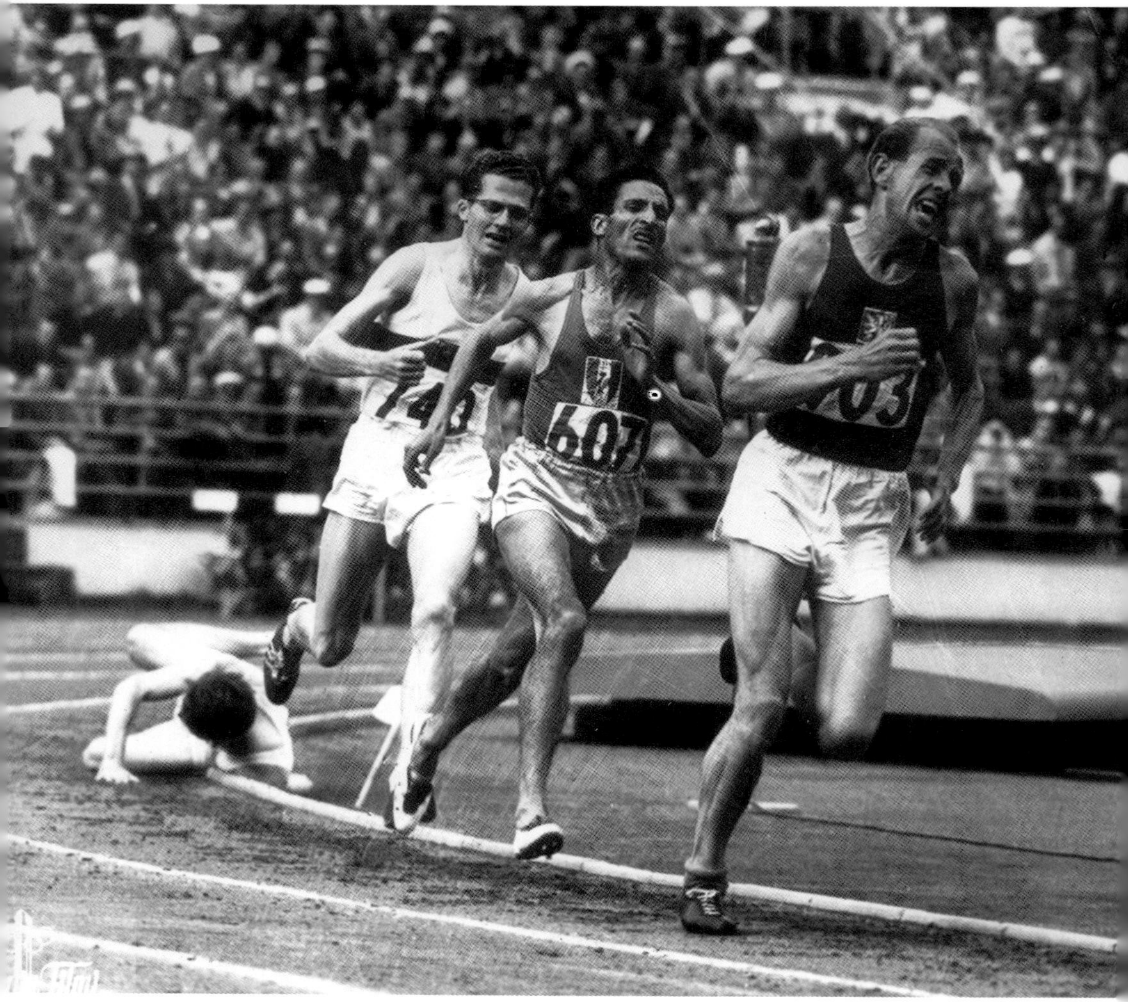

Los Juegos Olímpicos de 1952 se celebraron en Helsinki. Tras la finalización de la Segunda Guerra Mundial, se levantó el veto a Alemania y Japón. Al final de la competición, la delegación de Estados Unidos lideró el medallero con 40 oros, 19 platas y 17 bronces. *(Arriba)* El atleta checoslovaco **Emil Zátopek,** la estrella de los Juegos, se coloca en primera posición en la prueba de 5.000 metros lisos en la que finalmente se haría con la victoria al igual que en los 10.000 metros lisos y en la maratón. *(Derecha)* El jinete danés **Rusaek-Nielsen** se cae del caballo al saltar una valla durante una prueba hípica de resistencia campo a través.

1952

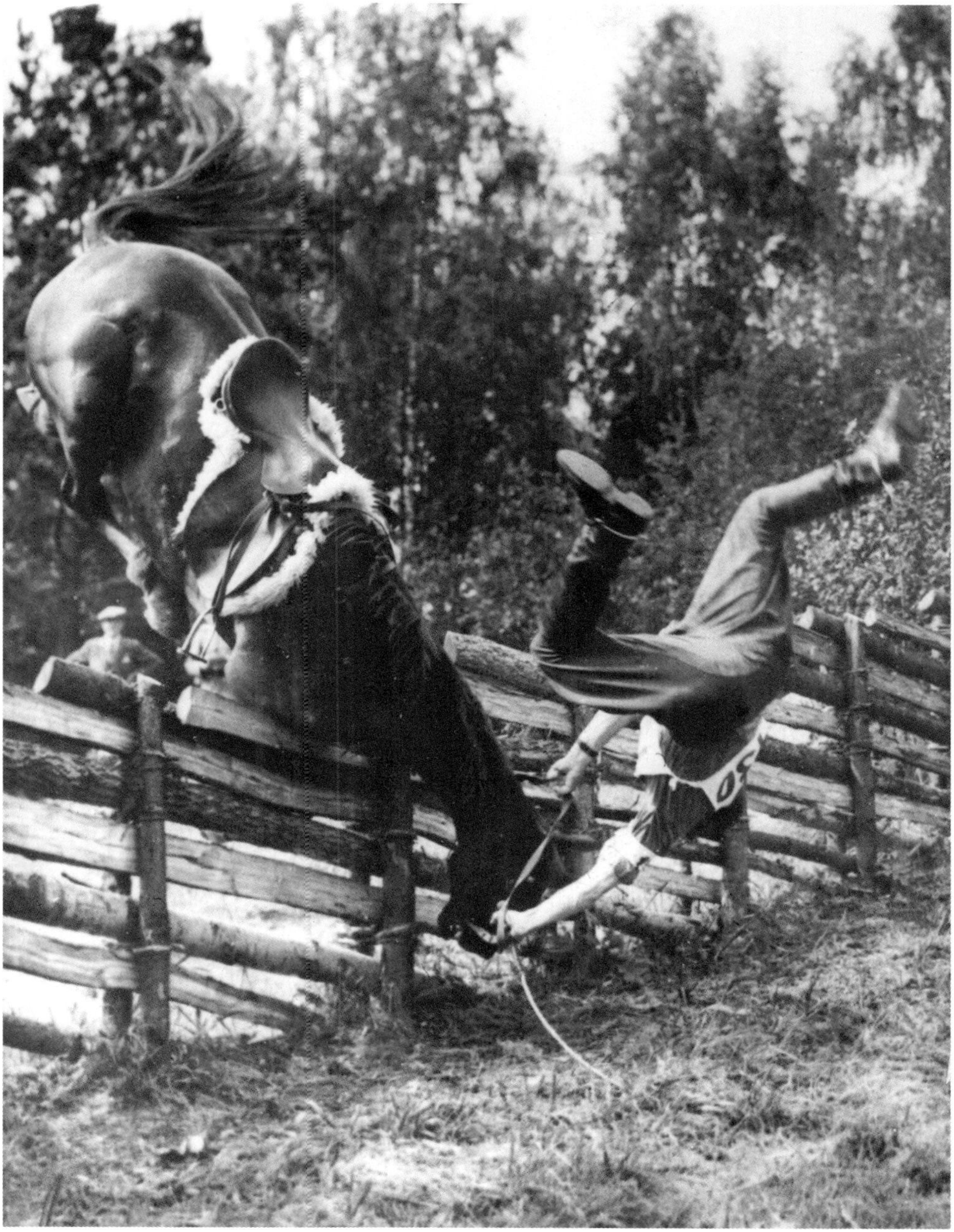

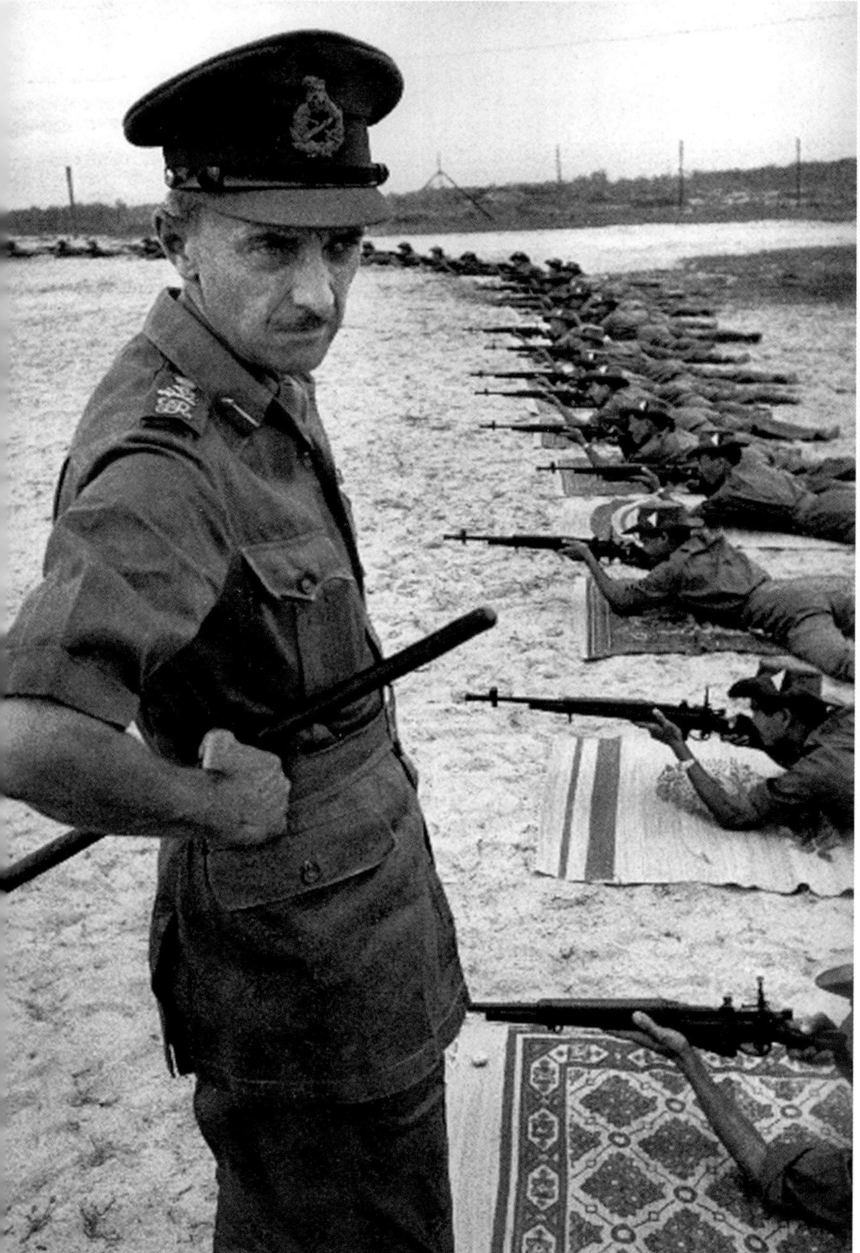

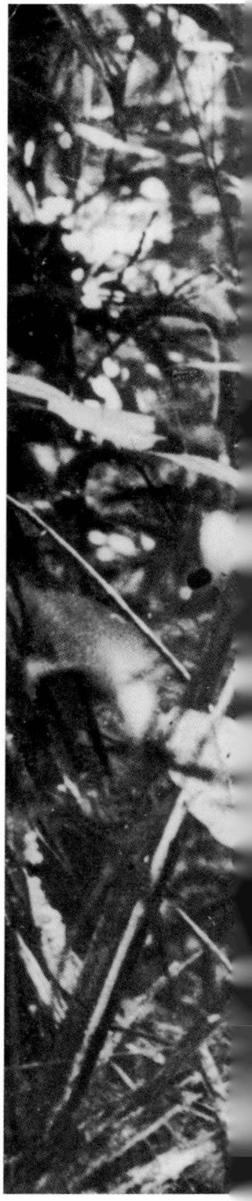

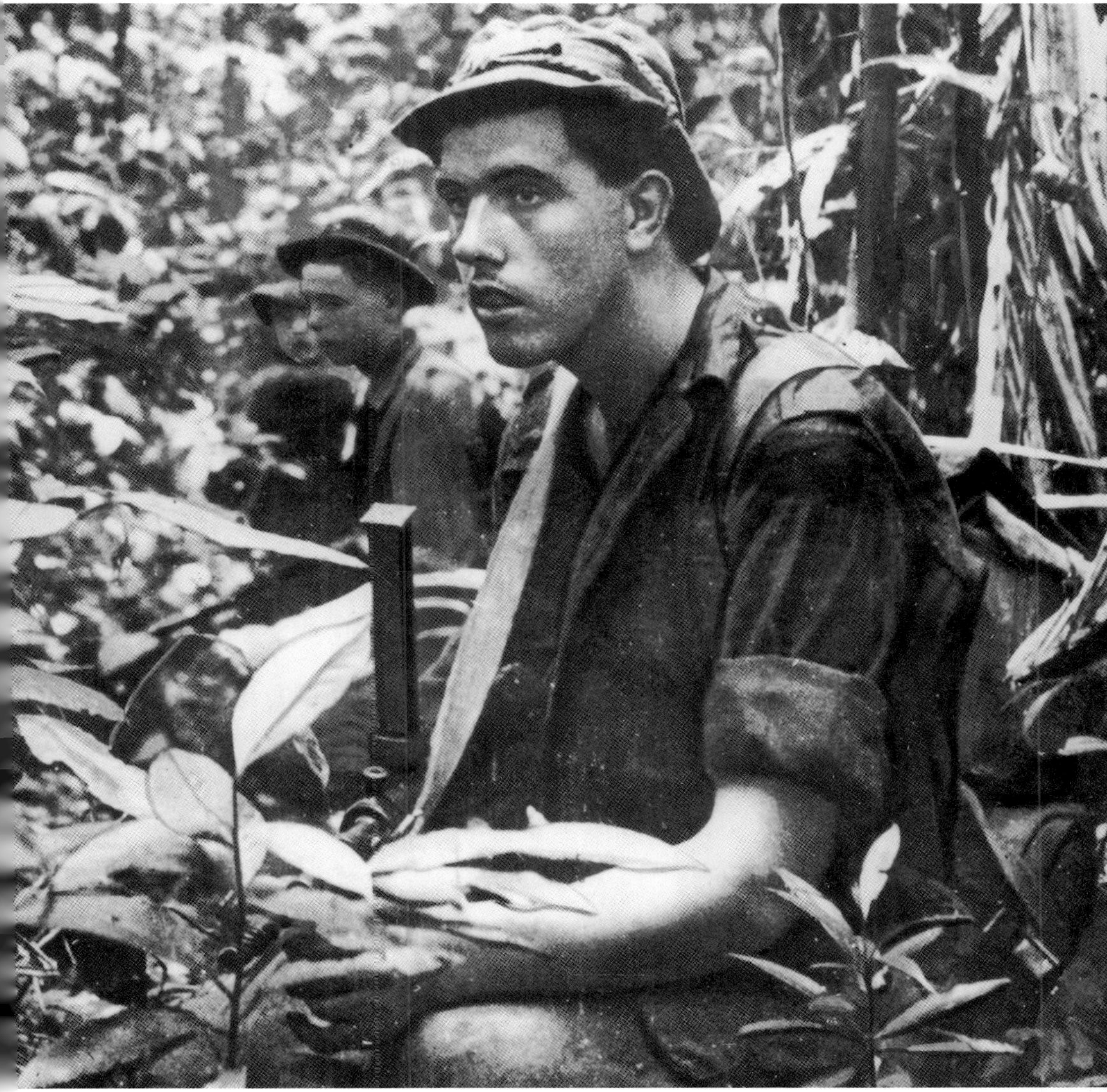

Algunas de las últimas campañas del Imperio británico las protagonizaron los jóvenes **reclutas** que sirvieron a su país durante dos durísimos años. *(Izquierda)* El general Gerald Templer supervisa un entrenamiento de manejo de fusiles. *(Arriba)* Un sargento curtido en la batalla y los jóvenes soldados de su sección patrullan por la selva malasia de Malaca, en septiembre de 1952.

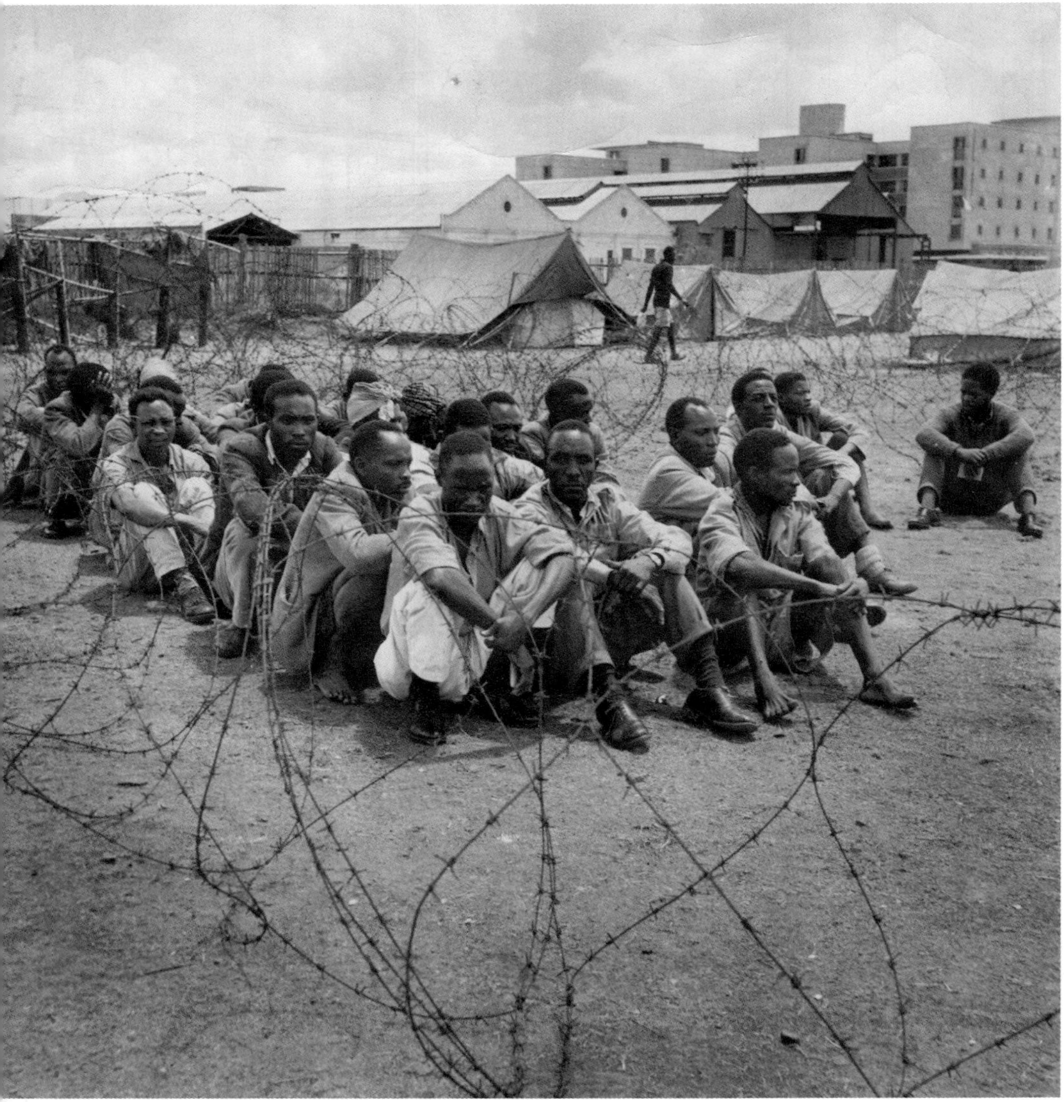

La lucha de Kenia por la libertad y la independencia se tornó violenta cuando la organización secreta **Mau-Mau** empezó a atacar y asesinar a colonos blancos. *(Derecha)* Un miembro de la policía keniana detiene a un sospechoso de pertenecer a la organización, el 29 de noviembre de 1952. *(Arriba)* Un grupo de prisioneros de la Mau-Mau son retenidos en un «campo especial», cerca de Nairobi.

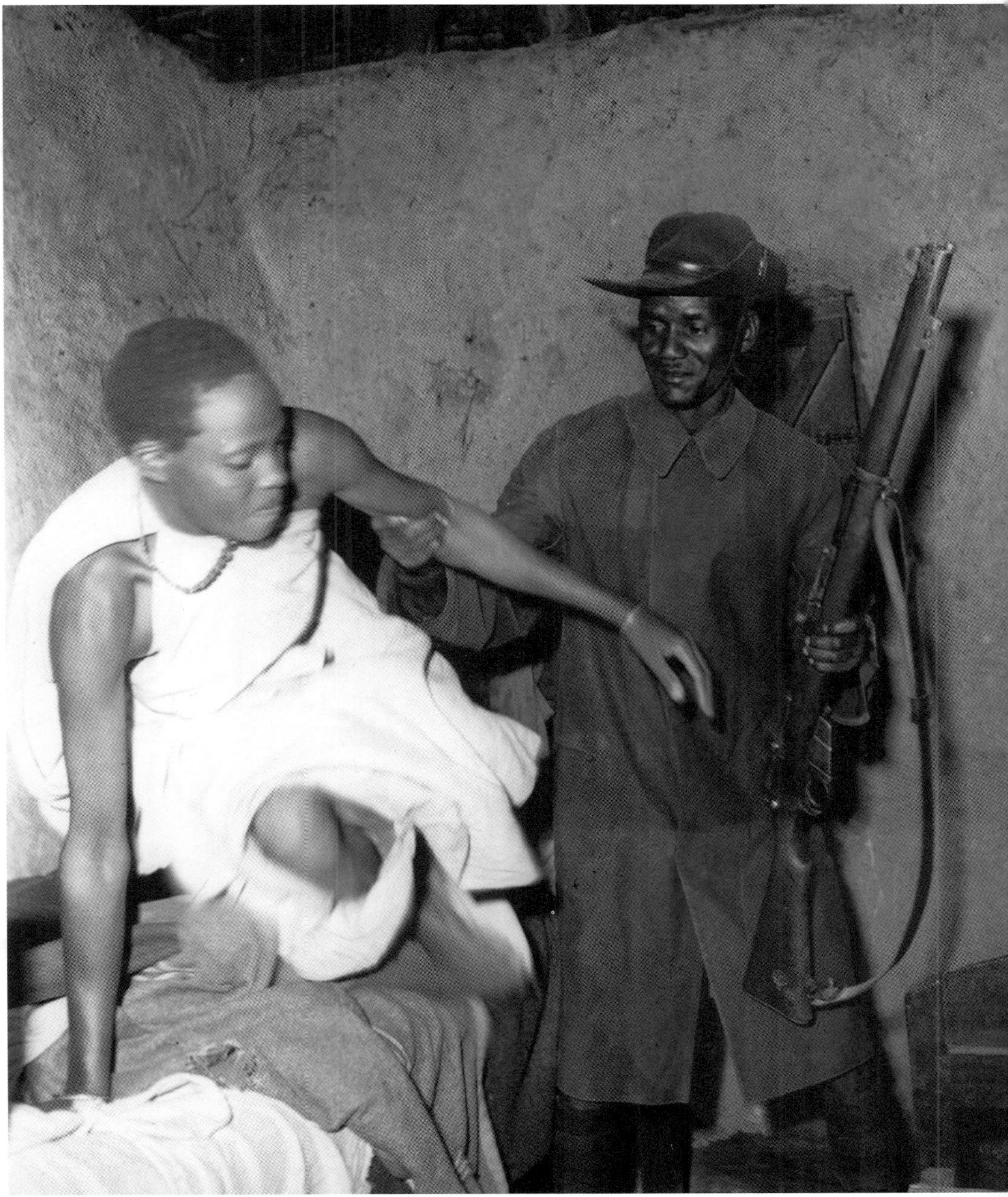

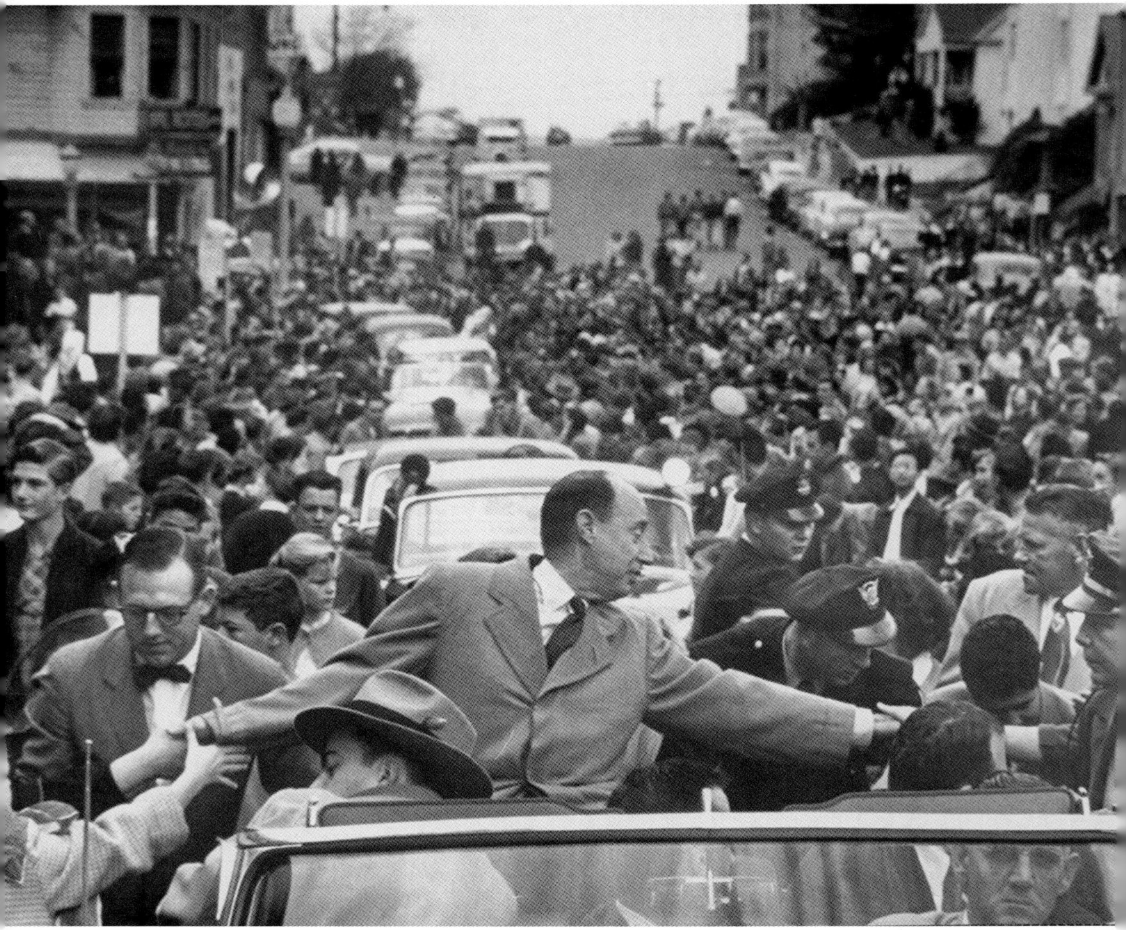

Dwight David Eisenhower volvió al poder tras arrasar en las elecciones presidenciales de Estados Unidos. Su oponente fue el candidato demócrata Adlai Ewing Stevenson. *(Arriba)* Stevenson hace campaña en la ciudad californiana de Vallejo, en octubre de 1952. *(Derecha)* Eisenhower, más conocido por el seudónimo de «Ike», muestra en público su confianza en la victoria final durante un acto en Atlanta, en el estado de Georgia. Durante esta campaña, su candidato a la vicepresidencia fue el futuro presidente, Richard Nixon.

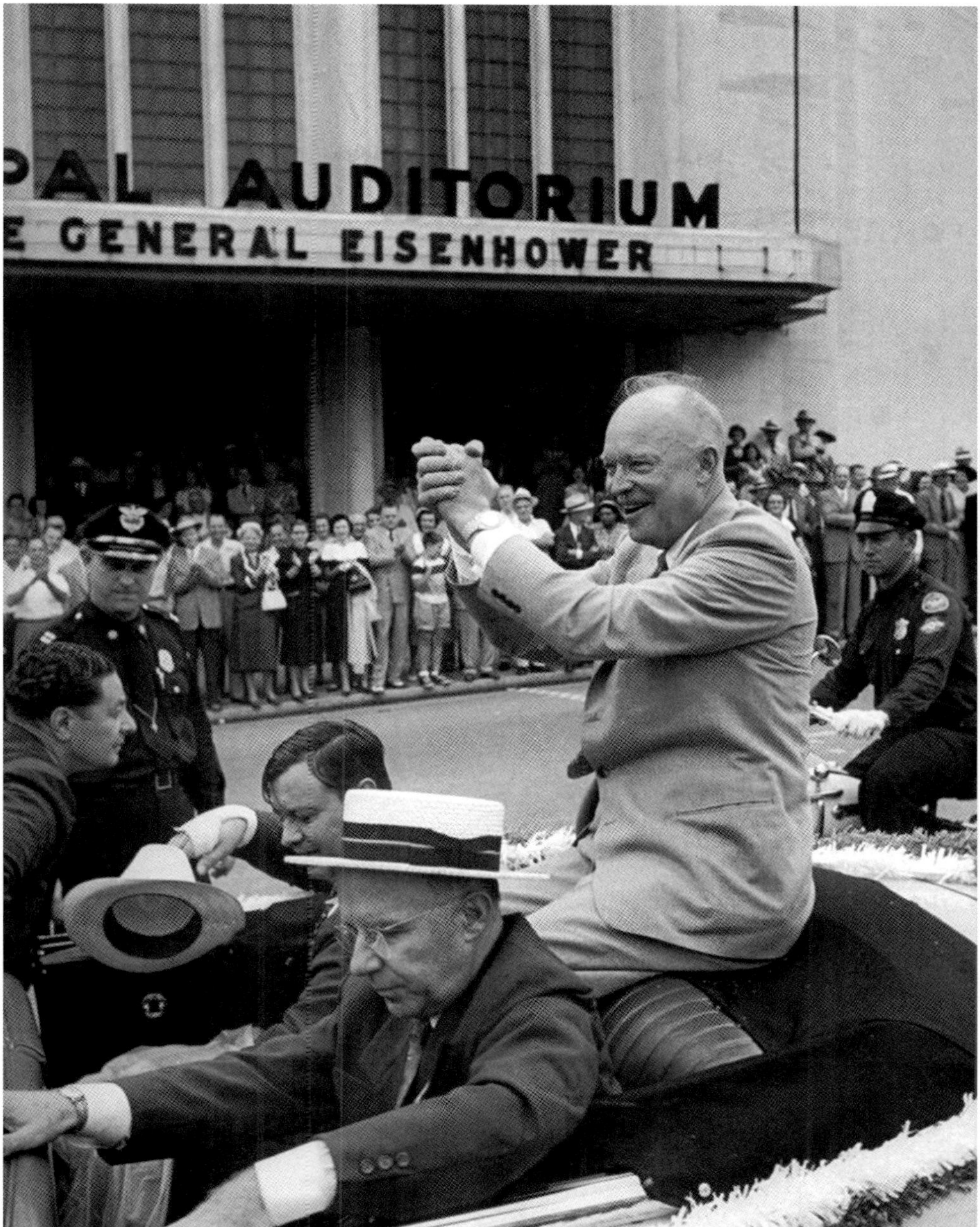
PAL AUDITORIUM
E GENERAL EISENHOWER

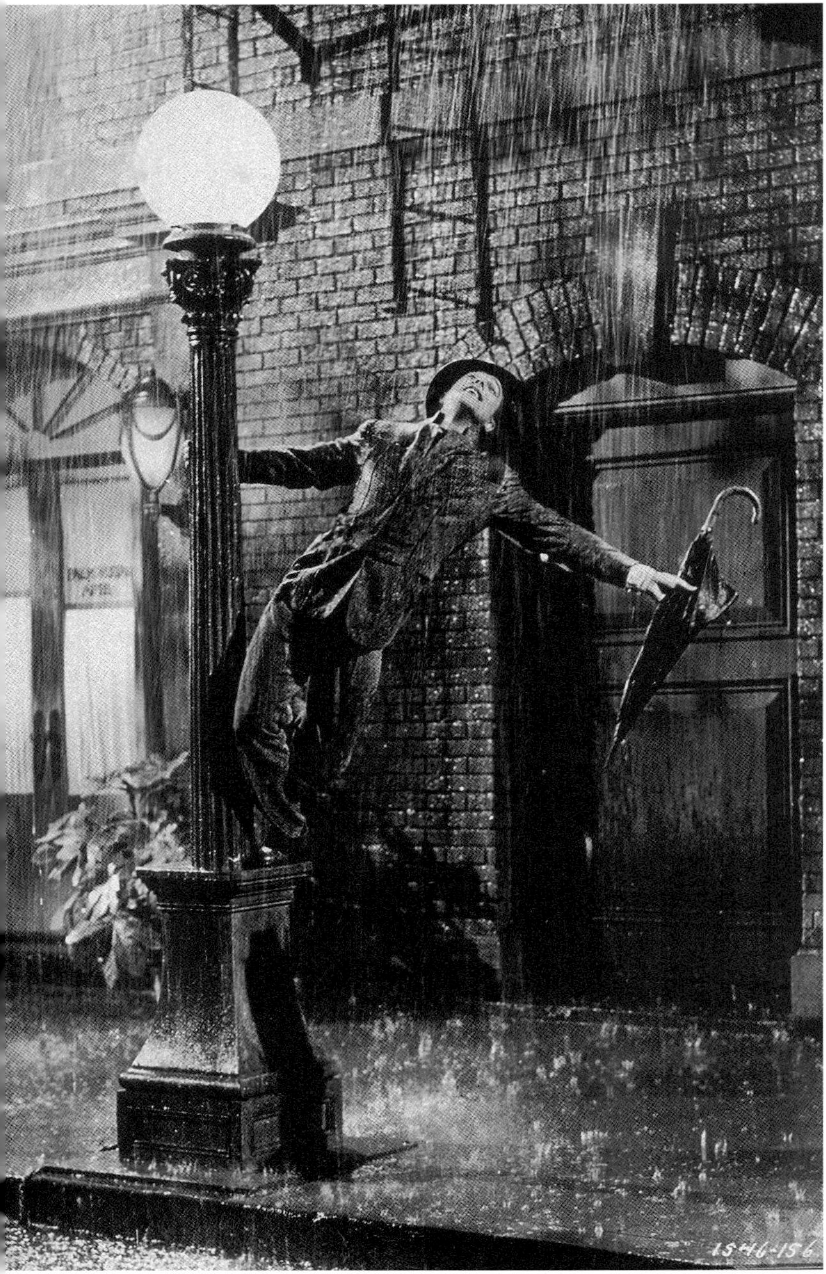

El actor y director Charlie Chaplin ganó un Oscar en 1952 por la música que compuso para su película ***Candilejas*** *(derecha)*. En los estudios de la Metro Goldwyn Mayer, algunos de los técnicos y artistas cinematográficos más brillantes del momento crearon el mejor filme musical de todos los tiempos: ***Cantando bajo la lluvia.*** *(Izquierda)* Gene Kelly, durante el número que da título a la película.

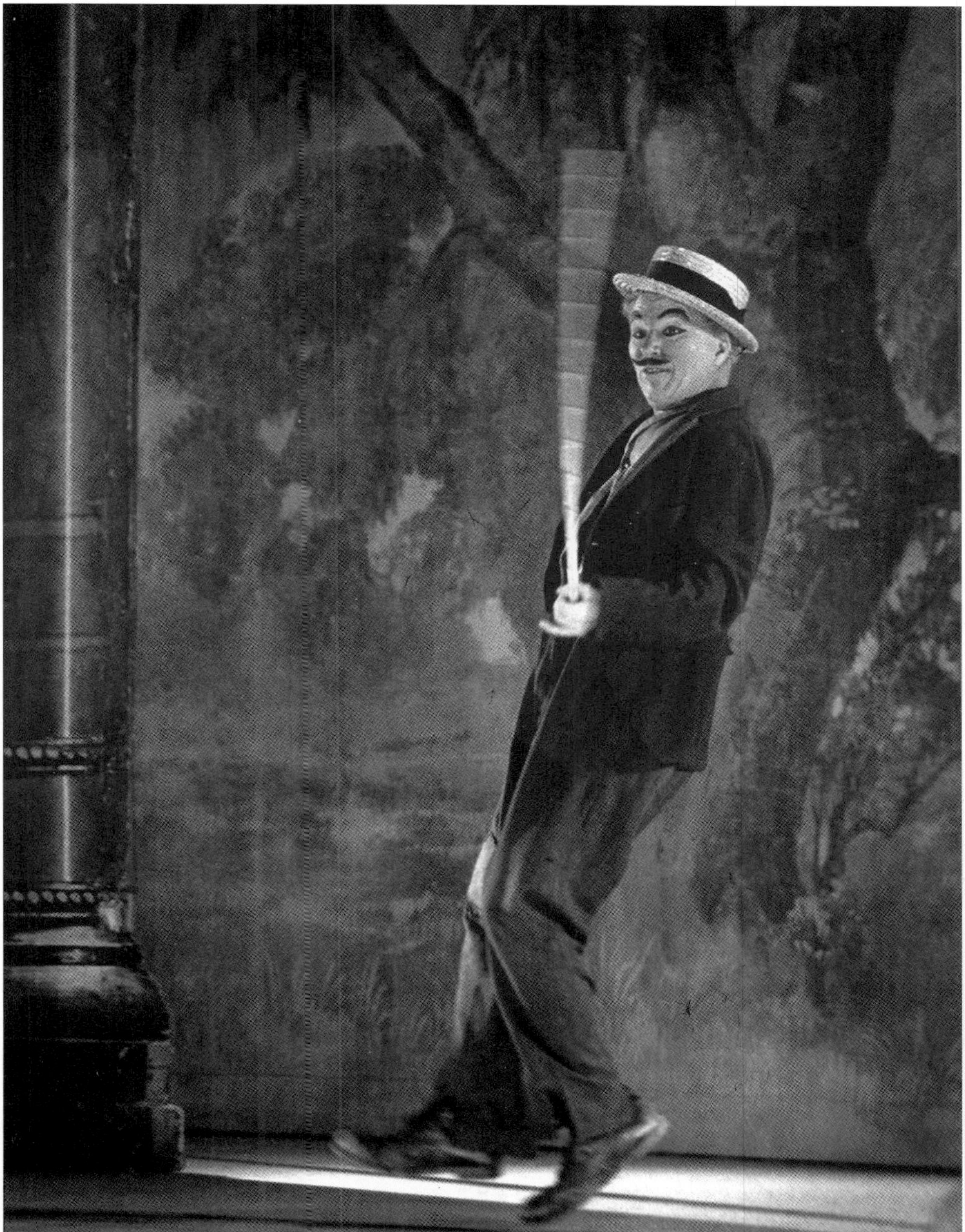

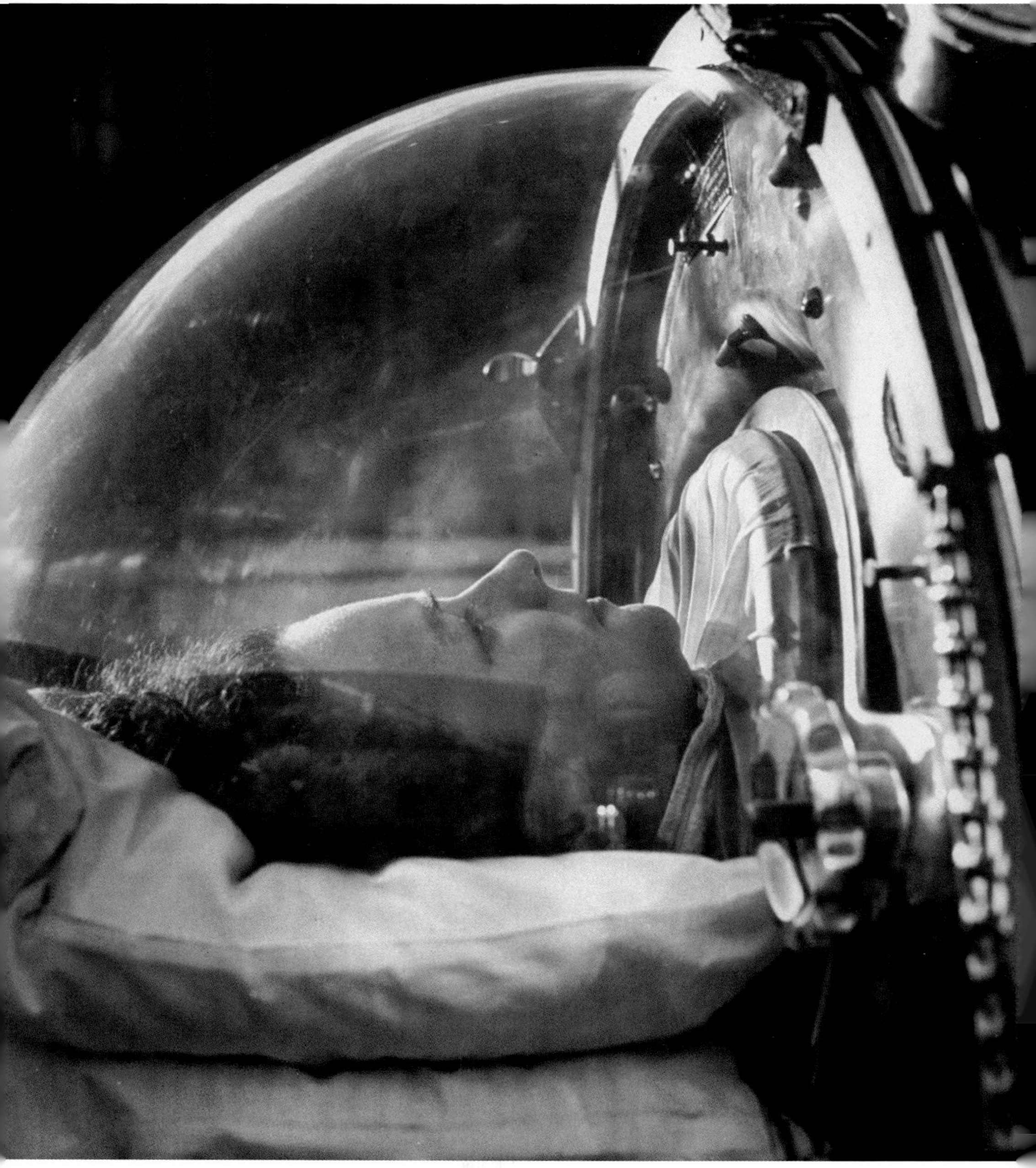

La poliomielitis, una grave enfermedad que afectaba sobre todo a los niños, seguía constituyendo un grave problema a principios de la década de 1950. Por desgracia, los que la sufrían quedaban condenados a la parálisis y, con frecuencia, debían permanecer confinados en un **pulmón de acero** *(izquierda)*. Por entonces, había grandes esperanzas puestas en el descubrimiento de algún método para curarla o prevenirla.

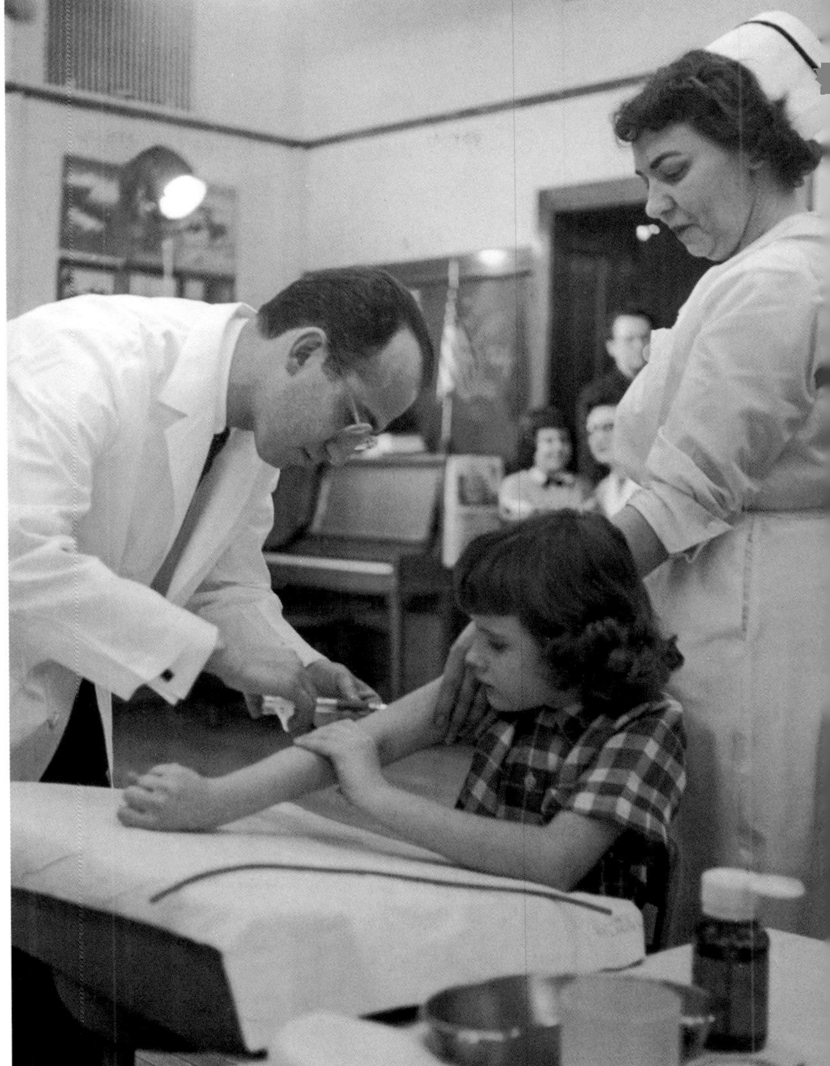

Finalmente, el ansiado avance llegó en 1953, con el descubrimiento de una vacuna universal que permitía la inmunización total. *(Arriba)* El doctor estadounidense **Jonas Salk,** descubridor de la vacuna, trata a una niña.

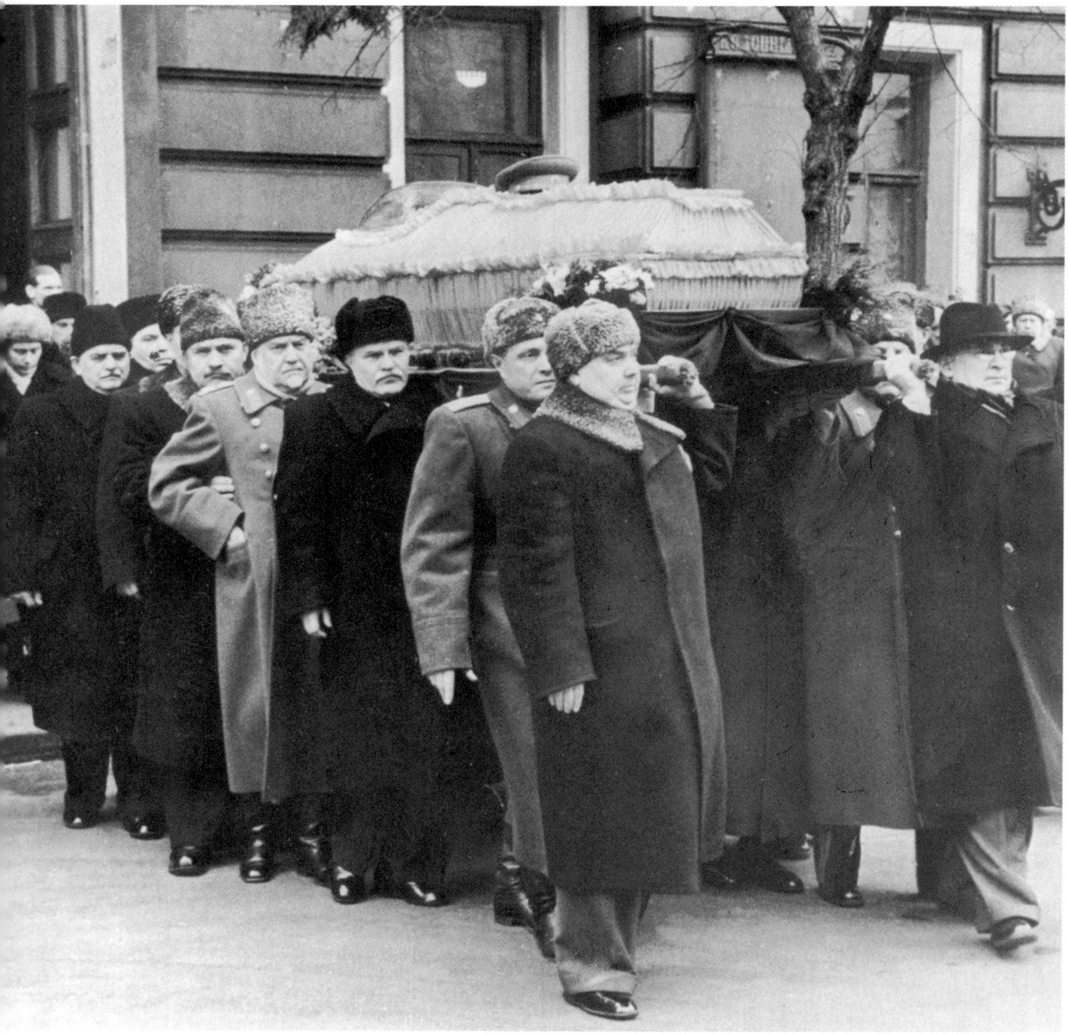

(Arriba) A rey muerto... (De izquierda a derecha) Los altos mandatarios rusos Nikolái Mijáilovich Shvernik, Lázar Moiséievich Kagánovich, Nikolái Bulganin, Viacheslav Mijaílovich Molotov, Vasili Stalin y Gueorgui Maximiliánovich Malenkov sacan a hombros de la Casa de los Sindicatos (Moscú) el **ataúd de Iósif Vissariónovich Stalin.** El ministro del Interior, Lavrenti Pávlovich Beria (primero por la derecha), fue ejecutado nueve meses más tarde. *(Derecha)*...rey puesto. La **reina Isabel II** entra en el Palacio de Buckingham tras su coronación, el 2 de junio de 1953.

1953

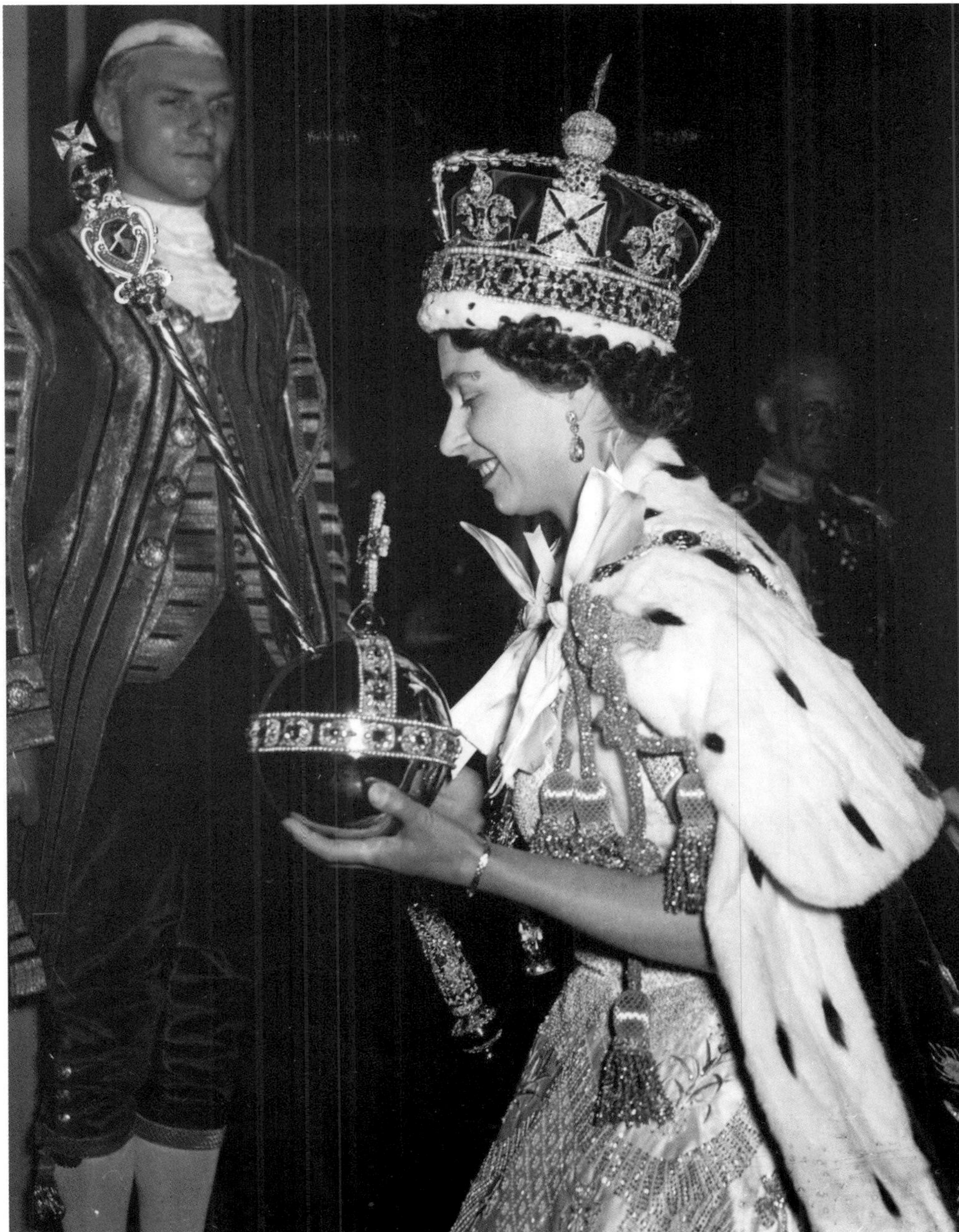

1953

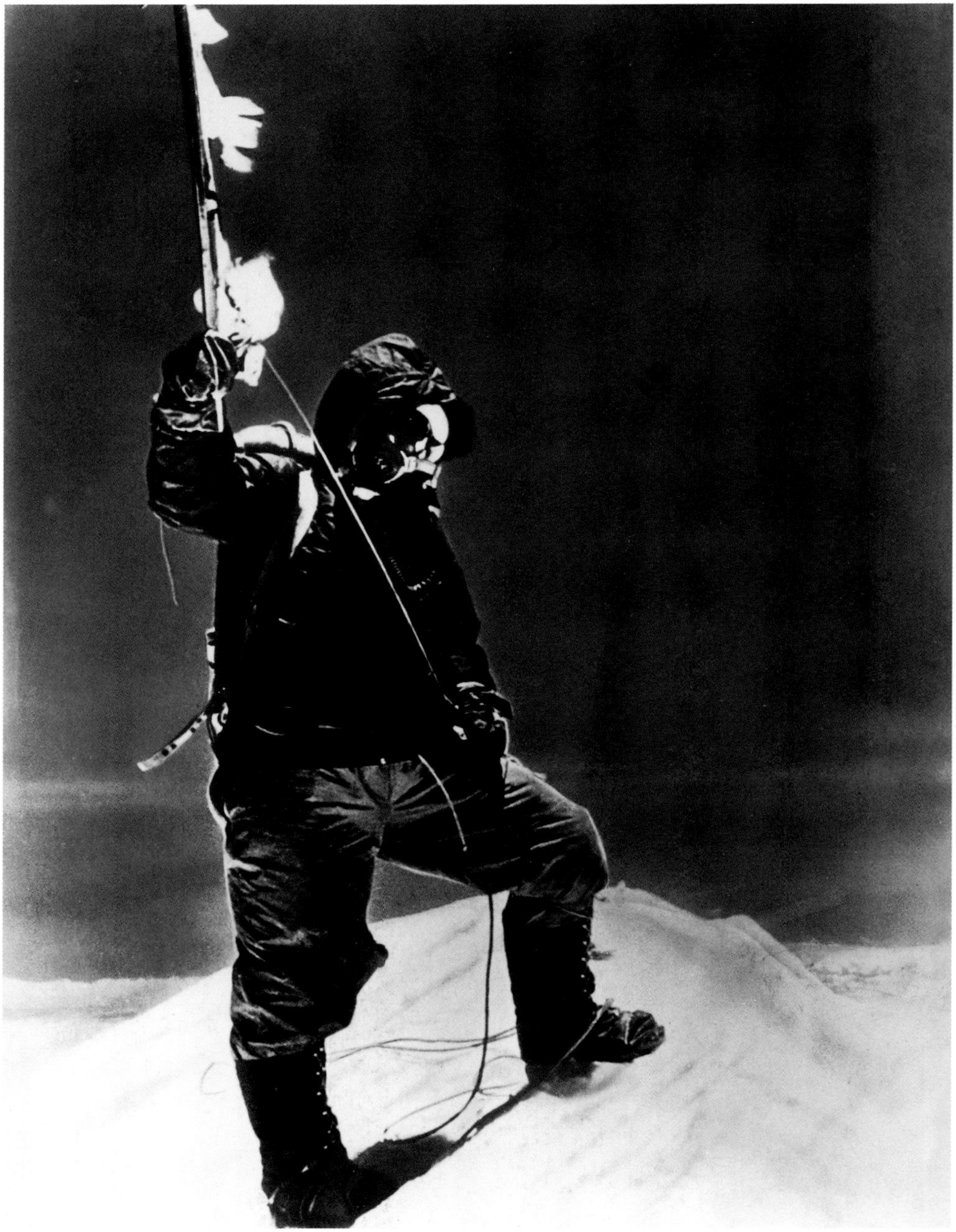

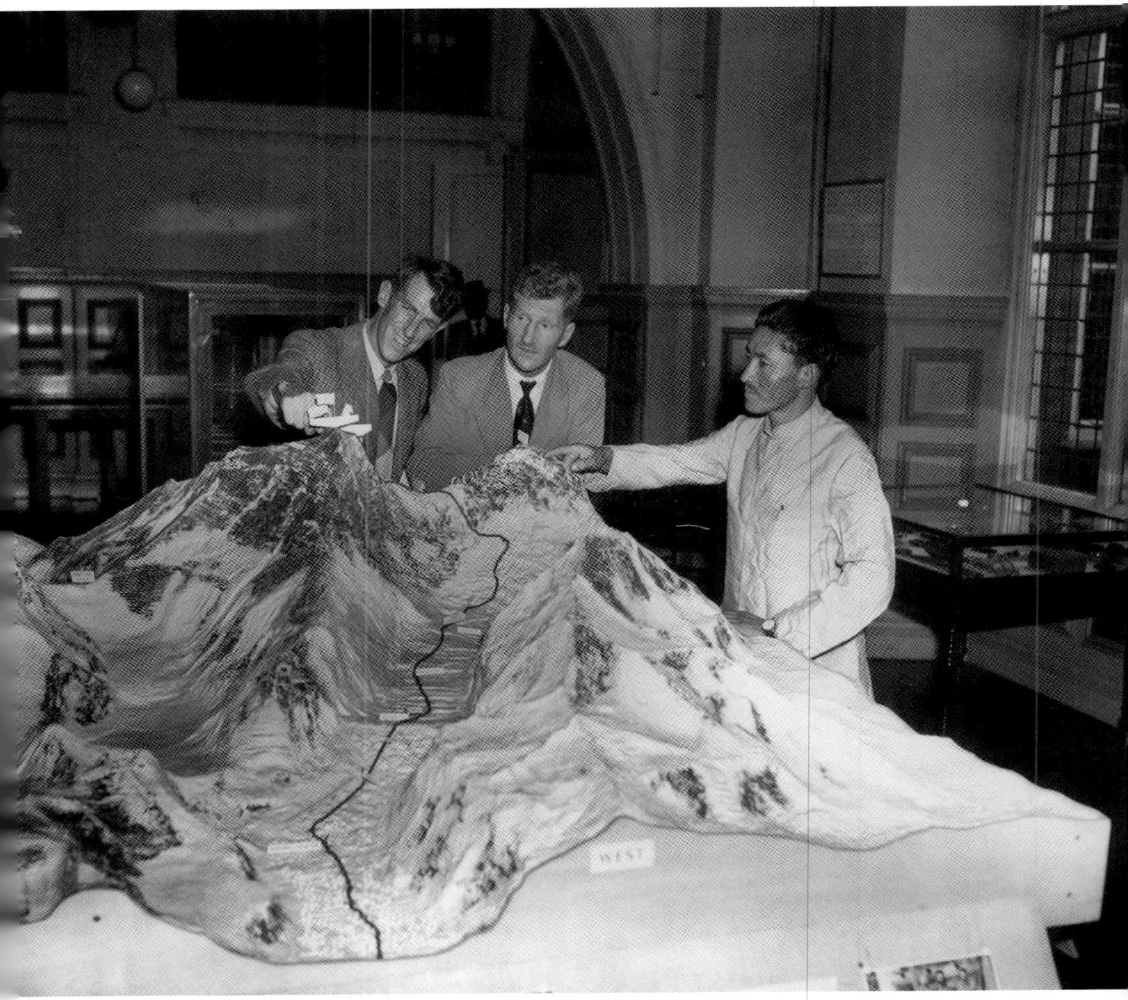

El 29 de mayo de 1953, el sherpa Tenzing Norgay *(izquierda)* y el neozelandés Edmund Percival Hillary se convirtieron oficialmente en los primeros hombres en llegar a la **cima del monte Everest.** *(Arriba, de izquierda a derecha)* Hillary, el coronel John Hunt (líder de la expedición) y Norgay dan los últimos retoques a una maqueta del monte mientras se preparan para dar una conferencia de prensa en la Royal Geographical Society, el 3 de julio de 1953.

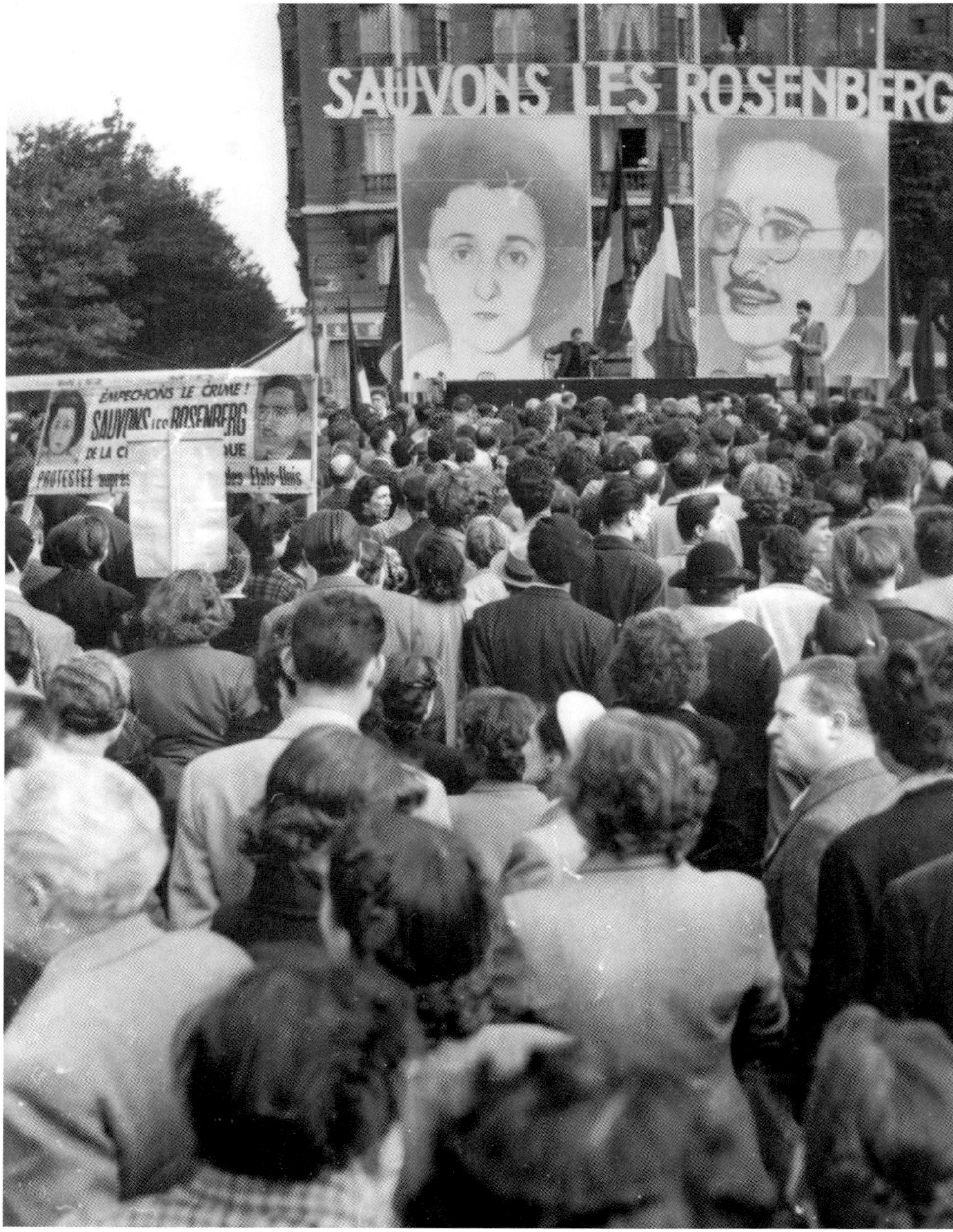
SAUVONS LES ROSENBERG
EMPECHONS LE CRIME !
SAUVONS LES ROSENBERG

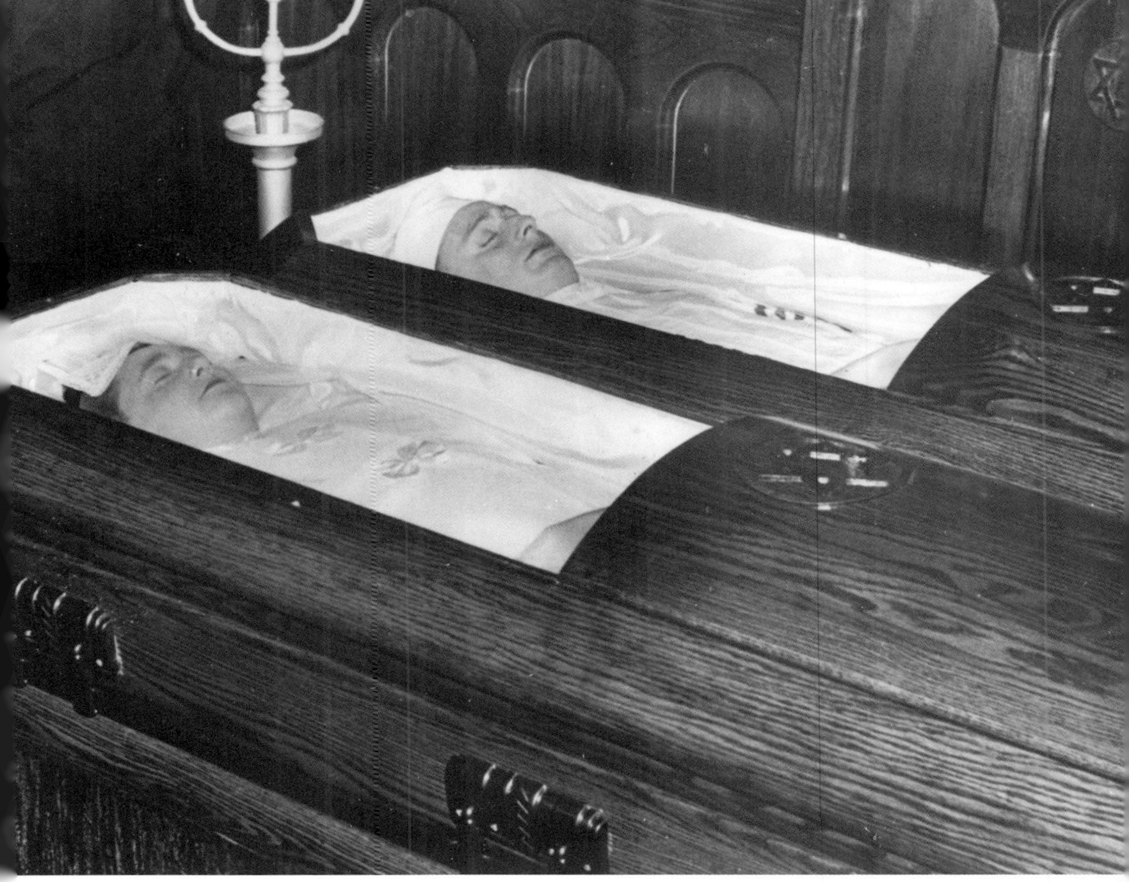

Ethel y Julius Rosenberg fueron ejecutados a los dos años de haber sido condenados a muerte por revelar a la URSS secretos sobre la bomba atómica. *(Izquierda)* Las ejecuciones provocaron protestas en todo el mundo como puede apreciarse en esta manifestación celebrada en París el 18 de junio de 1953. *(Arriba)* Imagen de los ataúdes con los cadáveres del matrimonio.

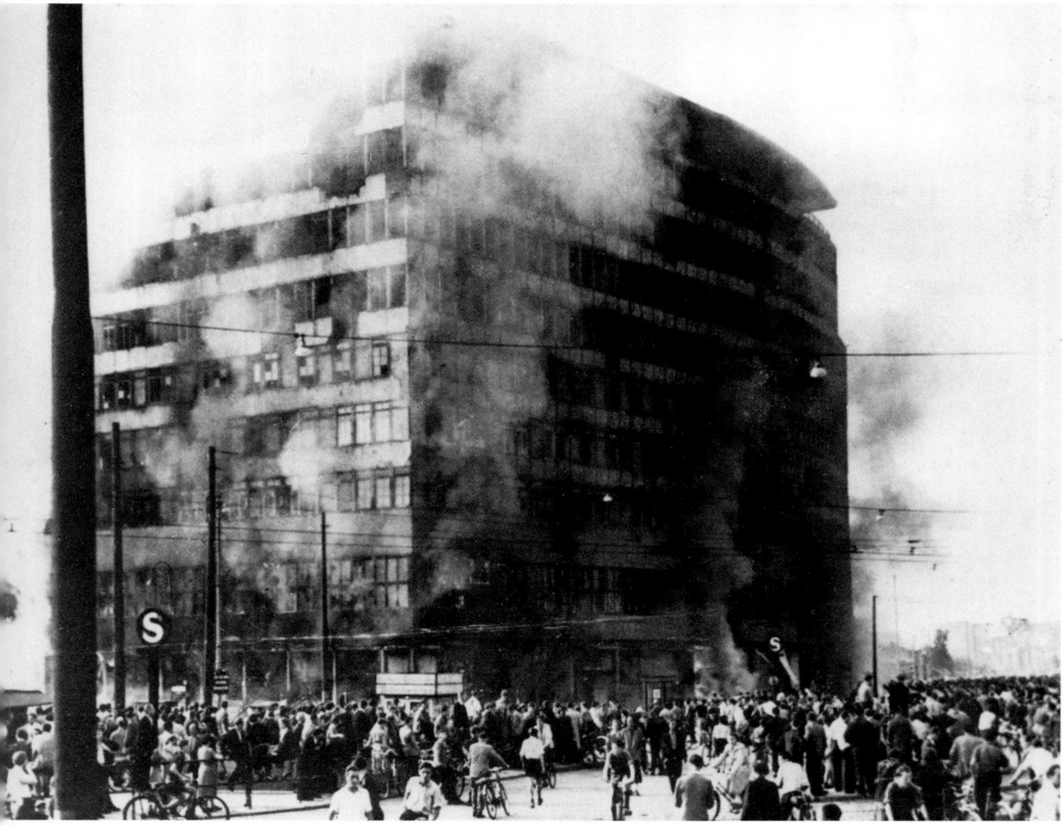

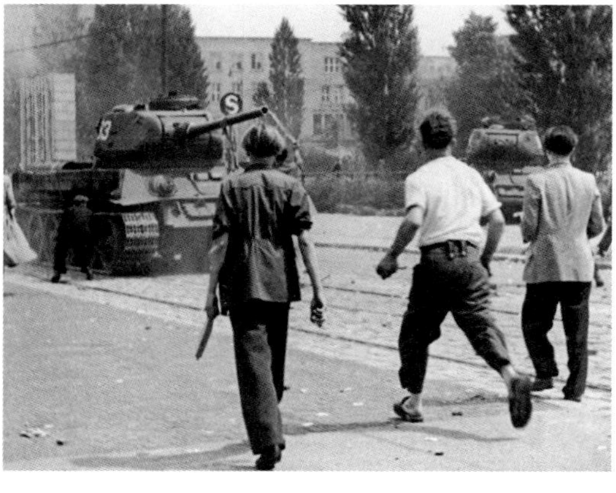

En las calles de **Berlín oriental** estallaron diversos episodios de violencia cuando los trabajadores se manifestaron contra las prácticas laborales impuestas por la Unión Soviética, que consideraban injustas. *(Arriba)* Imagen de la Casa Columbus incendiada en la Potsdamer Platz, el 19 de junio de 1953. *(Izquierda)* Varios jóvenes atacan un carro de combate soviético. *(Derecha)* Manifestación de protesta. Tras los violentos disturbios, perdieron la vida más de cien personas.

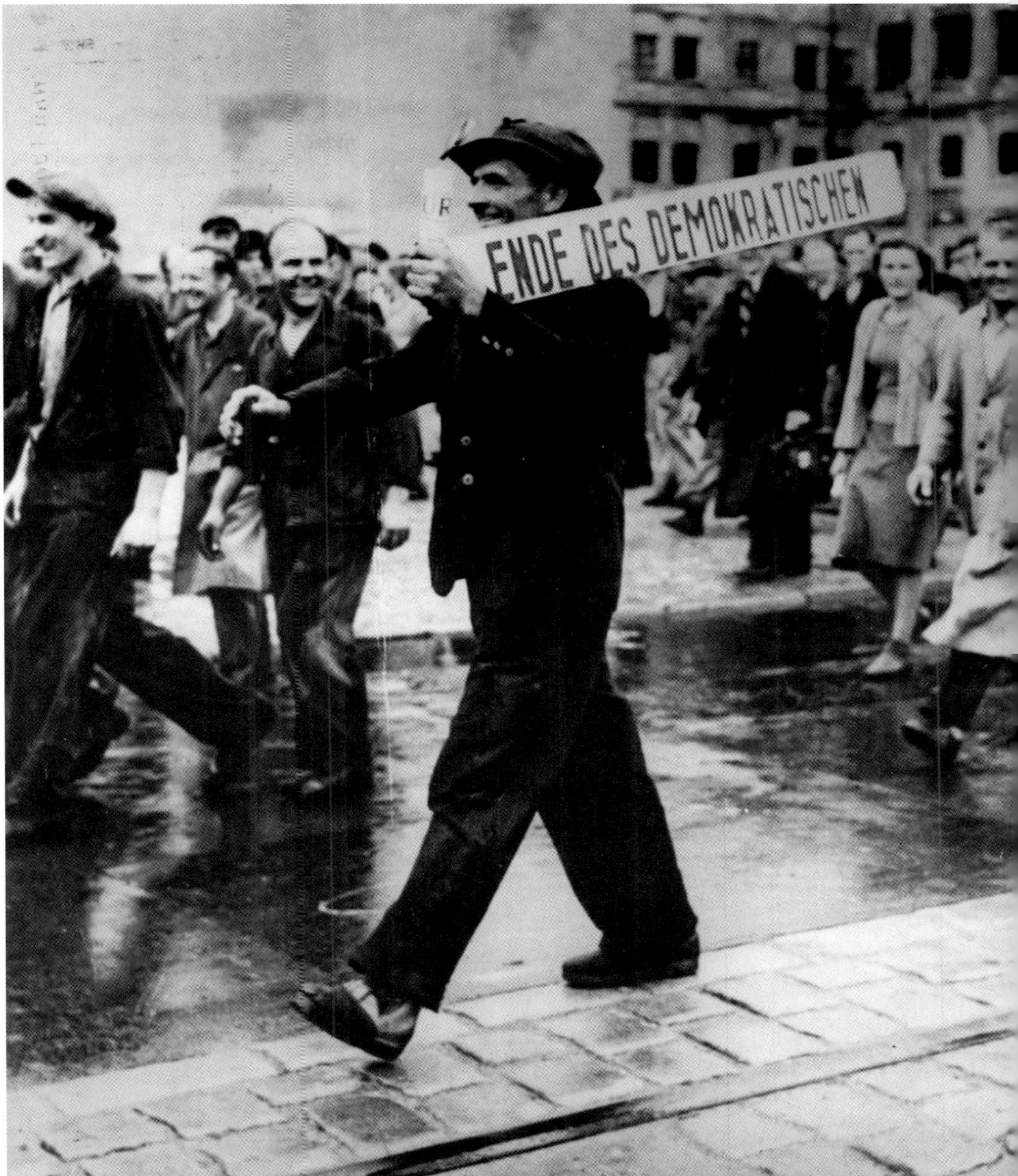
ENDE DES DEMOKRATISCHEN

1953

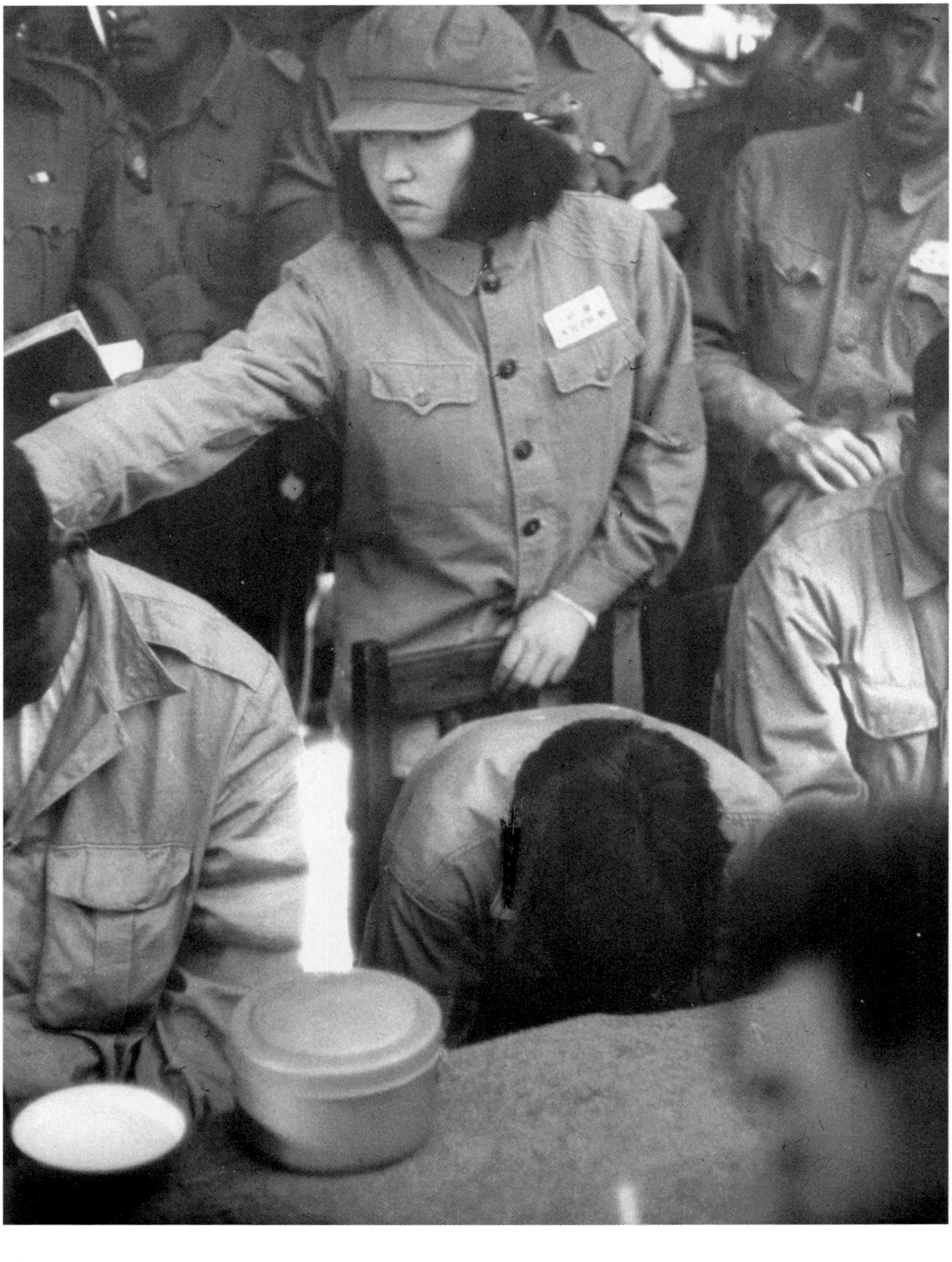

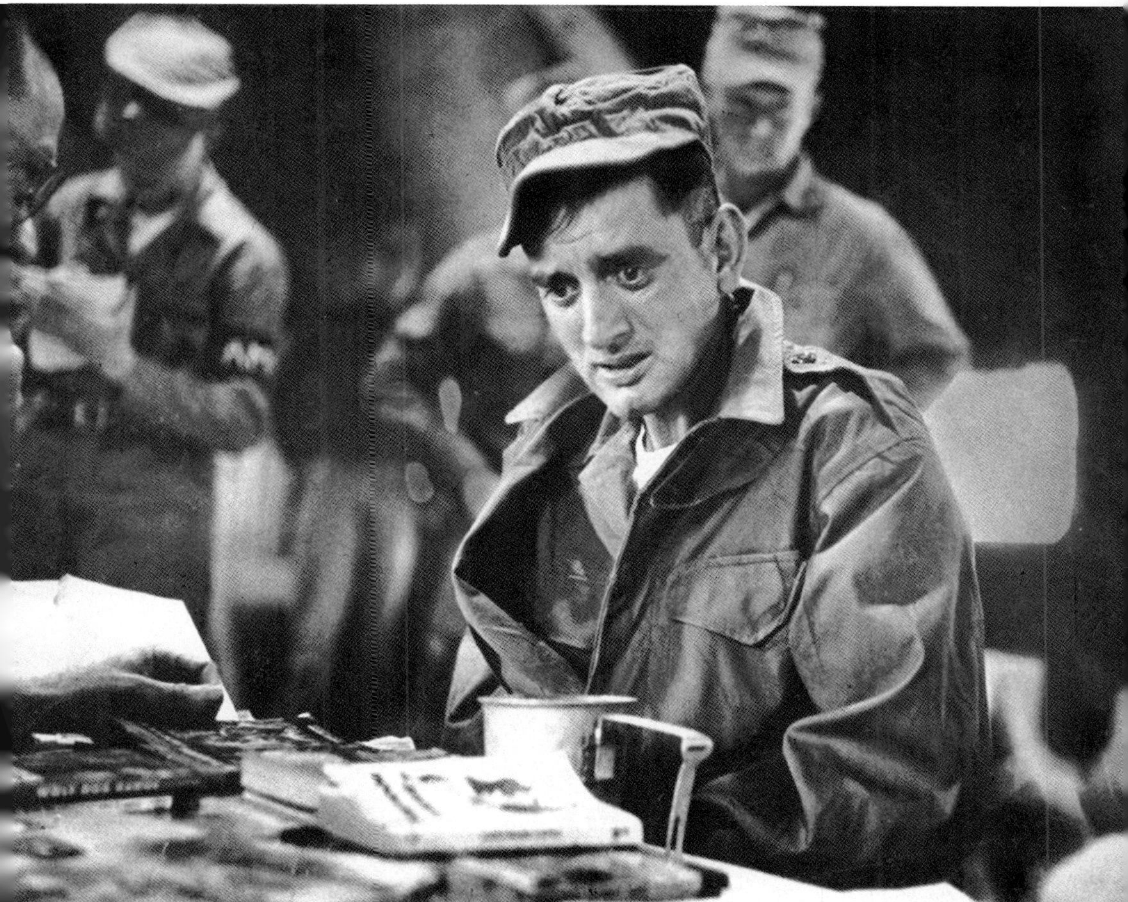

La guerra de Corea se alargó hasta el verano de 1953, aunque seis meses atrás se había aprobado un plan de **intercambio de prisioneros.** *(Izquierda)* Un soldado comunista relata, cabizbajo, su experiencia como prisionero de las tropas de la Organización de las Naciones Unidas (ONU). *(Arriba)* El soldado John Ploch, recién liberado tras haber sido prisionero de guerra».

1953

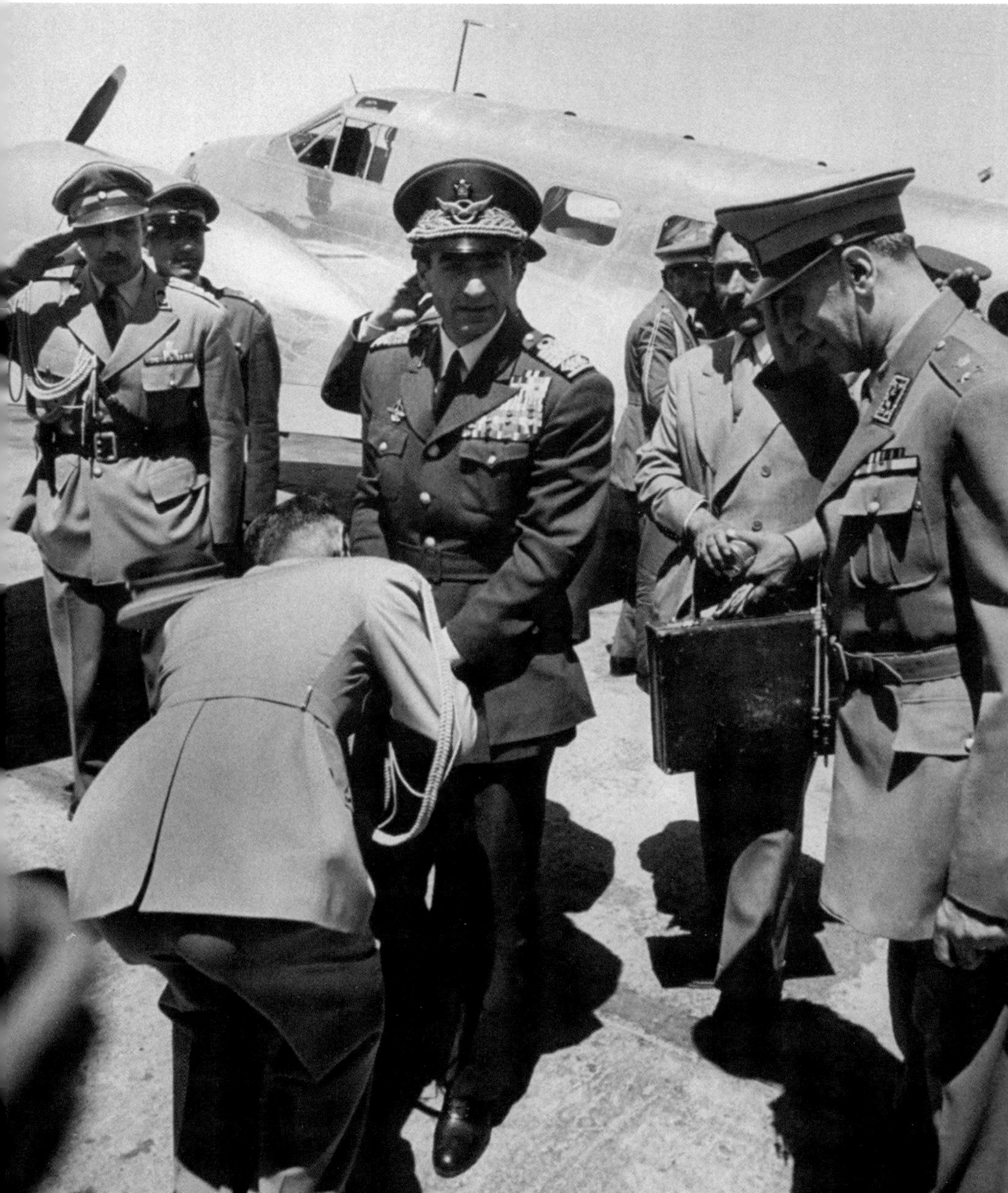

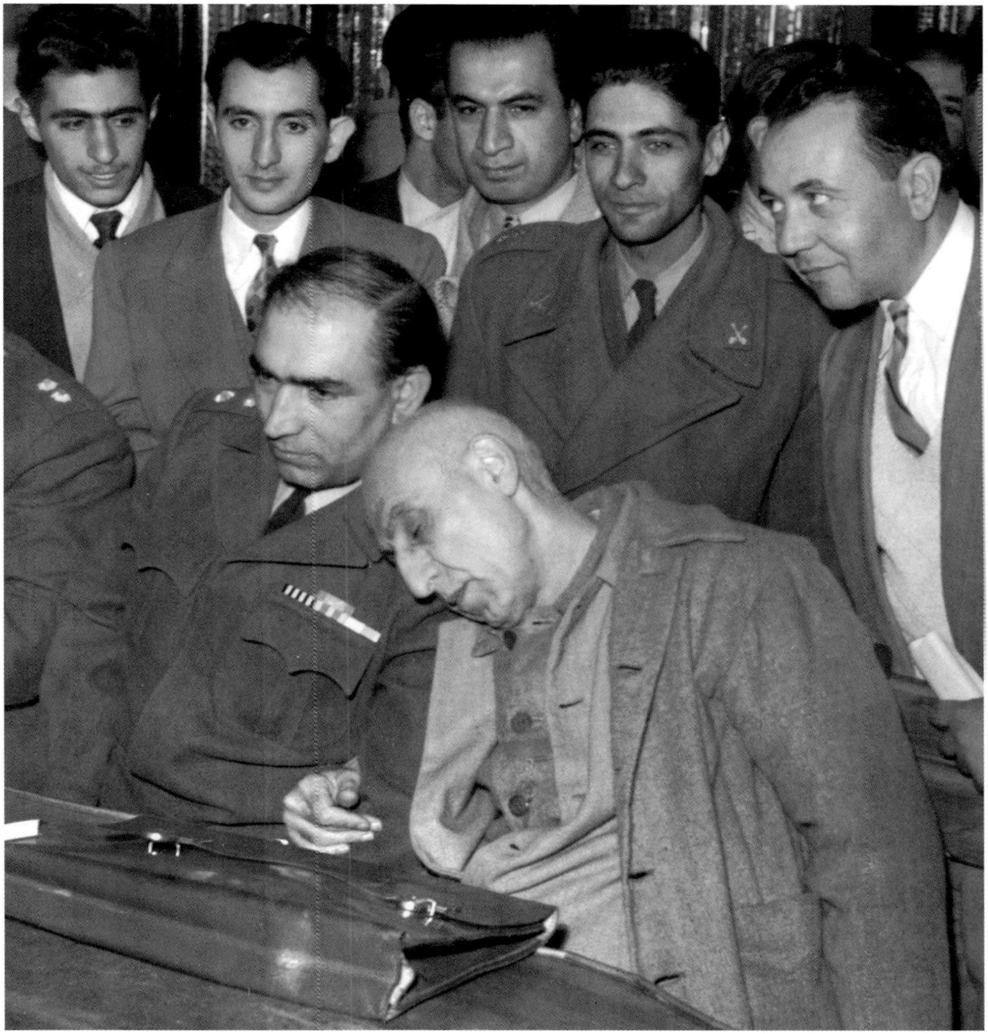

Tras un golpe de Estado perpetrado en el mes agosto, el **sha de Persia, Muhammad Reza Pahlavi** tomó un avión en el aeropuerto de Teherán *(izquierda)* y voló al exilio. El nuevo régimen detuvo y puso a disposición judicial a su anterior primer ministro, **Muhammad Mosaddeq.** *(Arriba)* Mosaddeq apoya la cabeza en el hombro de su abogado durante el juicio, el 11 de noviembre de 1953. Tras el procesamiento, fue condenado a tres años de cárcel.

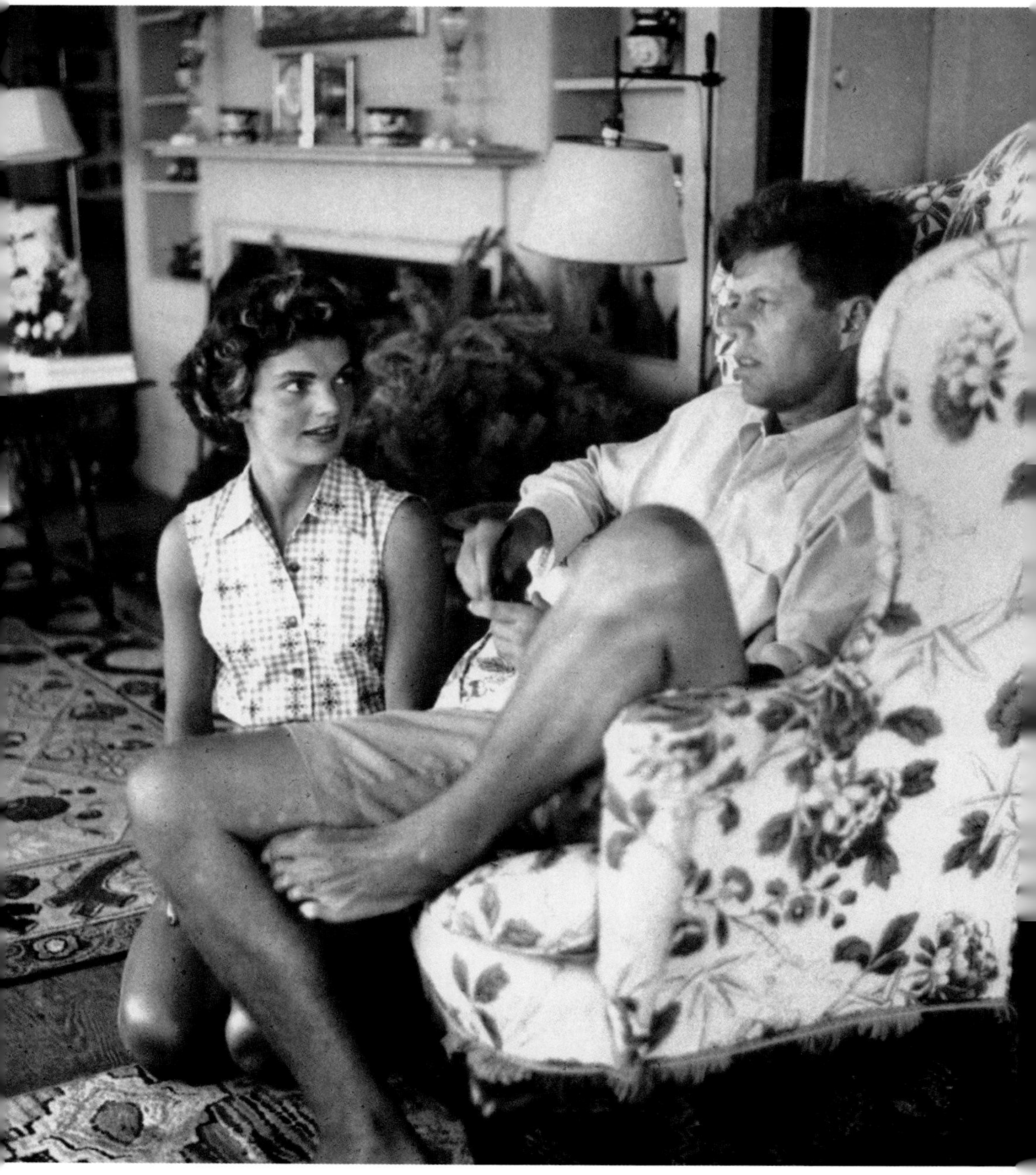

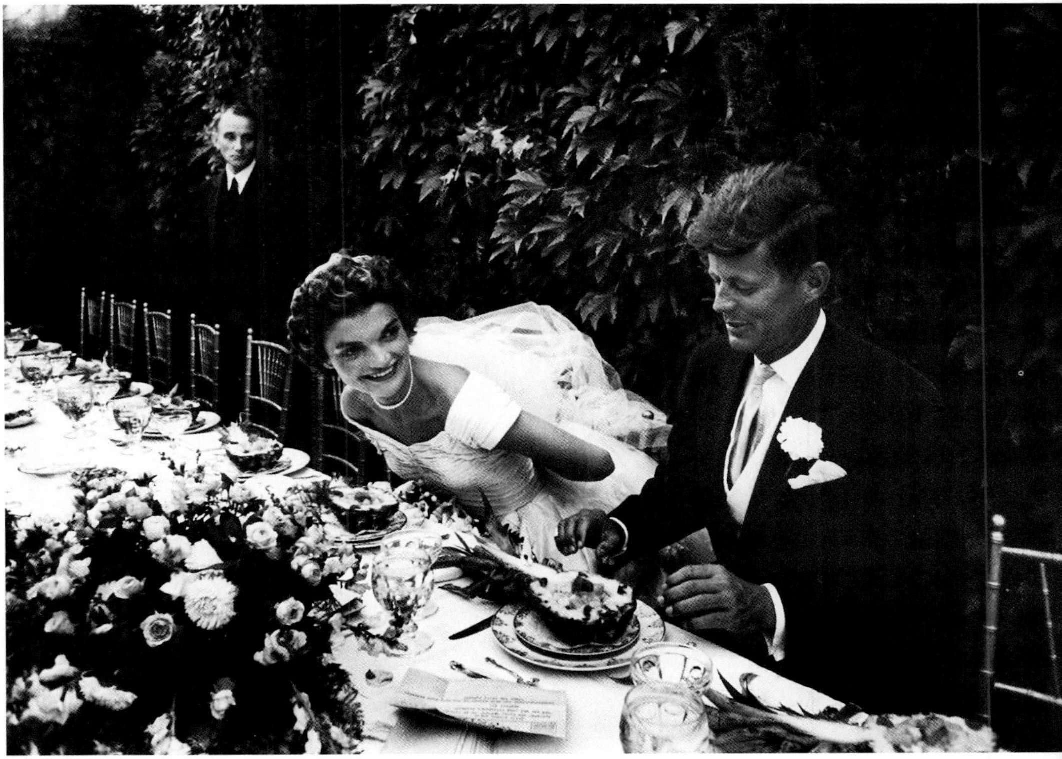

En Estados Unidos, la boda del año fue la del **senador John Fitzgerald Kennedy** y **Jacqueline Bouvier,** celebrada el 12 de septiembre. *(Derecha)* Imagen de la pareja navegando durante la época de su noviazgo. *(Izquierda)* Residencia de veraneo de los Kennedy, el 7 de julio de 1953. *(Arriba)* Los recién casados toman asiento durante la recepción en Newport. Los invitados tuvieron que esperar a que los flashes de las cámaras se apagaran antes comenzar el banquete.

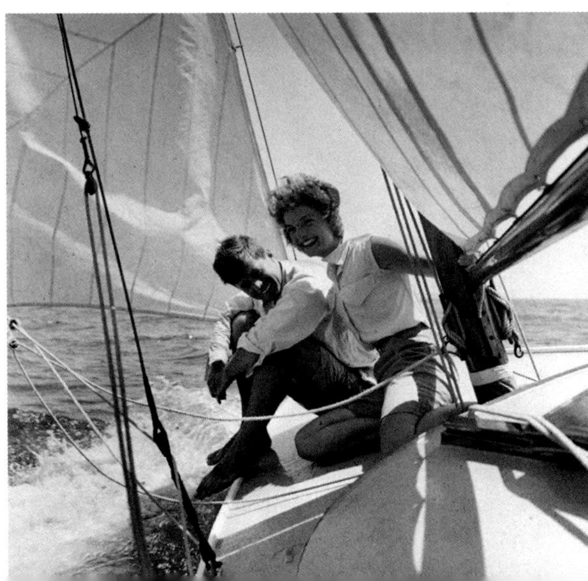

1953

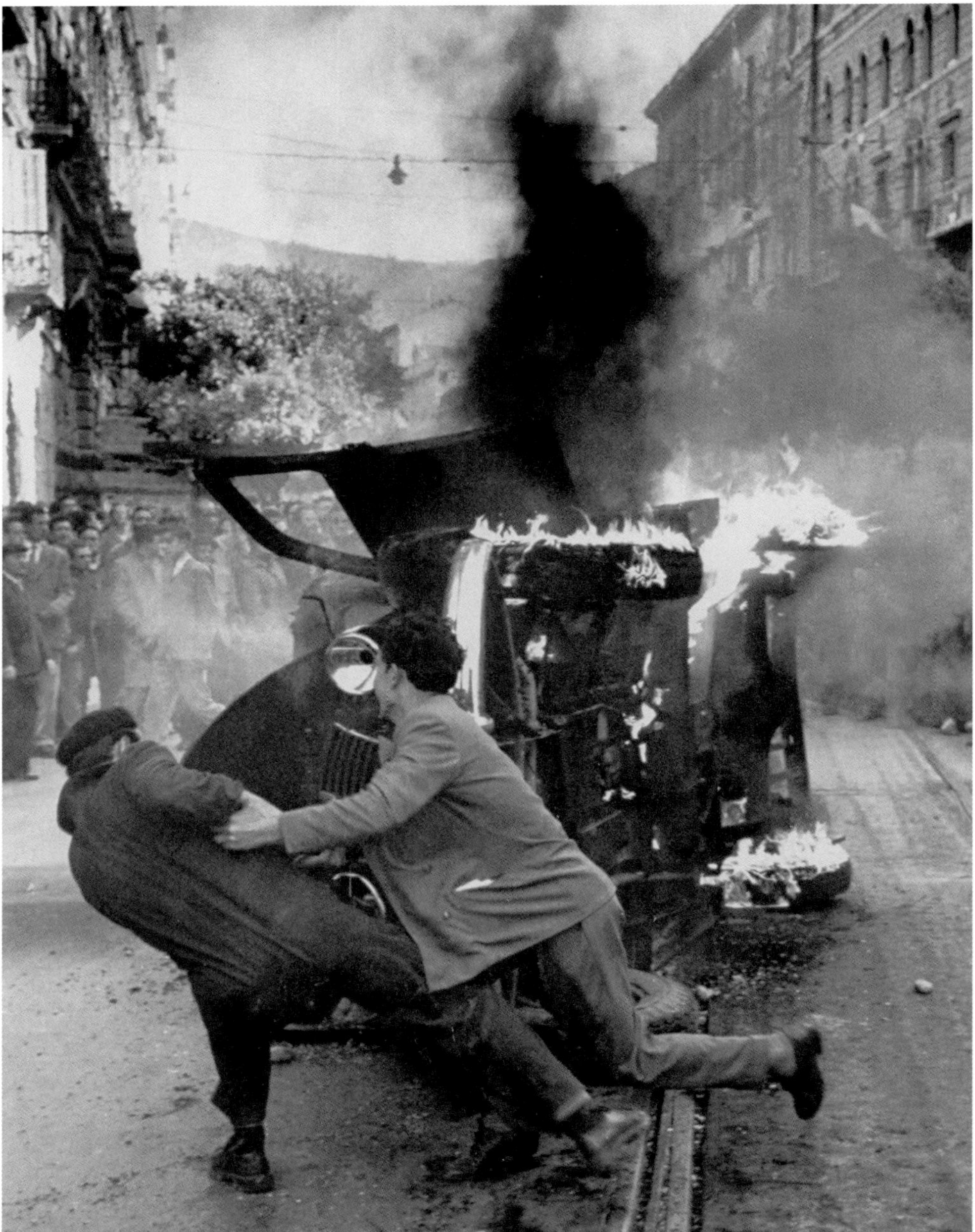

En 1947, el puerto adriático de **Trieste** quedó bajo el control de la Organización de las Naciones Unidas (ONU). El 19 de octubre de 1953, el presidente de Yugoslavia, Tito, se opuso a devolver a Italia parte de la ciudad. El conflicto se convirtió en un problema de orden internacional, y provocó numerosas manifestaciones *(derecha)* y luchas entre los ciudadanos *(izquierda)* de las calles de Trieste.

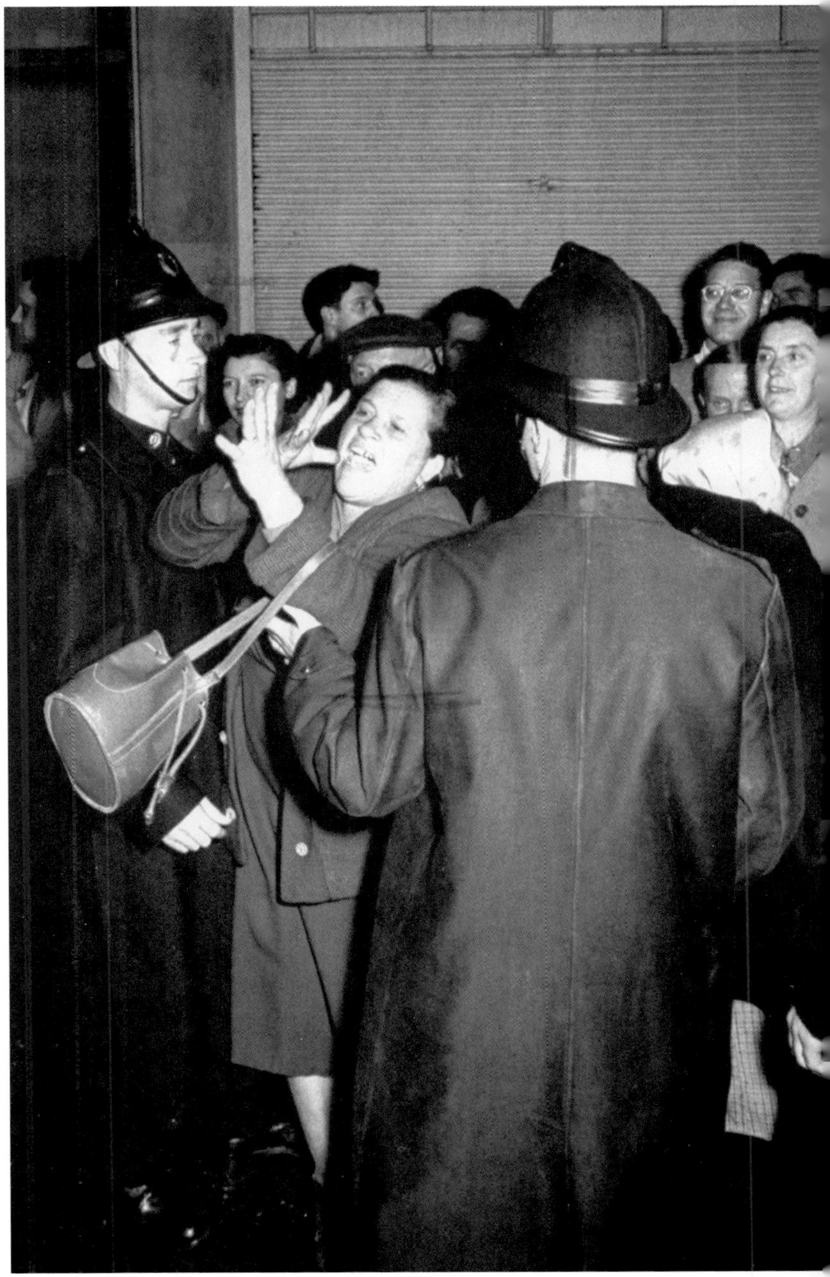

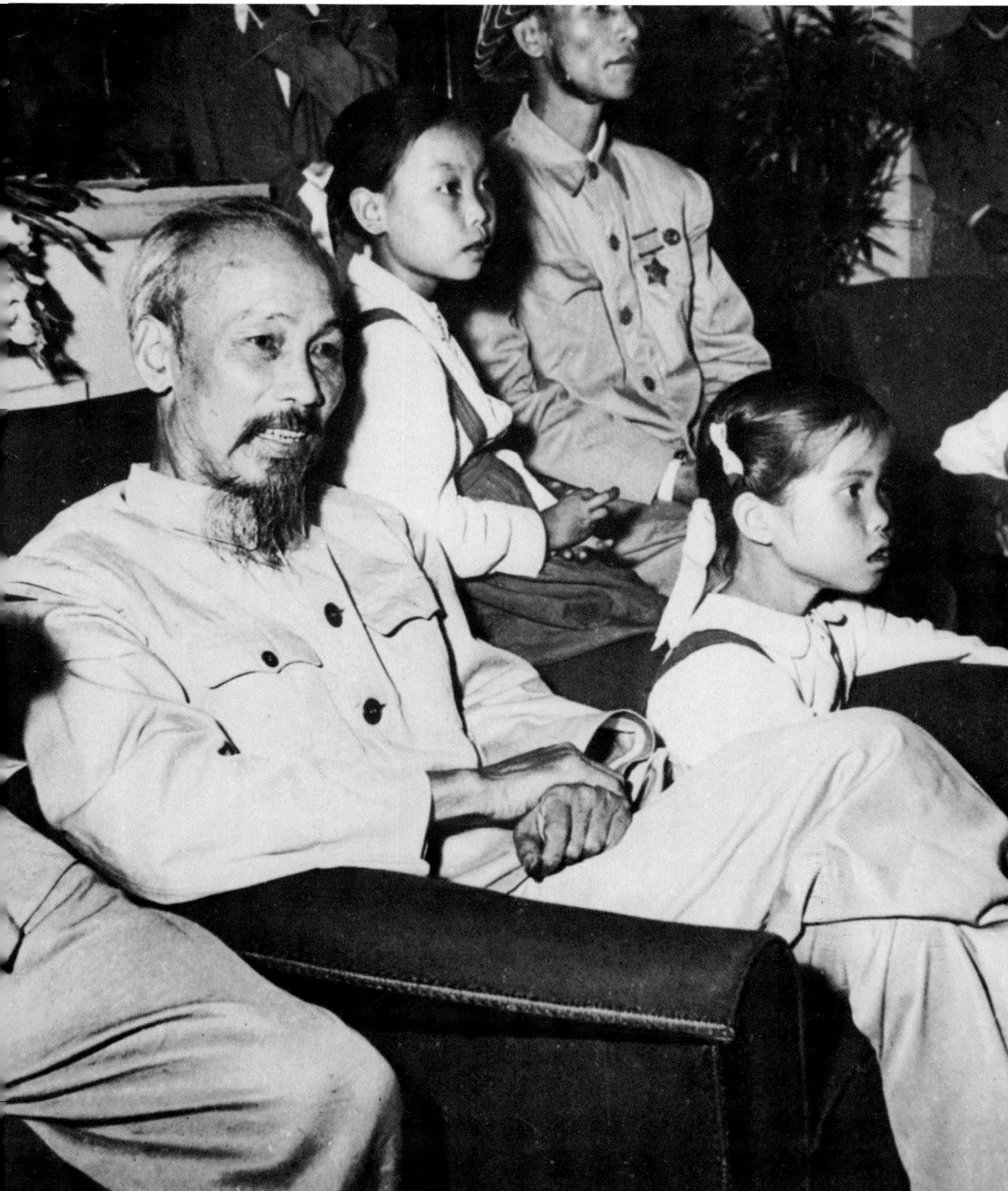

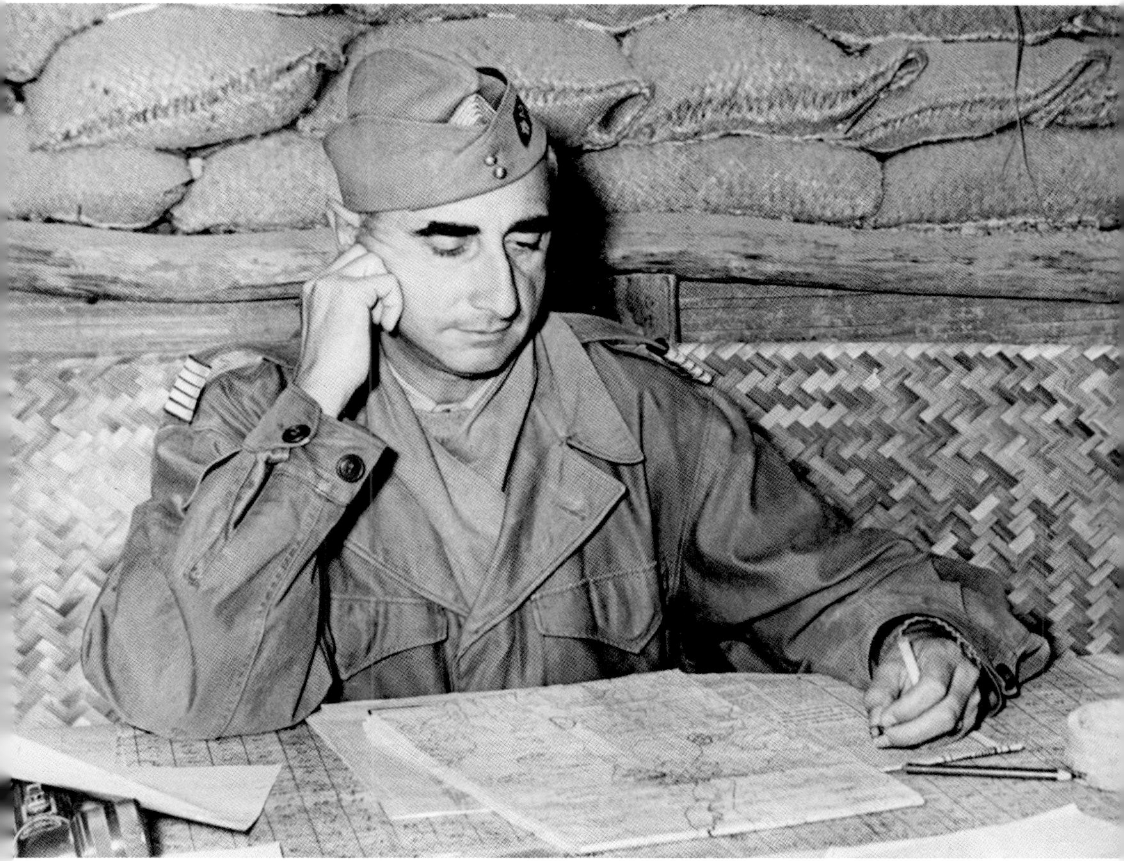

Una de las acciones militares francesas más importantes en Indochina fue la toma de Diên Biên Phu, llevada a cabo por paracaidistas a las órdenes del **coronel Christian de Castries.** Tras la campaña, se iniciaron las negociaciones de paz con el dirigente vietnamita **Hô Chi Minh,** quien predijo que los franceses serían derrotados y sustituidos por tropas estadounidenses. *(Arriba)* Imagen de De Castries en su cuartel general subterráneo, el 23 de mayo de 1954. *(Izquierda)* A su vez, Hô Chi Minh visita un orfanato en la ciudad vietnamita Hanoi.

El 13 de marzo de 1954, la guerrilla del Vietminh sitió el baluarte francés de **Diên Biên Phu,** lo que dio inicio a la batalla más cruenta de la guerra. En los periódicos europeos se informaba día a día de la resistencia de las tropas francesas y de la promesa de la llegada de refuerzos por aire. Finalmente, el 14 de abril el Vietminh *(derecha)* asaltó y tomó el aeropuerto de Muong Thanh.

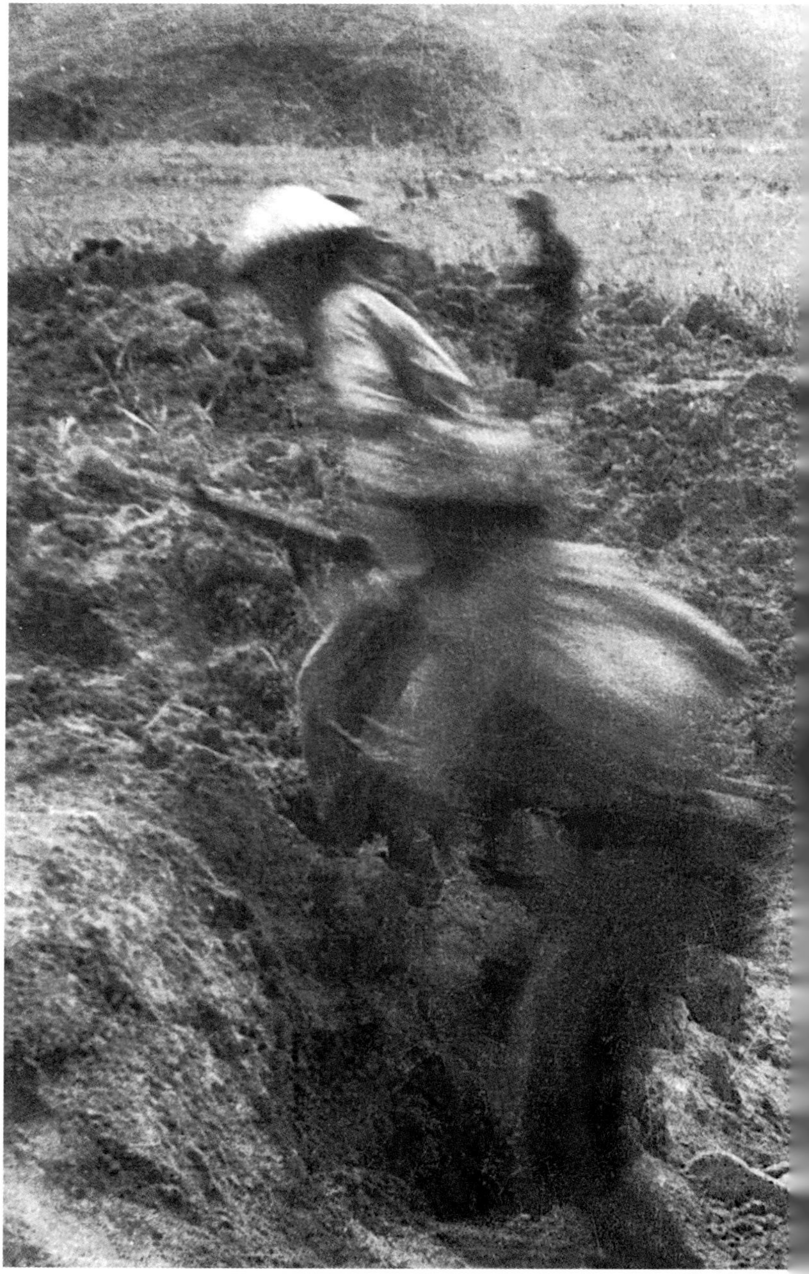

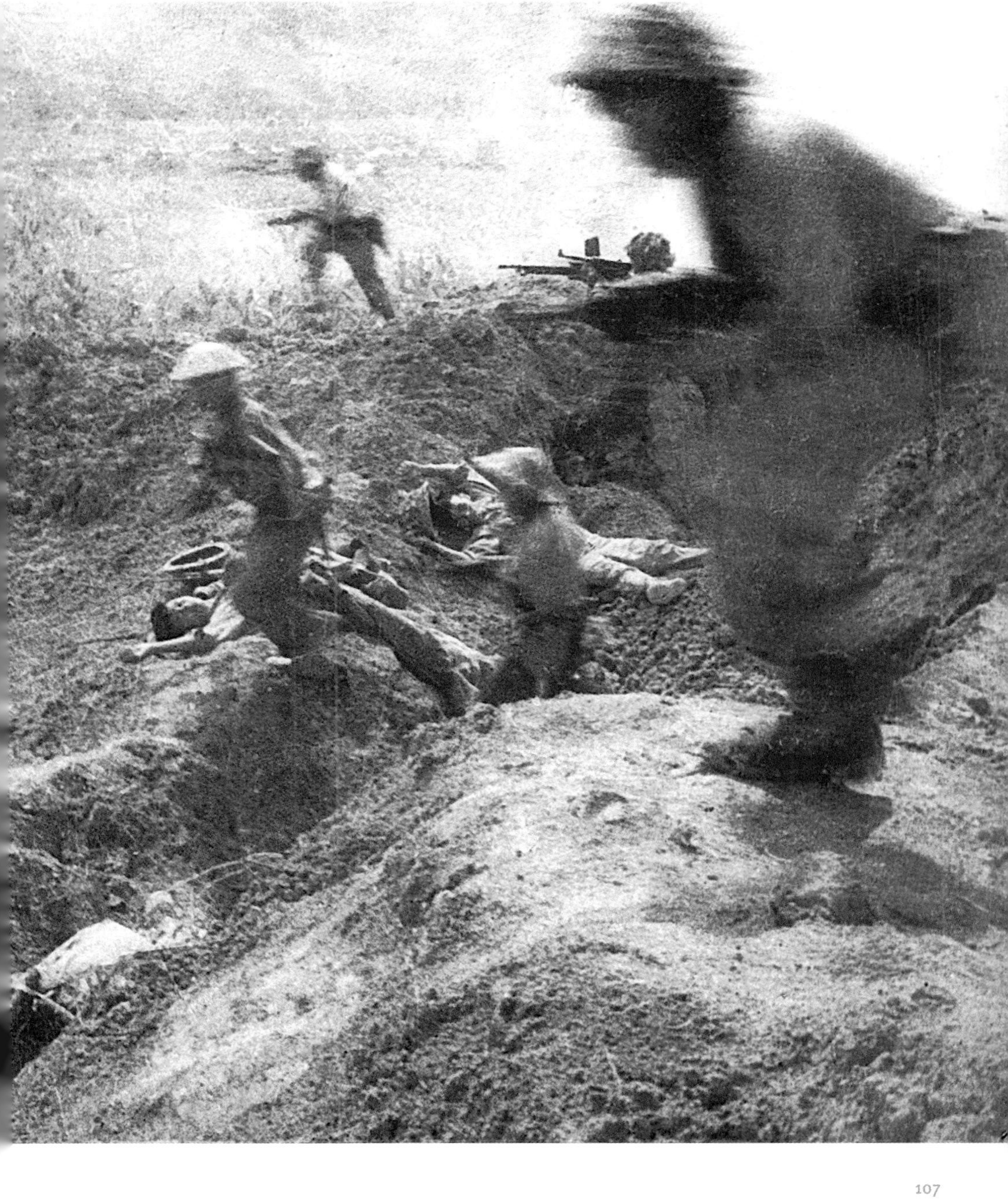

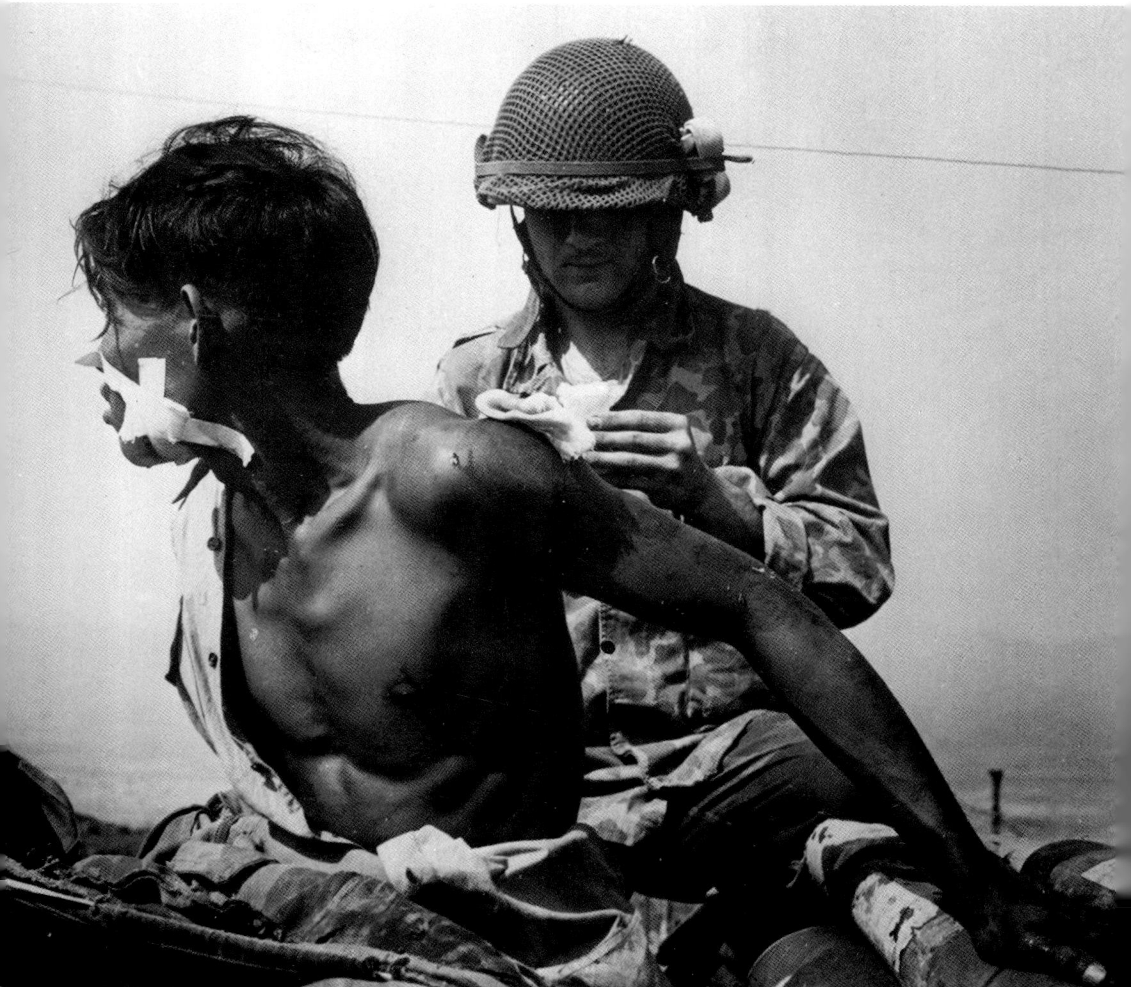

Ambos bandos sufrieron numerosas bajas. *(Arriba)* Un **médico militar francés** cura las heridas a un soldado del Vietminh durante los días finales del asedio. Tras dos meses de sitio, el 7 de mayo, los franceses se rindieron. *(Derecha)* Imagen de la heroína francesa del asedio, la enfermera militar **Geneviève de Galard,** llamada «el ángel de Diên Biên Phu». El Vietminh la capturó, pero tres semanas más tarde fue liberada.

1954

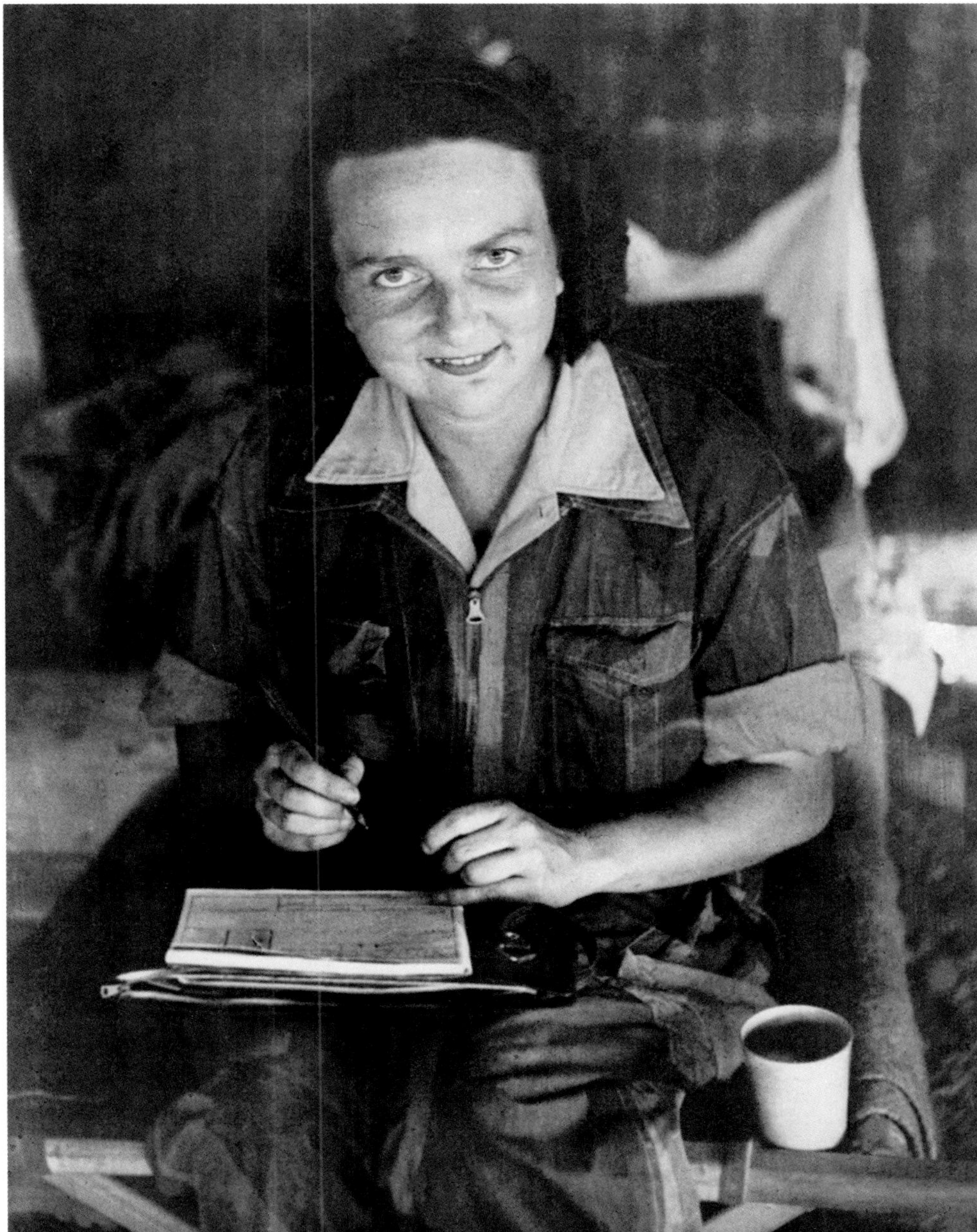

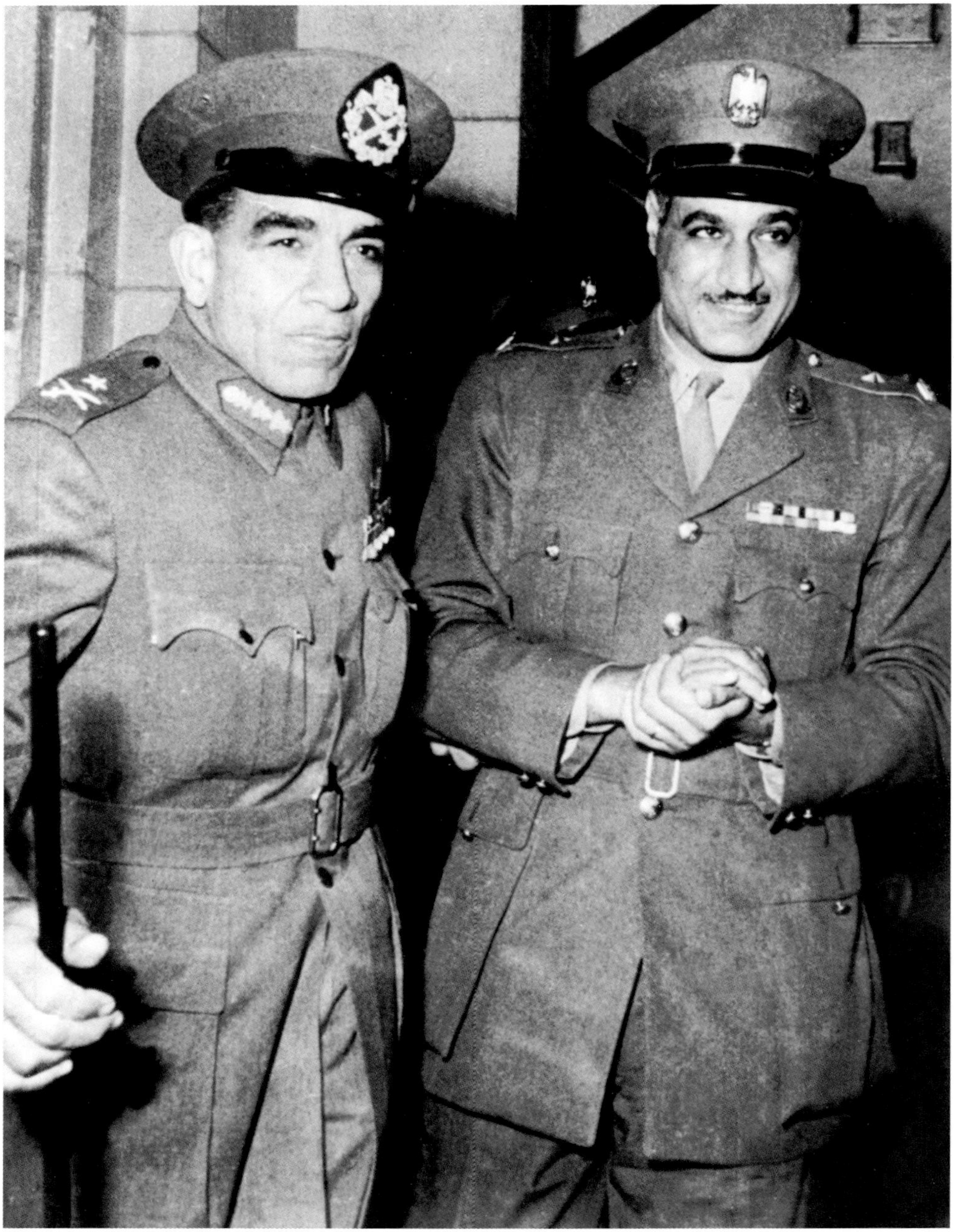

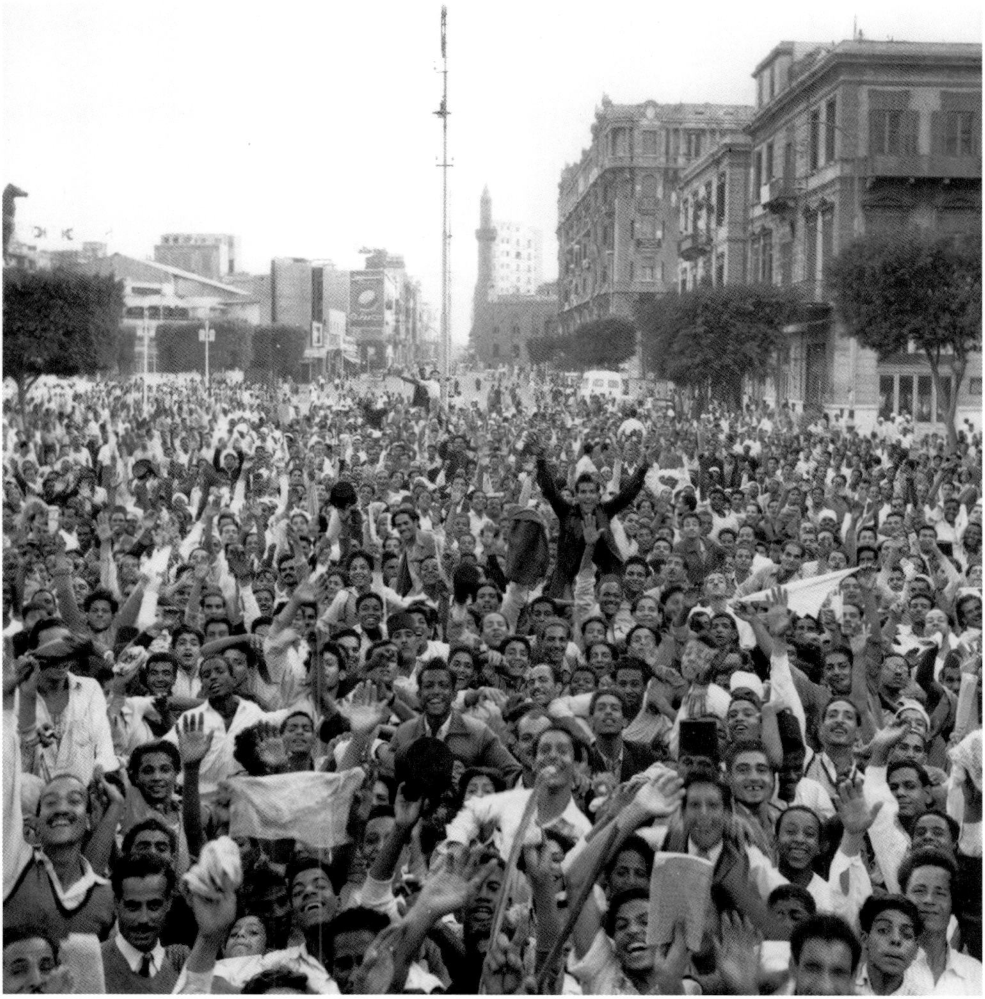

El canal de Suez estaba controlado por los británicos desde su construcción, en 1869, pero el nuevo gobierno revolucionario de **Egipto** decidió poner fin a esta situación. *(Arriba)* Manifestación antibritánica en El Cairo, el 9 de enero de 1954. *(Izquierda)* El general Muhammad Naguib y el **coronel Gamal Abdel Nasser** (a la derecha), a la salida de una reunión de los revolucionarios, el 23 de febrero de 1954.

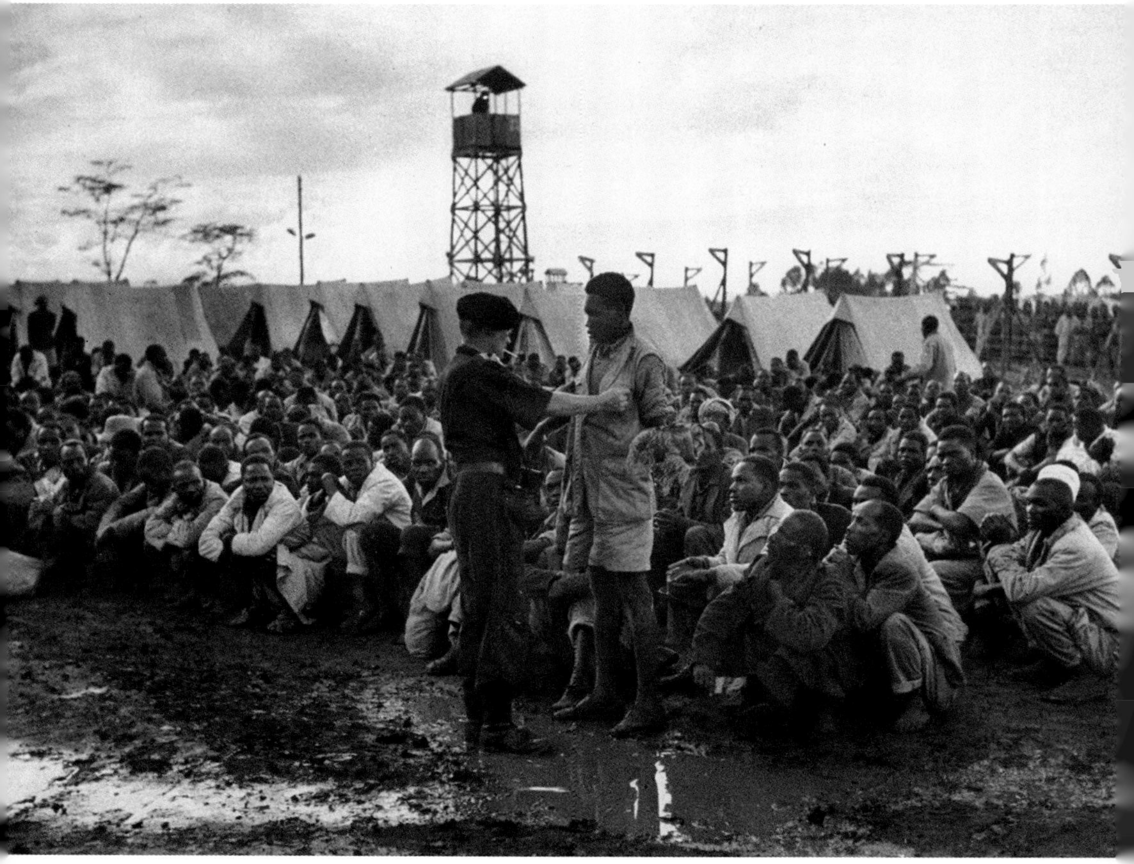

La lucha de Kenia por la independencia se intensificó con el paso de los años. En 1954, la organización secreta **Mau-Mau** atacó con brutalidad a los colonos blancos. En represalia, los británicos hicieron prisioneros a muchos kenianos sospechosos de pertenecer a la Mau-Mau o simpatizar con ella. *(Derecha)* Un sospechoso es retenido en uno de los numerosos **campos de concentración** *(arriba)* del país.

1954

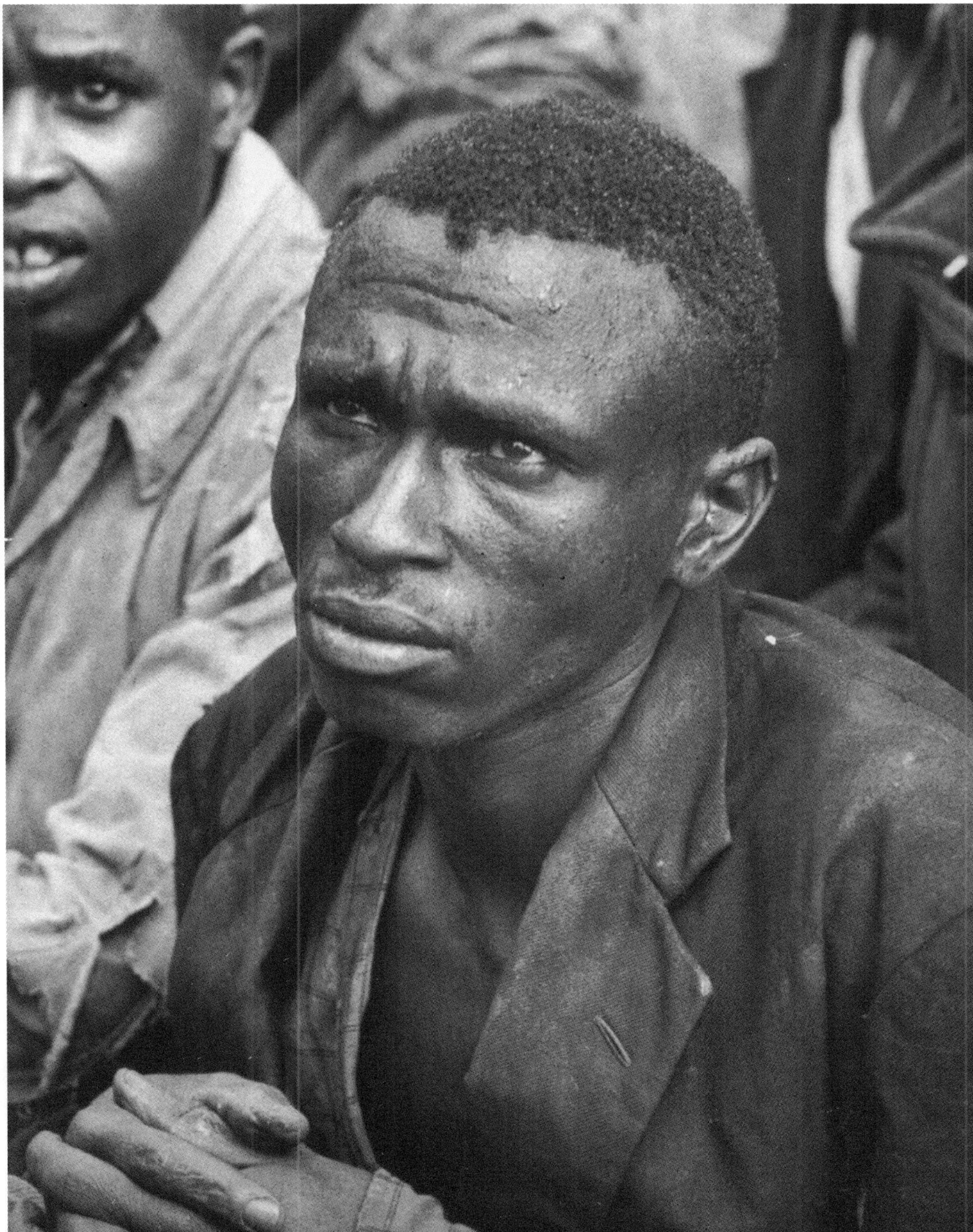

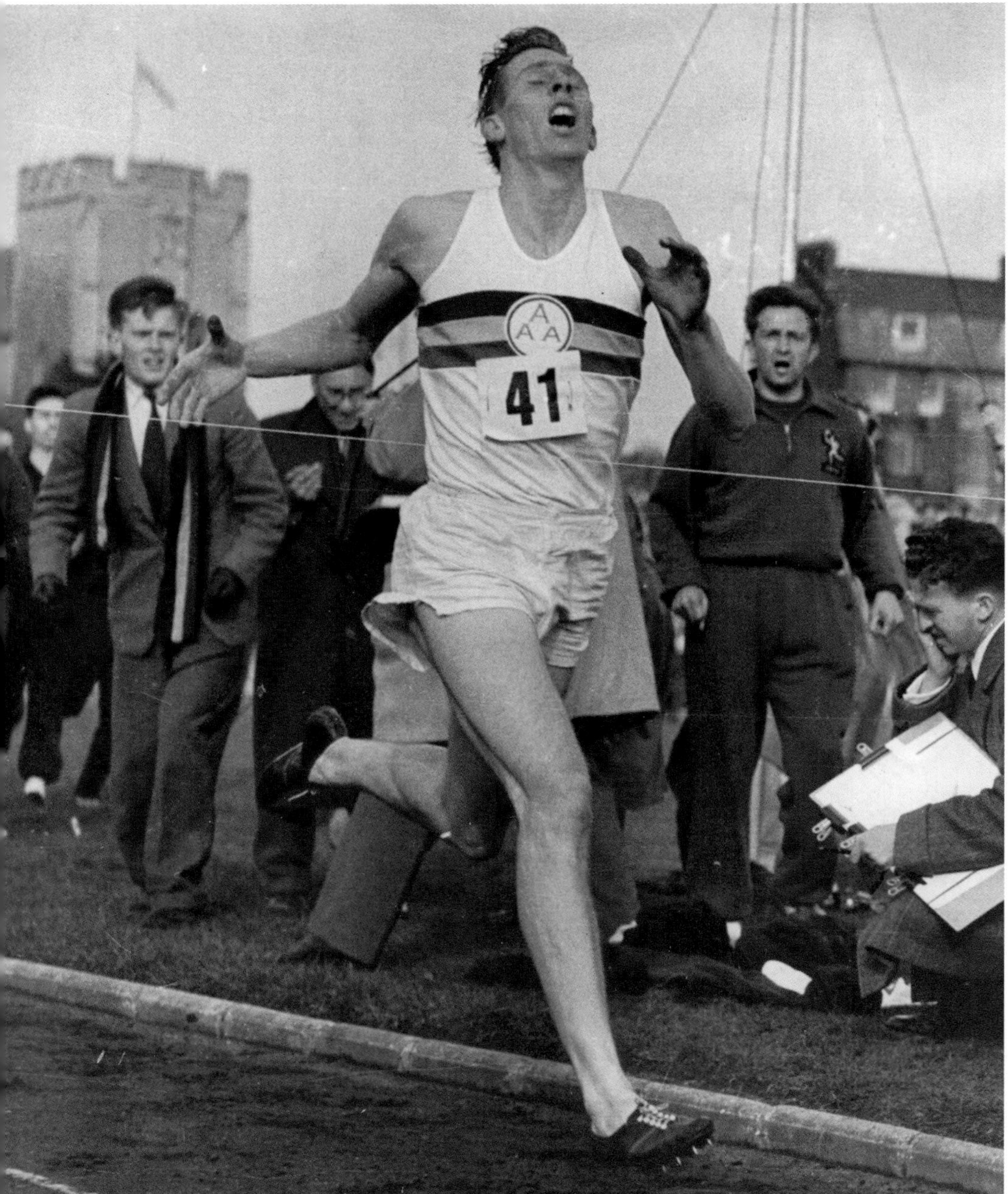
AAA
41

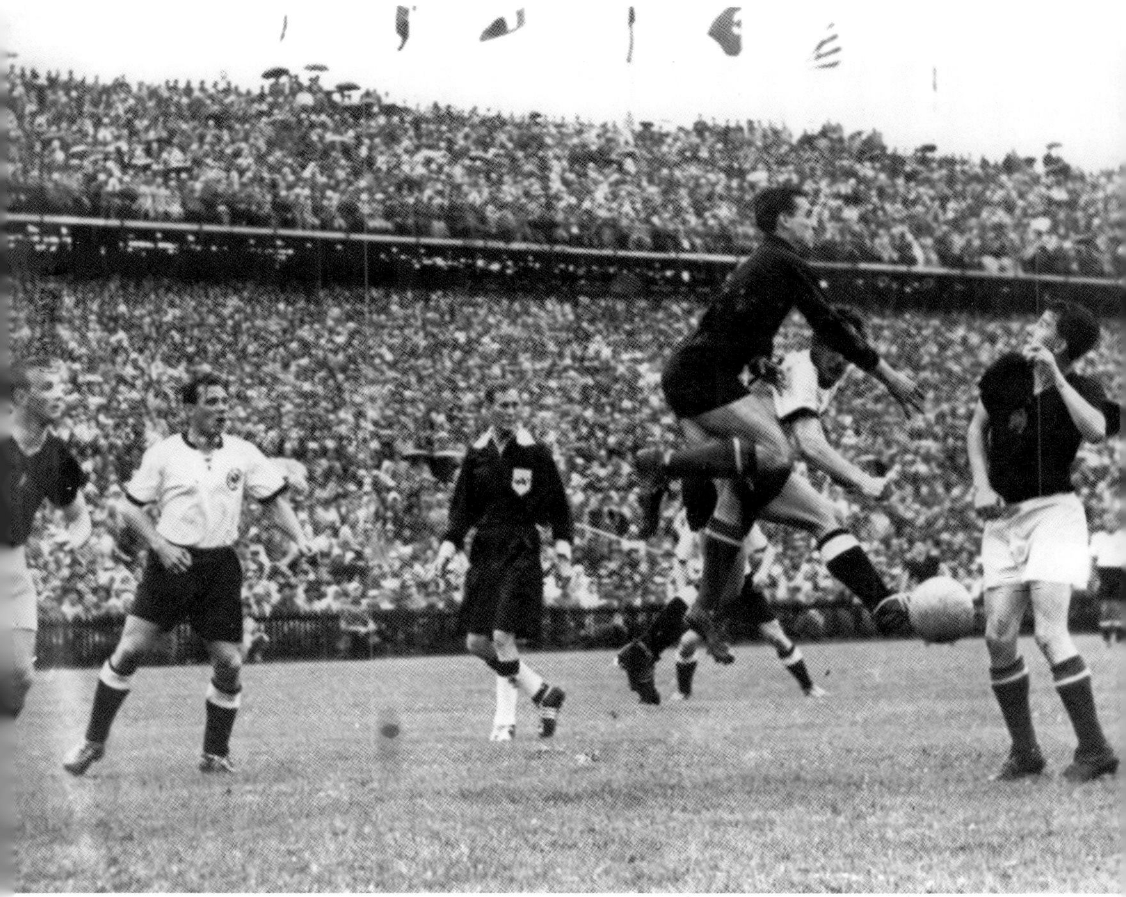

(Arriba) El interior derecho de la selección de fútbol de la República Federal de Alemania, **Max Morlock** (segundo por la derecha), marca un gol a Hungría en la final de la Copa Mundial de Fútbol, celebrada en Berna (Suiza), el 4 de julio de 1954. La República Federal de Alemania ganó por 3 a 2 y se llevó el trofeo Jules Rimet. *(Izquierda)* En una pista azotada por el viento de Iffley Road, en la ciudad británica de Oxford, **Roger Bannister** se convierte, el 6 de mayo de 1954, en el primer atleta en correr una milla (1.609 metros) en menos de cuatro minutos: la recorrió en 3 minutos y 59 segundos.

El **senador estadounidense Joseph McCarthy** había sido el encargado de trasladar al Comité de Actividades Antiamericanas las presuntas actividades ilícitas y pro comunistas de Hollywood. En 1954 decidió investigar al ejército de Estados Unidos y le estalló entre las manos el caso del soldado David Schine, amigo íntimo de Roy Marcus Cohn, el abogado de McCarthy. El resultado fue desastroso para el senador, puesto que hizo enfurecer, además de a muchas otras personas, al propio presidente Eisenhower.

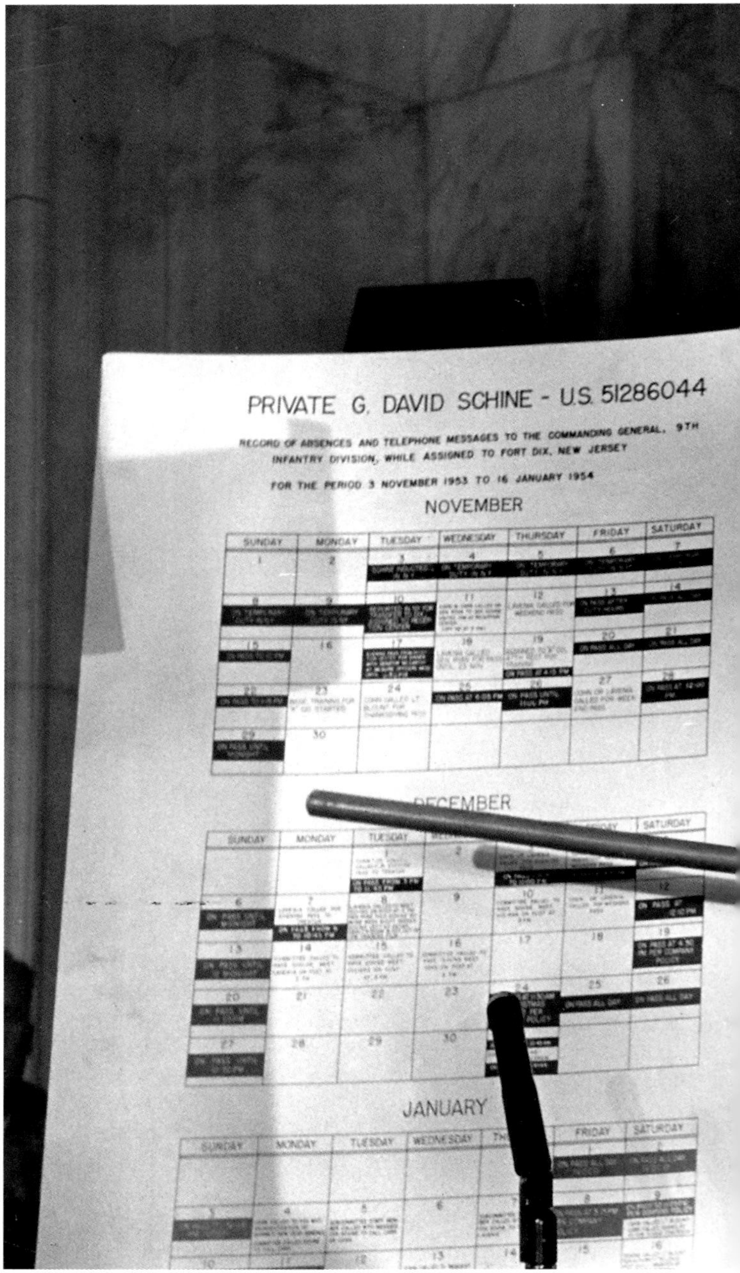

1954

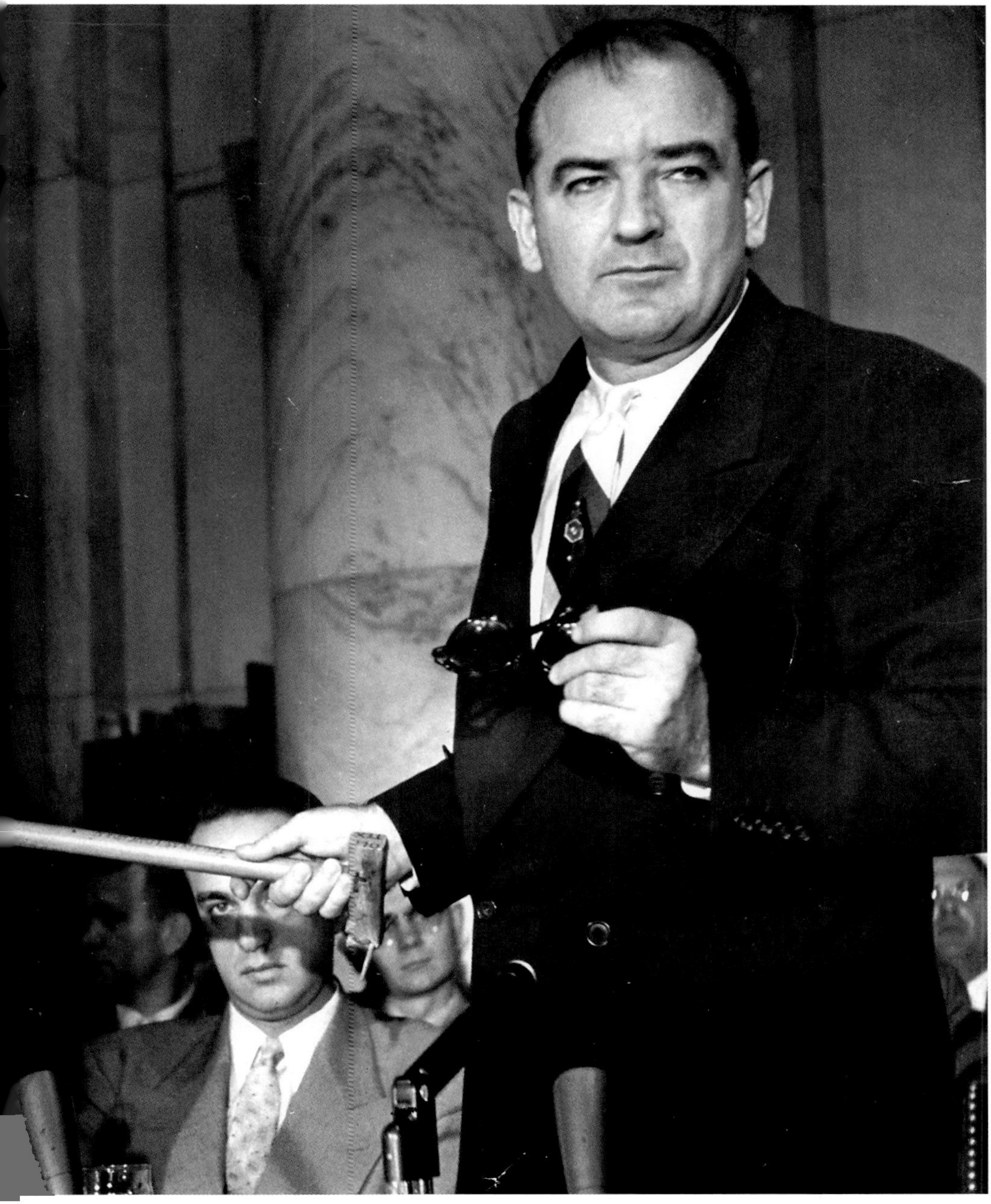

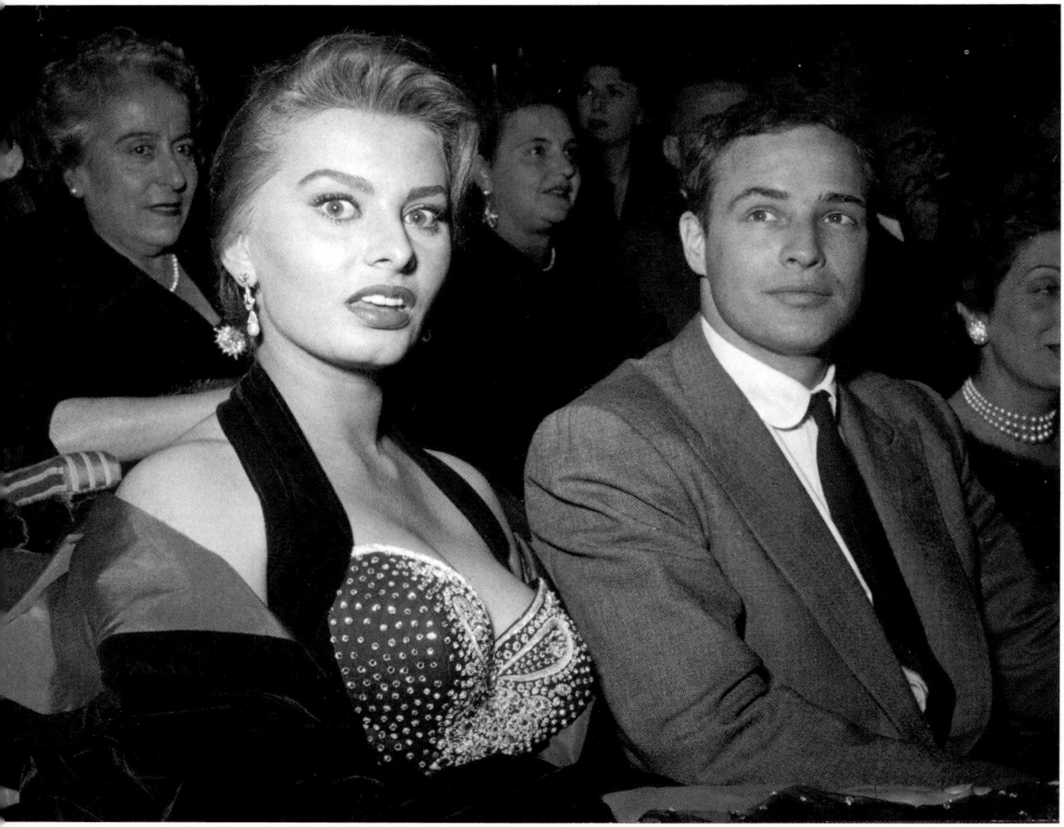

(Arriba) La actriz italiana **Sophia Loren** se sorprende al ser fotografiada en la ceremonia de entrega de premios, celebrada en Roma, en la que el actor estadounidense **Marlon Brando** (a la derecha) recibió el premio Francesco Pasinetti por su actuación en *La ley del silencio. (Derecha)* La soprano estadounidense de origen griego **Maria Callas** cena rodeada de famosos en el Chicago Hilton tras su representación de la *Norma* de Bellini en el Lyric Theater de Chicago, en noviembre de 1954.

1954

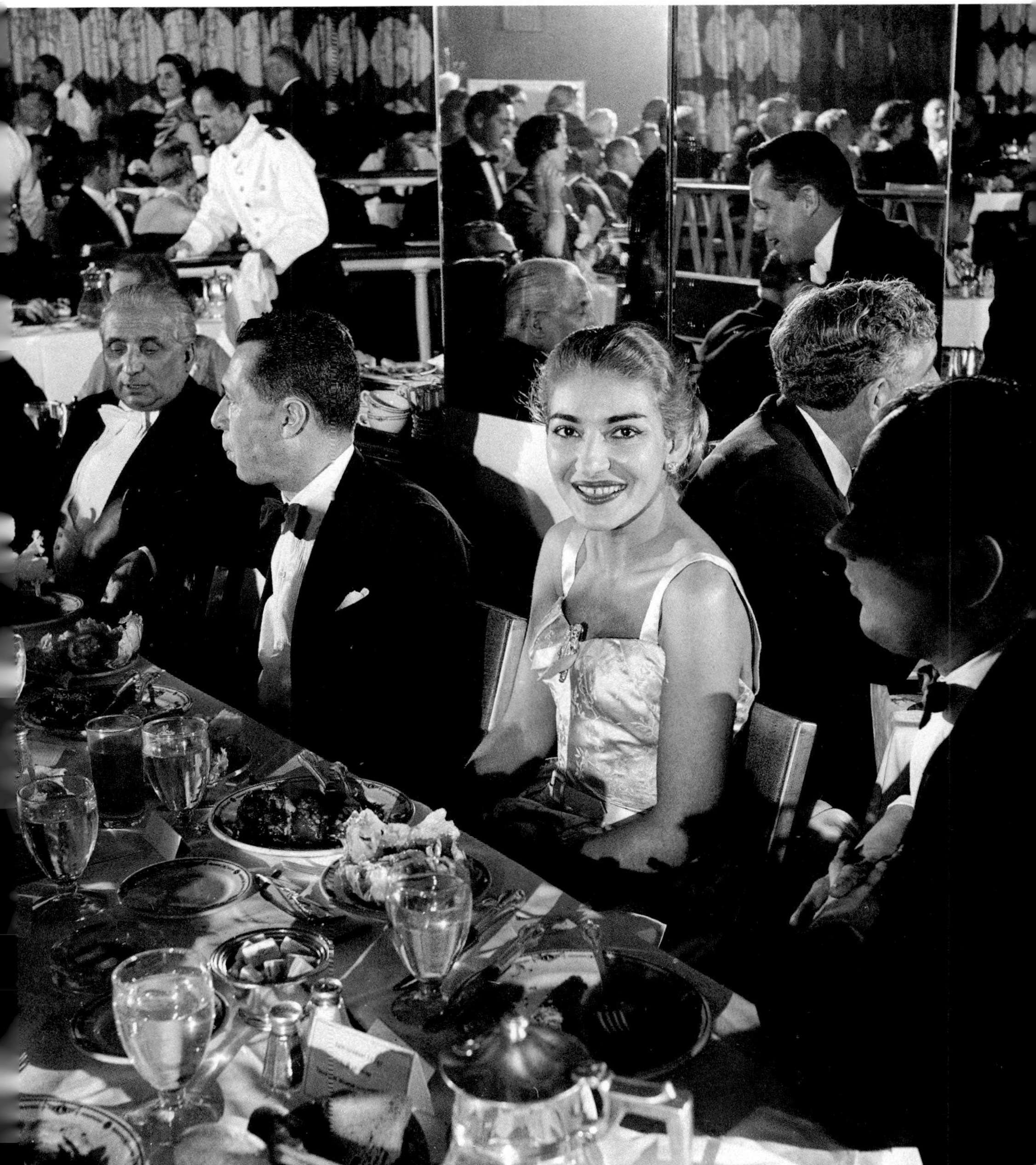

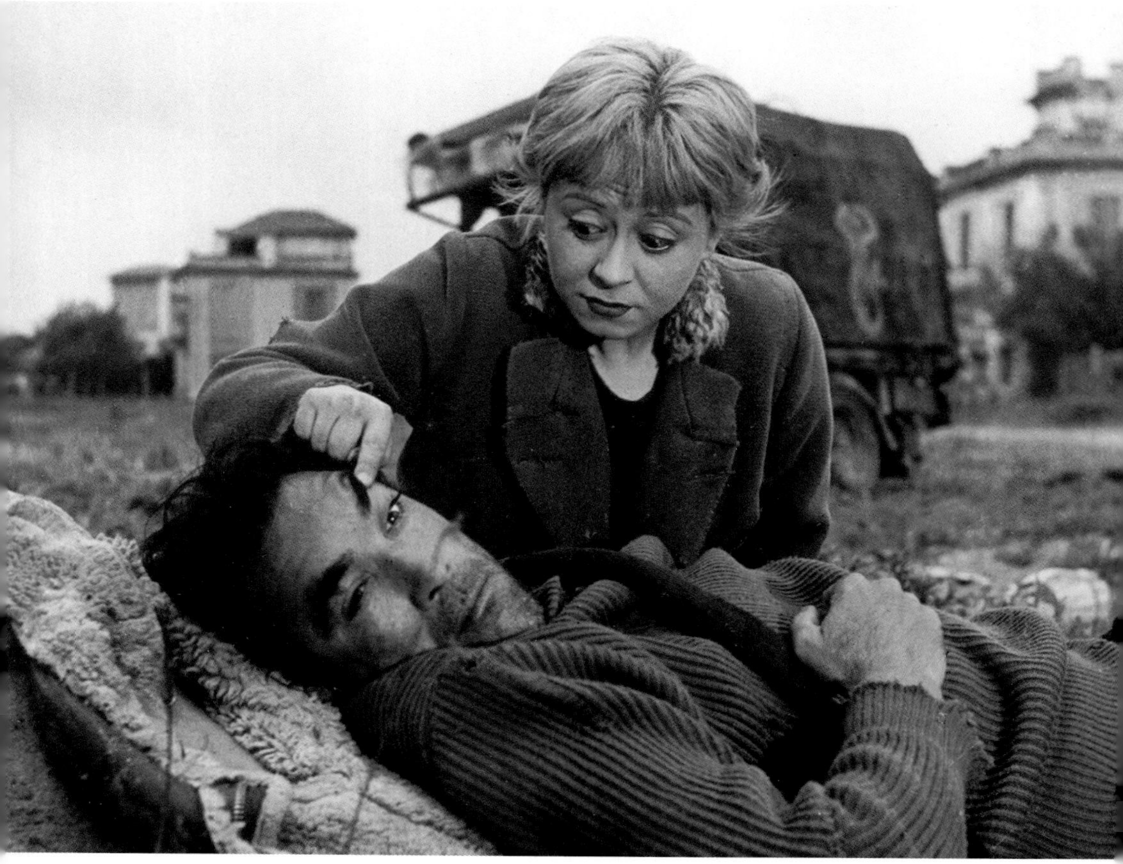

Una de las películas más impactantes y originales de 1954 fue la producción italiana ***La strada,*** de Federico Fellini, que narra la historia de una joven e inocente campesina vendida al forzudo de un circo. *(Arriba)* Los actores Giulietta Masina y Anthony Quinn en un fotograma de la película.

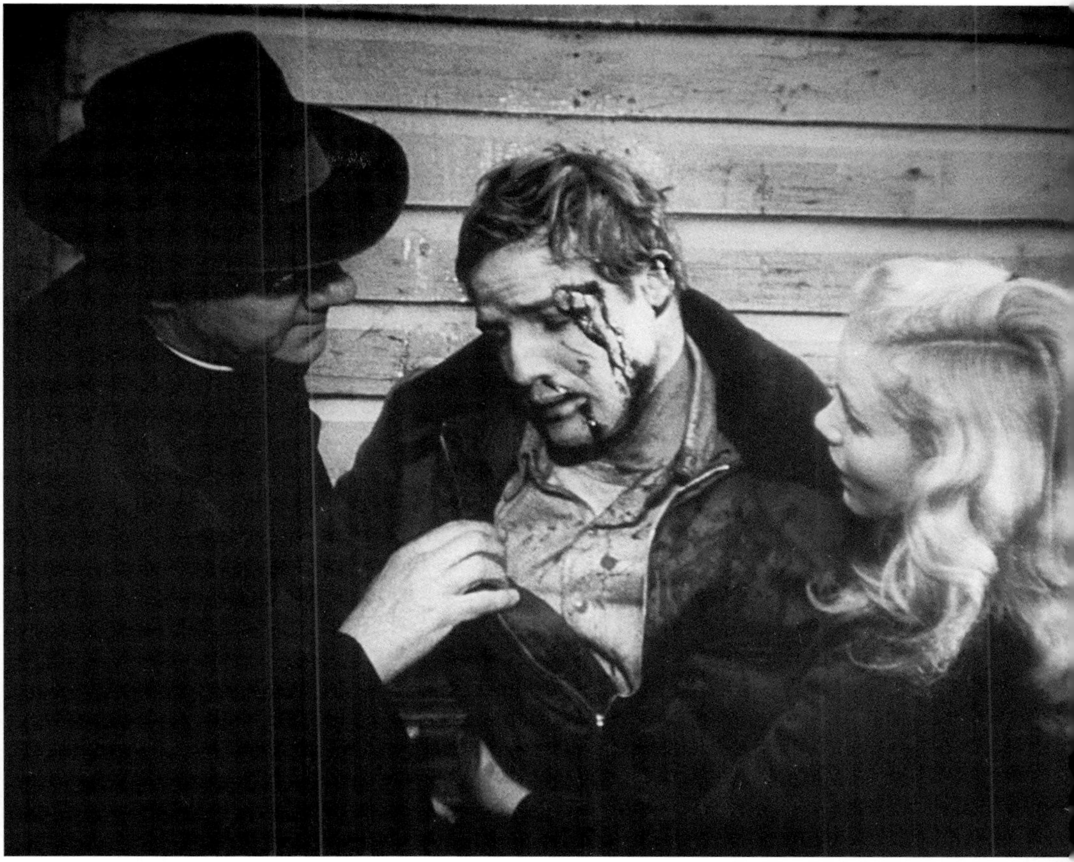

(Arriba)) Mientras la actriz Eva Marie Saint los observa, Karl Malden (izquierda) consuela a Marlon Brando (centro) en la secuencia final de ***La ley del silencio,*** de Elia Kazan. El film obtuvo ocho premios Oscar, entre ellos, los de mejor guión (Budd Schulberg), mejor dirección (Kazan), mejor actor protagonista (Brando), mejor actriz secundaria (Saint) y mejor fotografía (Boris Kaufman).

El dramaturgo estadounidense Arthur Miller conoció a Marilyn Monroe *(abajo y derecha,* en retratos de Baron) en una fiesta de Hollywood. Durante la velada, la actriz Evelyn Keyes dijo a Miller: «Se la van a comer viva». Y lo hicieron, aunque tuvieron que pasar doce años para que Hollywood, los políticos y los medios de comunicación se saciaran. Miller, que fue el tercer esposo de Marilyn, afirmó de ella que era «absurdamente provocativa» y que «despertaba el deseo de protegerla (...) si bien yo sospechaba que debía de ser muy resistente para haber sobrevivido tanto tiempo». Marilyn fue el símbolo de una industria, una cultura, un país y un planeta.

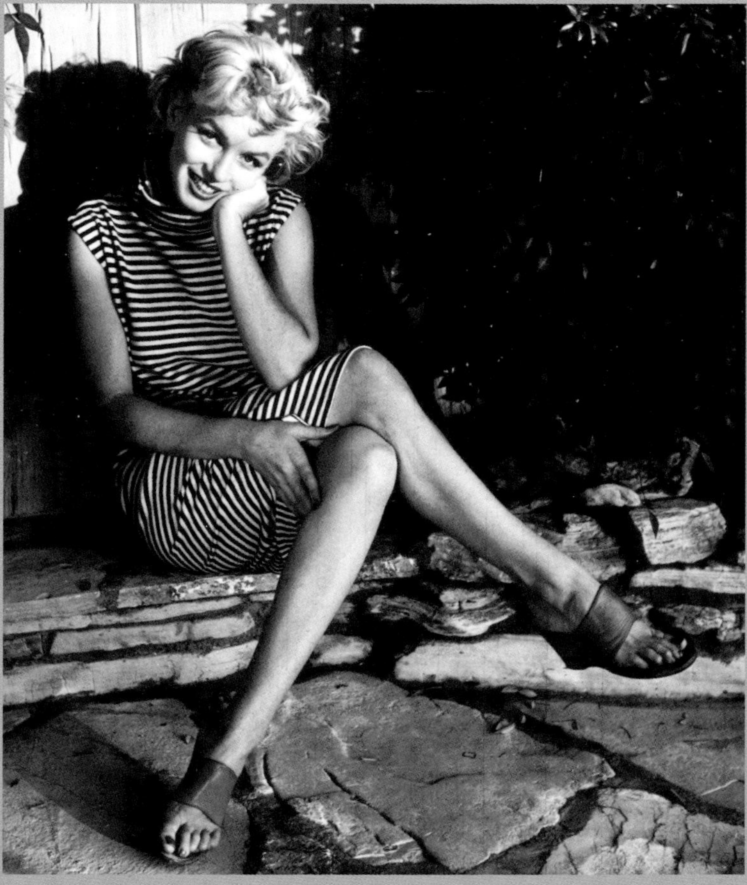

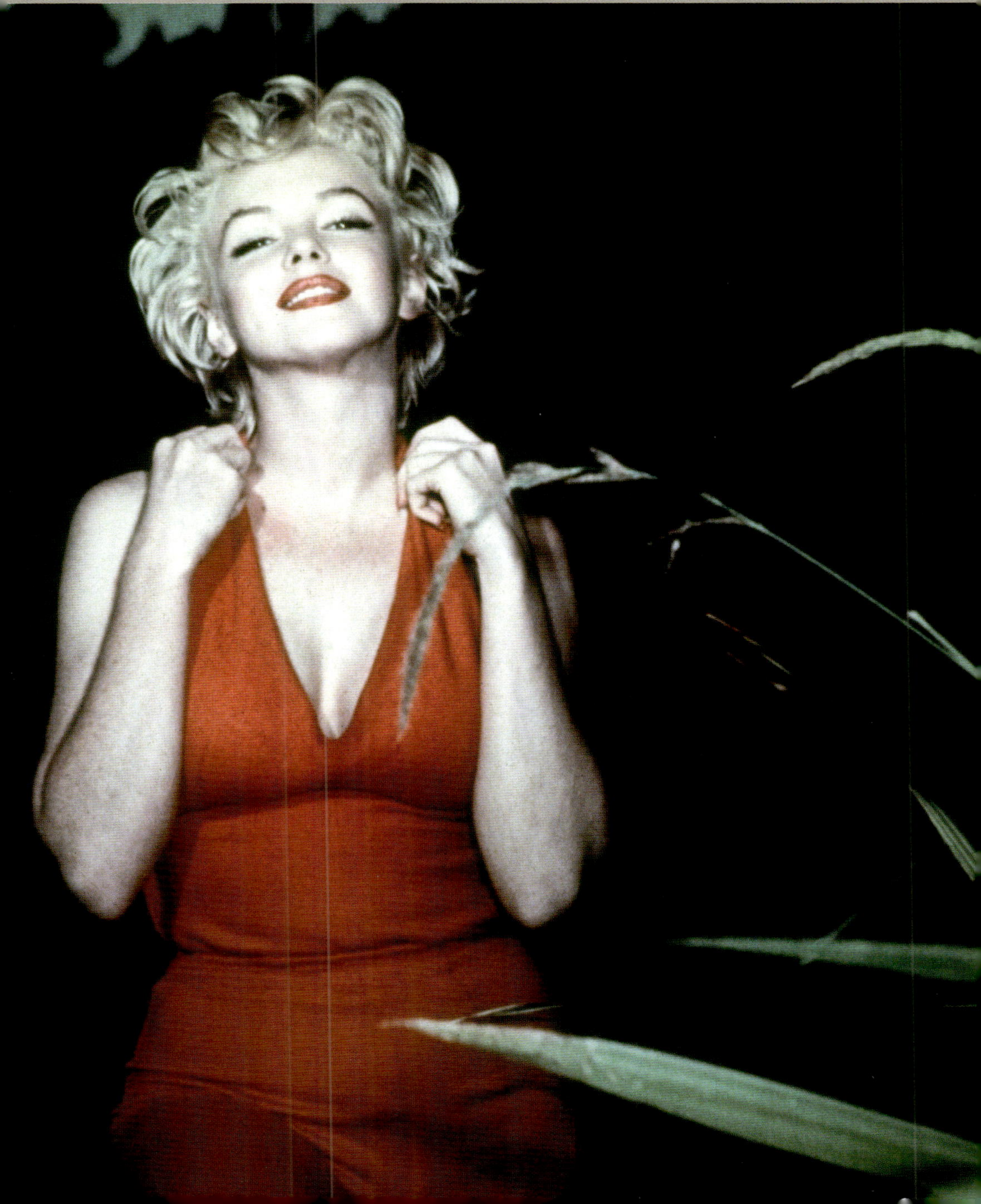

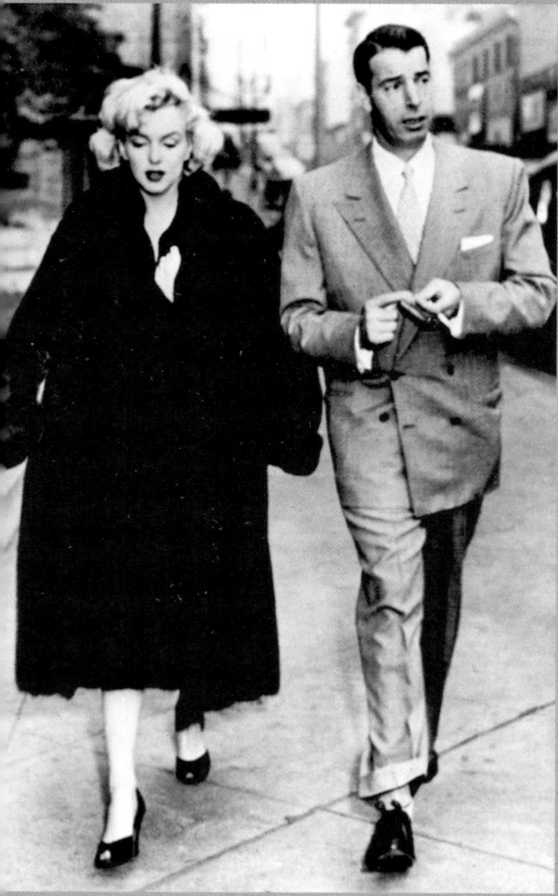

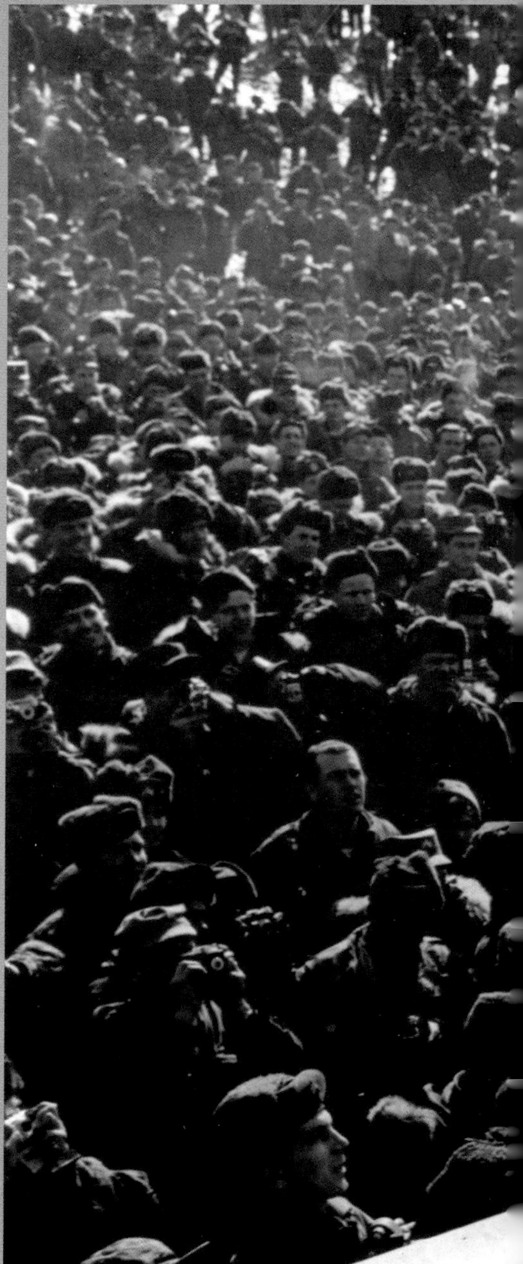

Dos cuerpos perfectos. *(Arriba)* Monroe y su segundo esposo, la estrella de béisbol Joe DiMaggio, caminan tras su boda, en enero de 1954. *(Derecha)* Monroe, de gira con la USO (organización estadounidense encargada de subir la moral y entretener a las tropas) durante la guerra de Corea, mientras firma un puñado de autógrafos ante la ladera de una colina repleta de militares estadounidenses.

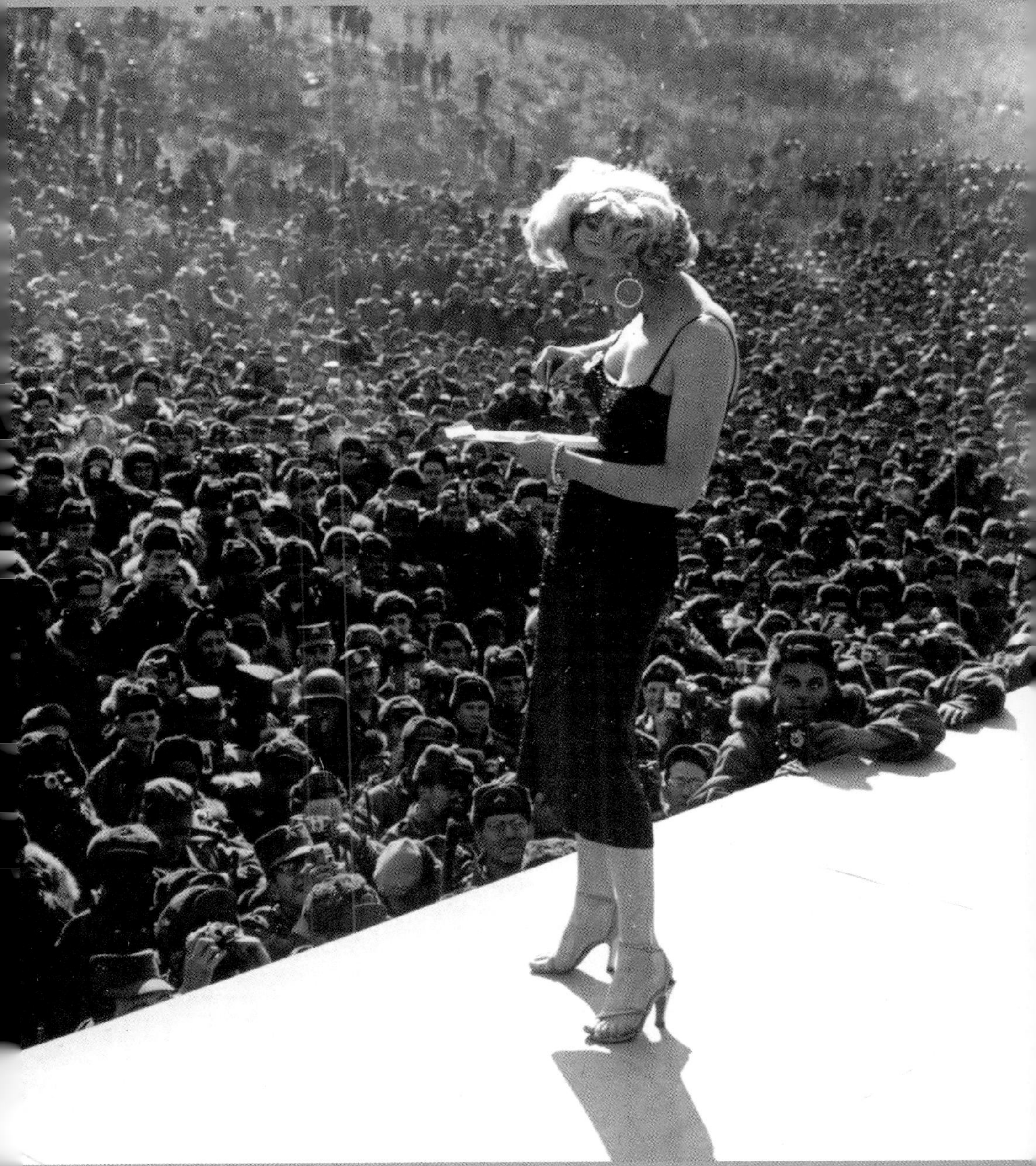

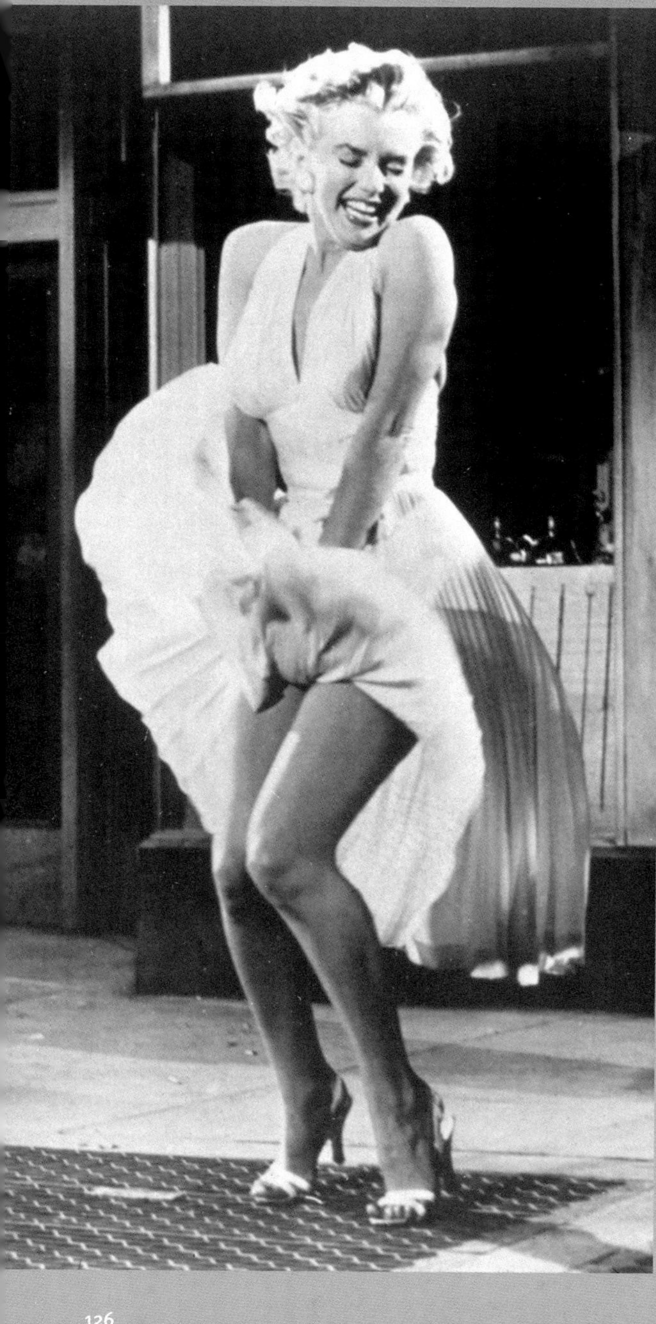

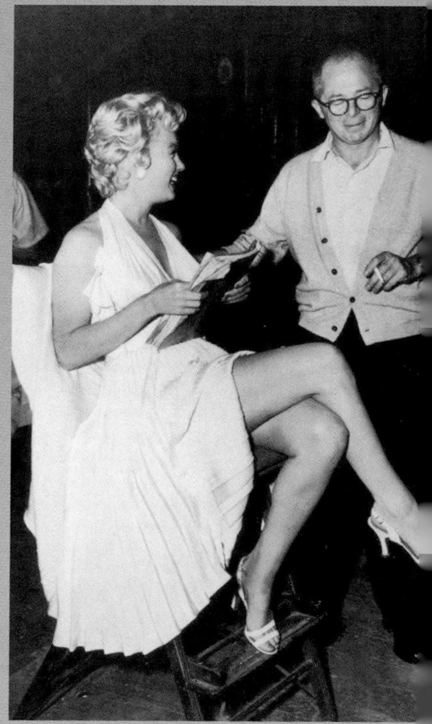

(Izquierda) **Tal vez siga siendo el fotograma más famoso de todos los tiempos: Marilyn Monroe de pie sobre la rejilla de ventilación del metro en *La tentación vive arriba*, de Billy Wilder. *(Arriba)* Monroe, con el mismo vestido, en el plató de rodaje junto a Wilder. *(Derecha)* Retrato de estudio autorizado de 1955.**

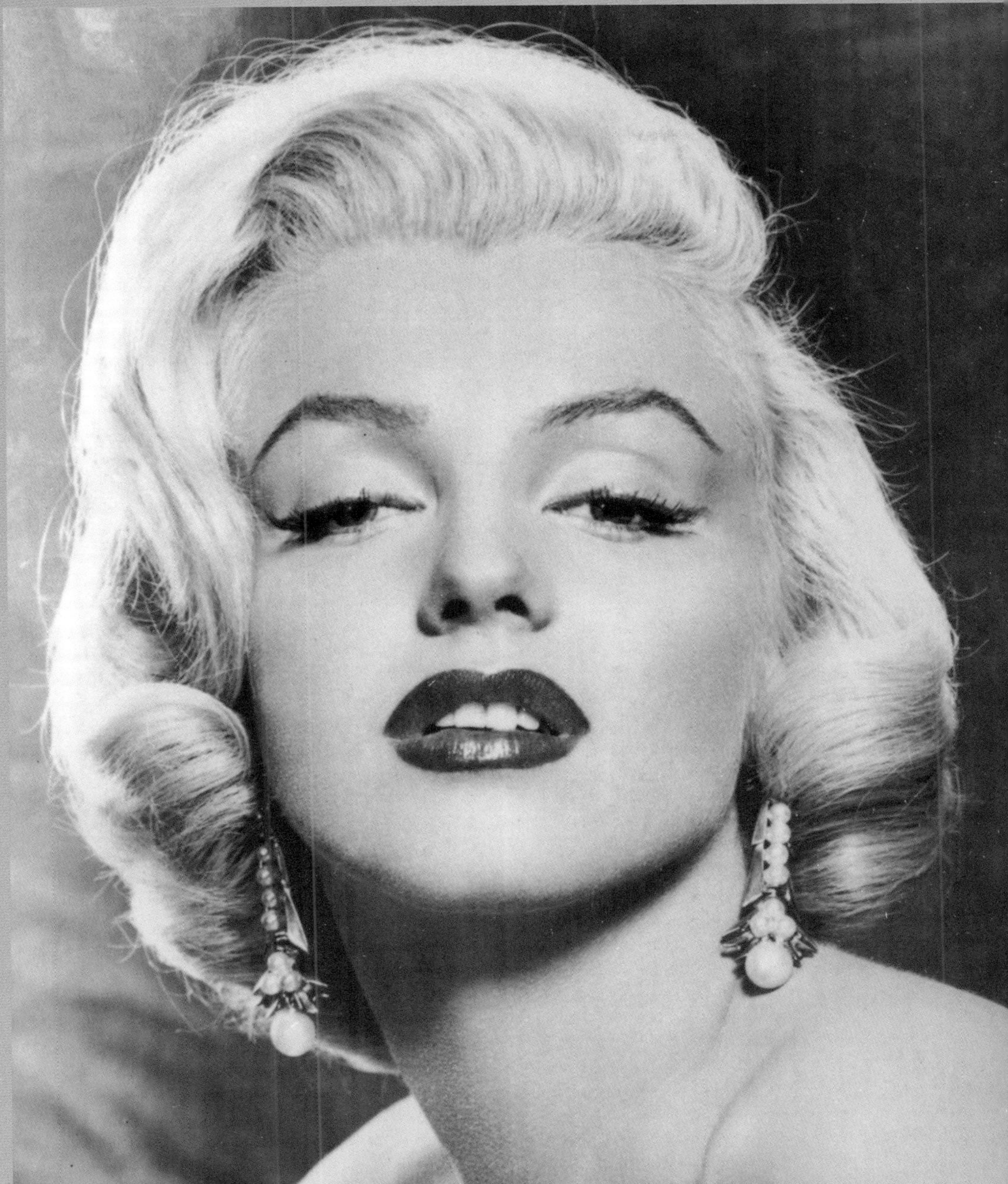

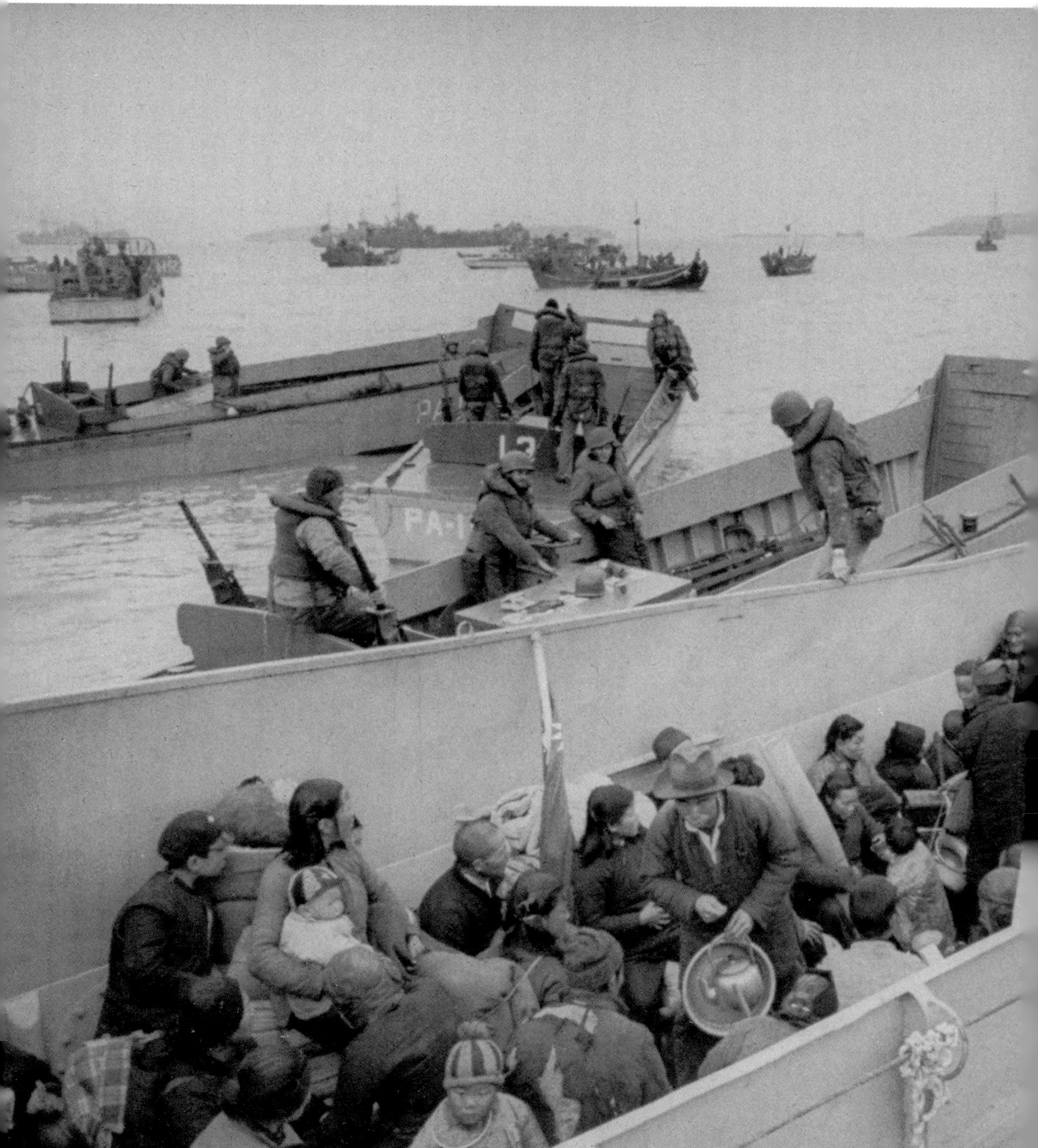

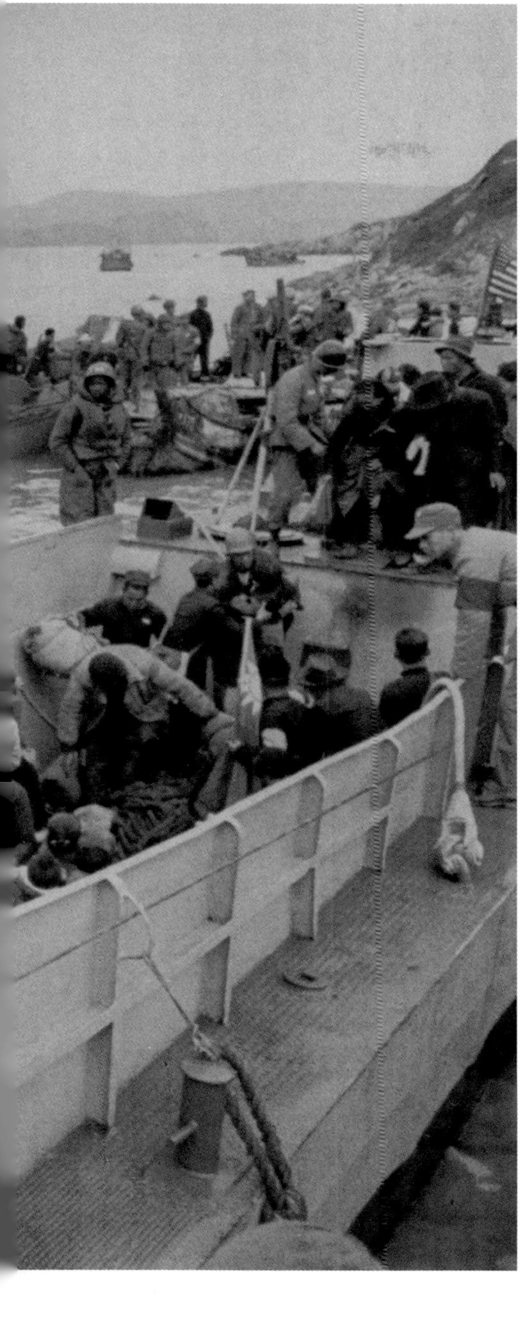

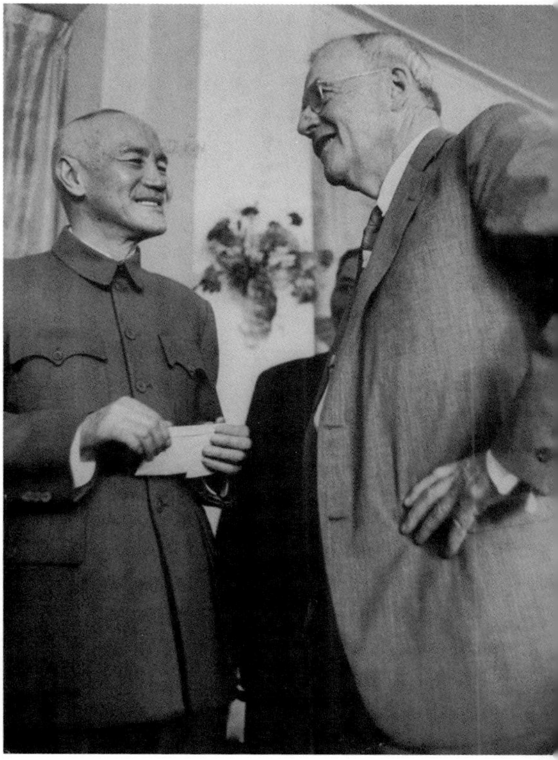

En enero de 1955, las fuerzas comunistas de la República Popular China empezaron a asediar los asentamientos de los grupos nacionalistas de las **islas Tachen,** a unos 320 kilómetros al norte de la isla de Formosa (actual Taiwán). La Marina estadounidense evacuó a unos 14.000 civiles del archipiélago *(izquierda)*, tras lo cual se iniciaron conversaciones entre Estados Unidos y el general Chiang Kai-shek, dirigente de la China nacionalista. *(Arriba)* Jieshi se reúne con John Foster Dulles, secretario de Estado estadounidense, el 5 de marzo de 1955.

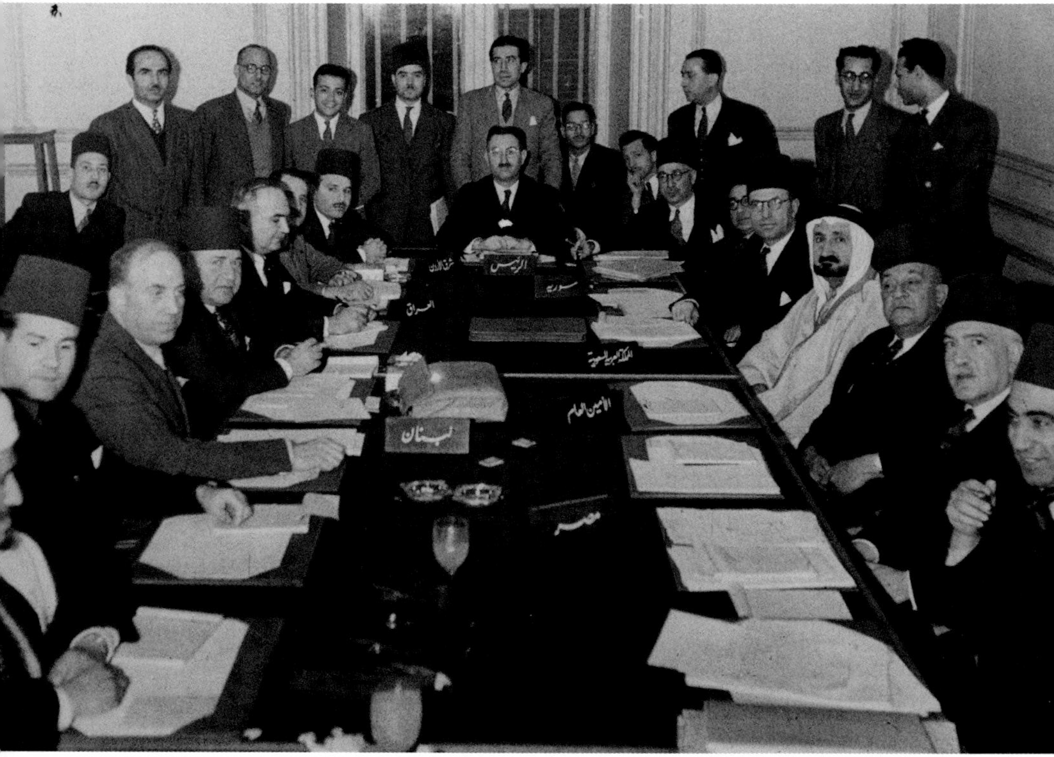

El 28 de febrero de 1955, las fuerzas israelíes atacaron puestos del ejército egipcio en la franja de Gaza y mataron a 36 hombres, lo que provocó la indignación de los dirigentes árabes. Temerosos del estallido de una guerra, los miembros de la **Liga Árabe** se reunieron en la ciudad egipcia de El Cairo *(arriba)*. Tanto las conversaciones como la lucha armada se prorrogaron durante seis meses más.

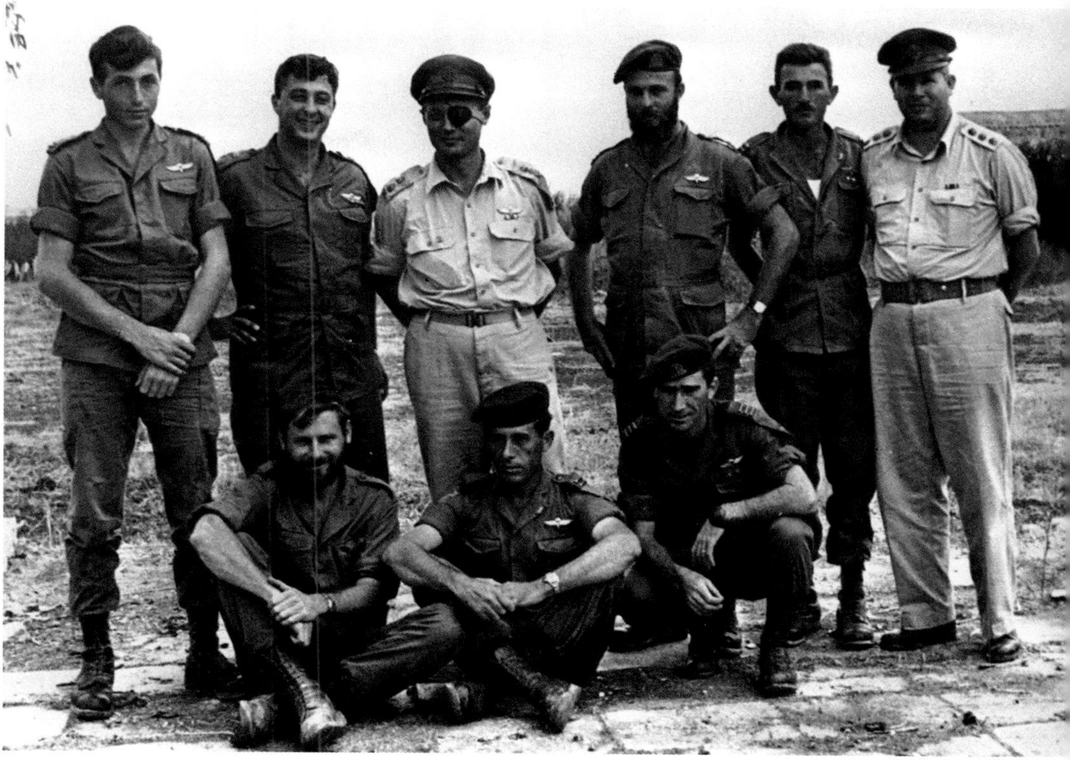

(Arriba) En la fotografía, facilitada por la oficina de prensa del gobierno israelí en octubre de 1955, se ve al dirigente y militar **Ariel Sharon** (el segundo por la izquierda) de joven, cuando era un oficial paracaidista, y al general **Moshé Dayán** a su izquierda. La fotografía se tomó justo después del choque entre las fuerzas israelíes y egipcias en la región egipcia del Sinaí.

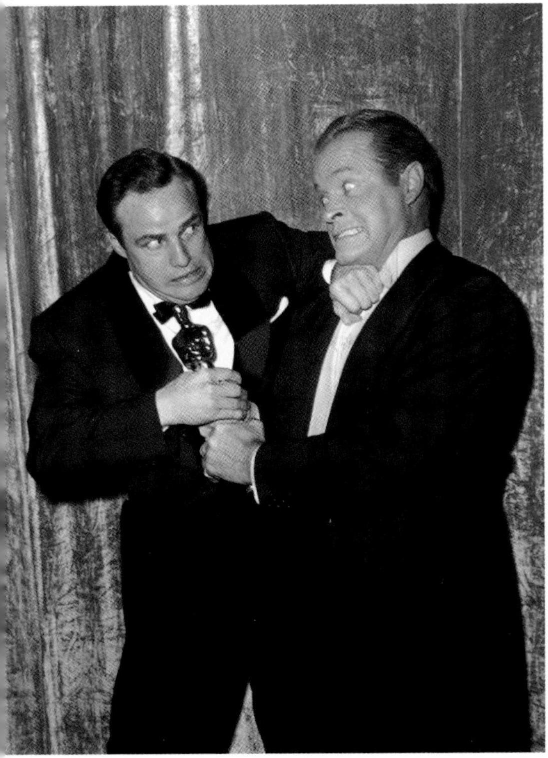

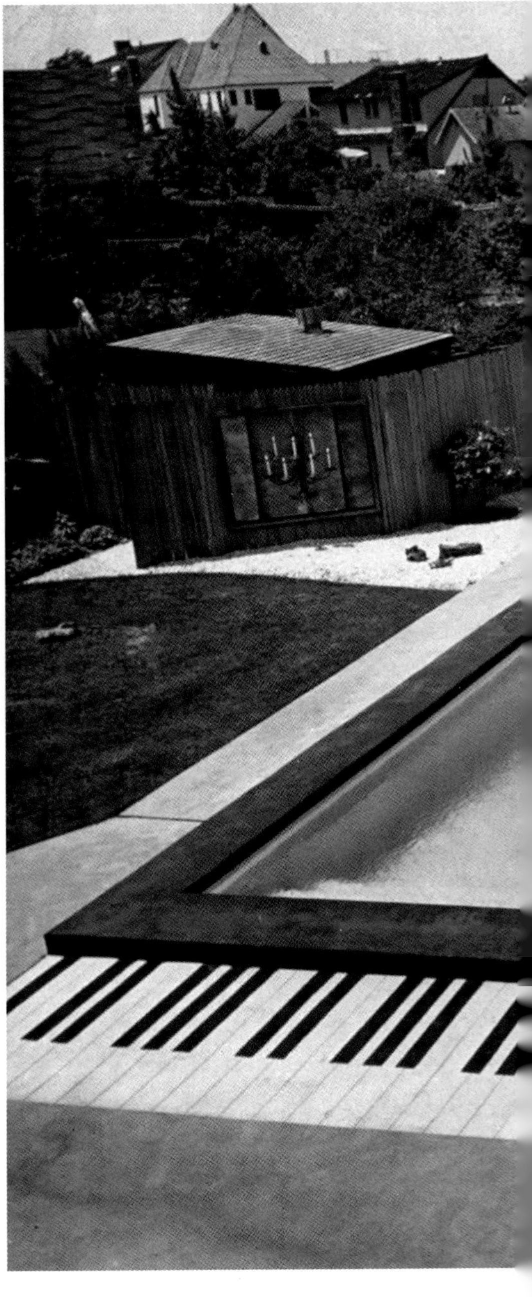

El actor **Marlon Brando** recibe el Oscar por su interpretación en *La ley del silencio* en marzo de 1955, en una divertida entrega de manos del cómico Bob Hope *(arriba)*. Con su proverbial discreción, el pianista y presentador **Liberace** posa junto a su piscina, en Hollywood *(derecha)*.

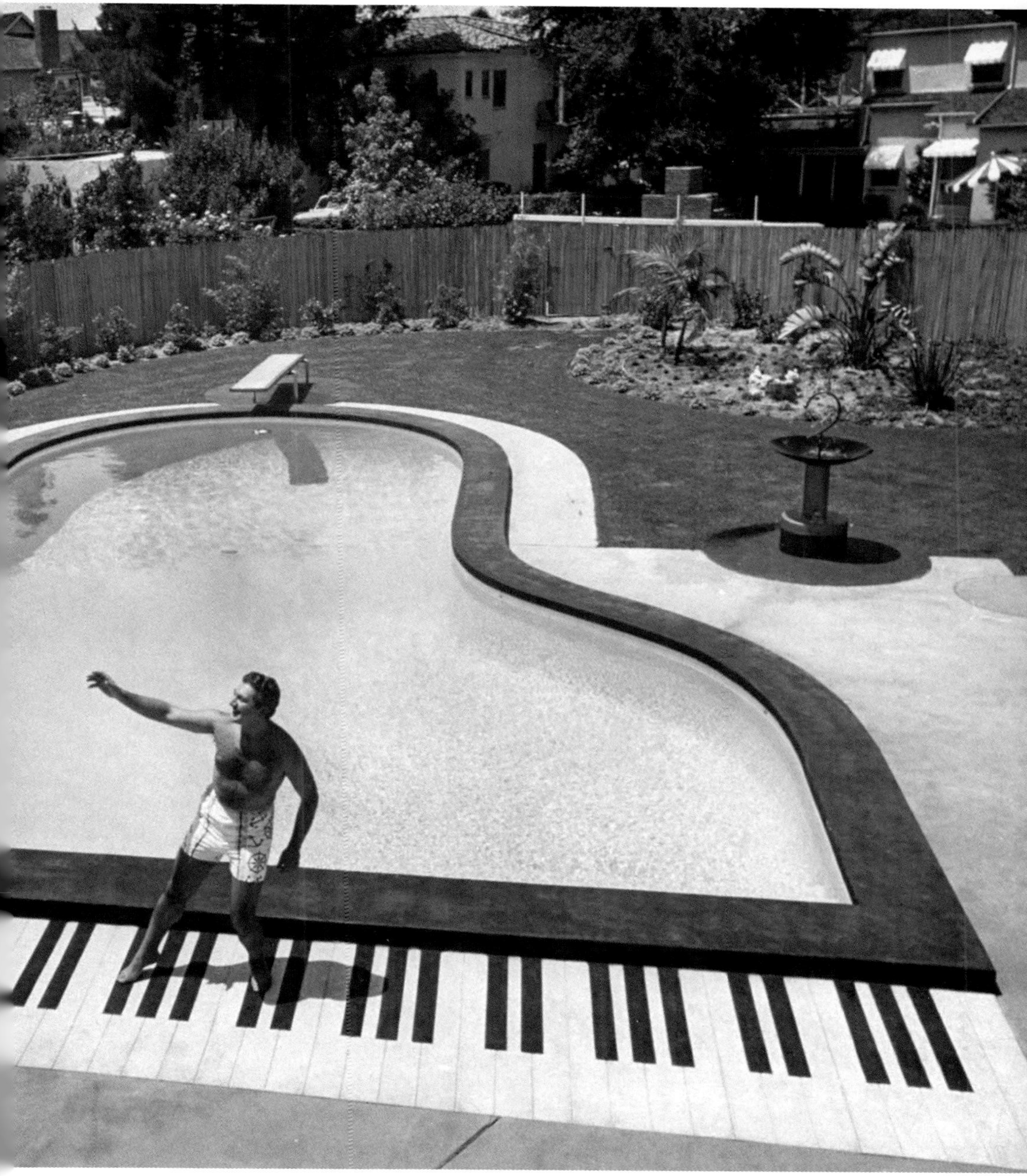

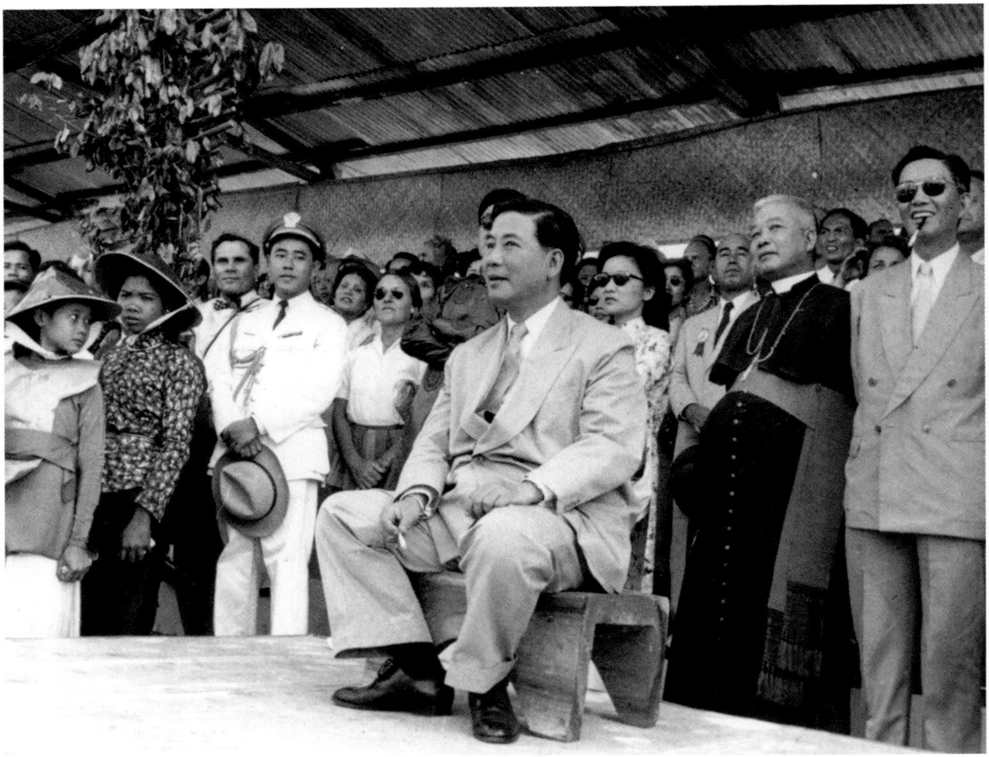

La derrota de los franceses en 1954 no sirvió para estabilizar la región de **Vietnam.** El sur estaba escindido entre el presidente Ngô Dinh Diêm, apoyado por Estados Unidos, y la organización anticomunista Binh Xuyen, respaldada en el pasado por Francia. *(Arriba)* Ngô Dinh Diêm en una exposición agrícola, en 1955, minutos antes de ser víctima de un atentado. *(Derecha)* Una mujer y dos niños huyen de una lucha callejera entre los dos bandos, en mayo de 1955.

1955

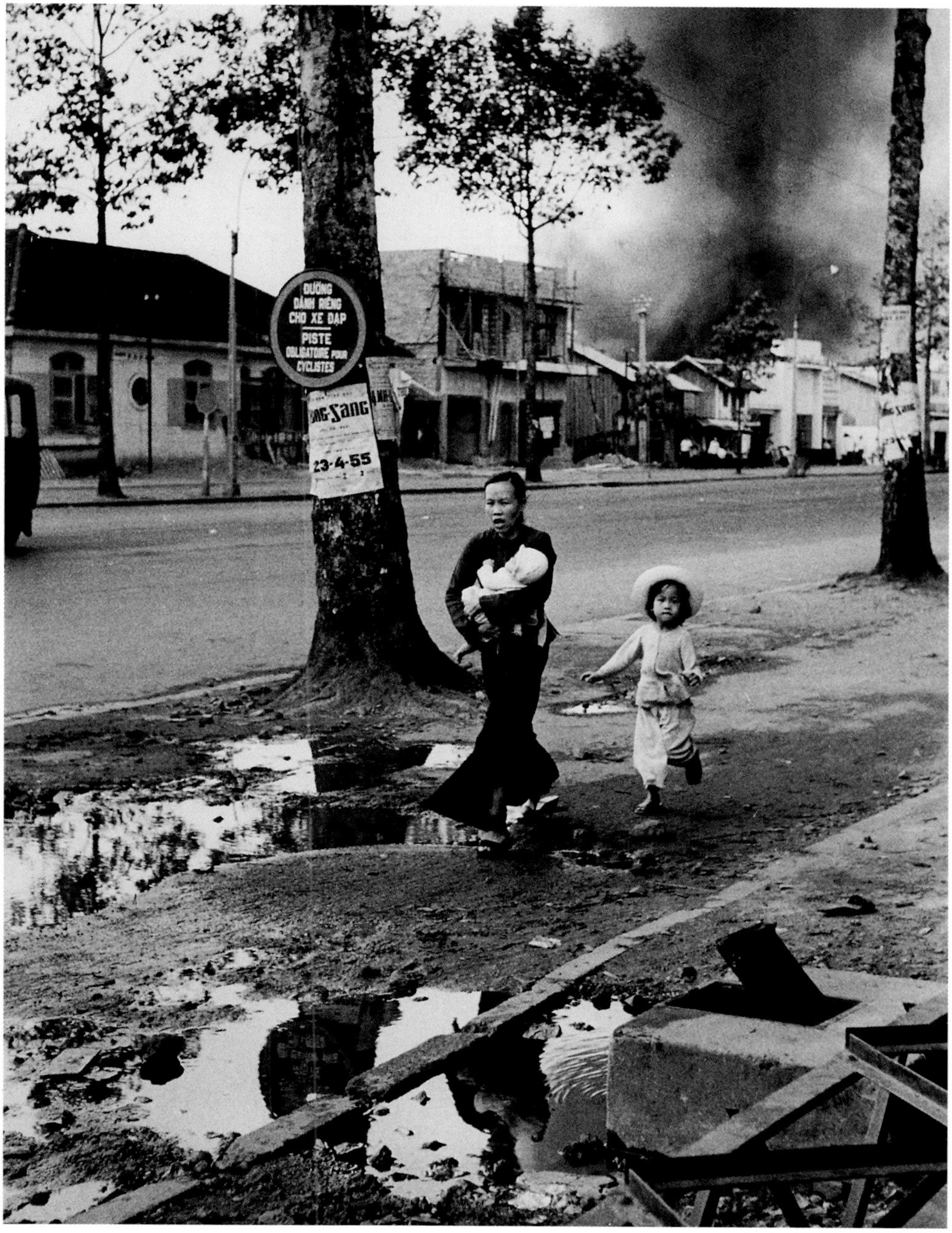
ĐƯỜNG
DÀNH RIÊNG
CHO XE ĐẠP
PISTE
OBLIGATOIRE POUR
CYCLISTES
23-4-55

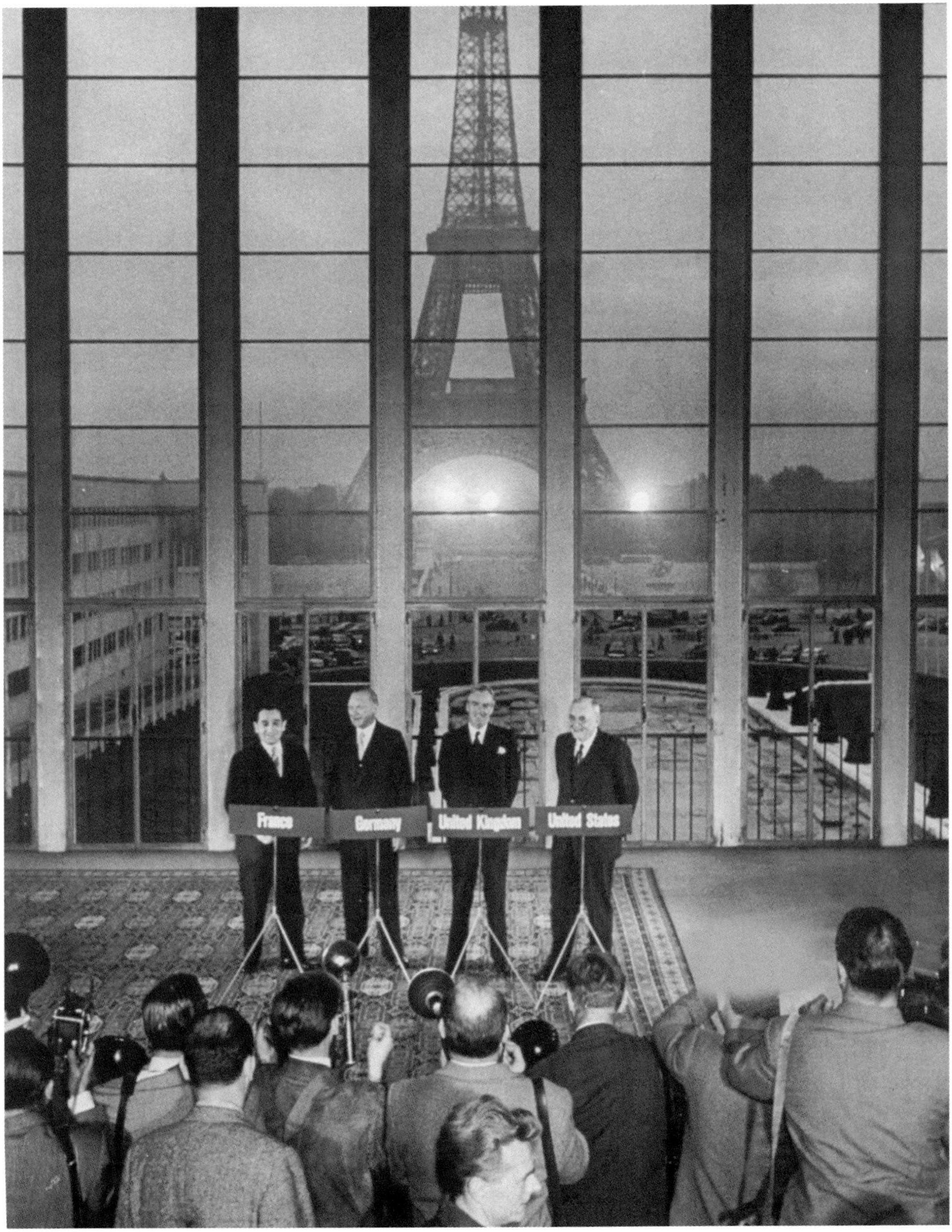
France
Germany
United Kingdom
United States

El Tratado de París, que concedía plena soberanía a la República Federal de Alemania bajo la presidencia de **Konrad Adenauer,** entró en vigor el 5 de mayo de 1955. *(Derecha)* James Bell, corresponsal de la revista *Time,* observa al canciller Adenauer marcharse en coche, en septiembre de 1955. *(Izquierda)* Delegados de la **Conferencia de París:** (de izquierda a derecha) El primer ministro francés, Pierre Mendes-France, el propio Adenauer, el primer ministro británico, Robert Anthony Eden y el secretario de Estado estadounidense, John Foster Dulles.

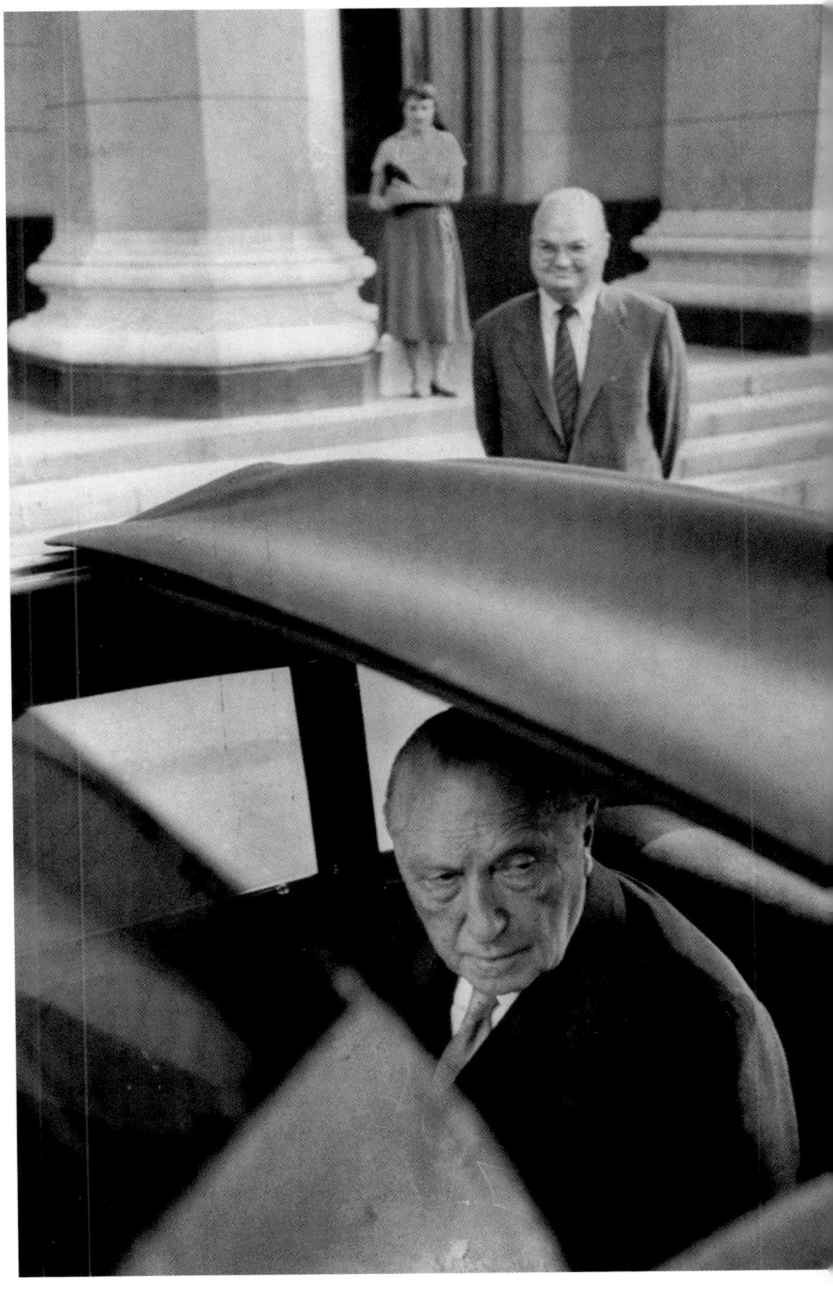

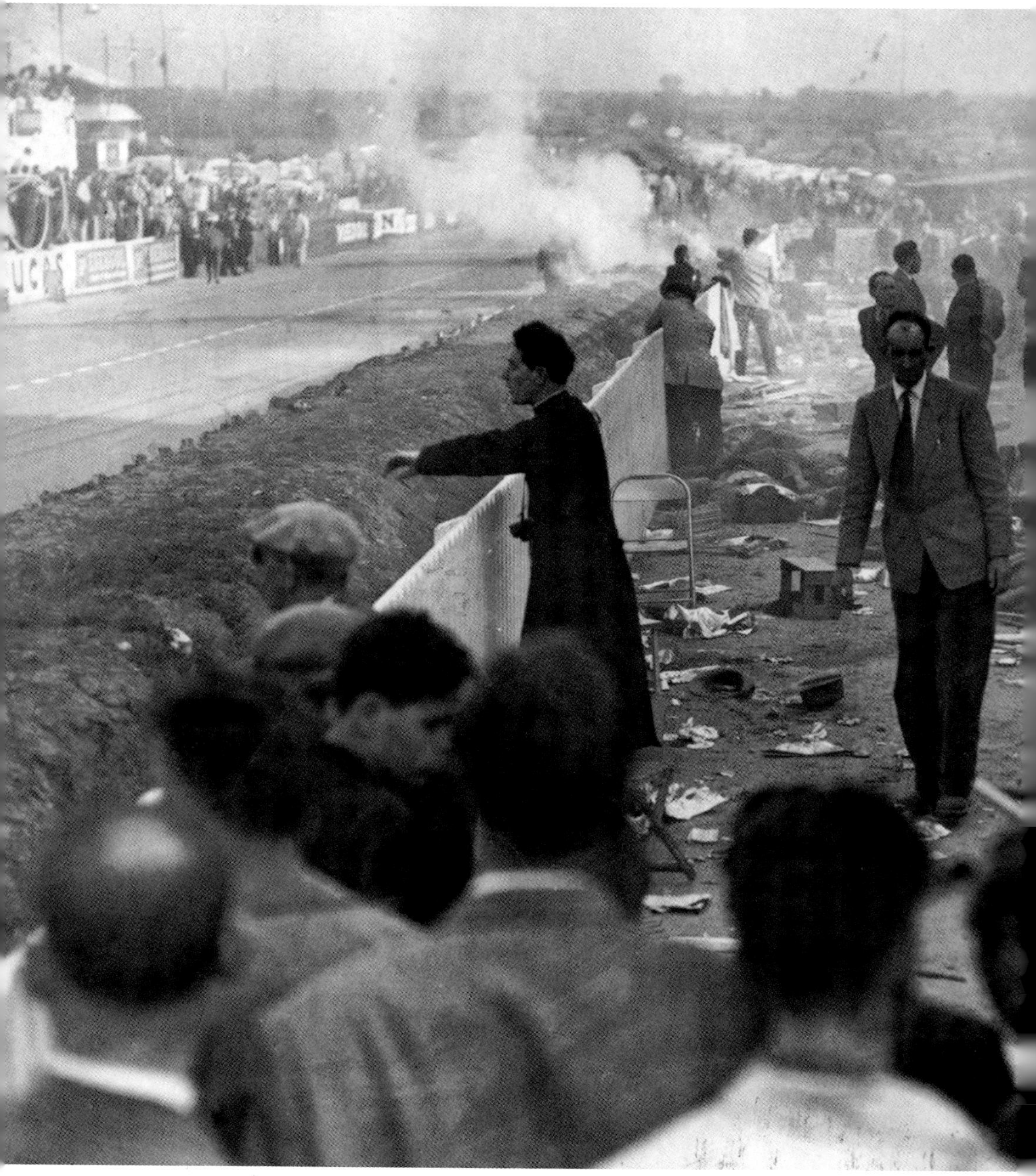

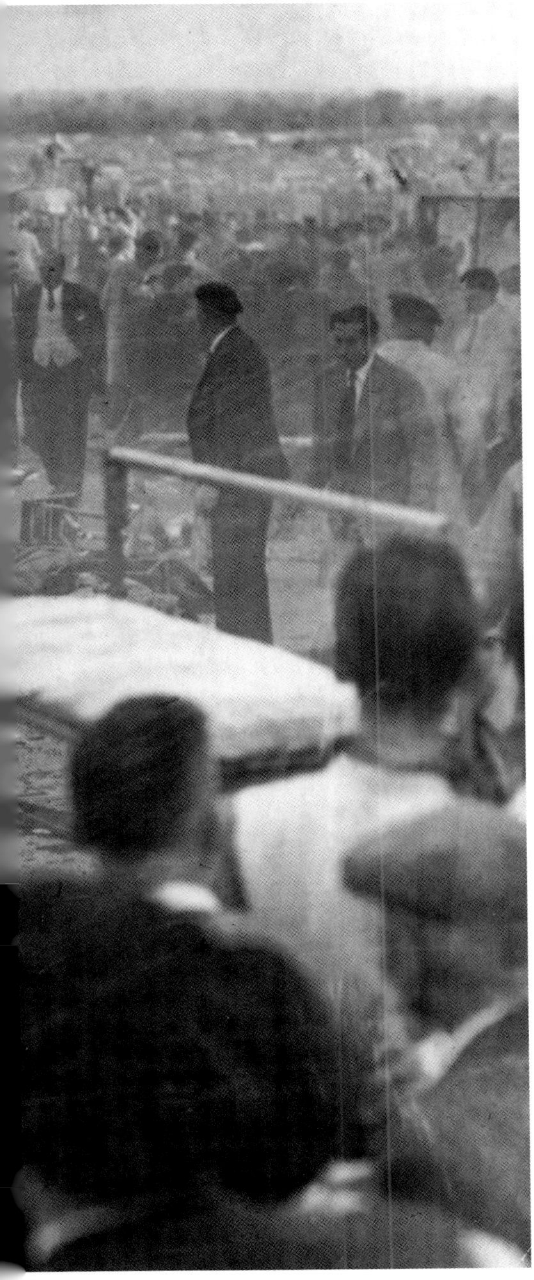

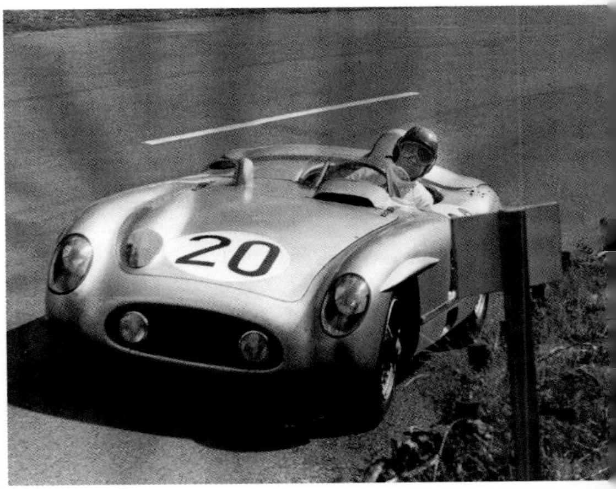

El 11 de junio de 1955, el piloto francés Pierre Levegh conducía un Mercedes durante la competición de Fórmula 1 de las 24 horas de **Le Mans** cuando el coche que tenía delante frenó de golpe. El automóvil del piloto chocó contra el alerón posterior del otro vehículo, saltó por los aires y cayó sobre el público. Murieron 80 personas y más de 100 resultaron heridas. *(Arriba)* Levegh toma una curva justo antes del accidente. *(Izquierda)* Imagen que muestra las consecuencias del desastre. El coche accidentado estaba fabricado en parte con magnesio, lo que provocó que se incendiara con rapidez.

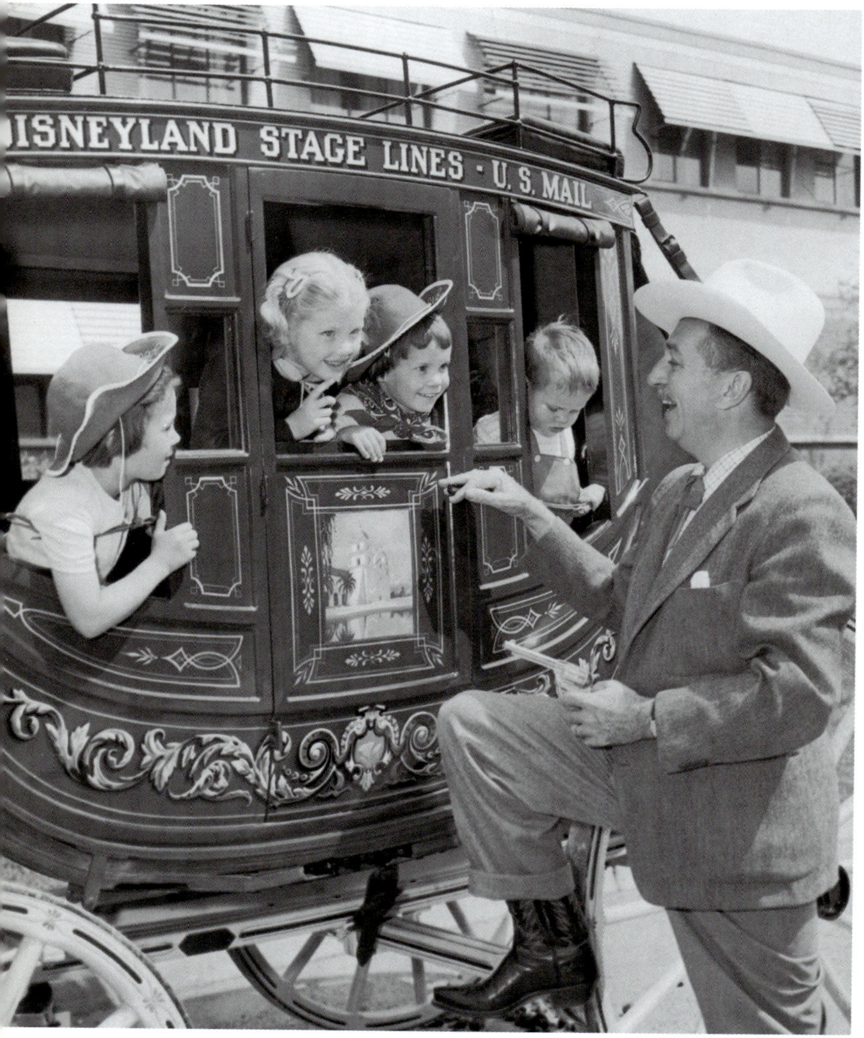

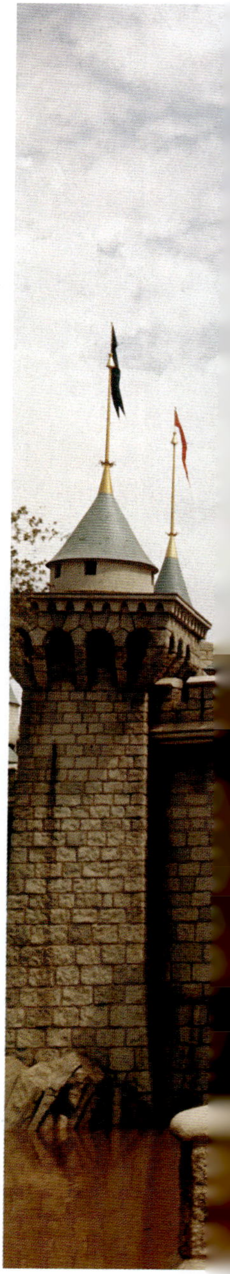

El 15 de julio de 1955, el parque de atracciones más grande del mundo abrió sus puertas en la ciudad californiana de Anaheim. **Disneylandia,** una combinación de aventuras y fantasía al más puro estilo de Hollywood, se convirtió en todo un éxito. *(Arriba)* El dibujante y cineasta Walt Disney en una de las atracciones del parque. Sin duda, Disney fue uno de los artistas de Hollywood con mayor talento para los negocios. *(Derecha)* Los niños cruzan la entrada al castillo de la Bella Durmiente.

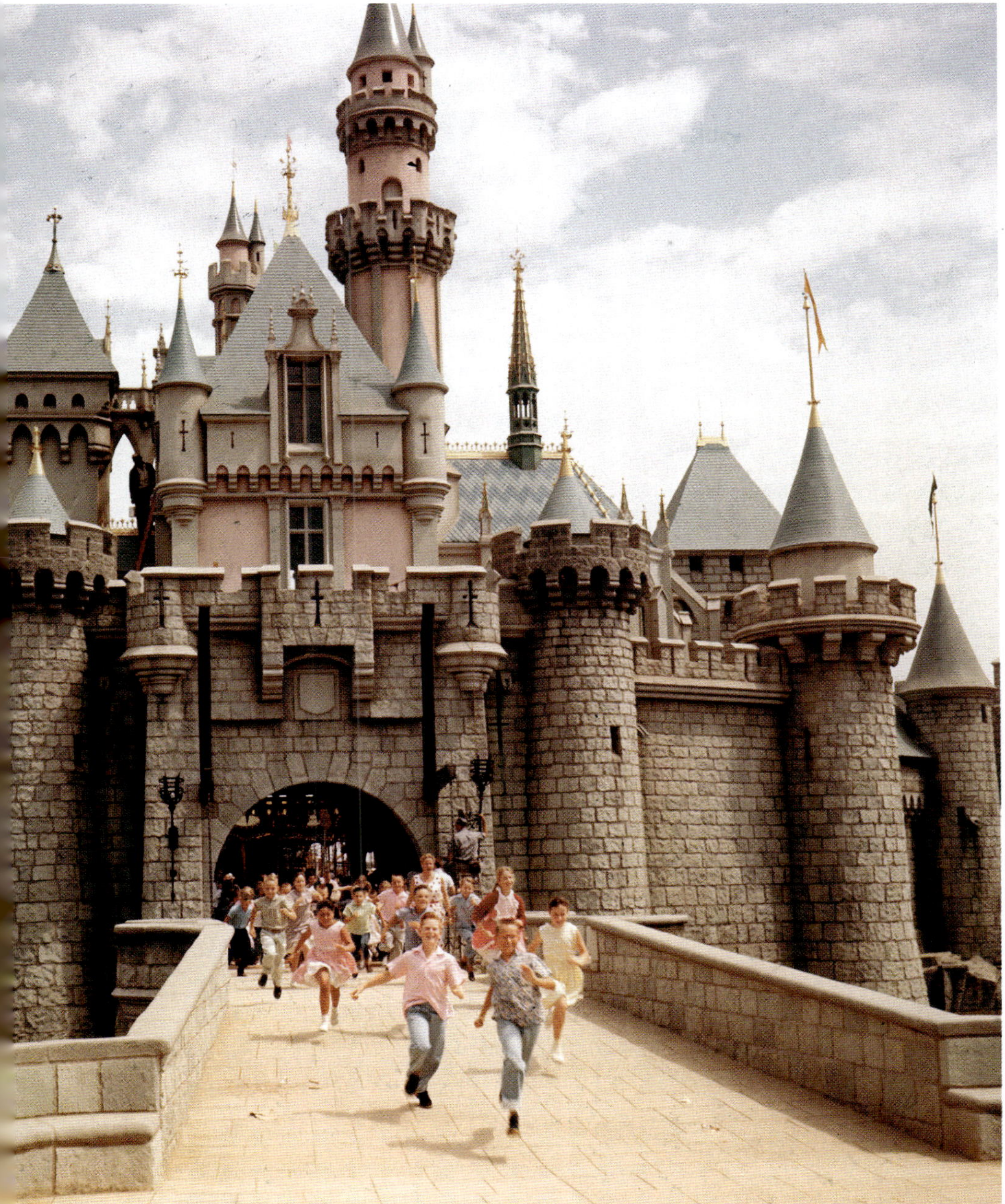

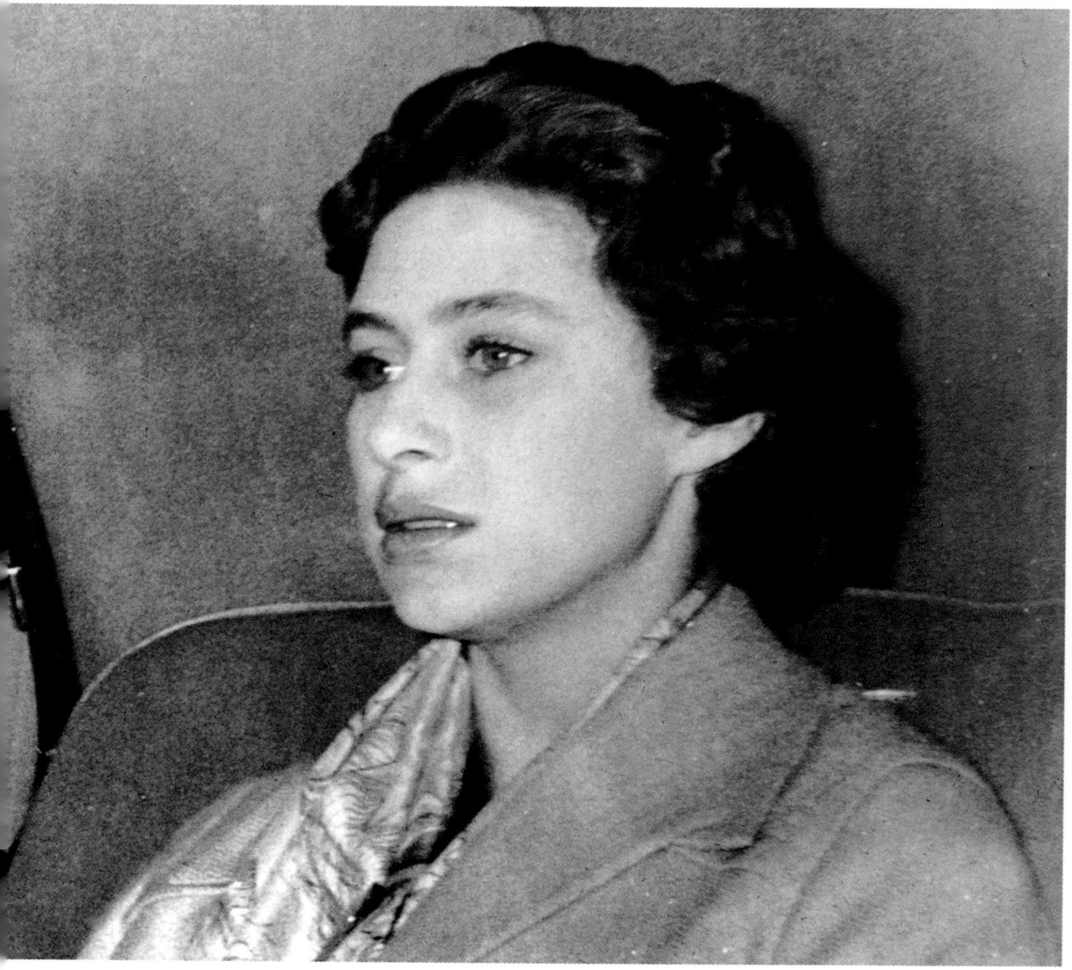

El mal de amores no entiende de clases sociales. *(Arriba)* La **princesa británica Margarita** regresa a su domicilio de Clarence House tras pasar el fin de semana con el hombre al que amaba, el coronel de las fuerzas aéreas, Peter Townsend, el 17 de octubre de 1955. Dos semanas más tarde, el Palacio de Buckingham anunció que la princesa y Townsend no iban a casarse. Al final, las servidumbres y privilegios de la monarquía vencieron a los anhelos del corazón.

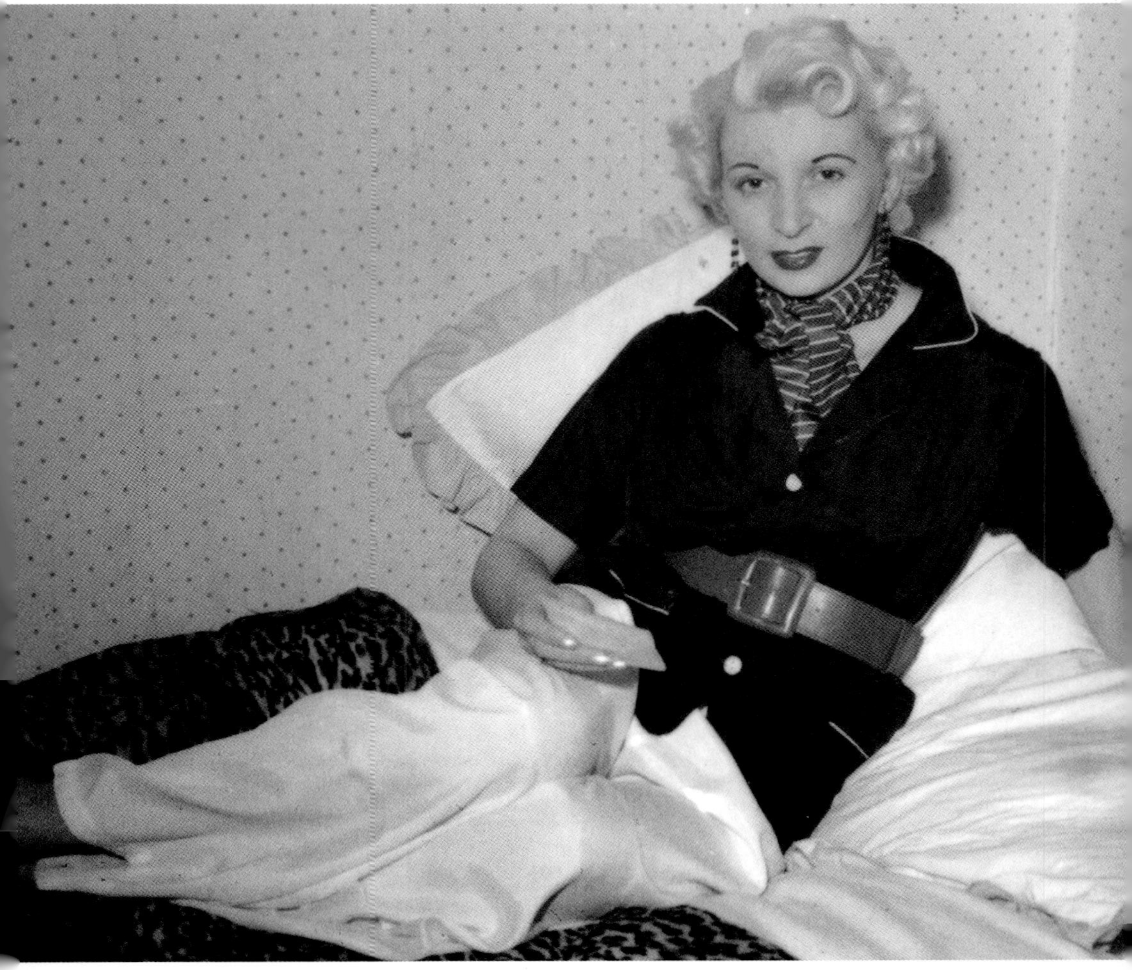

La británica **Ruth Ellis,** encargada de un local de ocio nocturno y modelo a tiempo parcial, mató a tiros a su compañero sentimental, David Blakely, el 10 de abril de 1955. En el juicio, el jurado sólo necesitó 14 minutos para declararla culpable de asesinato y el 13 de julio fue ahorcada en la cárcel de Holloway. *(Arriba)* Imagen de Ellis en el piso donde vivía, encima de su local, en Brompton Road, en el distrito londinense de Knightsbridge.

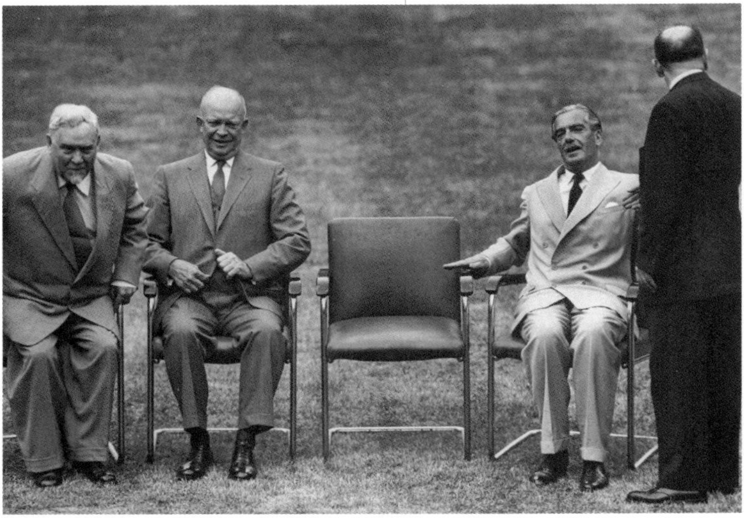

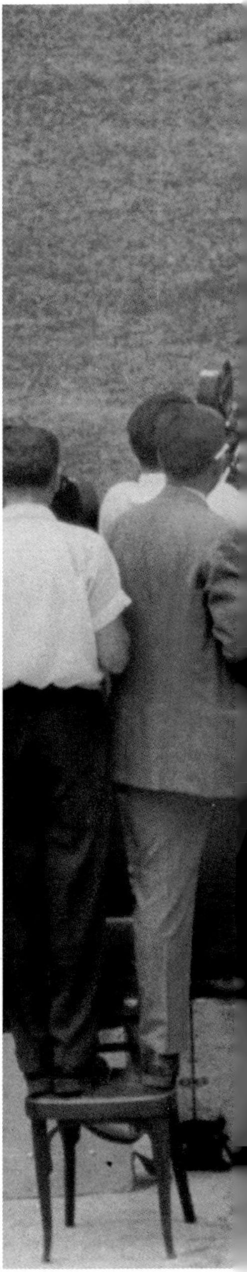

En octubre, los dirigentes de los **cuatro países más poderosos del mundo** (Francia, Reino Unido, EE.UU. y la URSS) se reunieron en Ginebra para debatir la reunificación de Alemania y el futuro de la OTAN y el Pacto de Varsovia. *(Arriba, de iz. a der.)* el mandatario soviético Bulganin, el presidente estadounidense Eisenhower, el primer ministro británico Eden y su homólogo francés Edgar Faure. *(Abajo, de iz. a der.)* Las esposas de Eisenhower, Eden y Faure.

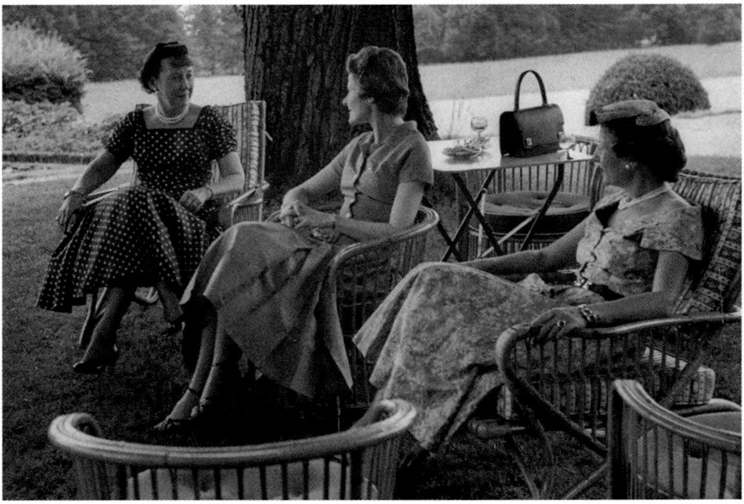

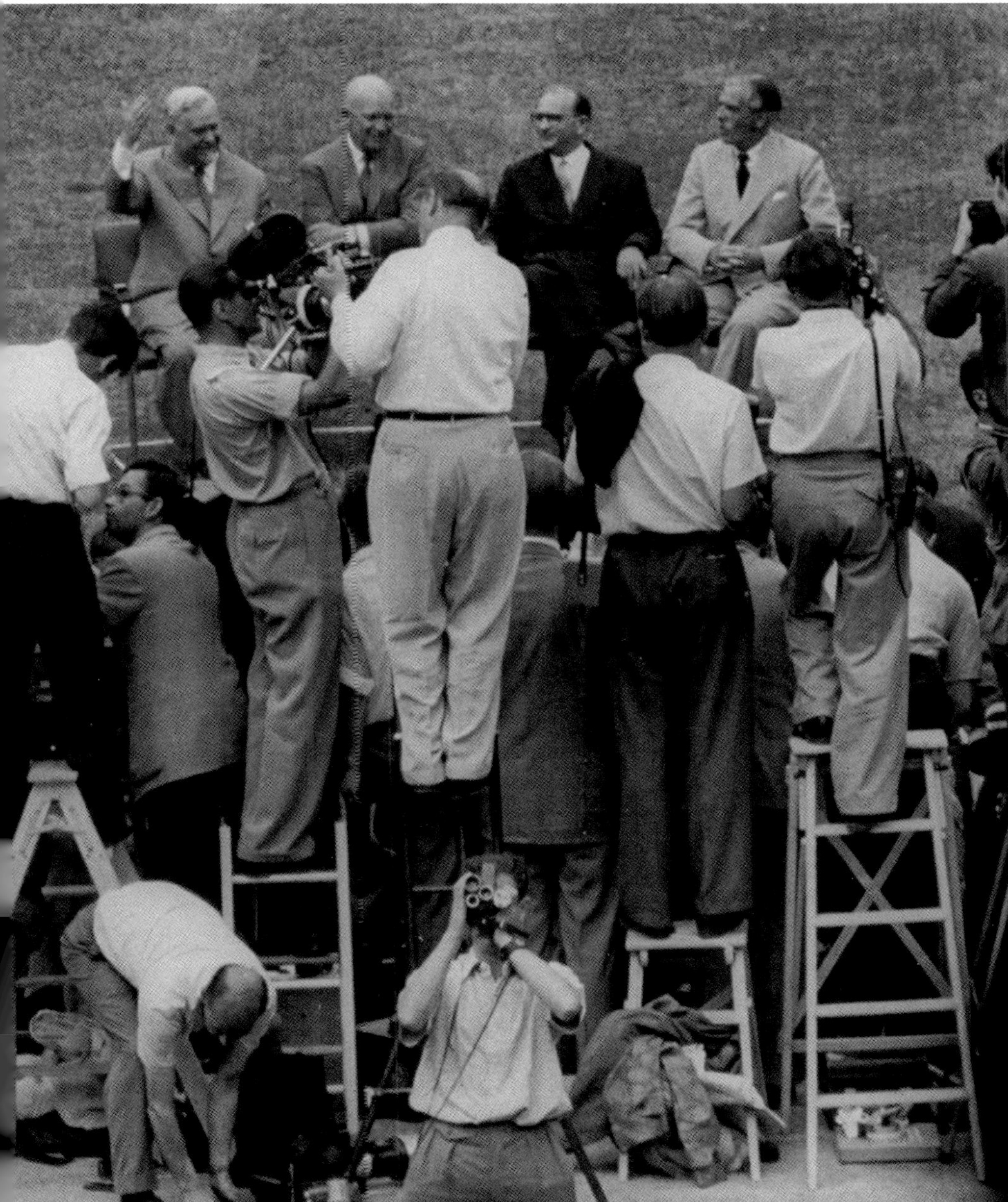

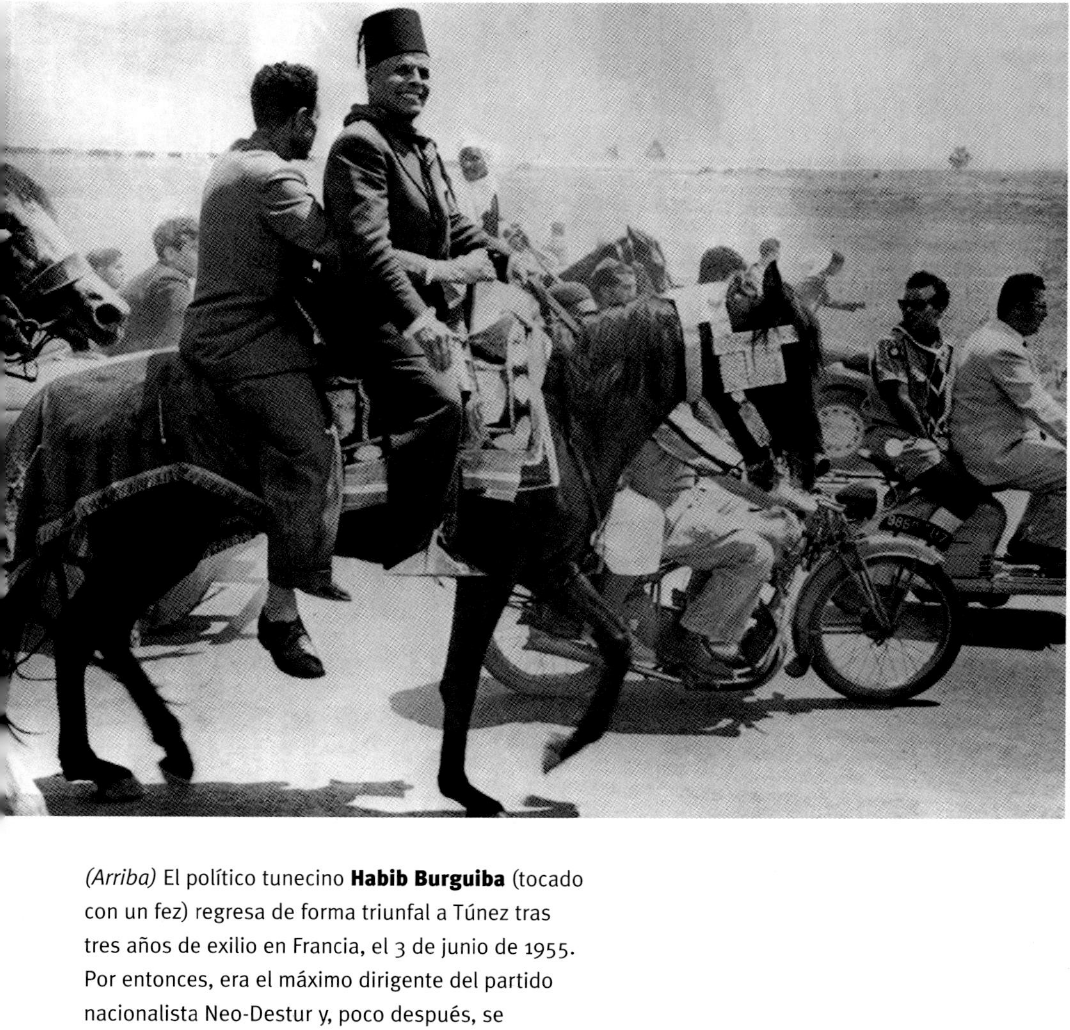

(Arriba) El político tunecino **Habib Burguiba** (tocado con un fez) regresa de forma triunfal a Túnez tras tres años de exilio en Francia, el 3 de junio de 1955. Por entonces, era el máximo dirigente del partido nacionalista Neo-Destur y, poco después, se convirtió en presidente del país. Aunque sólo ocupó el cargo dos años, logró la independencia de Túnez.

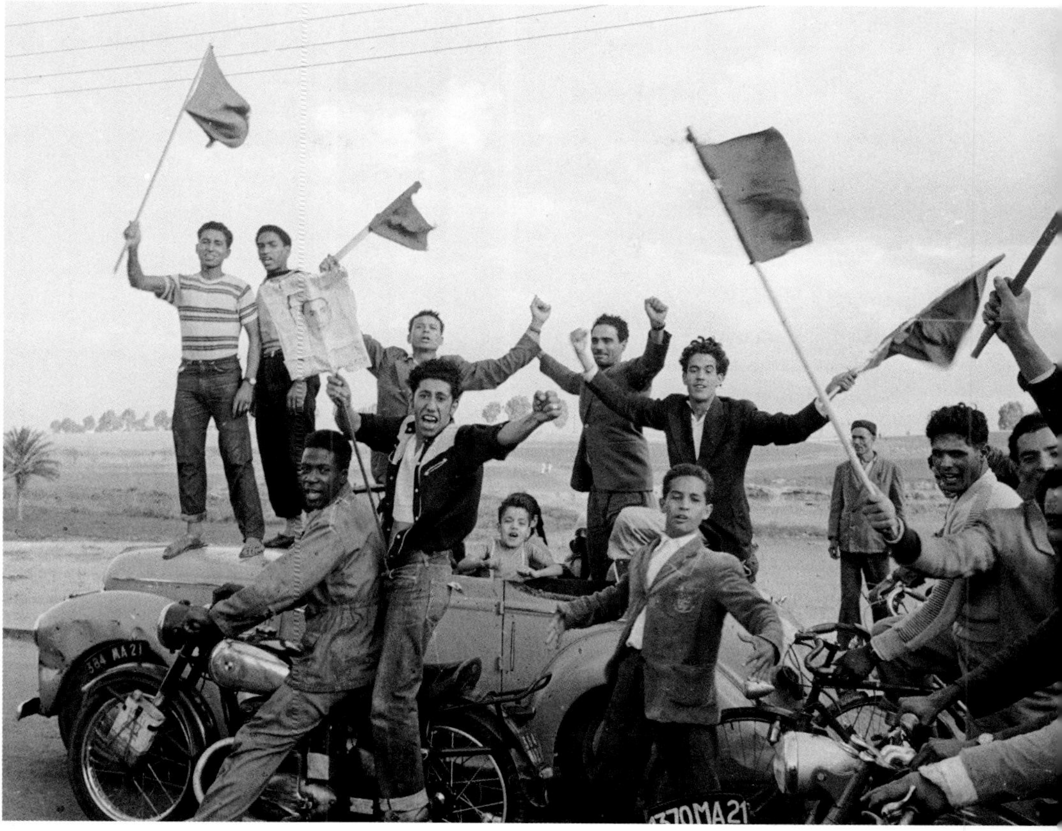

Tras varios meses de inestabilidad política en Marruecos, los franceses decidieron restaurar al sultán **Muhammad V.** *(Arriba)* Seguidores del monarca celebran eufóricos su regreso a las afueras de Casablanca, el 12 de septiembre de 1955.

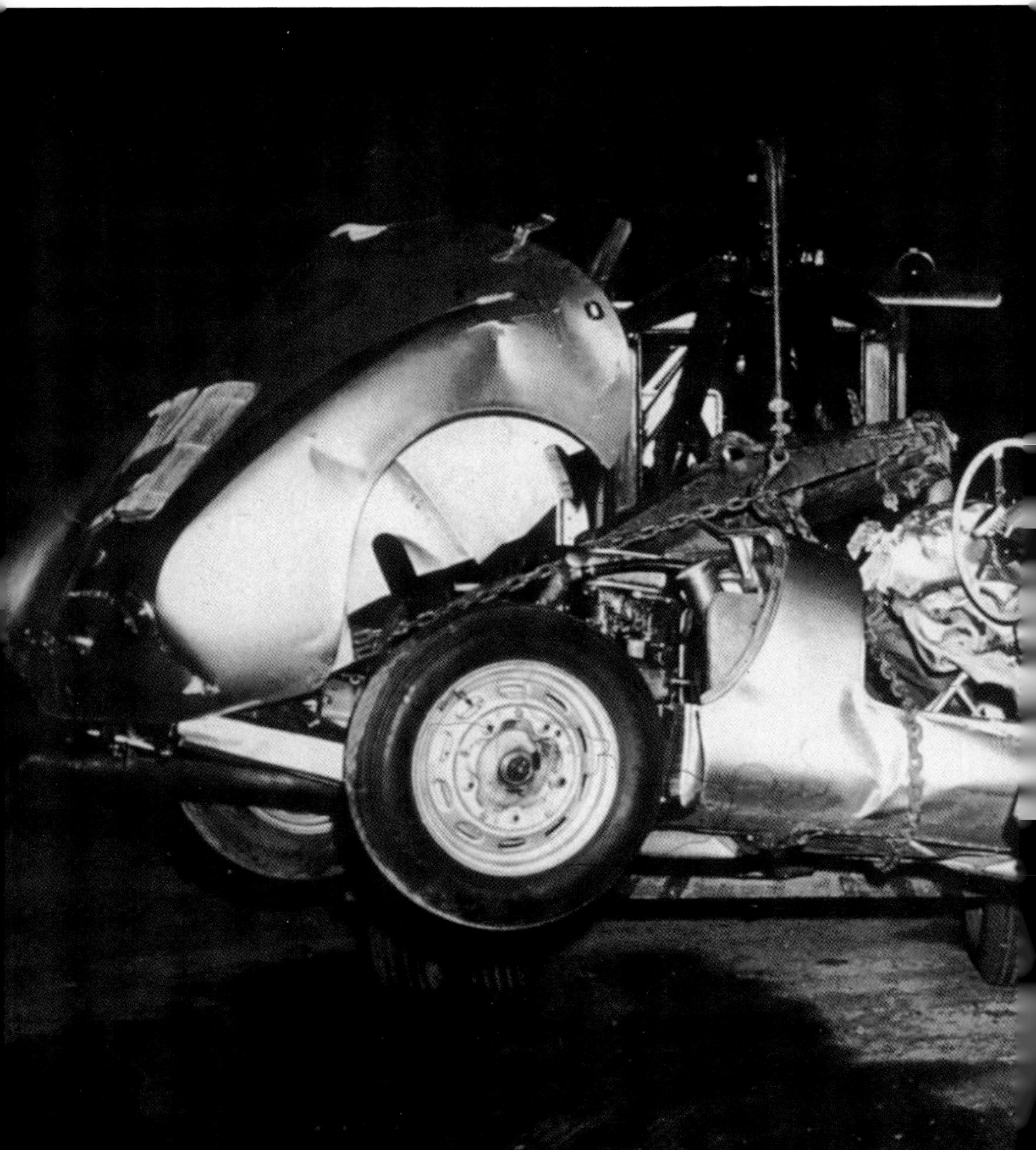

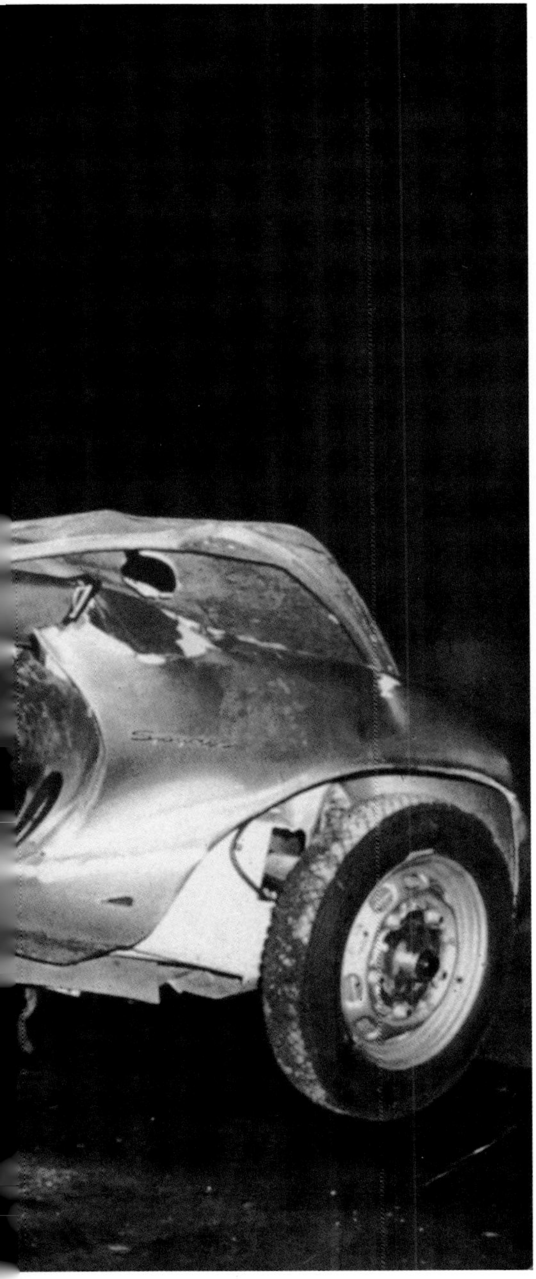

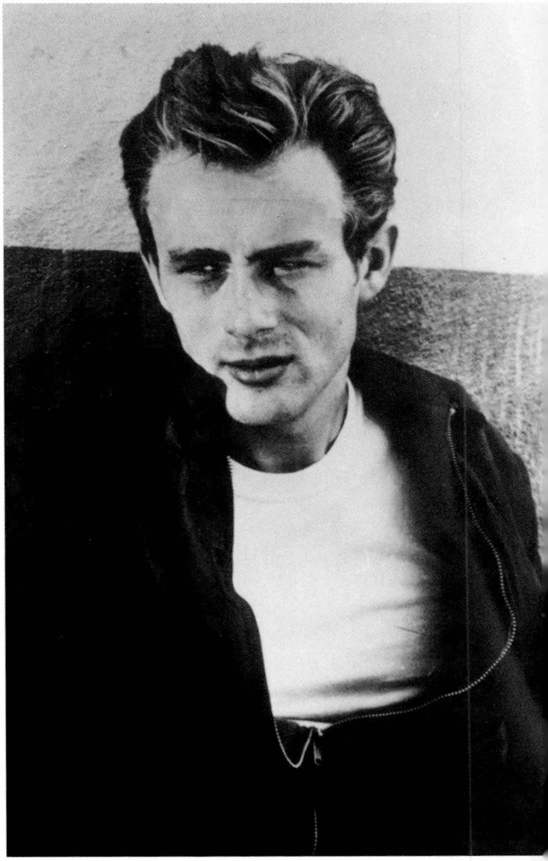

En mayo de 1955, la estrella del cine **James Dean** *(arriba)* cambió su Porsche 356 Speedster por otro más potente: el 550 Spyder. A continuación, contrató a George Barris (futuro diseñador del *Batmóvil)* para que «personalizara» su Spyder, pero la Warner Brothers le prohibió que participara en carreras durante el rodaje de *Gigante*. El 30 de septiembre, James Dean murió al volante del vehículo que uno de sus amigos había apodado como «Little Bastard».

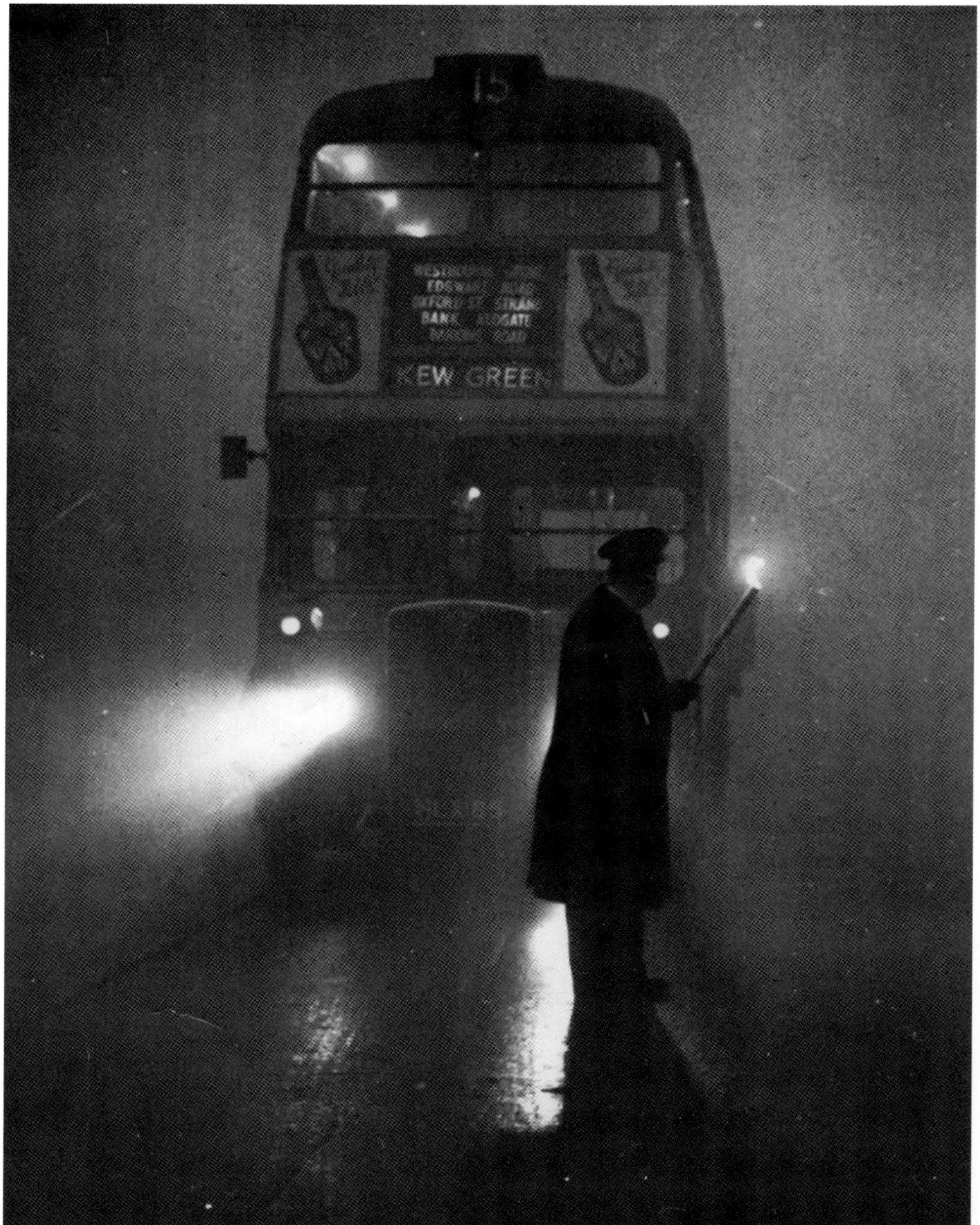
15
KEW GREEN

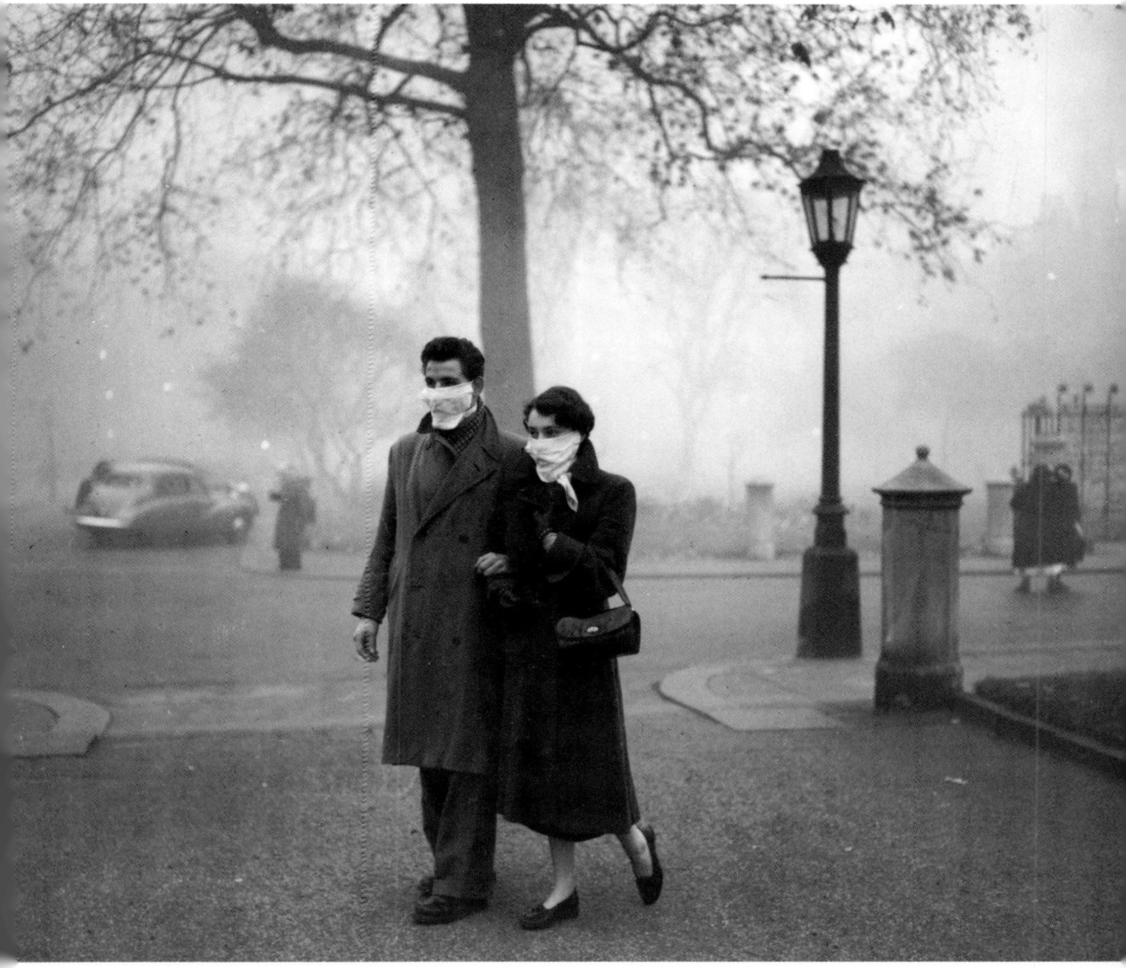

En la década de 1950, la **niebla tóxica** que cubría Londres se hizo tristemente famosa debido a su composición vitriólica de bruma, humo de las chimeneas y gases de los tubos de escape. Se colaba en los pulmones de los habitantes de la ciudad y era la causa de la muerte de miles de personas todos los inviernos. *(Izquierda)* Un empleado del servicio de transporte público londinense conduce un autobús por las calles con una antorcha encendida. *(Arriba)* Una pareja pasea por un parque londinense con unas mascarillas improvisadas.

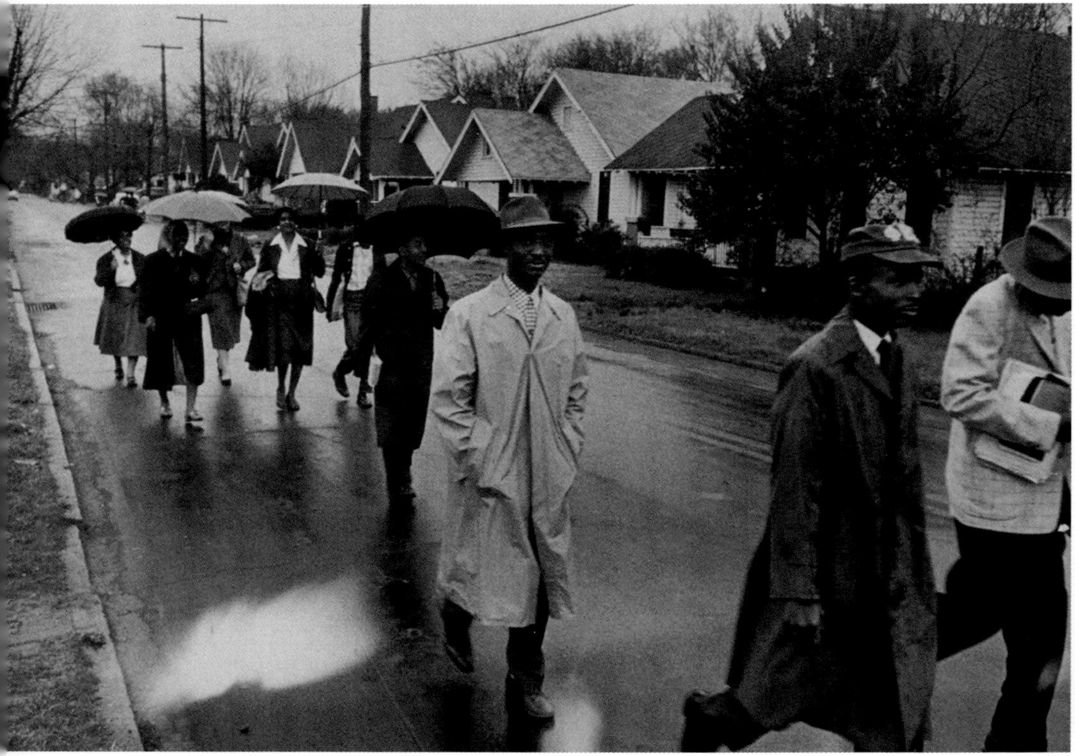

«El movimiento está ganando impulso» (Martin Luther King). A raíz de la negativa de Rosa Parks a cederle el asiento a un hombre blanco en el autobús, los ciudadanos negros de **Montgomery** deciden dirigirse al trabajo a pie para boicotear el servicio de autobuses, en febrero de 1956. Tuvieron que pasar nueve meses antes de que la segregación racial de los autobuses de Alabama fuera declarada ilegal y otro mes más antes de que la nueva ley entrara en vigor.

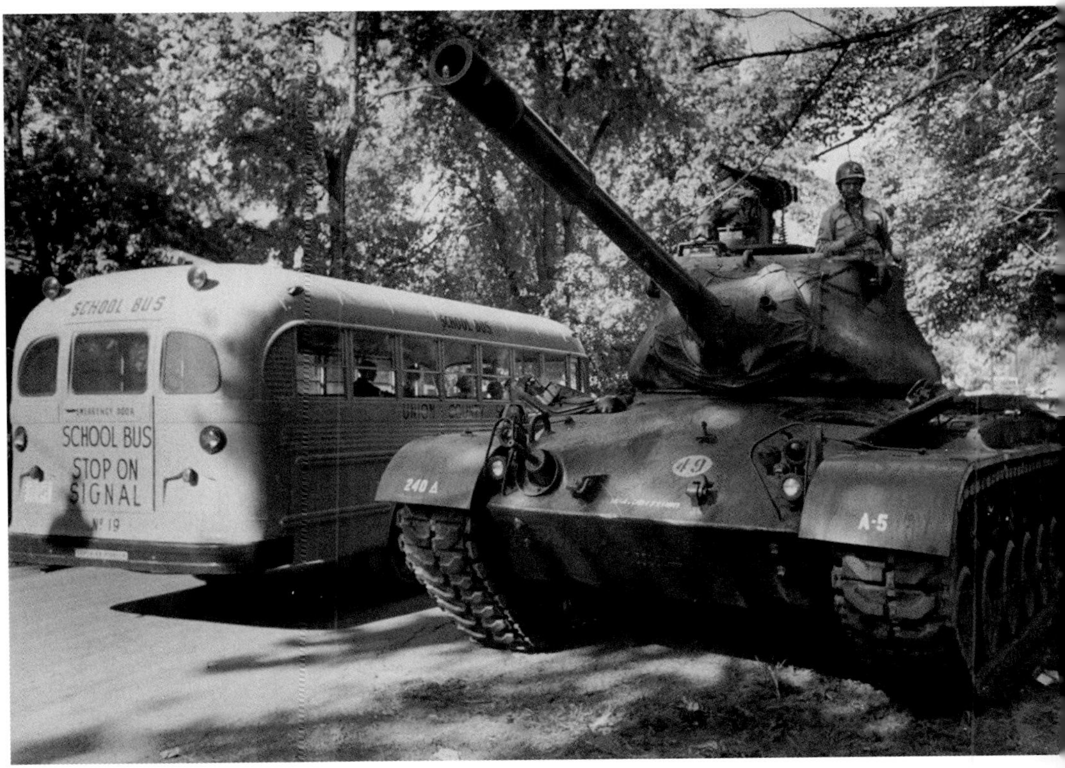

Finalmente, se ejecuta la sentencia del juicio «Brown y otros contra el Comité de Educación de Topeka y otros» (1954), que supondrá el **fin de la segregación racial** en el sistema educativo. En septiembre de 1956, la Guardia Nacional vigila un colegio mientras los estudiantes descienden de un autobús escolar.

Desde decenas de pantallas de la sección de televisores de unos grandes almacenes, **Eisenhower** expone ante la sociedad estadounidense los motivos por los que ha decidido presentarse a la reelección como presidente, en marzo de 1956. Se expresaba con gran soltura ante las cámaras de televisión y se le daban bien las campañas electorales. El eslogan *«I like Ike»* («Me gusta Eisenhower»), en el que jugaba con la aliteración de *like* («gustar») y *Ike* (seudónimo popular del político), convenció a suficientes votantes como para obtener una victoria aplastante en el mes de noviembre.

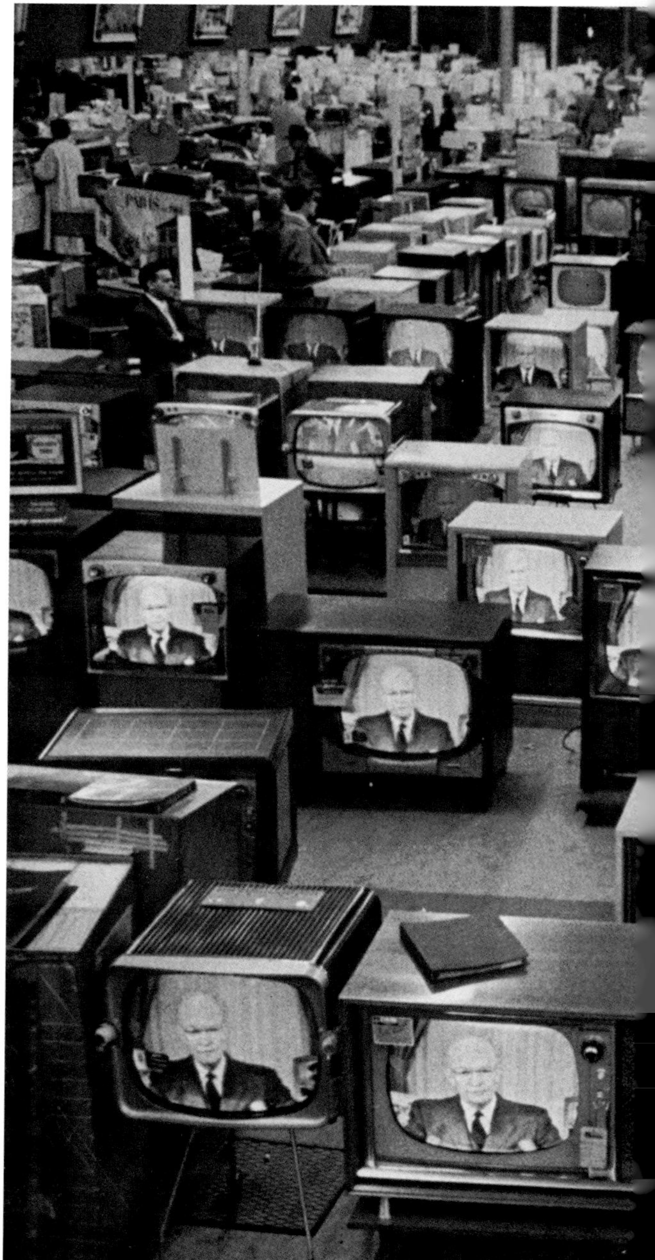

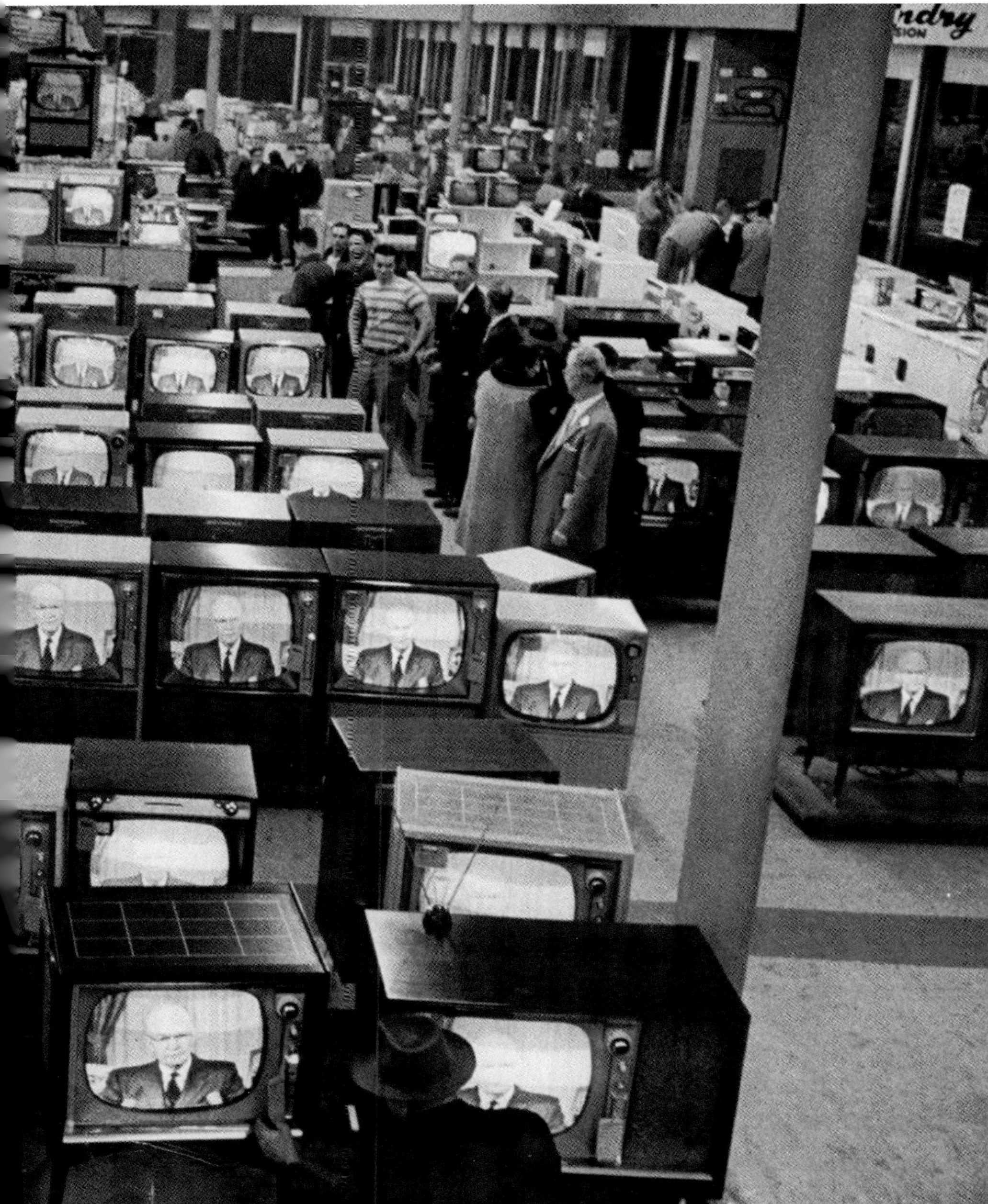

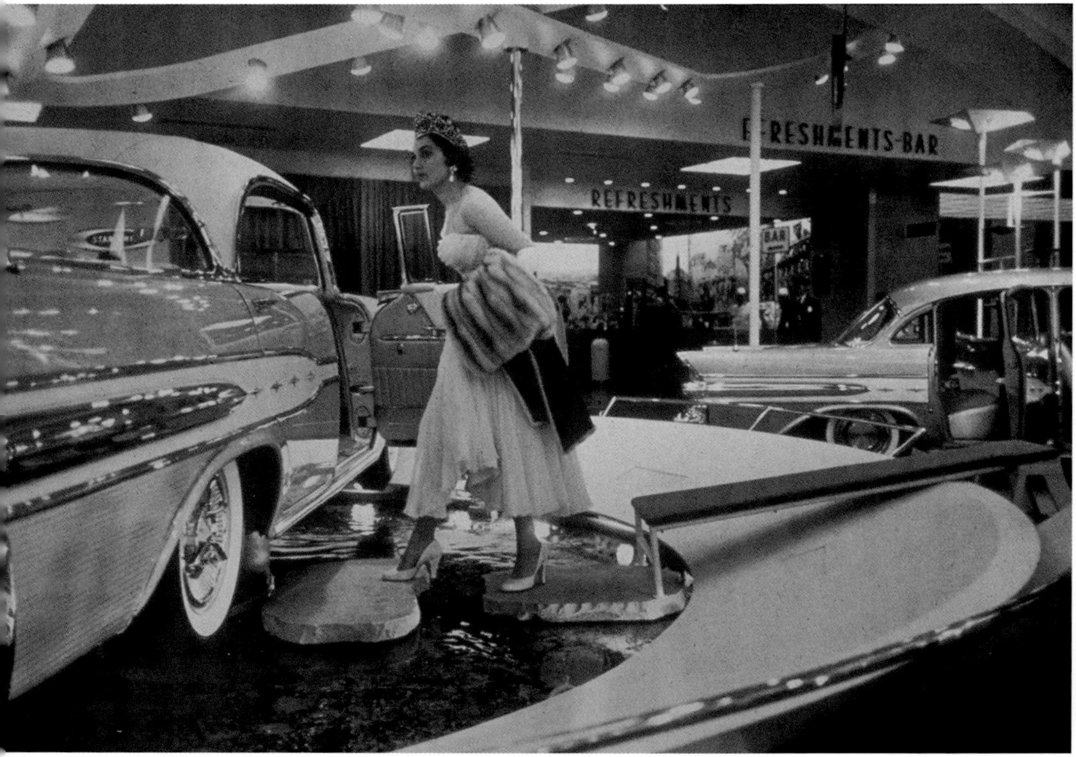

La encarnación del automóvil ideal a mediados de la década de 1950. Una modelo vestida con fastuosidad posa junto a un Pontiac La Parisienne con acabados de cromo, sobre un estanque poco profundo, en la **Exposición Automovilística del Coliseum de Nueva York,** el 7 de diciembre de 1956.

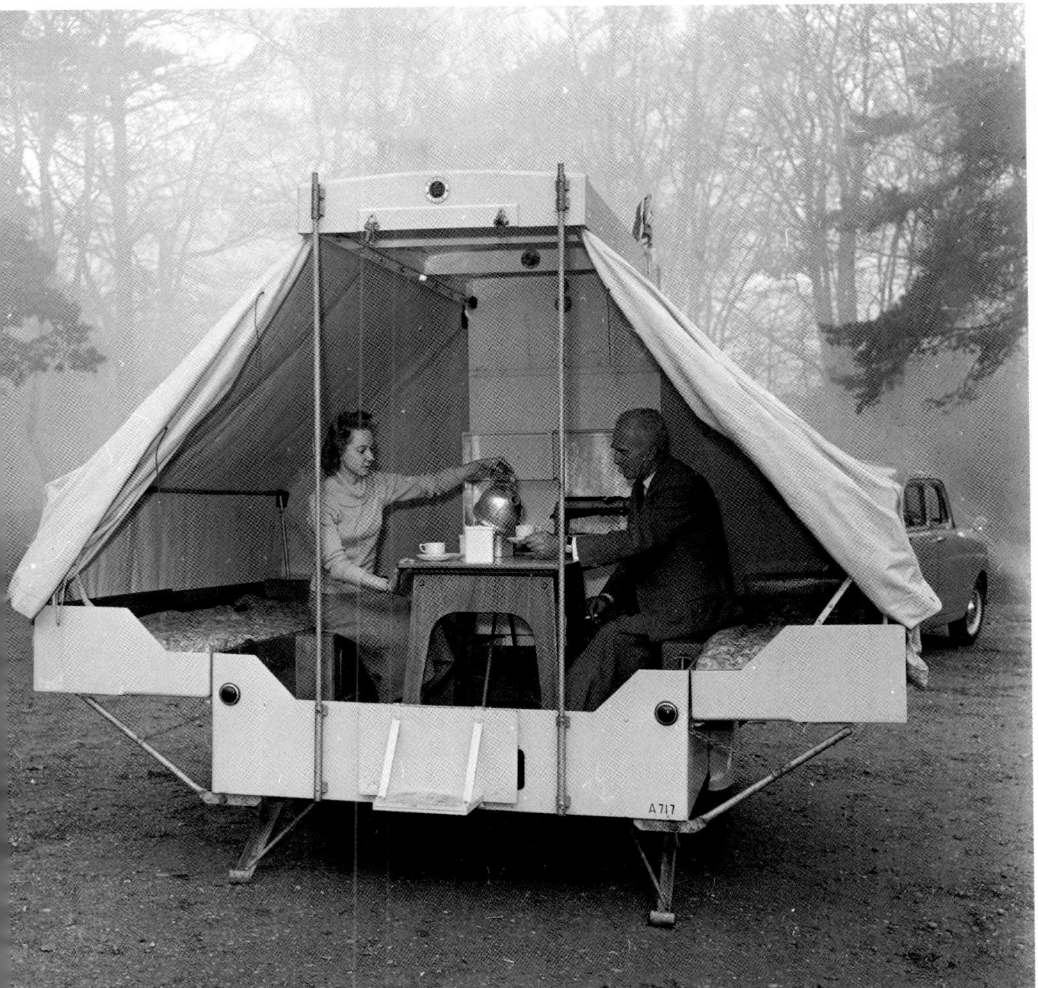

La **caravana a remolque plegable Bedouin B** se diseñó «pensando en la comodidad», aunque, como se observa en la imagen, puede que una brumosa mañana de noviembre no fuera el mejor momento para presentarla. Según los publicistas de la época, el remolque se convertía en una «espaciosa vivienda» en sólo cuatro minutos.

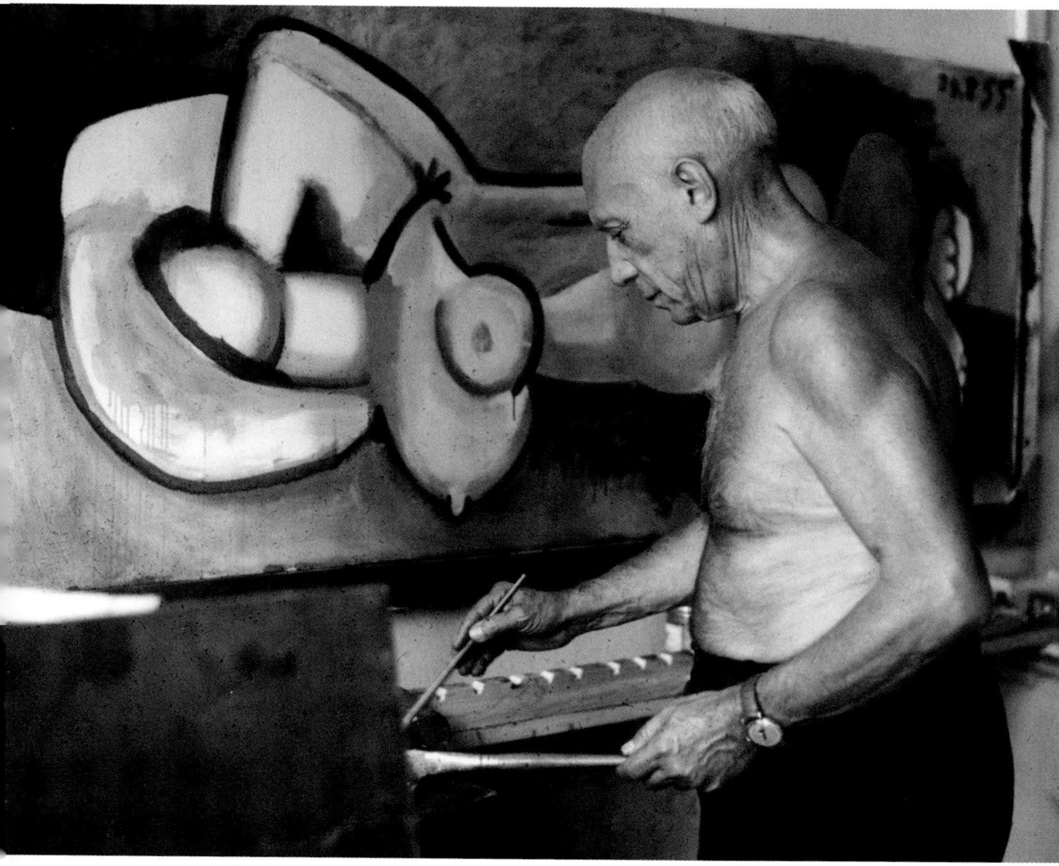

A los 75 años de edad, **Pablo Picasso** mezcla los colores de la paleta ante la cámara durante el rodaje del documental *El misterio de Picasso,* en 1956. En aquella época, seguía viviendo en Francia y oponiéndose con firmeza a la dictadura del general Francisco Franco en España.

1956

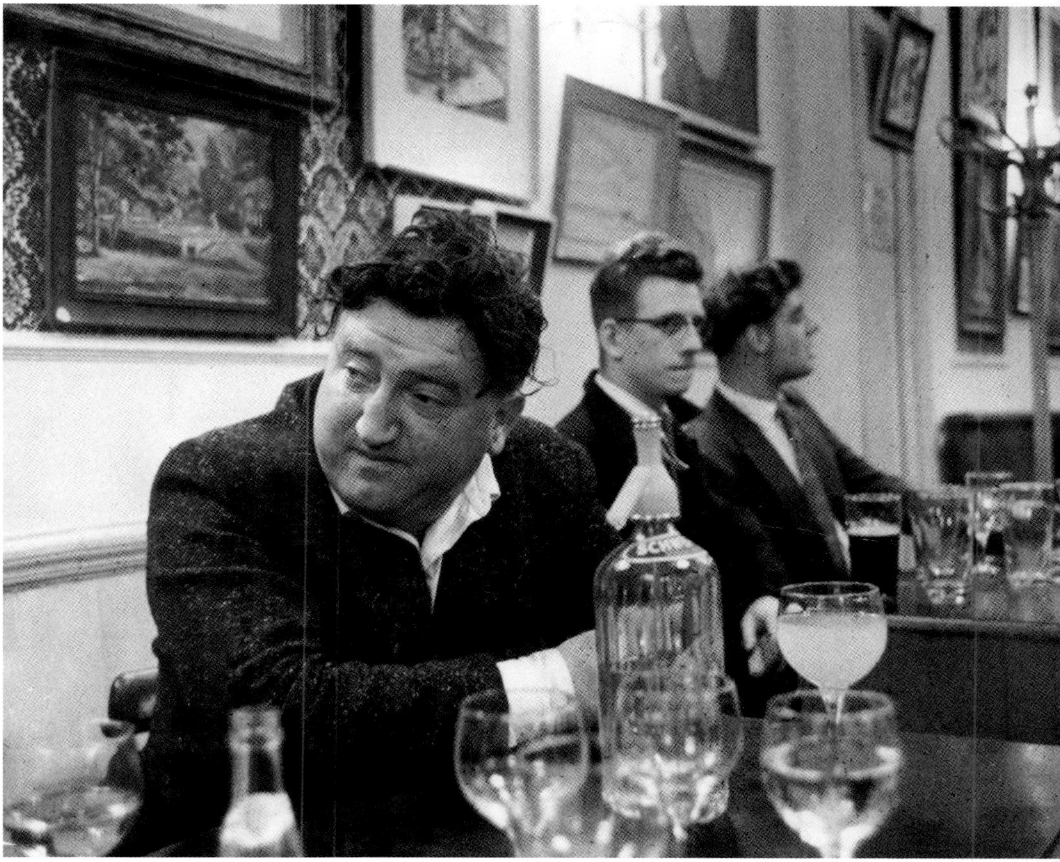

El escritor y dramaturgo irlandés **Brendan Behan** en plena actividad en la Fitzroy Tavern de Londres, el 30 de junio de 1956. Por entonces, vivía en Londres, aunque deploraba sin rodeos el modo en que los distintos gobiernos británicos habían tratado a sus compatriotas de Irlanda.

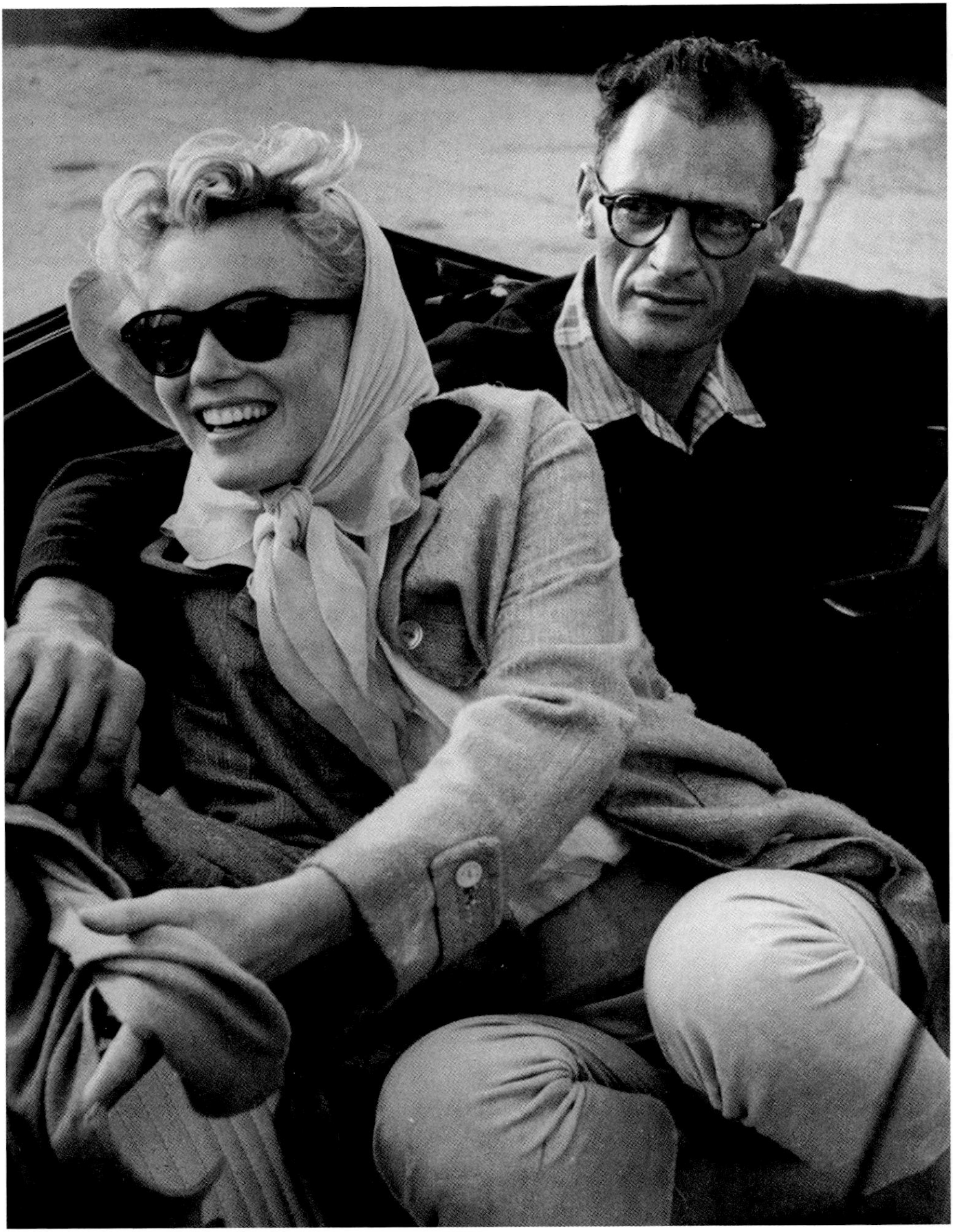

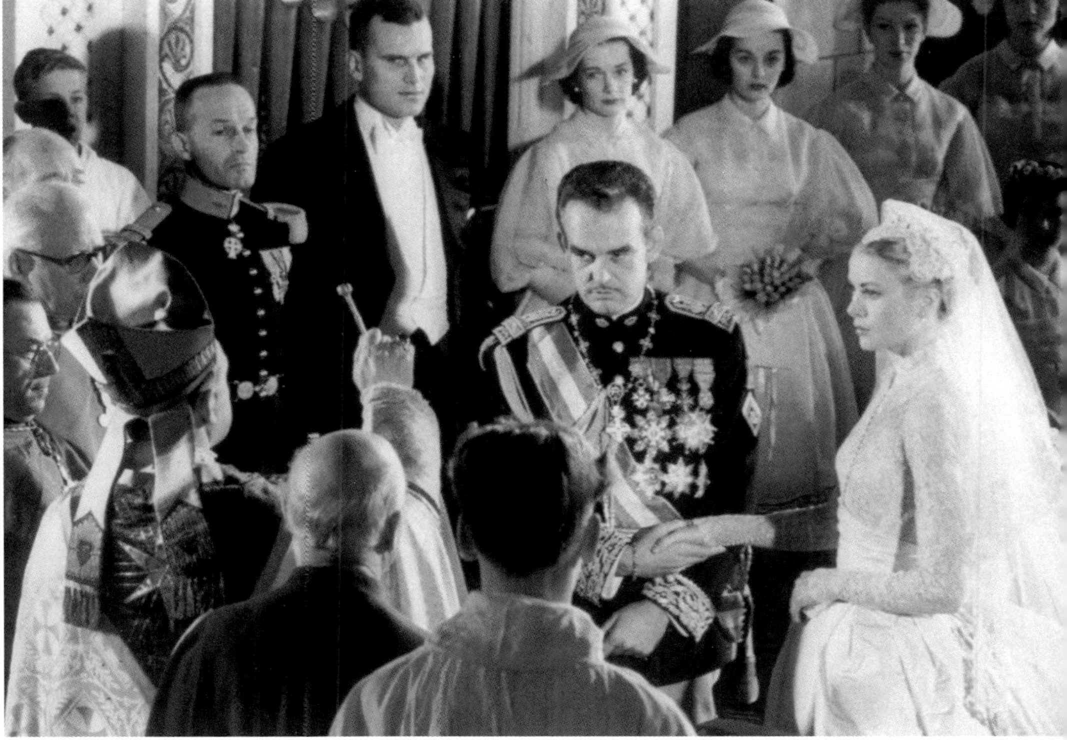

Marilyn Monroe y **Arthur Miller** se dirigen a Connecticut para pasar su luna de miel a bordo de un Ford Thunderbird, en julio de 1956. En esta época, ella acababa de finalizar el rodaje de *El príncipe y la corista,* y él acababa de enfrentarse a la última de sus sesiones ante el Comité de Actividades Antiamericanas. Les esperaban días felices. No obstante, tiempo después Miller escribió acerca de Monroe: «aunque era una mujer radiante, siempre le rodeaba la oscuridad».

El príncipe y la actriz. Monseñor Gilles Barthe otorga la bendición nupcial a **Rainiero** Louis Henri Maxence Bertrand de Grimaldi, príncipe de Mónaco, y a **Grace Patricia Kelly** durante su enlace en la catedral de San Nicolás (Montecarlo), en abril de 1956.

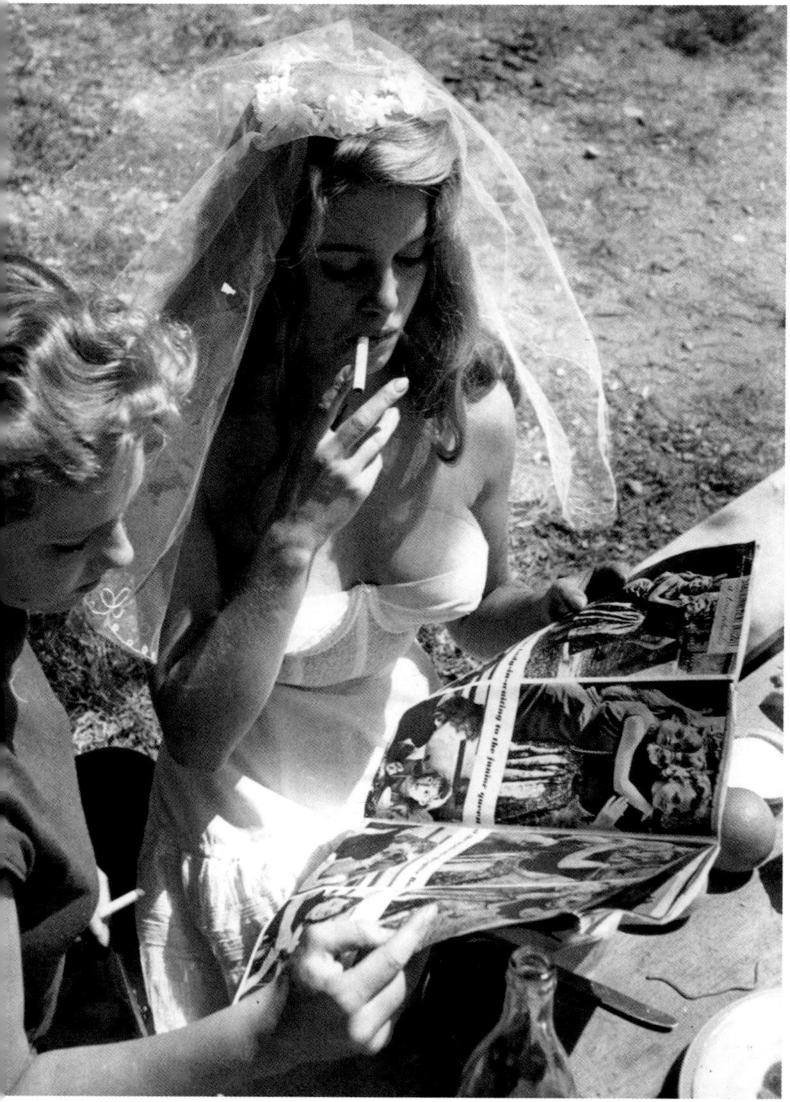

(*Derecha*) La actriz británica **Joan Collins** asiste al estreno en Europa de *El rey y yo,* el 12 de septiembre de 1956. Fue un año intenso para la actriz ya que rodó tres películas *(El sexo opuesto, La intocable y Una isla bajo el sol)* y se divorció de su primer marido, el actor británico Maxwell Reed, tras unos extraños rumores que apuntaban a que había tratado de venderla a un jeque árabe.

(*Arriba*) La actriz francesa **Brigitte Bardot** le echa un vistazo a un artículo sobre su figura durante un descanso del rodaje de *Y Dios creó a la mujer,* dirigida por Roger Vadim, en Saint Tropez. La Liga Católica para la Decencia definió la película como «una violación deliberada de la moral convencional».

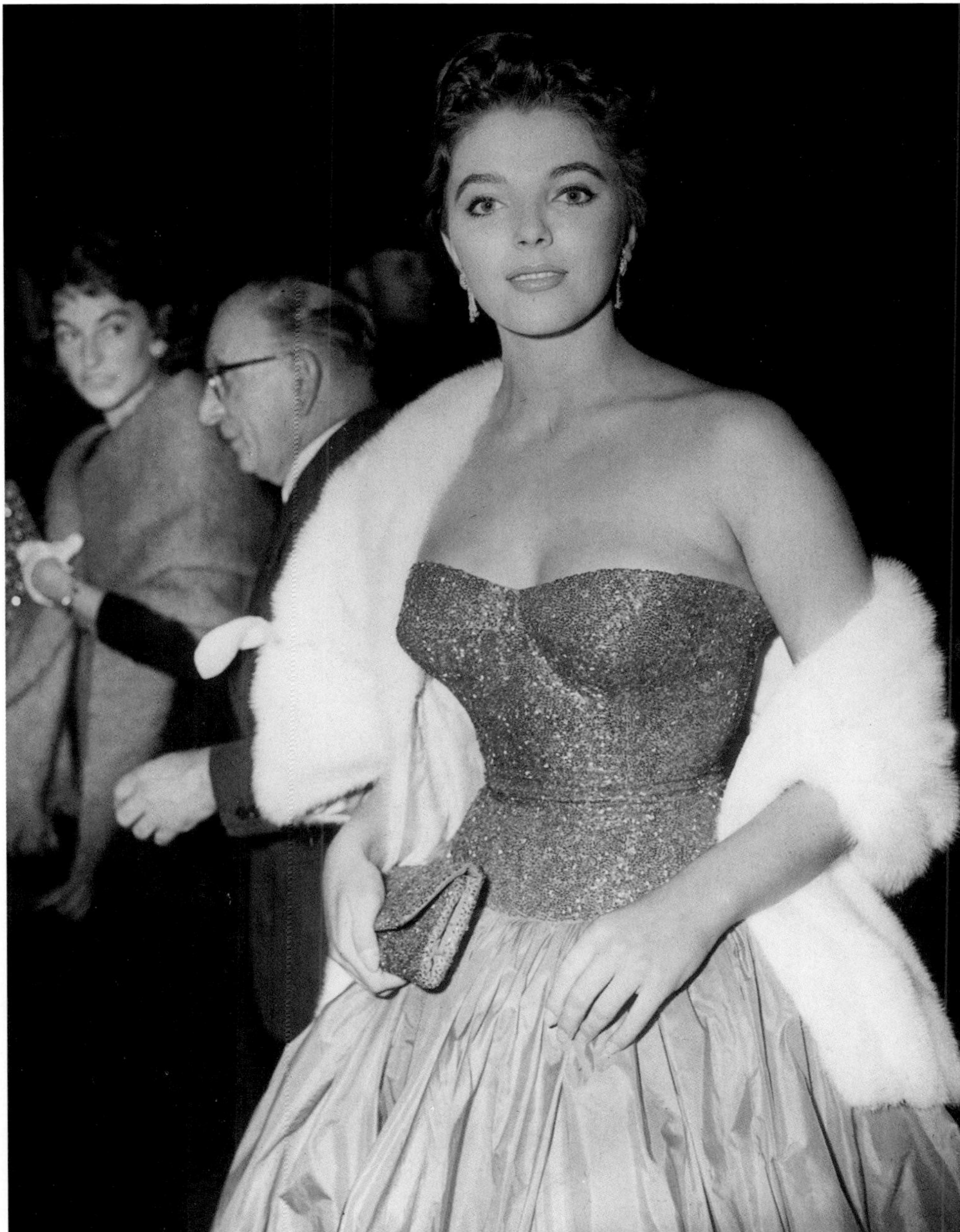

Mientras el actor estadounidense Charlton Heston, que interpreta a Moisés en *Los diez mandamientos,* separa las aguas del mar Rojo en la pantalla, los ocupantes de numerosos Buick, Oldsmobile y Mercury de alto consumo beben refrescos de cola, comen palomitas de maíz y, en ocasiones, se besuquean con su pareja en el **autocine.**

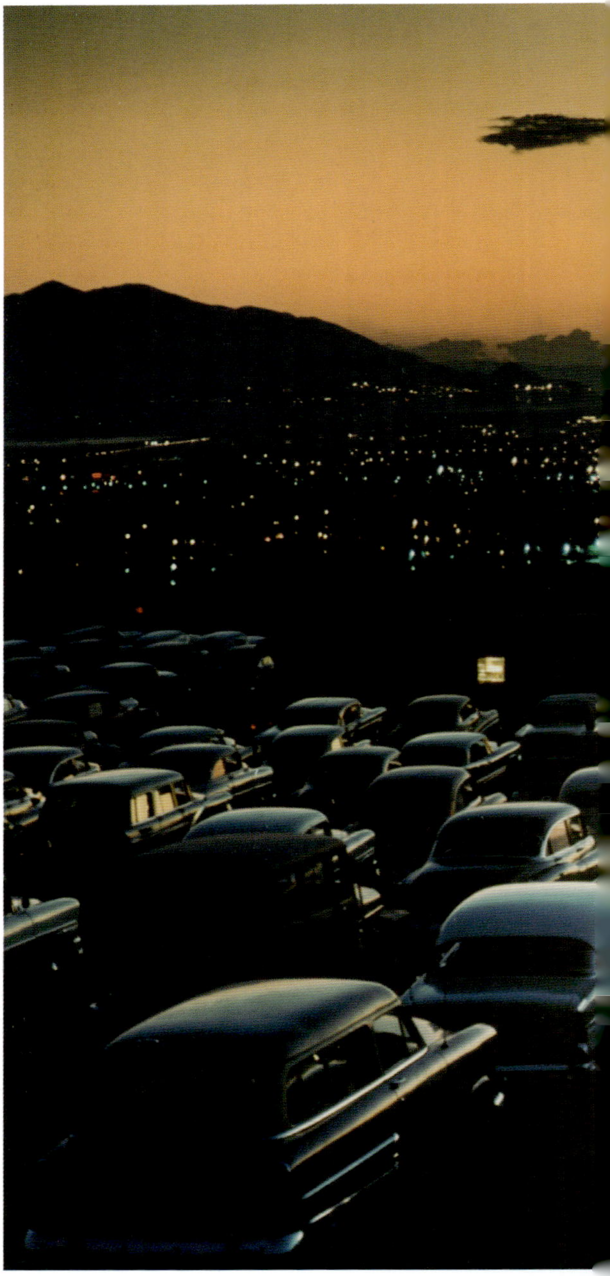

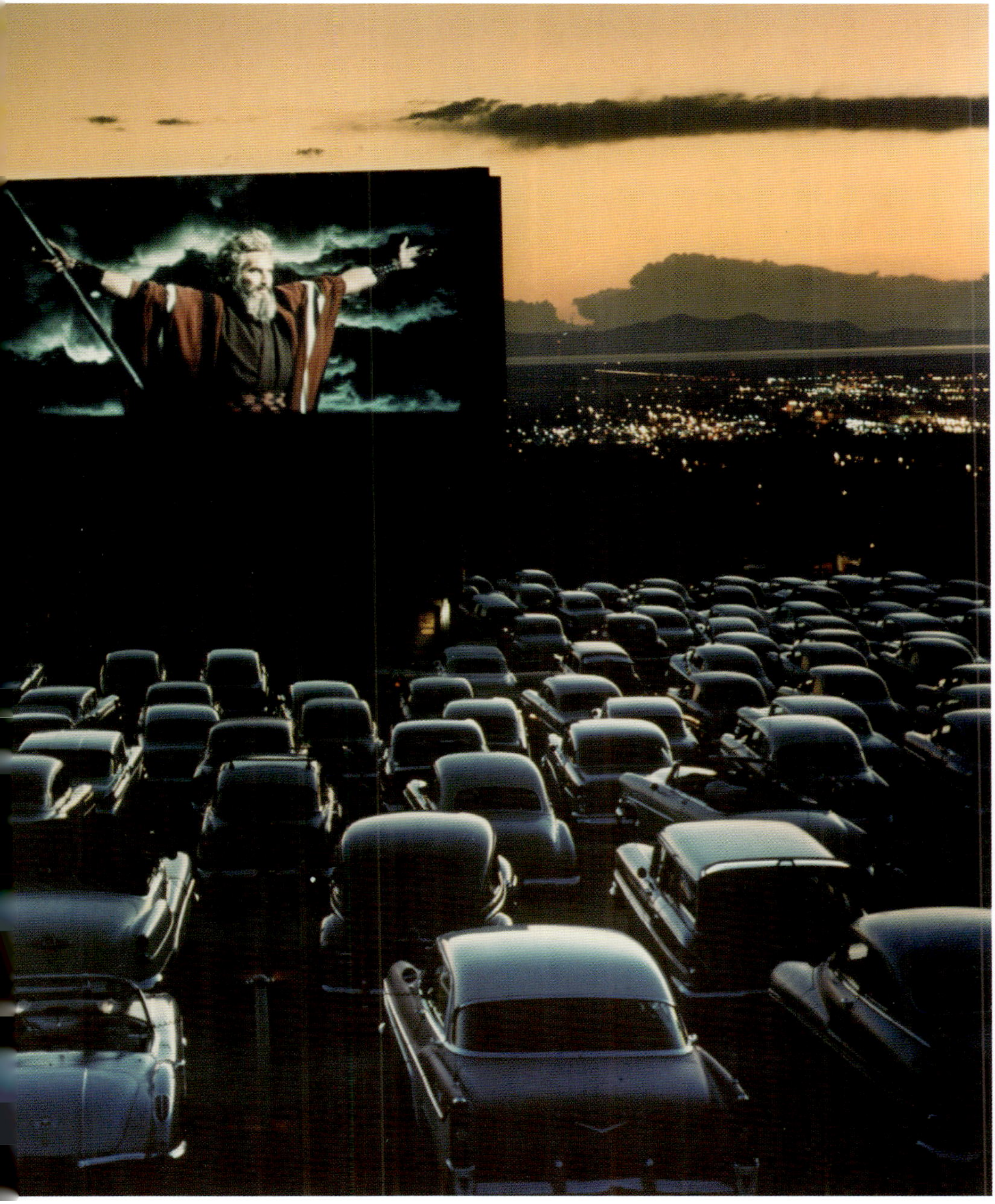

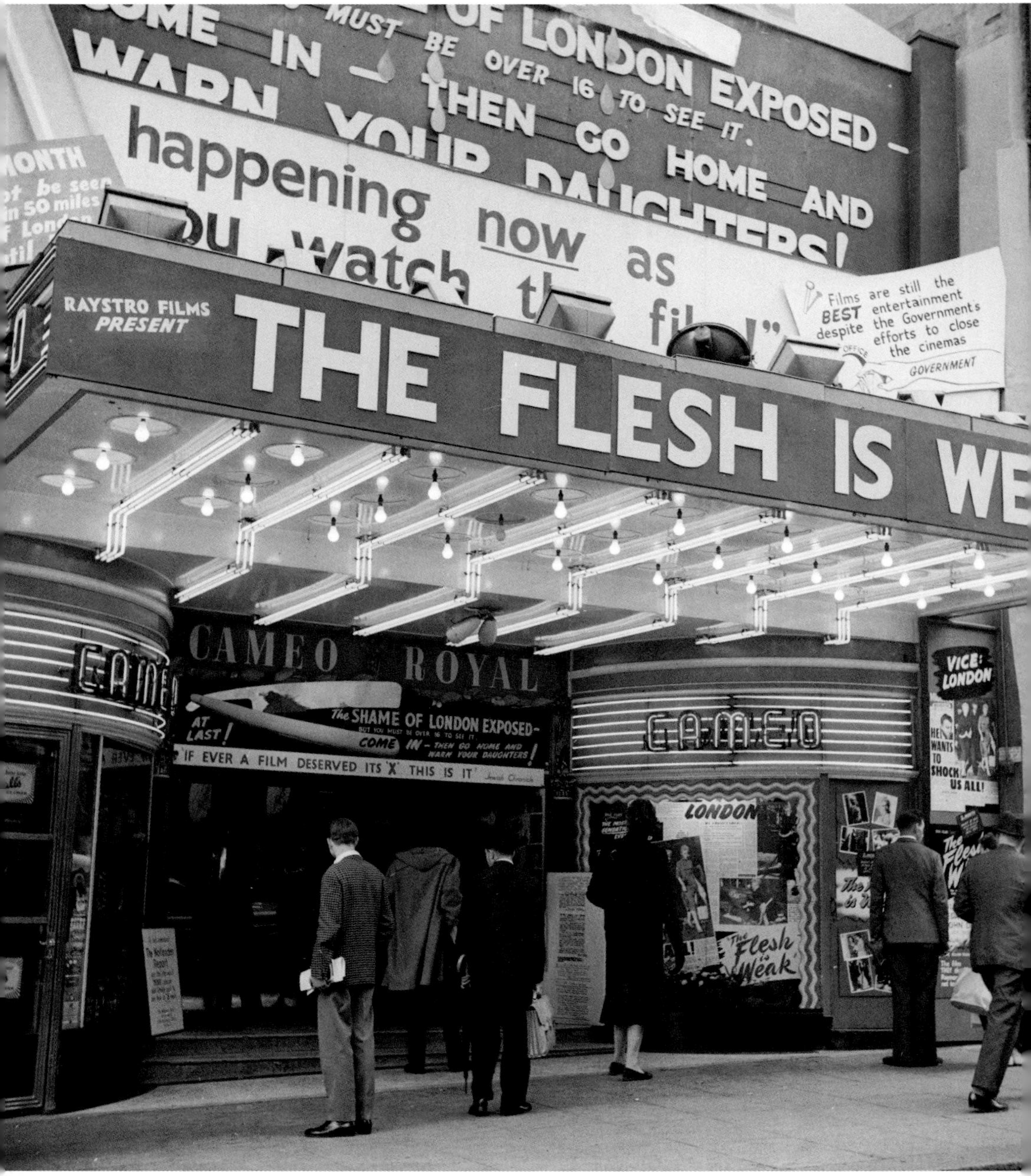
MUST BE OVER 16 TO SEE IT.
THEN GO HOME AND
happening now as
RAYSTRO FILMS PRESENT
THE FLESH IS
Films are still the BEST entertainment despite the Government's efforts to close the cinemas
GOVERNMENT
CAMEO ROYAL
AT LAST!
The SHAME OF LONDON EXPOSED – BUT YOU MUST BE OVER 16 TO SEE IT. COME IN – THEN GO HOME AND WARN YOUR DAUGHTERS!
'IF EVER A FILM DESERVED ITS 'X' THIS IS IT'
CAMEO
VICE: LONDON
HE WANTS TO SHOCK US ALL!
LONDON
The Flesh is Weak

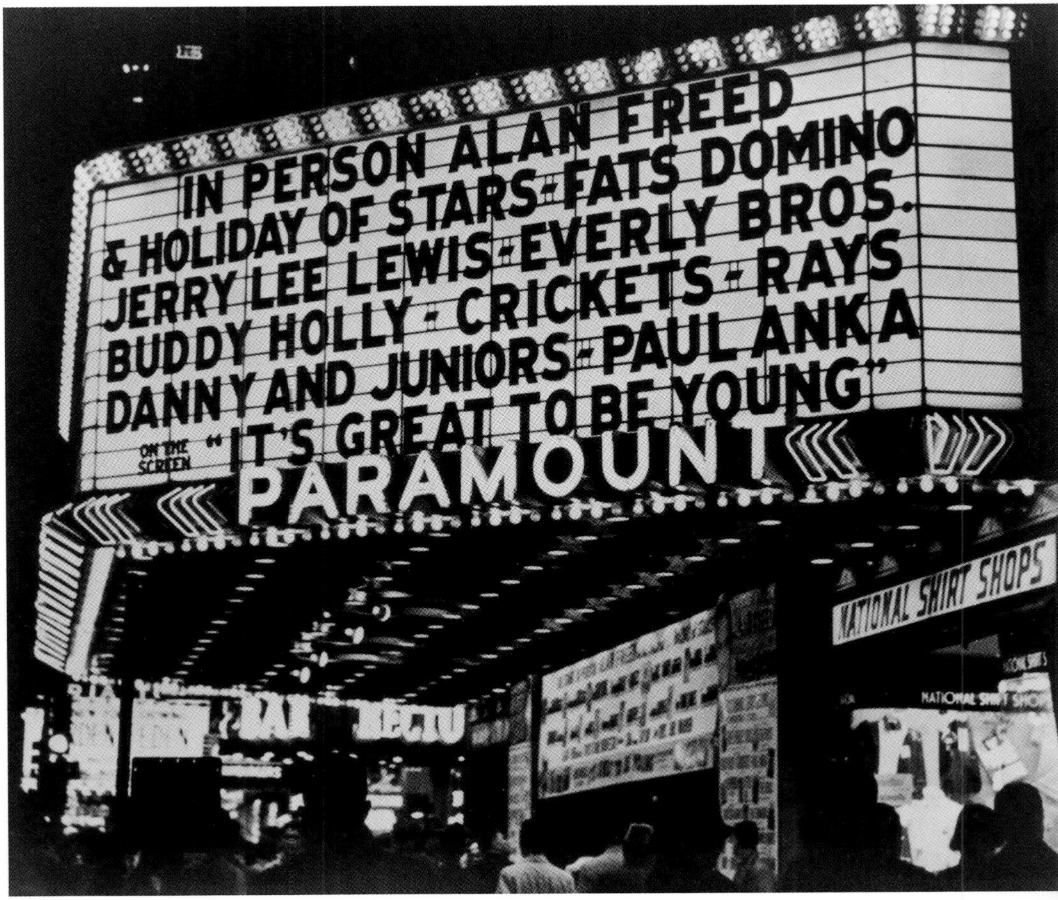

(Izquierda)) Fachada del **Cameo Cinema de Londres** el 12 de junio de 1956. Se exhibía la película *The Flesh is Weak* («La carne es débil»), que narraba las desventuras de una muchacha de Reading que caía en las garras de la prostitución. En aquella época, se vendía a la opinión pública la idea de que era imprescindible ver el filme para evitar que las jóvenes sufrieran el mismo destino.

(Arriba) Fachada del **Paramount Theater de Nueva York** la noche en que se estrenó el espectáculo de Alan Freed, un presentador radiofónico que adoptó rápidamente el título de «rey del *rock and roll*» y que llegó a afirmar: «Los críticos no pueden hacer nada para impedir que este nuevo y arrollador ritmo de la música americana invada el país como una marea de felicidad». En aquellos años, alcanzó una gran fortuna.

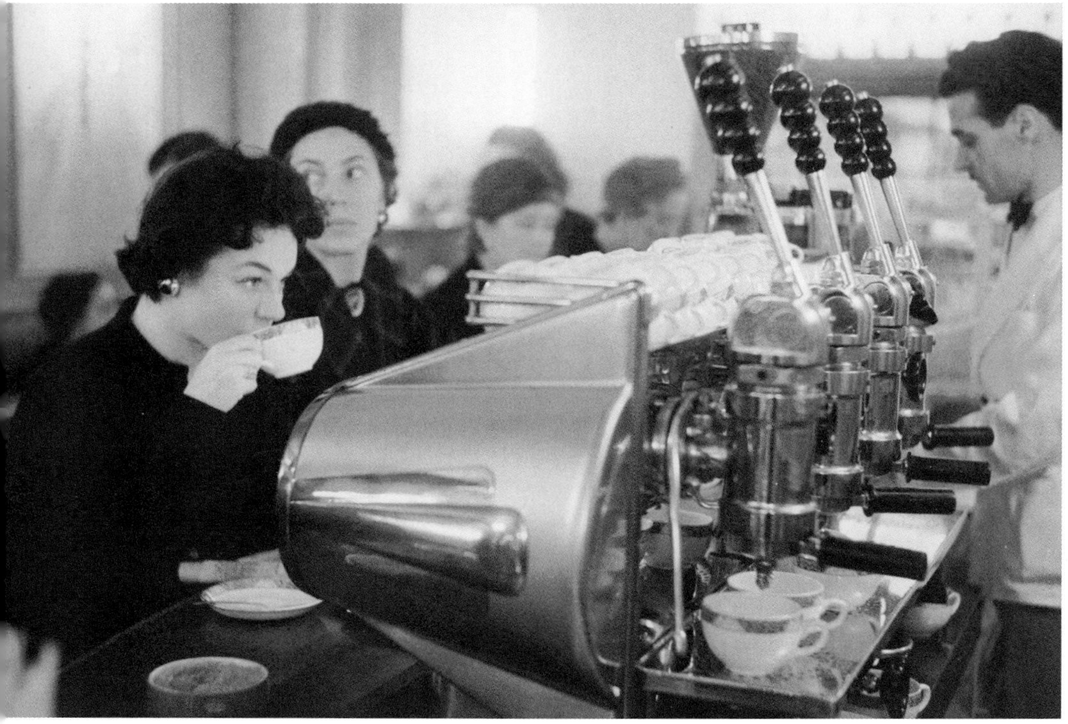

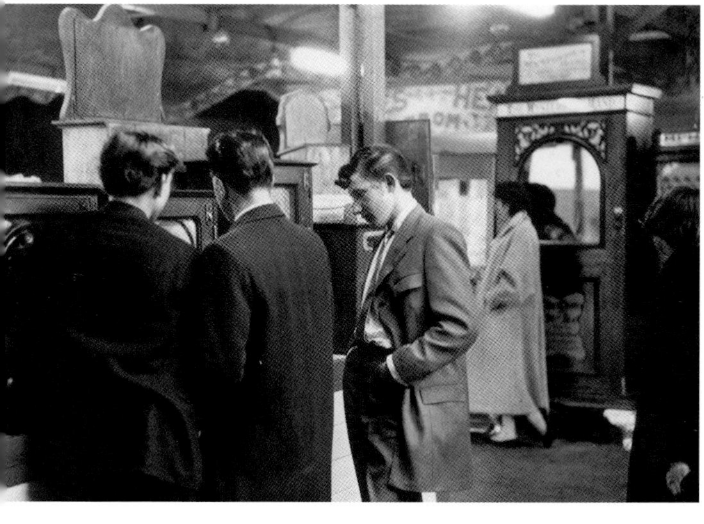

Sitios «de moda» donde quedar y conocer gente. *(Arriba)* Una clienta se toma un *espresso* en uno de los nuevos **cafés** que se abrieron en Londres en la década de 1950. *(Izquierda)* Un grupo de ***teddy boys*** –jóvenes británicos que solían vestirse siguiendo la moda eduardiana: trajes largos y ajustados con cuello alto– juega a las máquinas tragaperras en Canvey Island. *(Derecha)* Noche de ***rock and roll*** en el Royal Dance Hall de Tottenham (Londres).

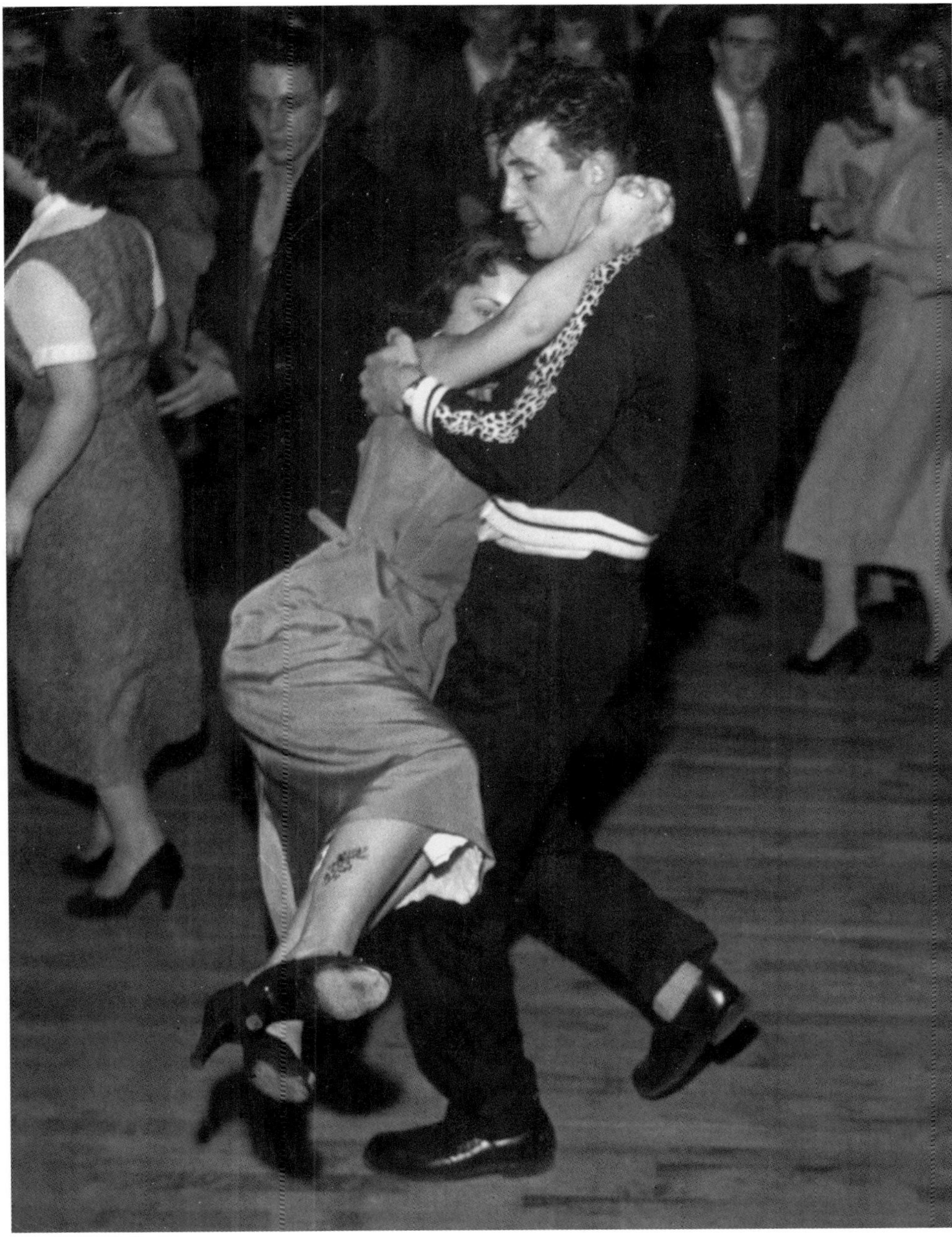

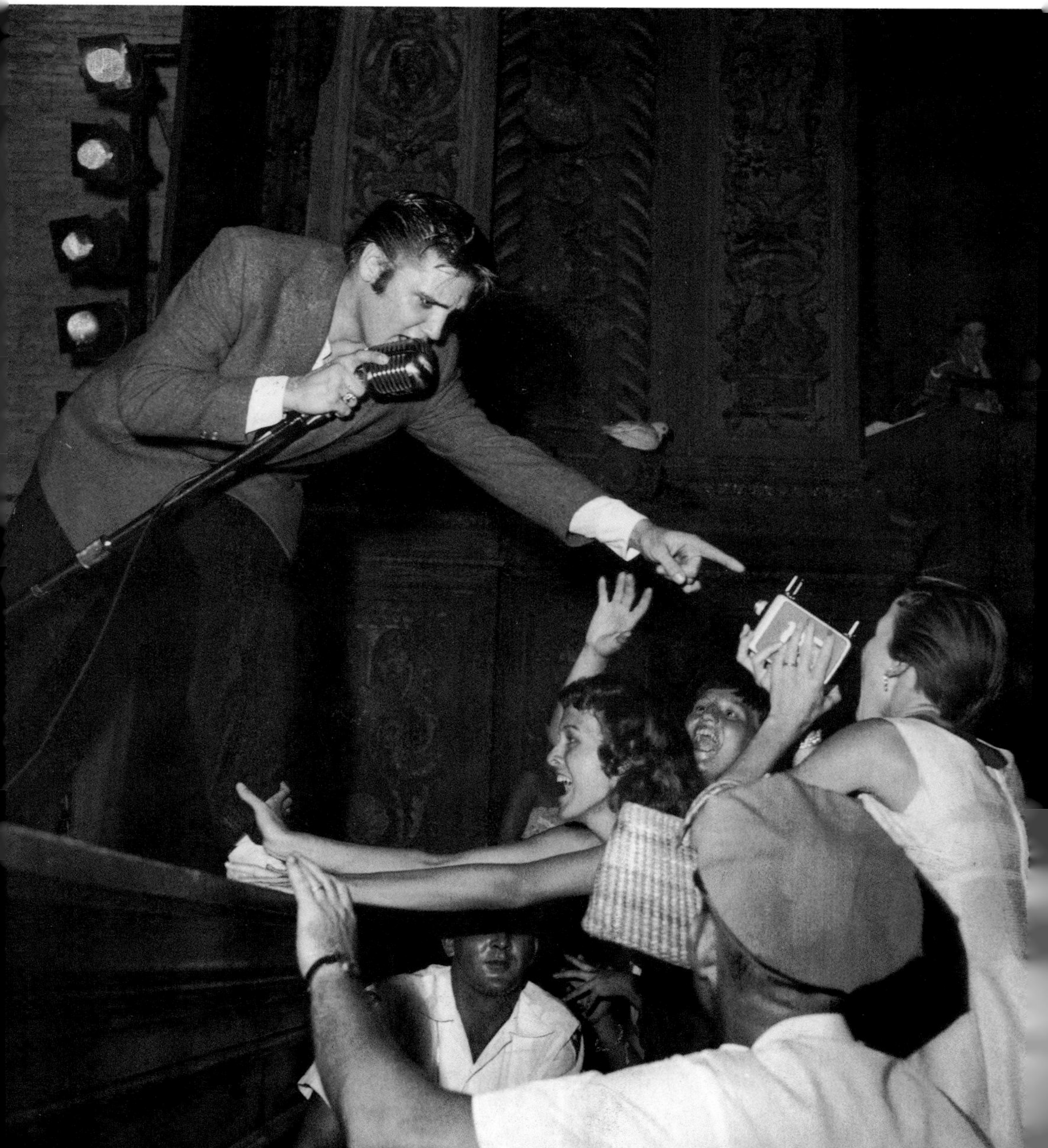

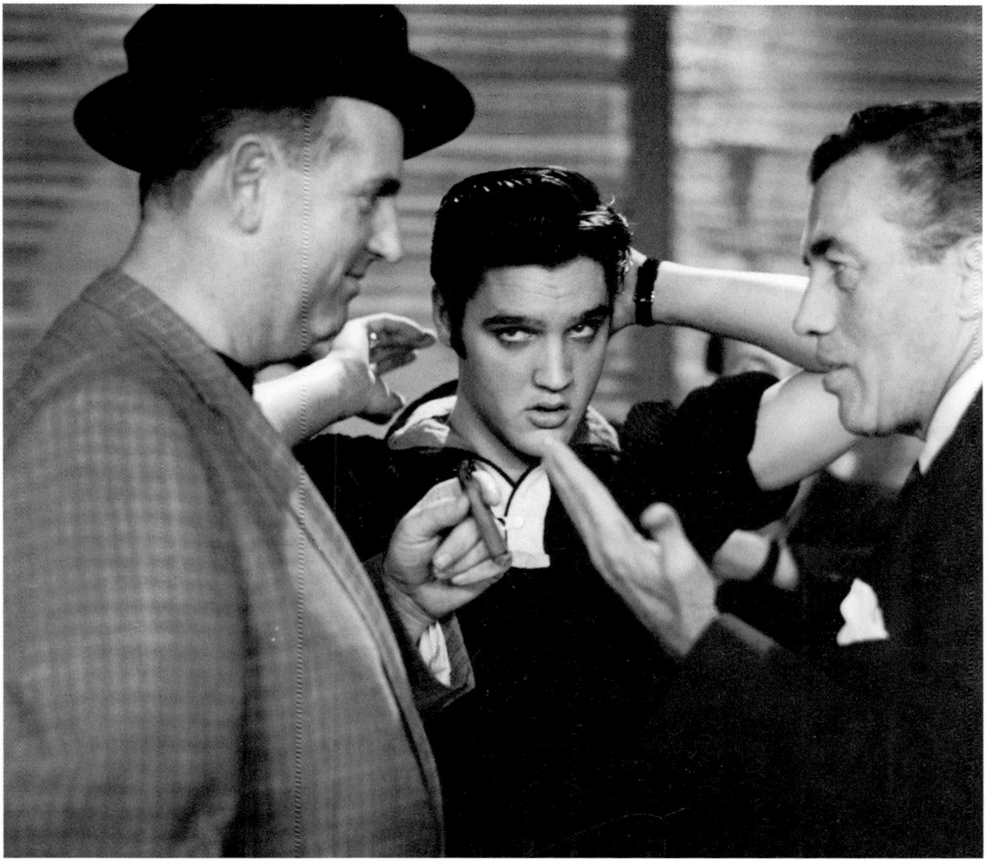

(*Izquierda*) **Elvis Presley** en directo en el Olympia Theater de Miami (Florida), el 14 de agosto de 1956. La madre de uno de sus jóvenes seguidores declaró: «Sólo he venido porque mis hijos querían. Sentía curiosidad. Ahora ya está hecho. Fíjese: parece un perro de caza sudoroso y suena como un gato enfermo».

(*Arriba*) Elvis, de joven, se arregla el pelo mientras su representante, el **coronel Tom Parker** (izquierda), negocia las condiciones con **Ed Sullivan** (derecha). Era la segunda vez que Elvis actuaba en el programa televisivo *Ed Sullivan Show*, el 28 de octubre de 1956.

No era la primera rebelión contra el dominio soviético: en 1953, los católicos polacos habían protestado por la reclusión del cardenal Stefan Wyszynski, mientras que en la RDA se habían producido manifestaciones violentas. No obstante, en Hungría fue distinto. El 23 de octubre de 1956, un grupo de estudiantes de Budapest se manifestó contra el primer secretario estalinista, Mátyás Rákosi. La policía secreta estatal (AVH) disparó contra ellos y la gente, enfurecida, se rebeló.

Tras la rebelión, el gobierno de Moscú obligó a Rákosi a dimitir y, a principios de noviembre, envió sus tanques a Hungría, donde estalló una violenta lucha. En las cuatro semanas siguientes, sólo en Budapest murieron cerca de 10.000 personas. Sin la intervención del bloque occidental, la revolución estaba condenada al fracaso y el mundo capitalista no podía asumir el riesgo de una guerra abierta con la Unión Soviética. El final de la revolución llegó a finales de noviembre.

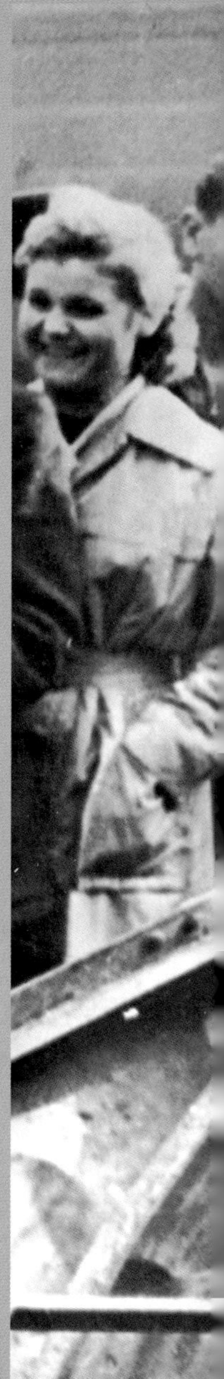

(*Derecha*) El activista Daniel Sego (tercero por la izquierda) pisa los restos de una gigantesca estatua de Stalin. Él fue quien separó la cabeza del resto de la figura.

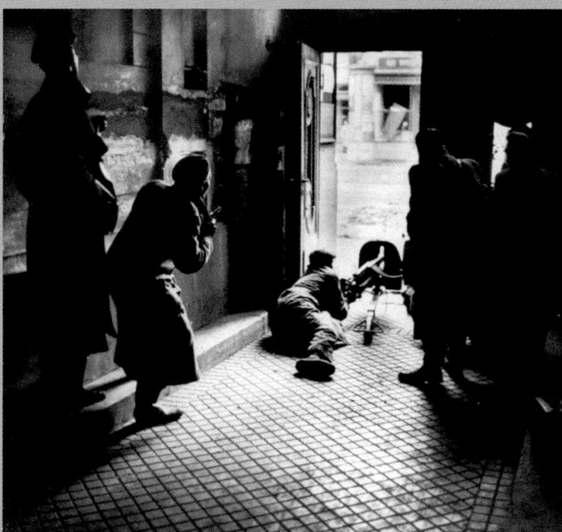

(*Izquierda*) En la entrada de un bloque de viviendas en Budapest, un grupo de rebeldes húngaros aguarda la llegada de los invasores soviéticos, en noviembre de 1956.

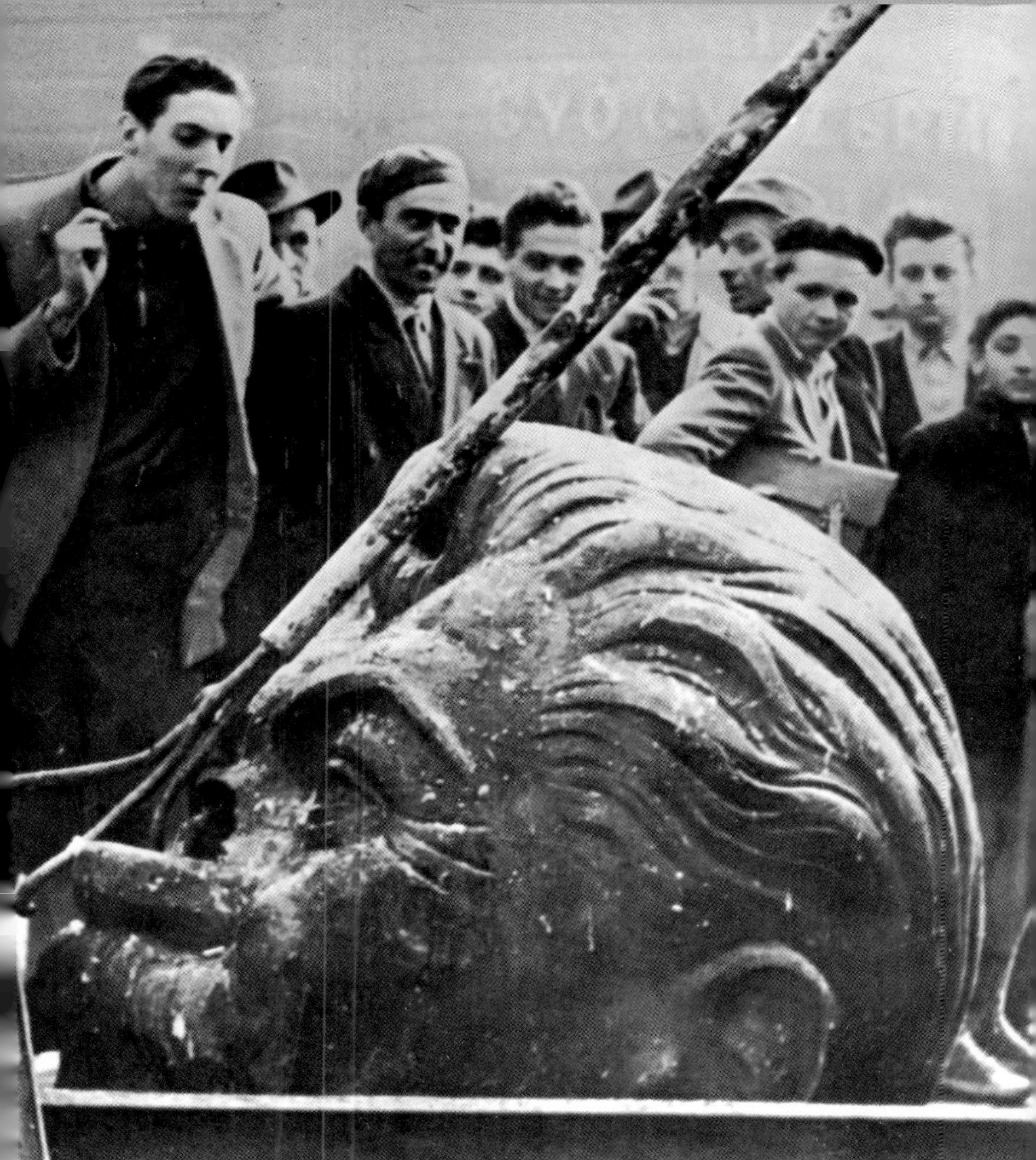

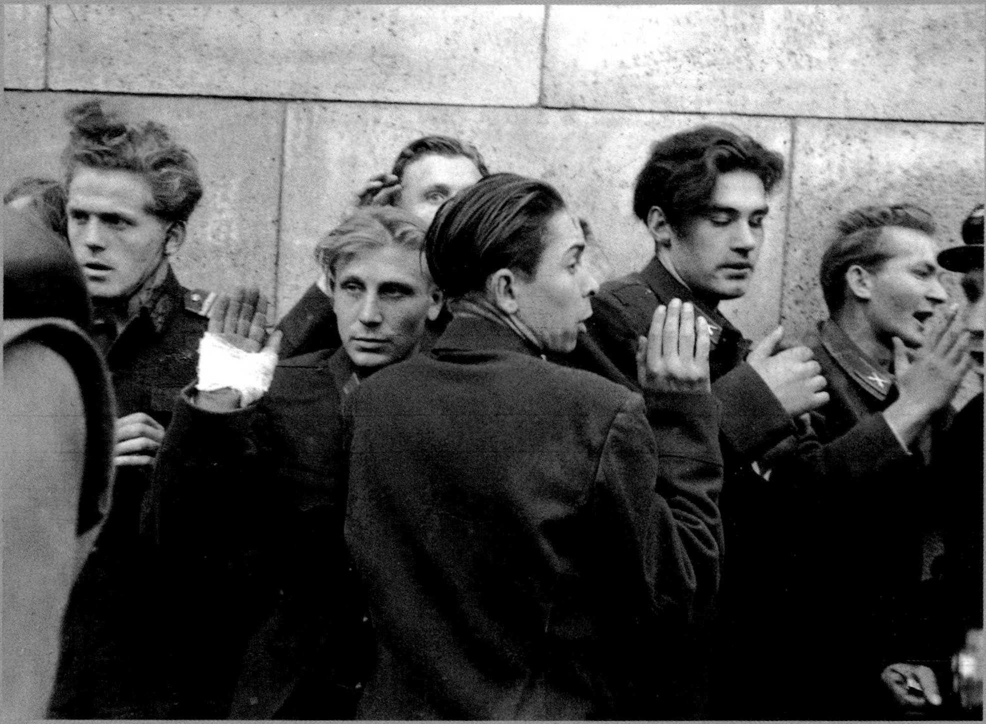

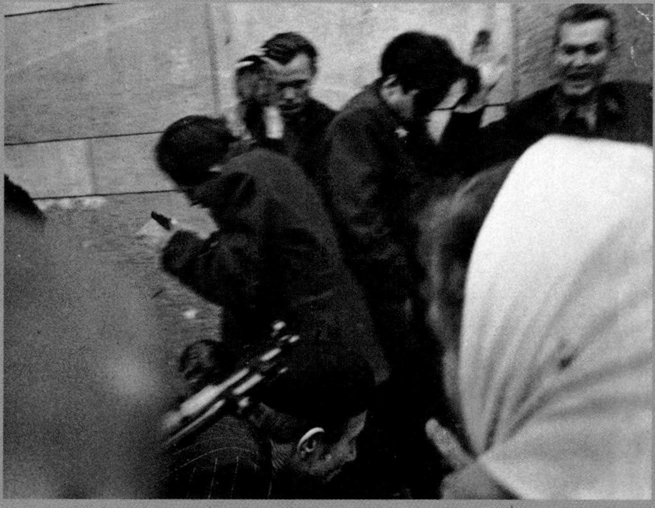

31 de octubre de 1956. Secuencia del «juicio» y ejecución de un grupo de miembros de la AVH (de izquierda a derecha: los insurgentes se enfrentan a sus acusadores en las calles de Budapest; la petición de clemencia es desoída y empieza la ejecución. La venganza se ha llevado a cabo. En la última imagen, un rebelde da el golpe de gracia al único superviviente de la ejecución.

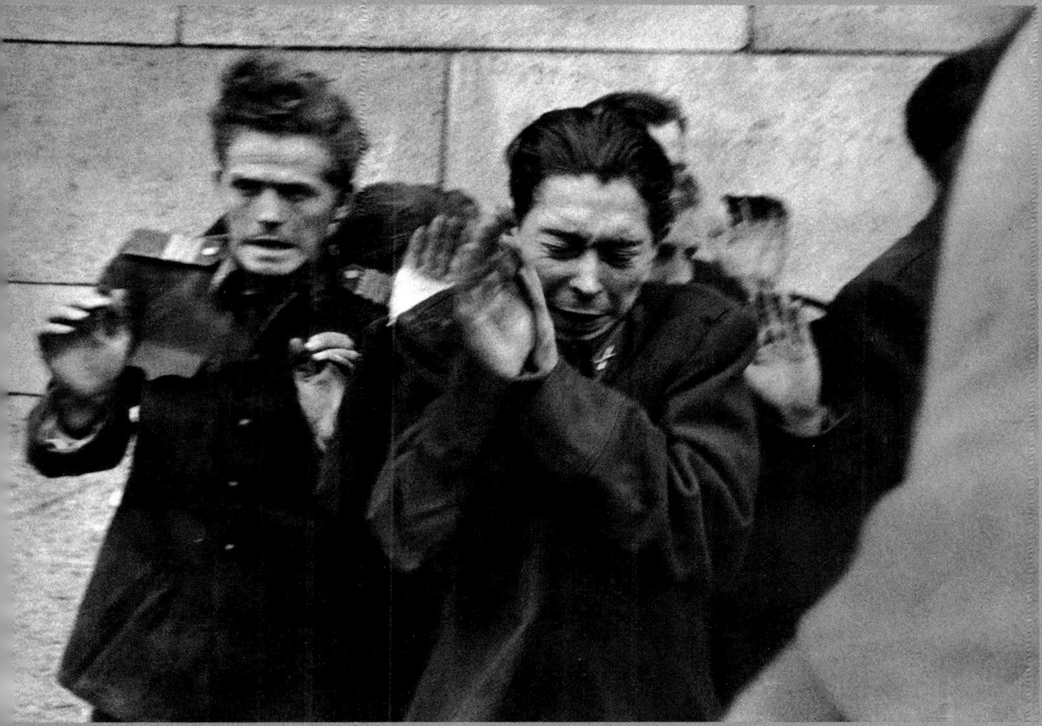

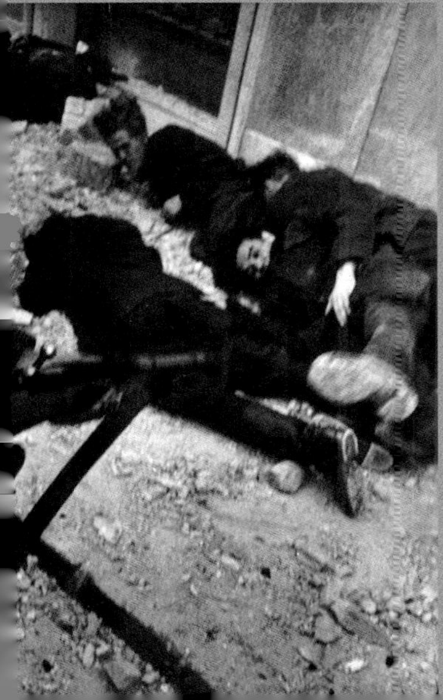

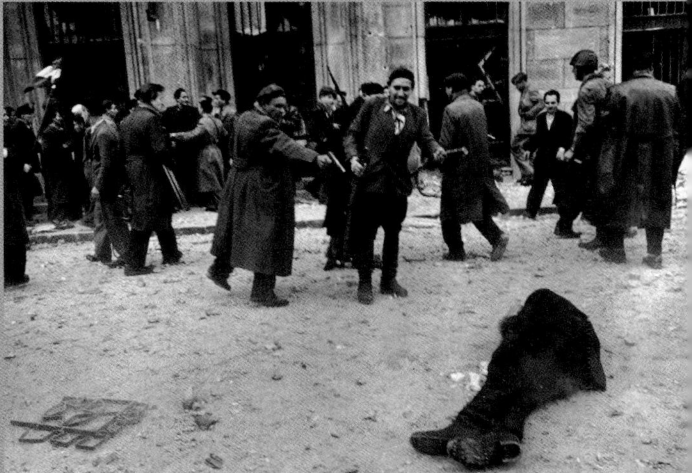

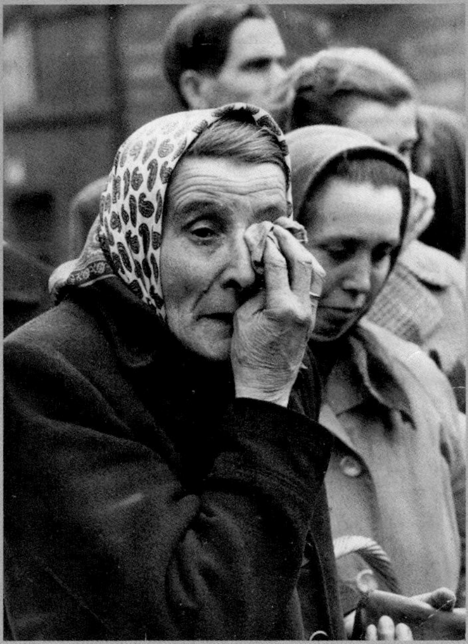

(*Izquierda*) Una anciana de Budapest llora al ver los tanques y tropas soviéticos reprimiendo la rebelión anticomunista, el 12 de noviembre de 1956.

(*Abajo*) Un oficial del Ejército Rojo desenfunda su pistola mientras se aproxima a Jack Sten, fotógrafo del *Picture Post,* en Budapest, el 12 de noviembre. Las autoridades soviéticas estaban decididas a impedir que lo que estaba sucediendo en Hungría se supiera en los demás países.

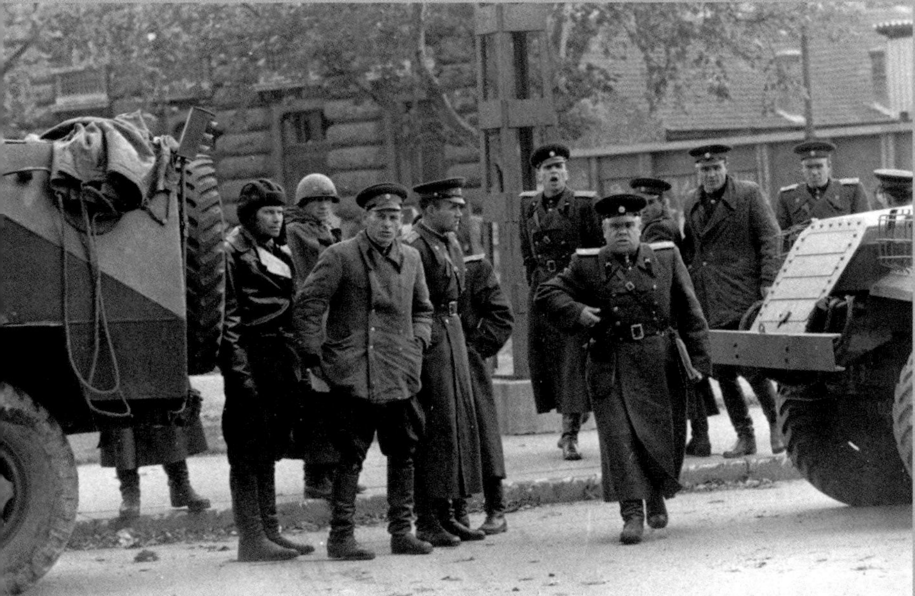

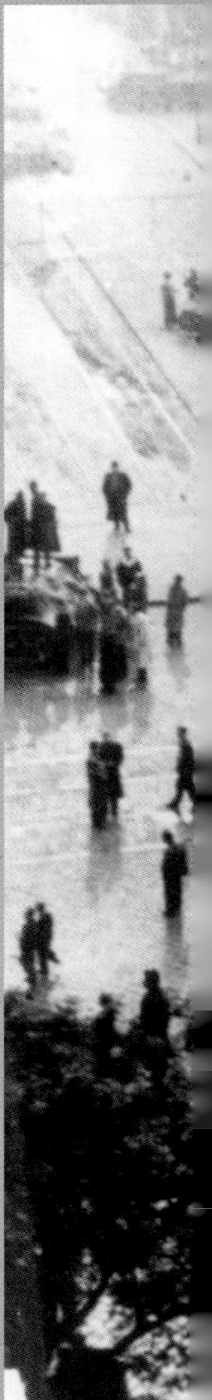

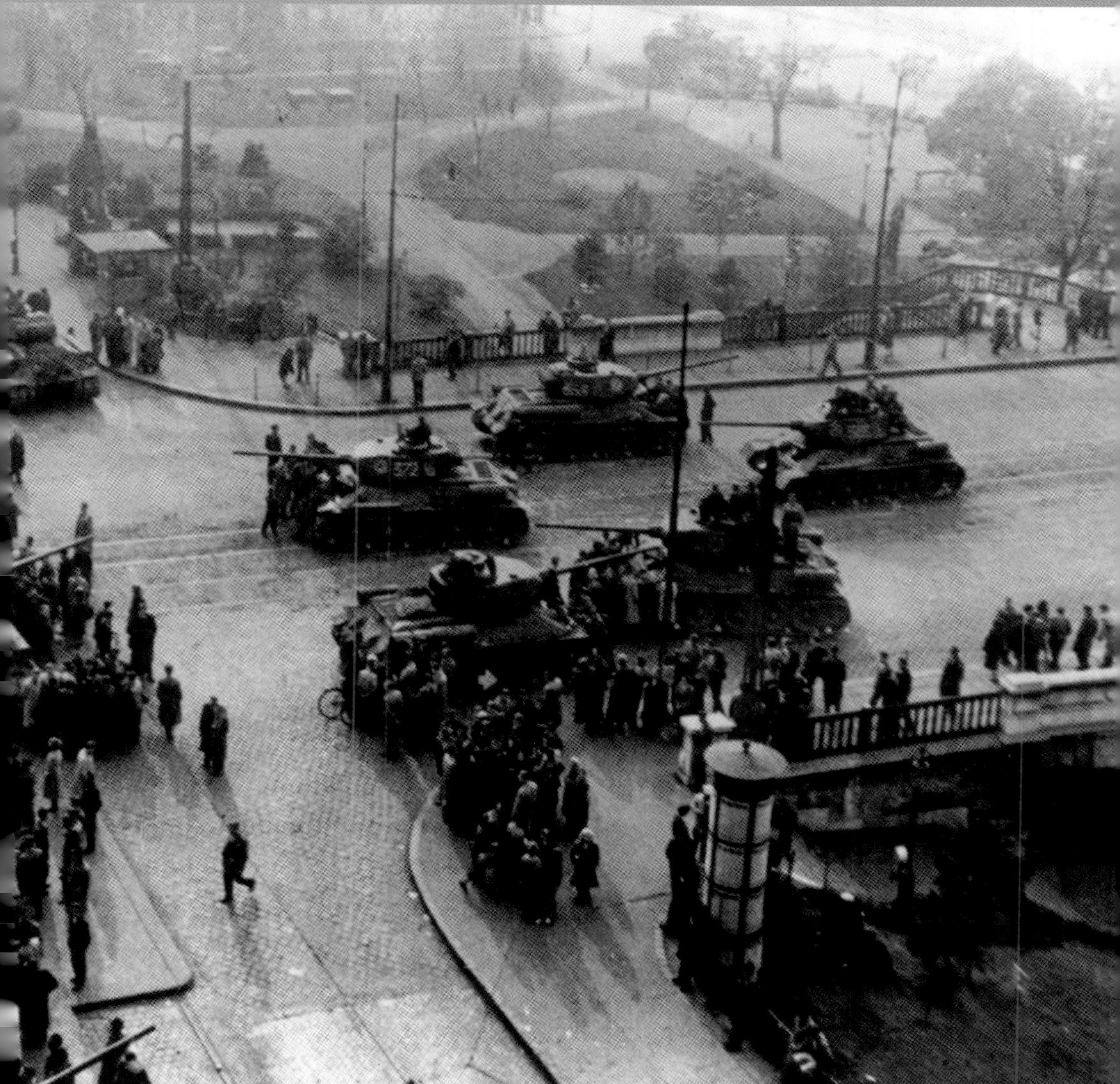

(*Arriba*) Carros de combate soviéticos en las calles de Budapest, en noviembre de 1956. Imágenes como ésta conmovieron al mundo occidental. Aun así, los húngaros no recibieron ayuda alguna de la comunidad internacional.

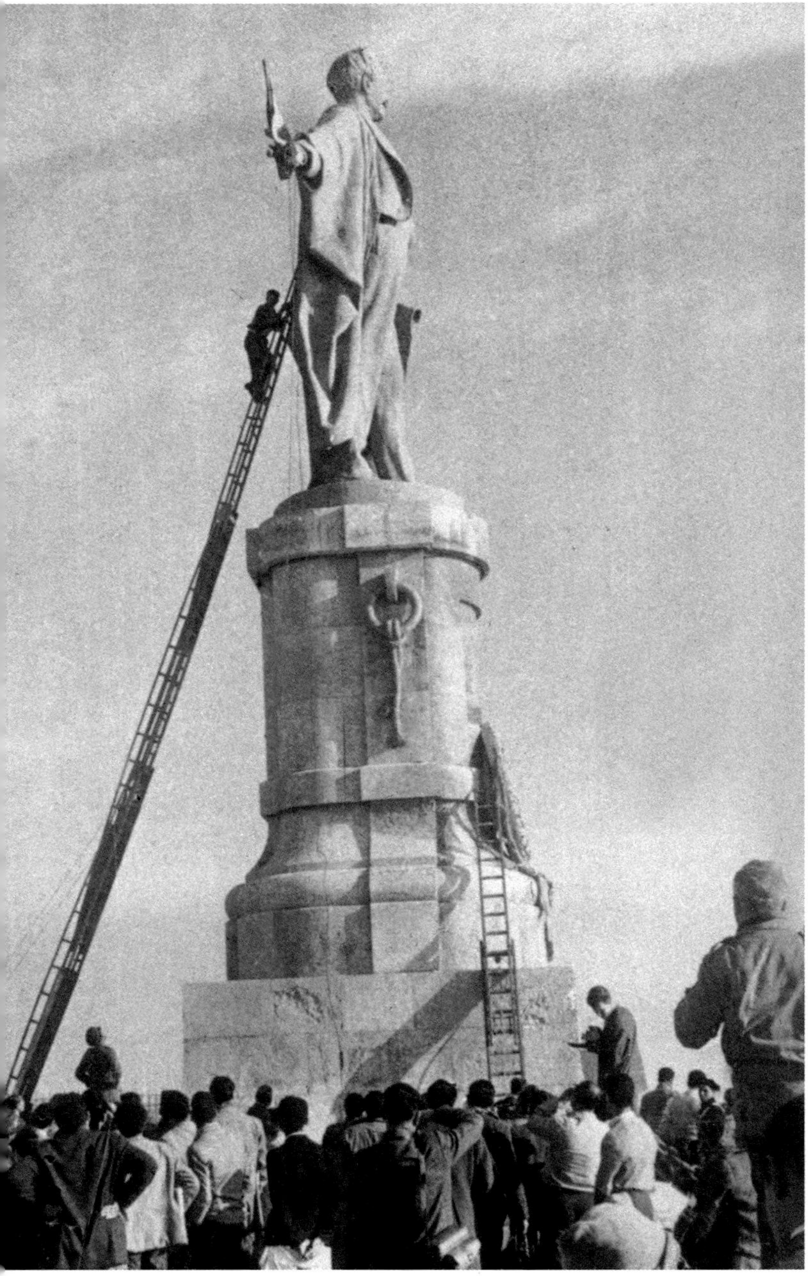

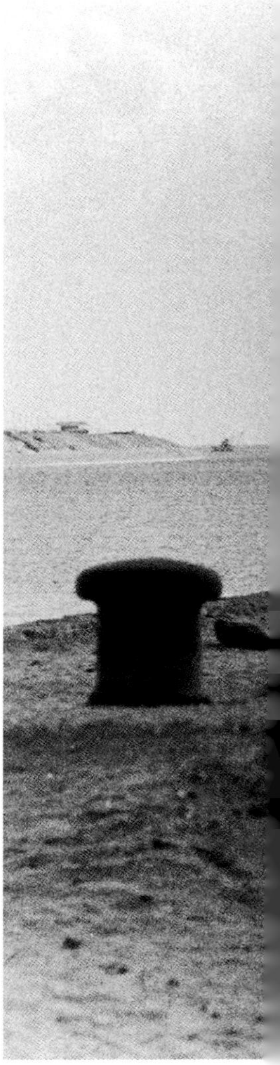

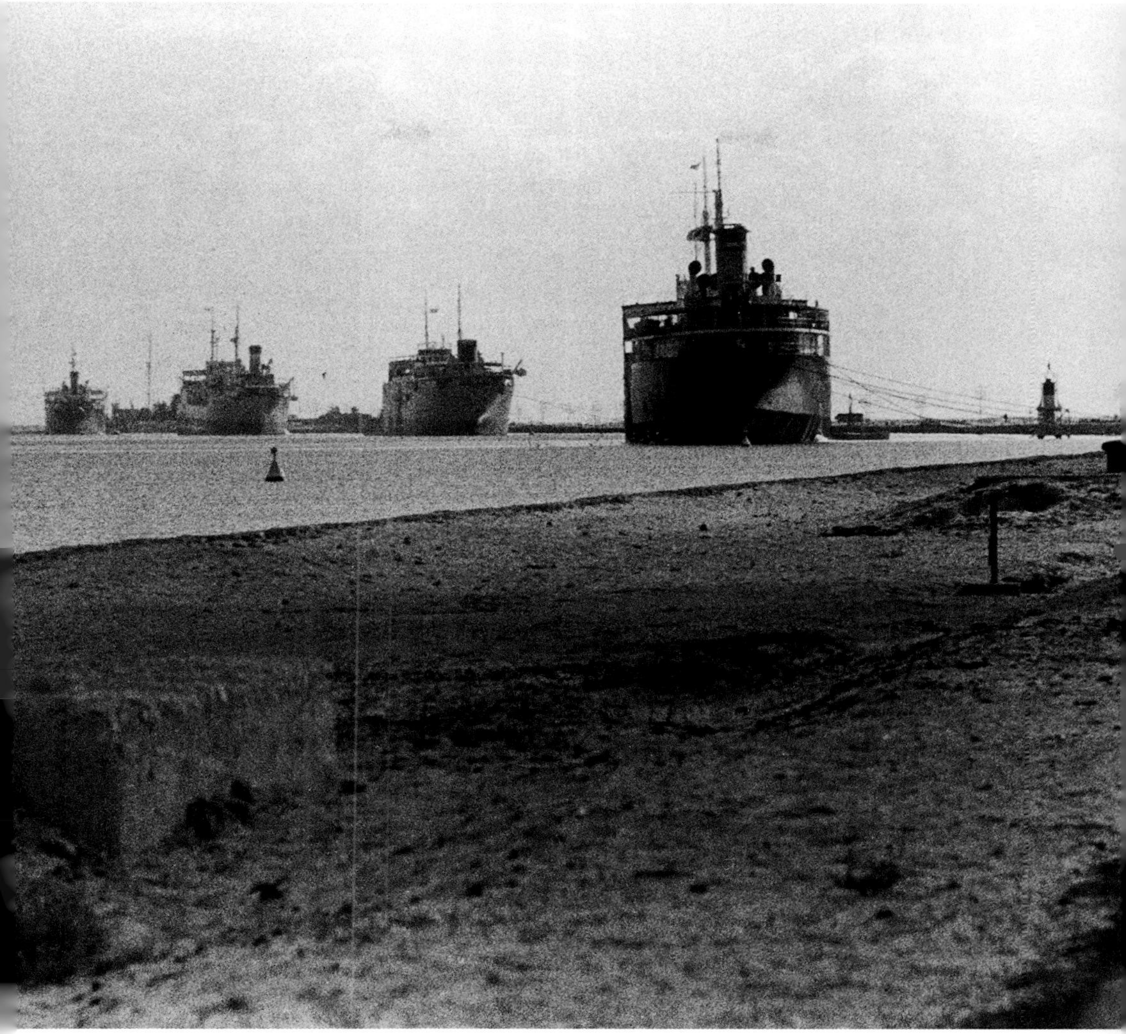

En octubre de 1956, tropas francesas, británicas e israelíes atacaron Egipto tras la nacionalización del **Canal de Suez.** *(Izquierda)* La multitud se congrega a los pies de la estatua de Ferdinand de Lesseps, el ingeniero que construyó el Canal de Suez, en Port Said. Las tropas francesas en retirada habían dejado una bandera de su país en la mano extendida de Lesseps. *(Arriba)* Un convoy atrapado en el Canal de Suez durante la crisis de 1956 espera su reapertura.

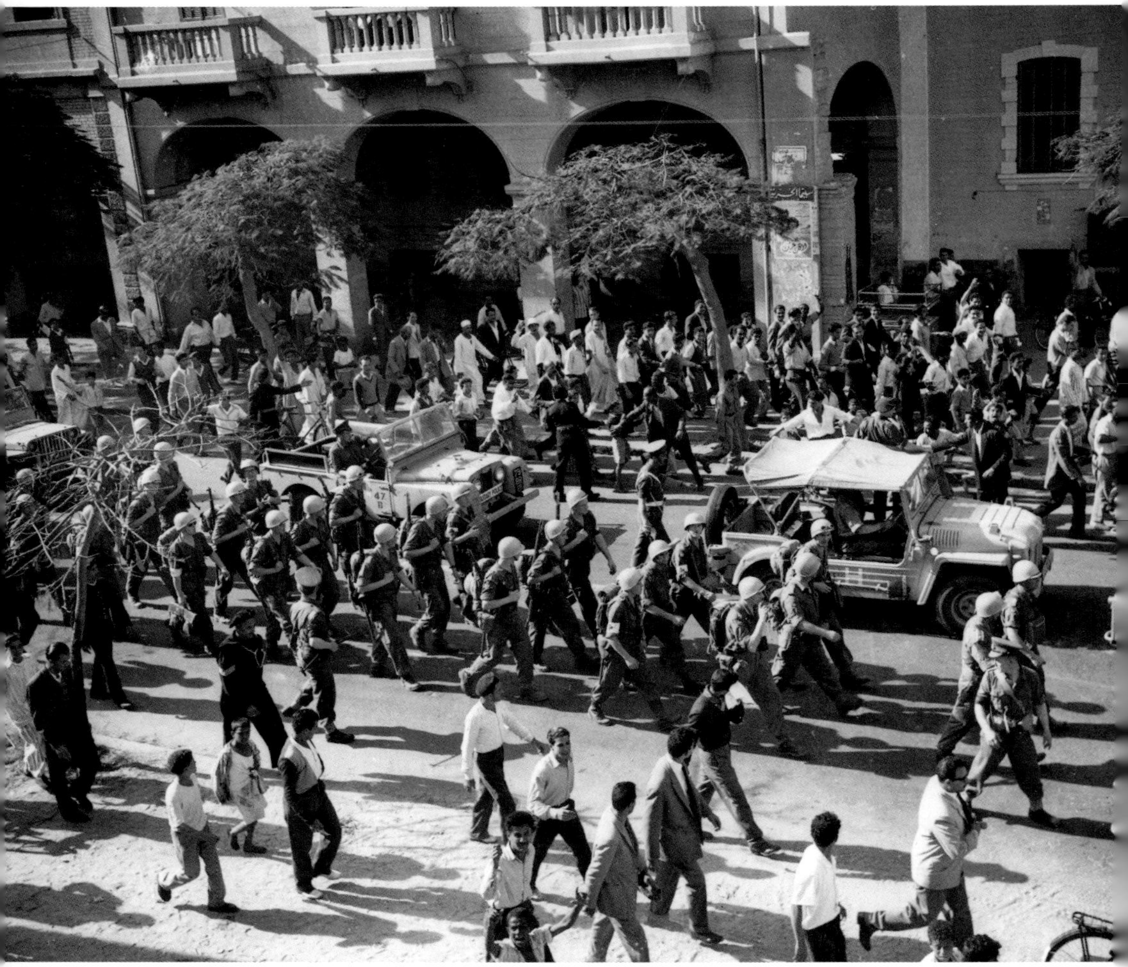

Tras un breve periodo de enfrentamientos, Estados Unidos y la Organización de las Naciones Unidas (ONU) presionaron a Francia y al Reino Unido para que se retiraran. *(Arriba)* En **Port Said,** las tropas de la ONU escoltan a los efectivos británicos en retirada mientras los egipcios corean «¡Viva Nasser!», el 24 de noviembre de 1956.

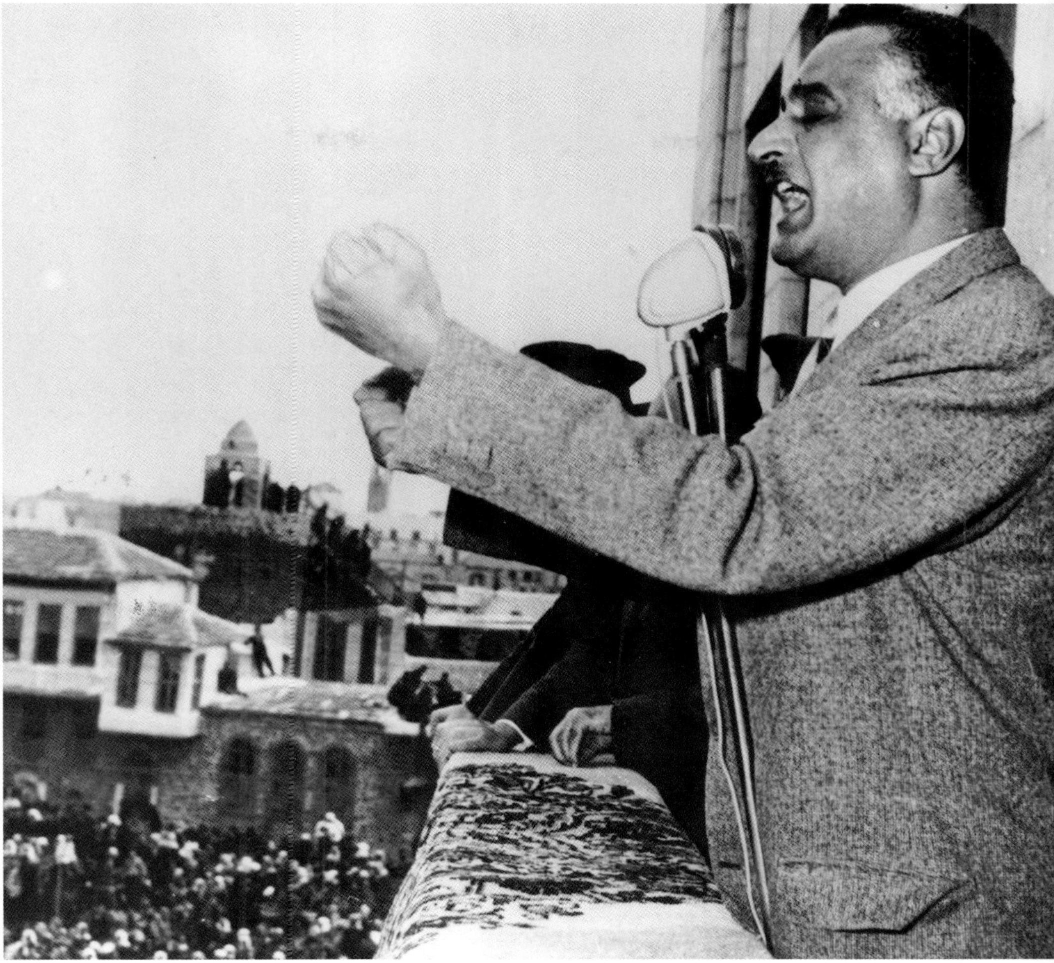

(*Arriba*) El presidente egipcio, **Gamal Abdel Nasser,** cuya nacionalización del Canal de Suez indignó al gobierno conservador del primer ministro Eden hasta el punto de provocar la invasión británica. La victoria de Nasser precipitó el fin del Imperio británico.

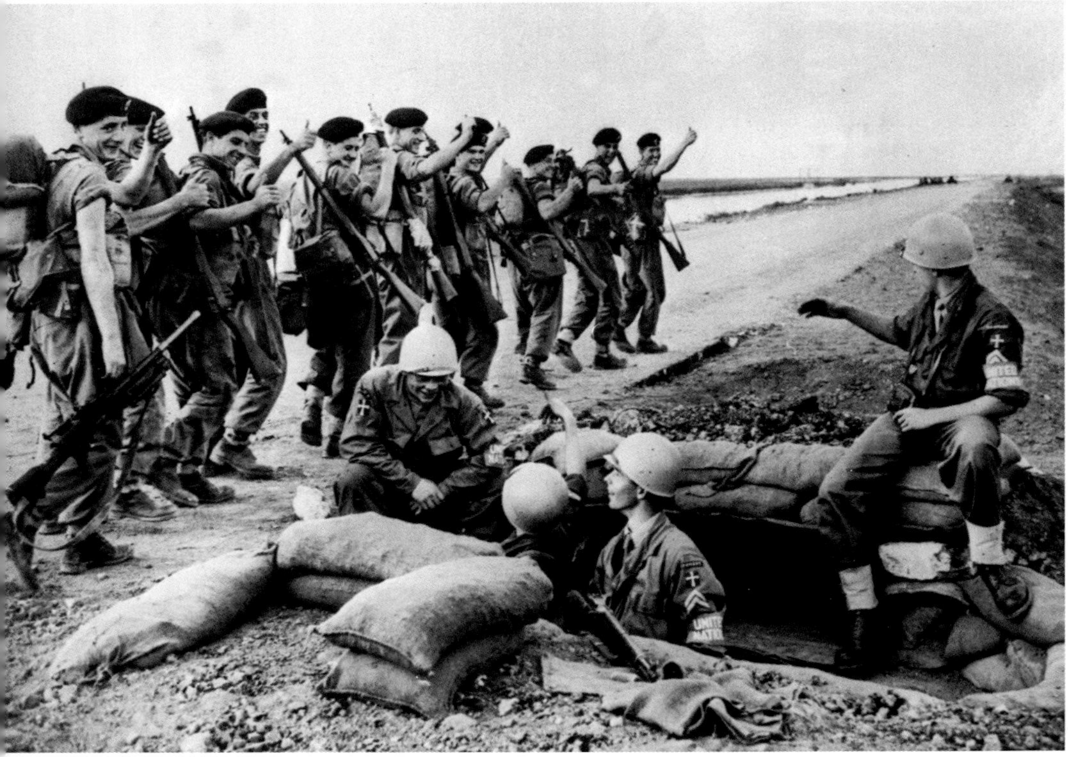

Desde el punto de vista militar, la invasión de la zona del Canal de Suez fue todo un éxito. En materia política, fue un desastre, puesto que dividió tanto a Francia como al Reino Unido entre quienes apoyaban la medida y quienes se oponían a ella con firmeza. *(Arriba)* Un grupo de soldados británicos saluda a **las tropas de paz de la ONU** durante su retirada de Suez, el 2 de diciembre de 1956.

(Derecha) Civiles árabes se abren camino con cautela entre los **escombros** que inundan las calles tras los bombardeos aéreos de las fuerzas británicas. A consecuencia de la invasión, quedaron destruidos pueblos enteros, a pesar de que los combates duraron menos de dos semanas.

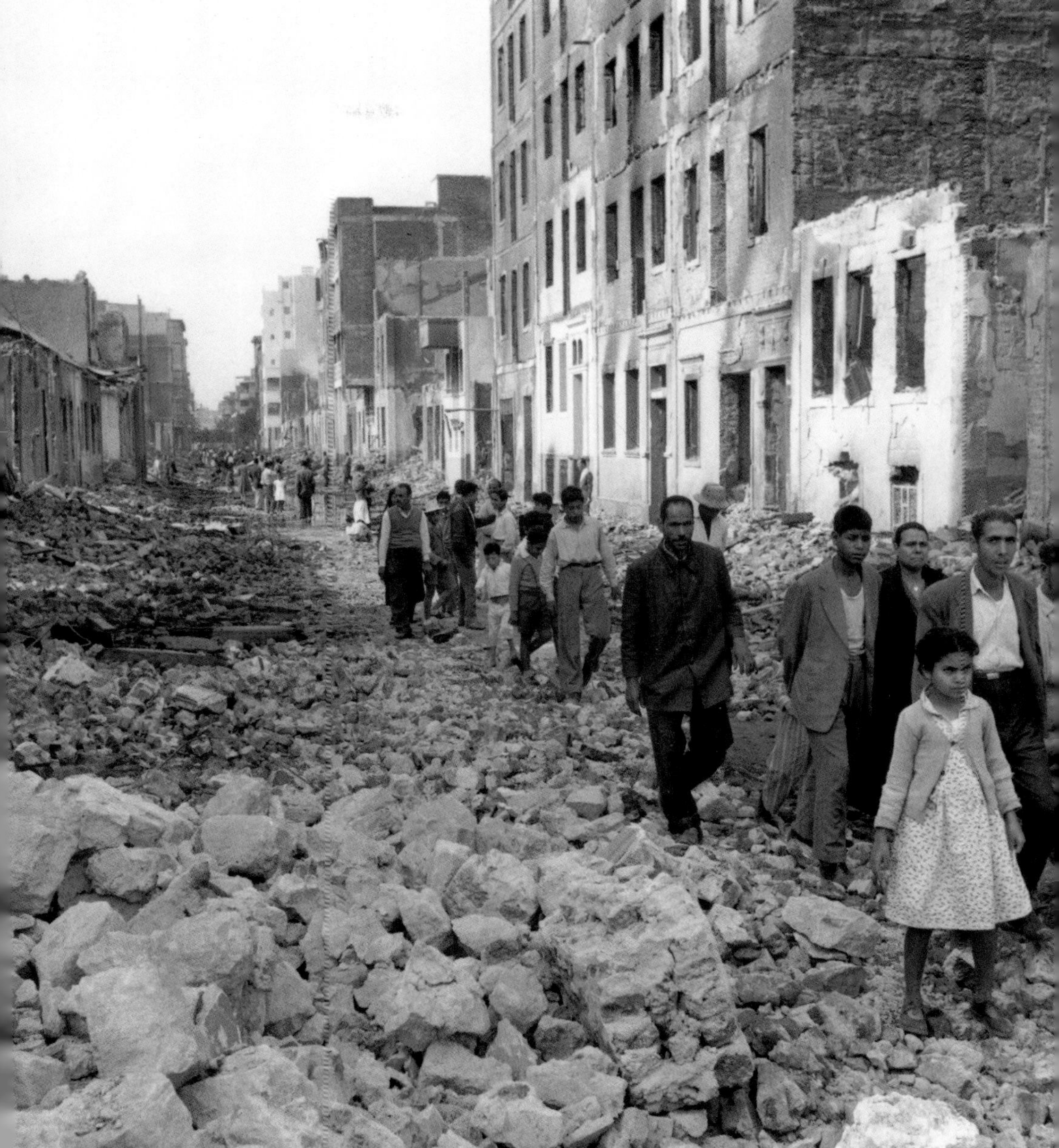

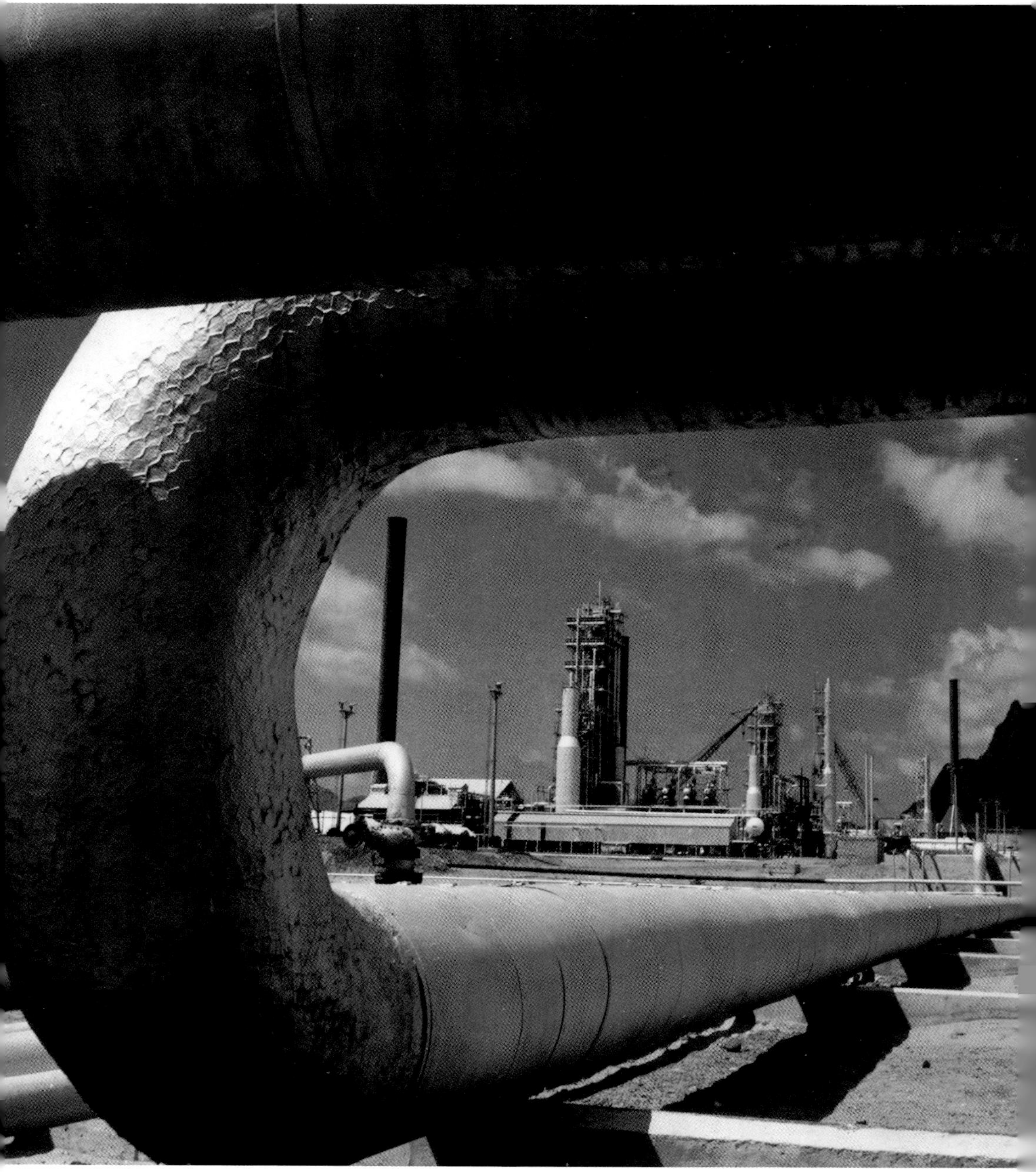

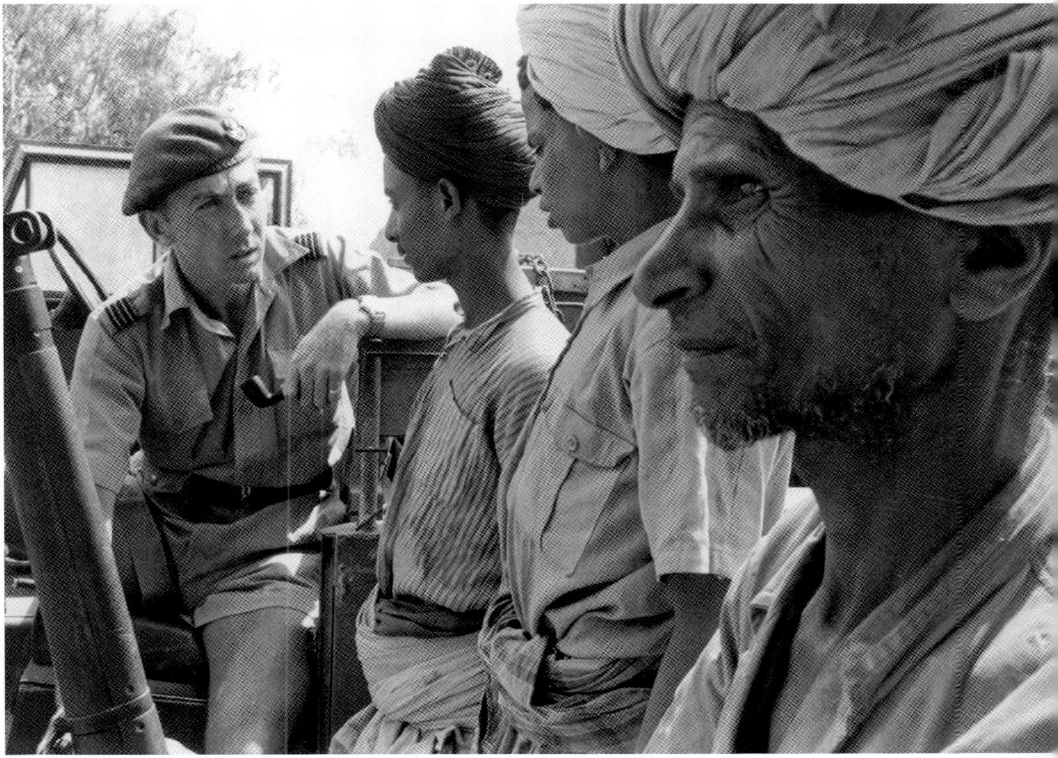

El puerto yemení de **Adén,** situado en el extremo de la península de Arabia donde confluyen el mar Rojo y el golfo de Adén, llevaba mucho tiempo siendo una escala de avituallamiento de combustible de los buques que patrullaban en la parte oriental del Imperio británico. Aunque dicho imperio se estaba desmoronando con rapidez, Adén seguía teniendo una gran importancia estratégica para el transporte de petróleo de Oriente Medio a Occidente. *(Izquierda)* Refinería de crudo de la empresa de hidrocarburos británica British Petroleum Company PLC (BP) en Adén.

En 1957, las fuerzas yemeníes atacaron Little Aden (como se denominaba entonces la zona donde se hallaba la refinería) para expulsar de allí a los británicos. *(Arriba)* Un oficial de la fuerza aérea británica habla con las tropas yemeníes. Los combates prosiguieron de forma esporádica hasta que el Reino Unido se retiró en 1964.

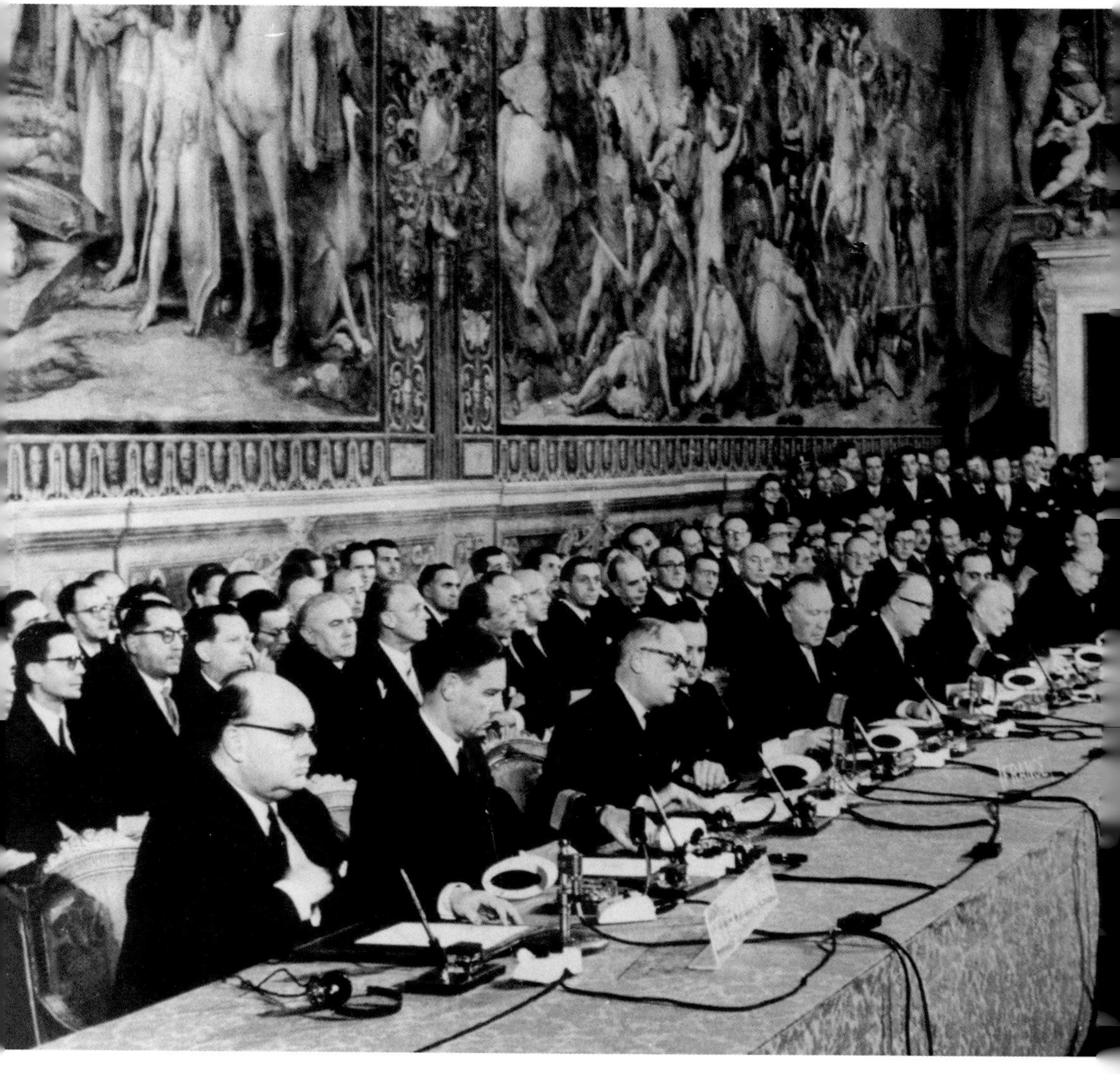

El 25 de marzo de 1957 se firmó el **Tratado de Roma,** por el que se fundaba la Comunidad Económica Europea (CEE). Los países firmantes fueron Francia, la República Federal de Alemania, Italia, Bélgica, Países Bajos y Luxemburgo. *(Arriba)* Los delegados rubrican el acuerdo en el Campadoglio de Roma. Dos meses más tarde, en una reunión de la **OTAN** en Bonn *(derecha)*, el secretario de Estado norteamericano, John Foster Dulles, anunció que su país no retiraría sus tropas de Europa occidental.

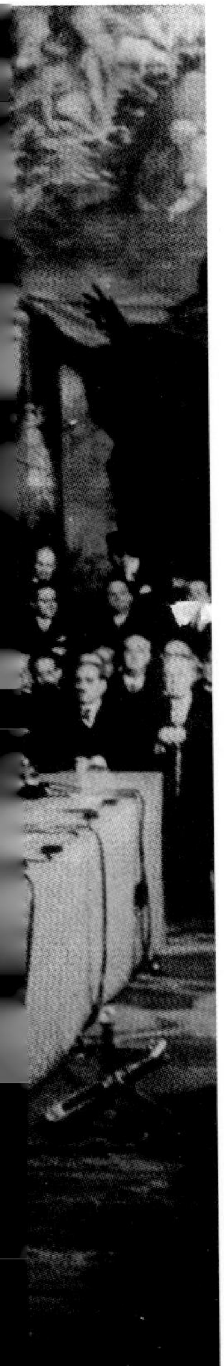

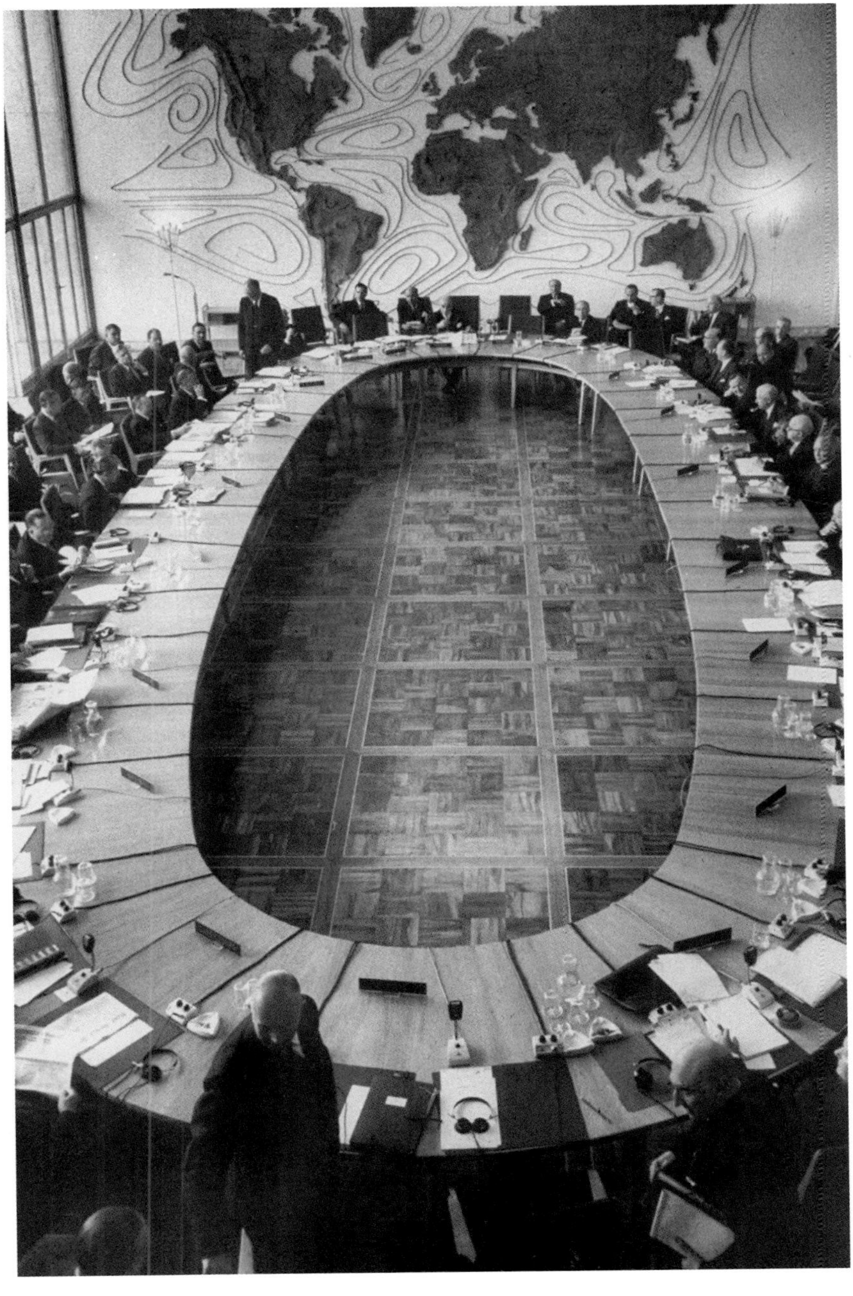

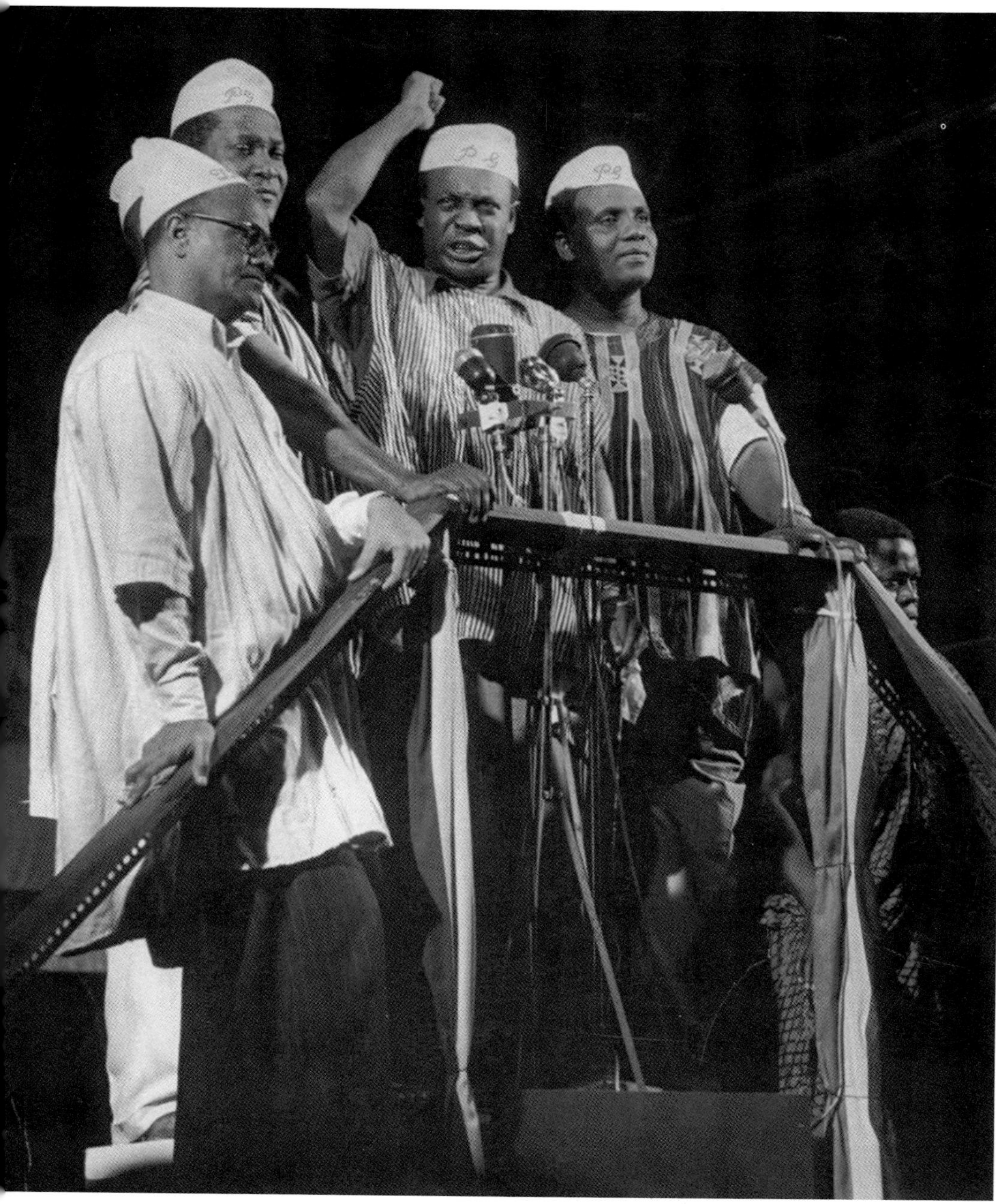

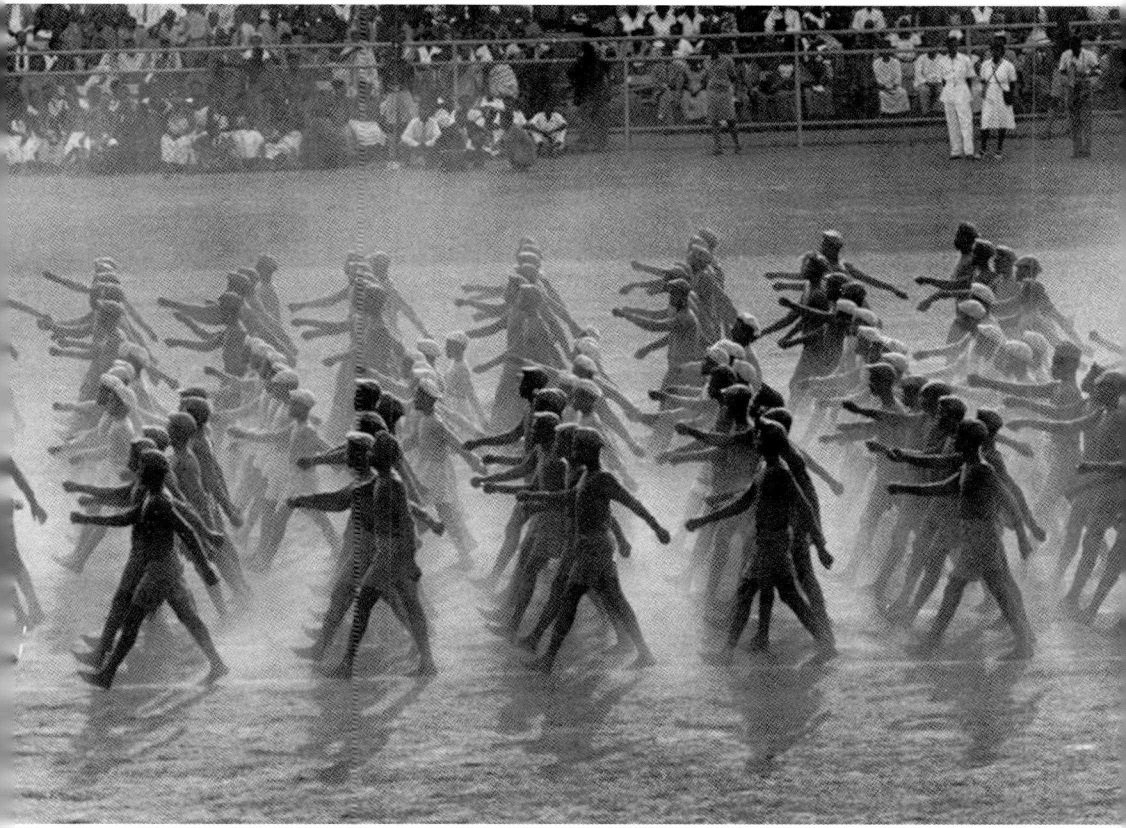

En marzo de 1957, la antigua colonia británica de Costa de Oro, en África occidental, se independizó y adoptó el nuevo nombre de Ghana. *(Izquierda)* Cuatro políticos ghaneses en las ceremonias de celebración de la independencia (de izquierda a derecha): A. Caseley Hayford, Komla Agbeli Gbedemah, **Kwame Nkrumah** y Kojo Botsio. Nkrumah, que mantenía buenas relaciones tanto con los británicos como con su propio pueblo, se convirtió en el primer presidente del gobierno del nuevo Estado. *(Arriba)* Desfile de celebración de la **independencia de Ghana** en Accra, el 6 de marzo de 1957.

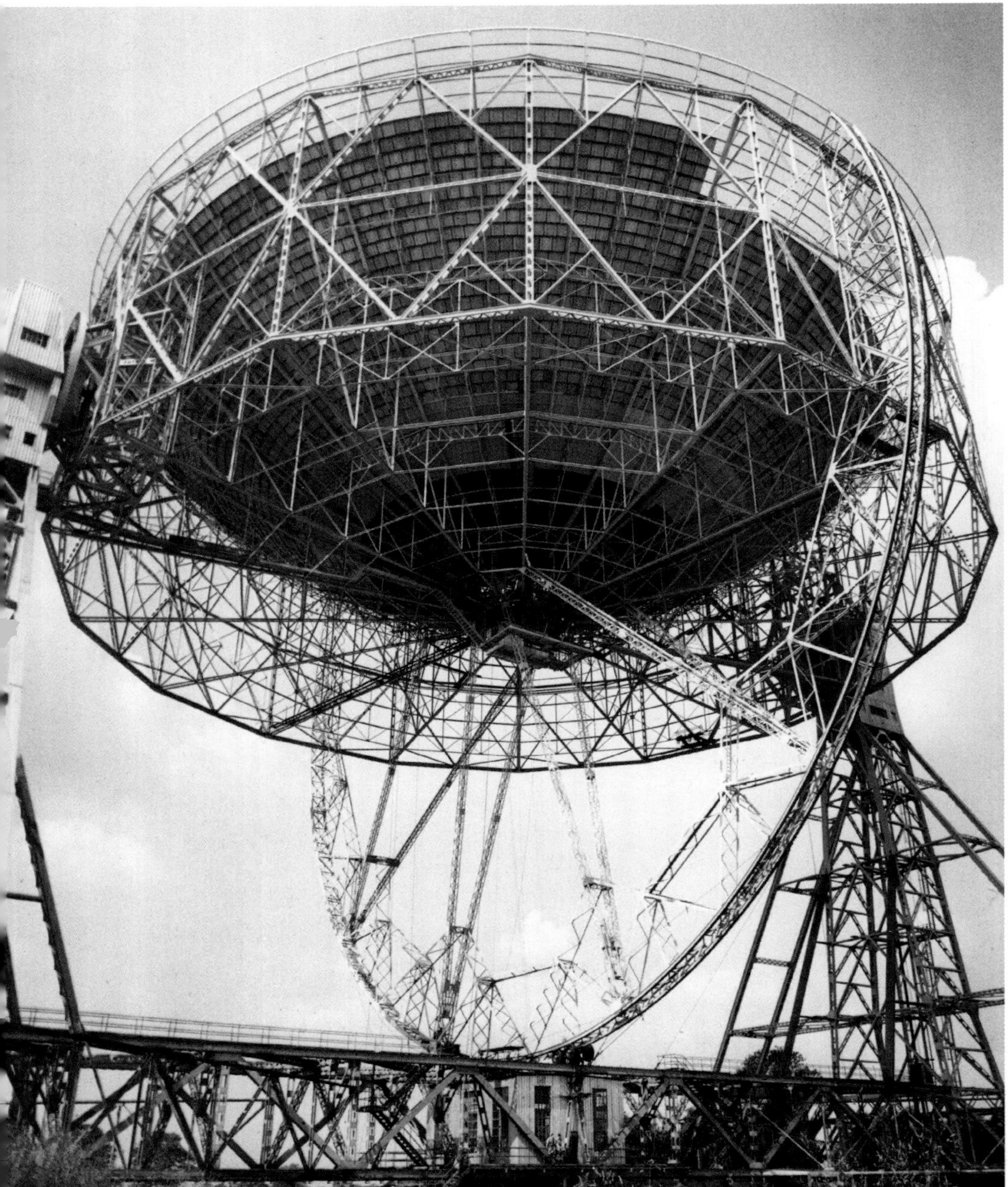

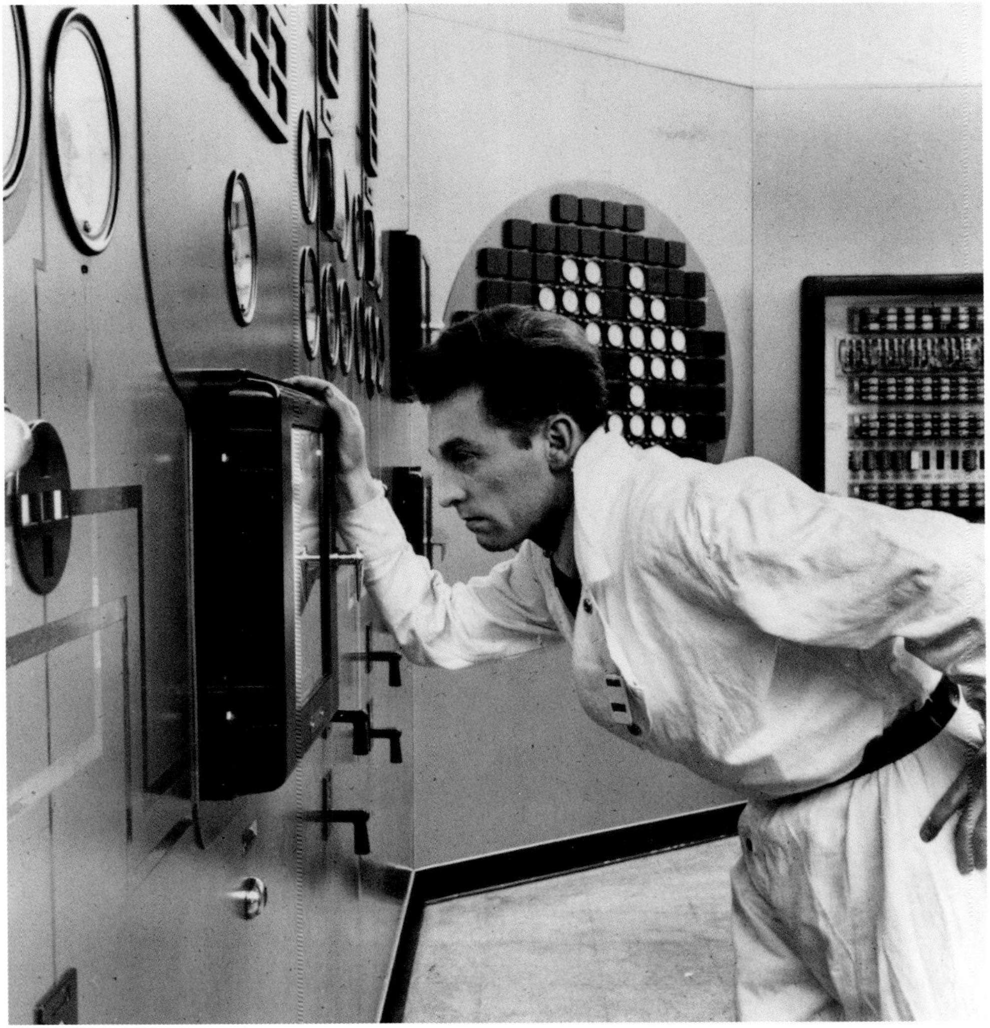

En la década de 1950 se sacó el máximo rendimiento del progreso científico y tecnológico propiciado durante la Segunda Guerra Mundial. *(Izquierda)* Imagen de un colosal radiotelescopio, de 30 metros de diámetro, del observatorio de **Jodrell Bank,** en el condado inglés de Cheshire. *(Arriba)* Supervisión del funcionamiento de la primera central nuclear del Reino Unido en Calder Hall, **Windscale** (norte de Inglaterra), el 25 de febrero de 1957. A los pocos años, Estados Unidos y varios países europeos utilizaban ya la energía nuclear.

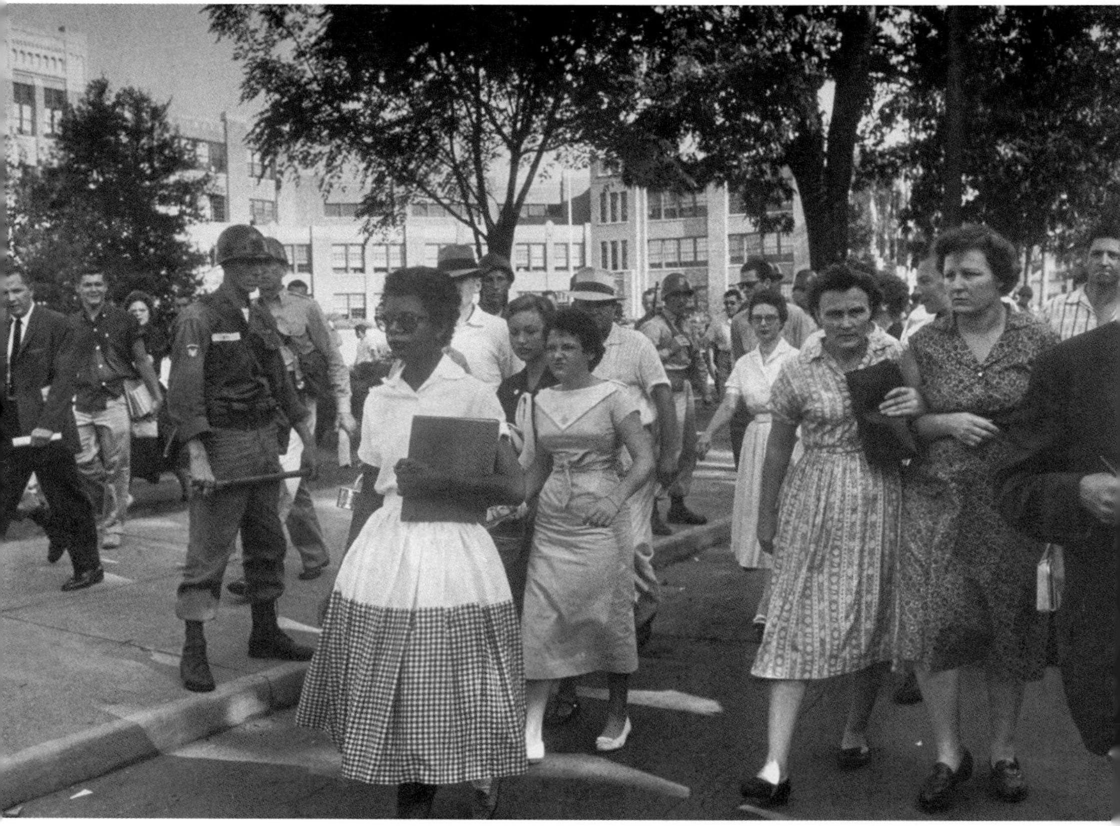

El 3 de septiembre de 1957 se impidió la entrada al instituto Central High School de **Little Rock** (Arkansas) a los alumnos negros. *(Arriba)* Siguiendo las órdenes del gobernador Orval Faubus, miembros de la Guardia Nacional observan a Elizabeth Eckford (a la izquierda), seguida de varios padres y madres blancos.

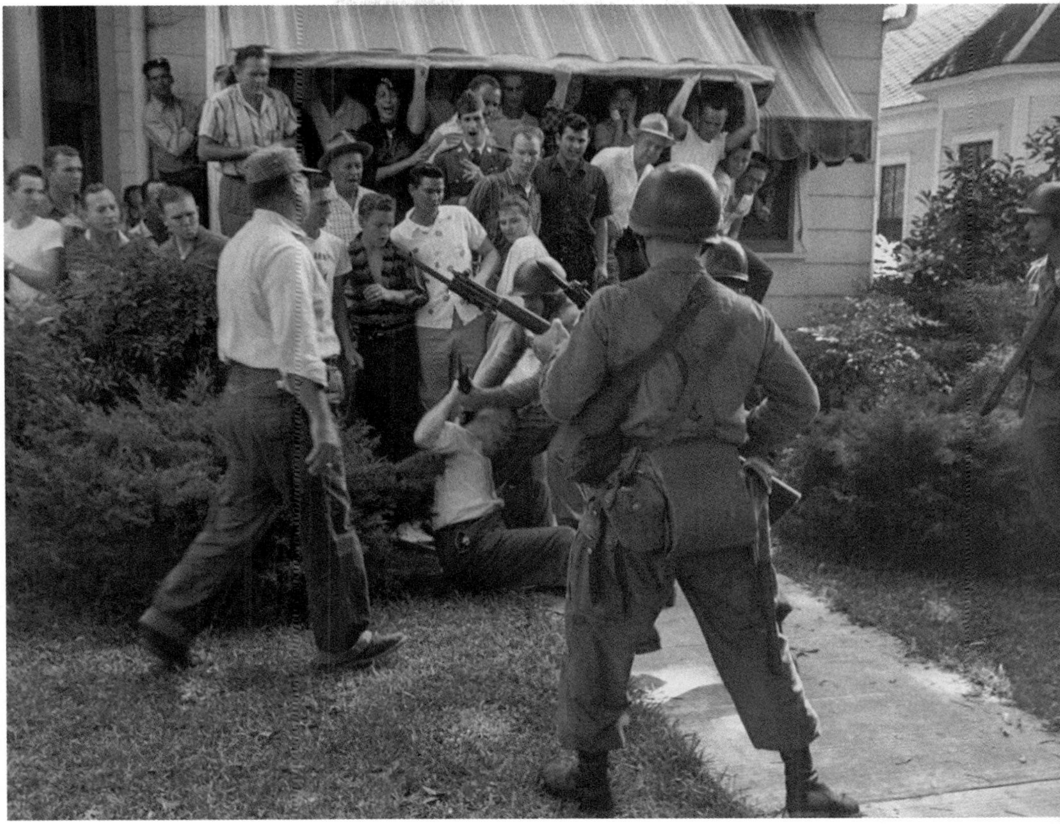

Tres semanas más tarde, el presidente Eisenhower envió a las tropas federales a Little Rock para que garantizaran el cumplimiento del **fin de la segregación racial** en el centro educativo. *(Arriba)* Las tropas federales controlan a un grupo de racistas blancos que gritan consignas a favor de la segregación.

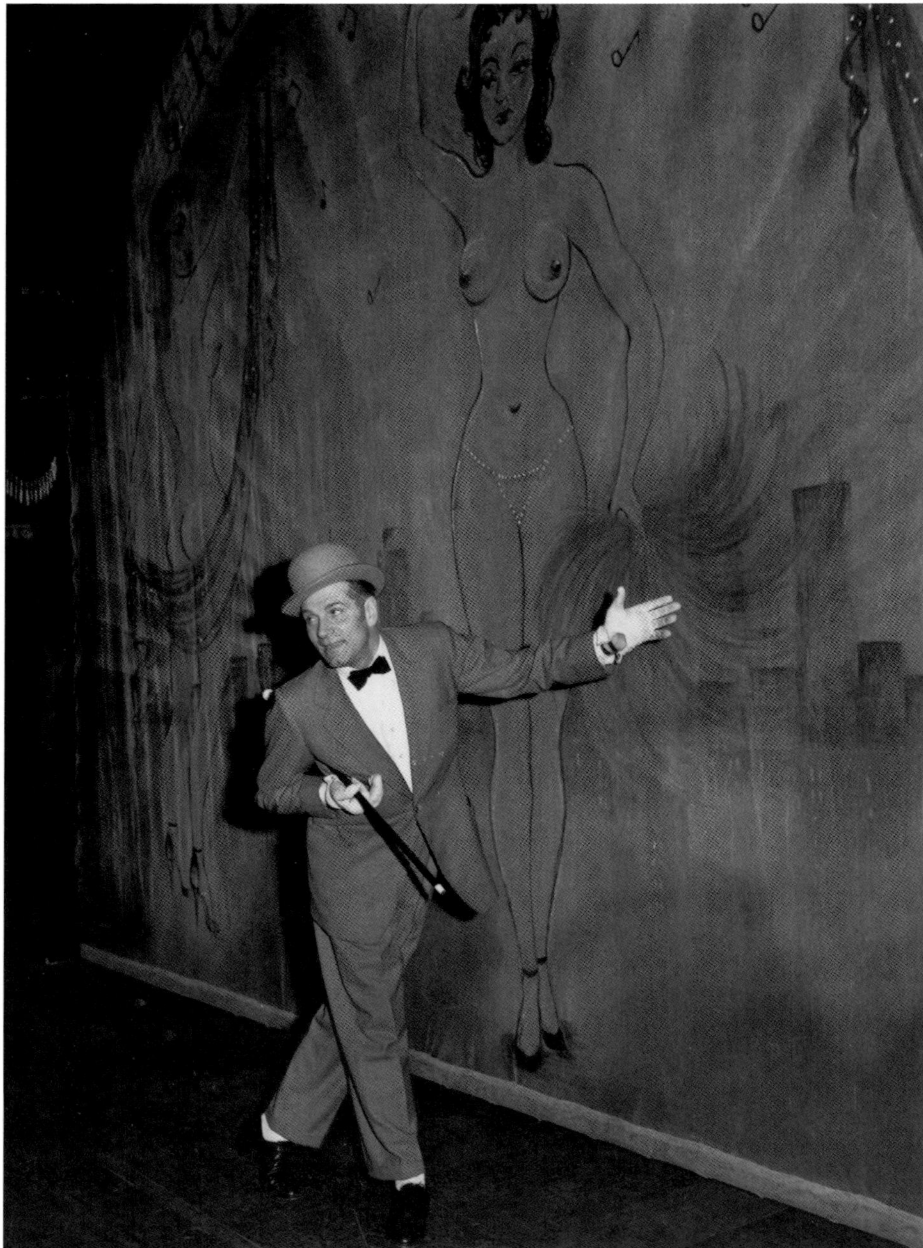

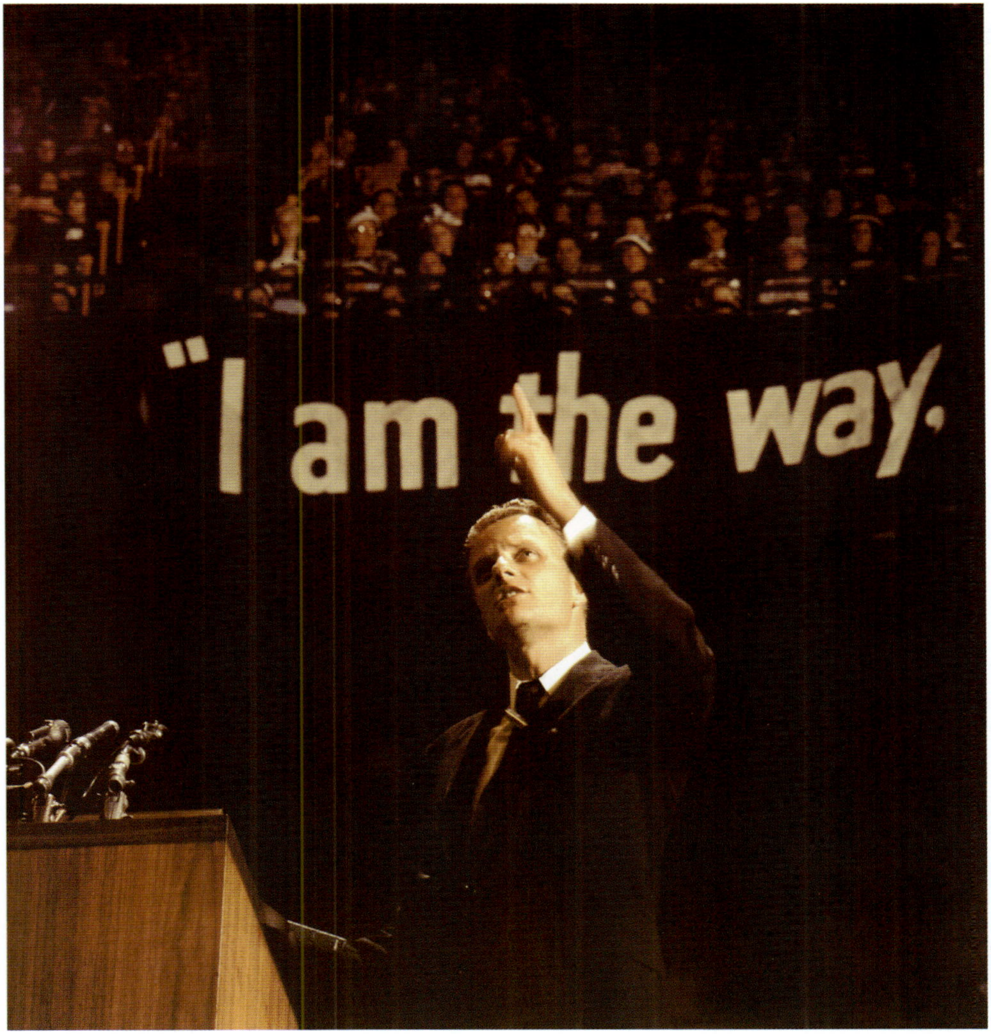

Con la creciente prosperidad de la década de 1950, los cines, teatros y auditorios se llenaron de espectadores. *(Izquierda)* El actor británico **Laurence Olivier,** en el papel de Archie Rice, se mueve por el escenario durante un ensayo de la obra de John Osborne *The Entertainer,* el 10 de abril de 1957. *(Arriba)* Cien mil personas se congregaron en el Madison Square Garden para escuchar al orador evangélico **Billy Graham** predicar la palabra de Dios.

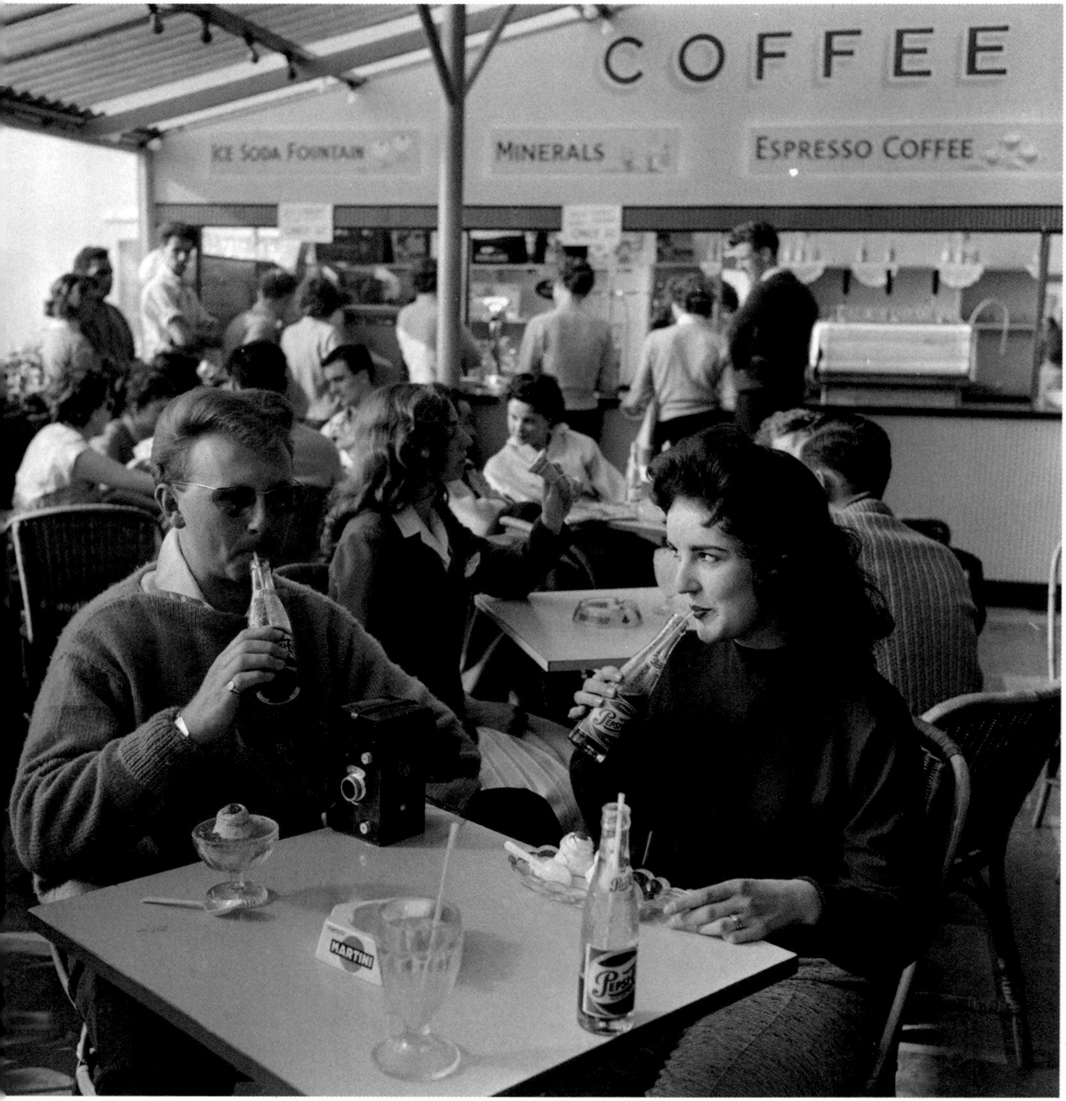

Los jóvenes, cuya situación económica era cada vez más boyante, disponían de muchos lugares donde vivir «experiencias intensas». *(Arriba)* Una pareja bebe refrescos Pepsi en el **Butlin's Ocean Hotel** de Saltdean, en Brighton (costa meridional de Inglaterra). Sobre la mesa, una cámara con la que inmortalizarán los mejores momentos de su luna de miel.

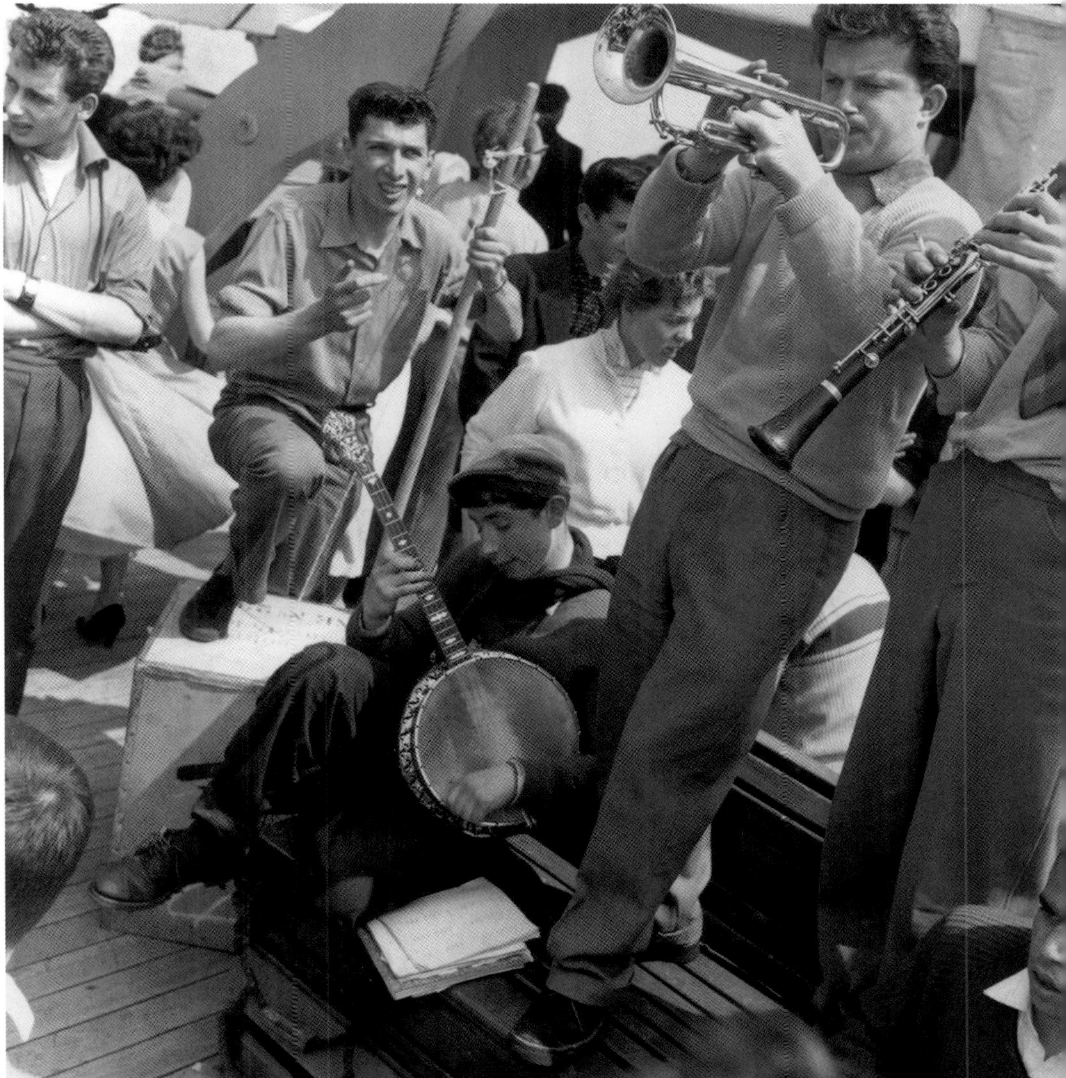

A finales de la década de 1950, se extendió por Europa un interés renovado por el jazz tradicional de Nueva Orleans. Las canciones de Buddy Bolden, Jelly Roll Morton y W. C. Handy se podían oír en cualquier lugar. *(Arriba)* **Fiesta musical** a bordo de un transbordador con destino al puerto francés de Calais, el 3 de junio de 1957. De la imagen, cabe destacar el cajón de té convertido en contrabajo.

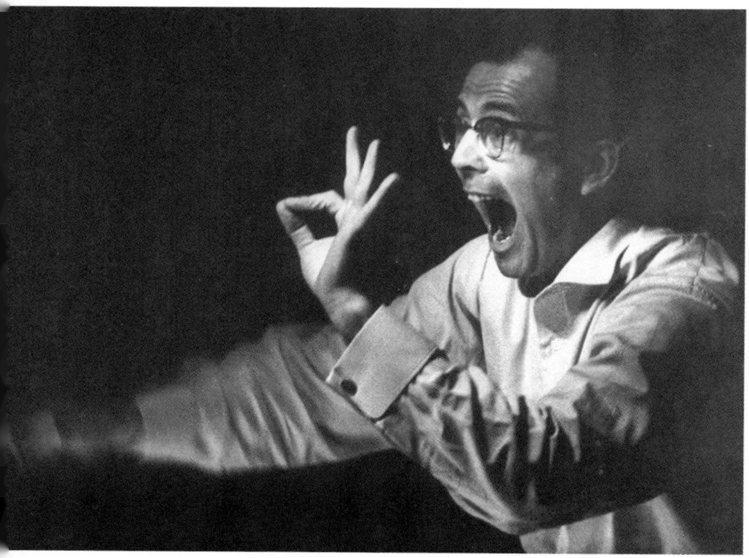

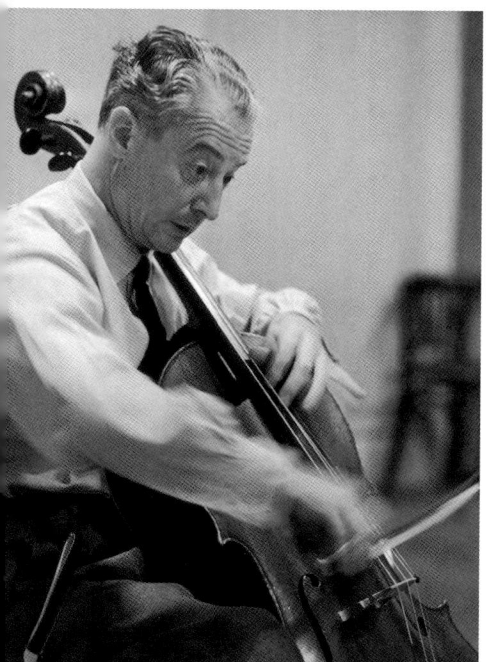

La aparición del disco LP (long play o «larga duración») propició un gran aumento de las ventas de discos de música clásica, lo que fomentó, a su vez, la asistencia a conciertos en directo. *(Arriba)* El director de orquesta alemán, **Wolfang Sawallisch,** en un ensayo del Festival de Bayreuth. *(Izquierda)* El violonchelista francés **Pierre Fournier.** *(Derecha)* El compositor alemán **Paul Hindemith**, en agosto de 1957.

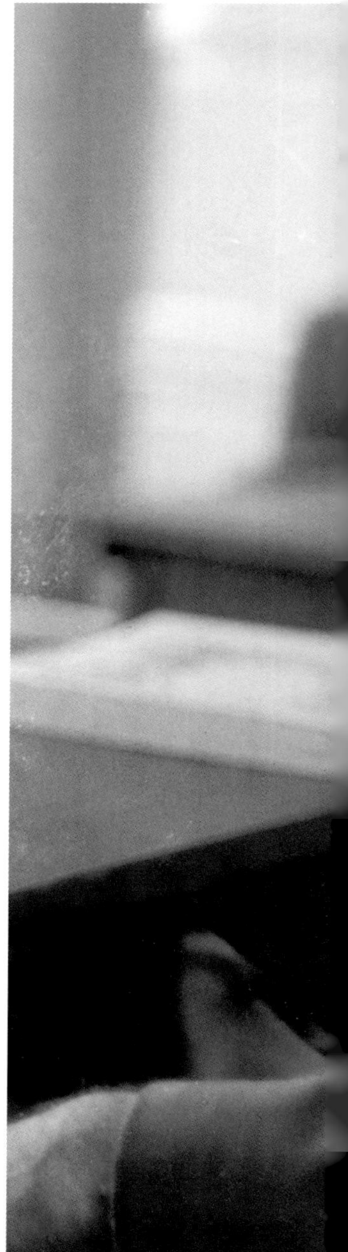

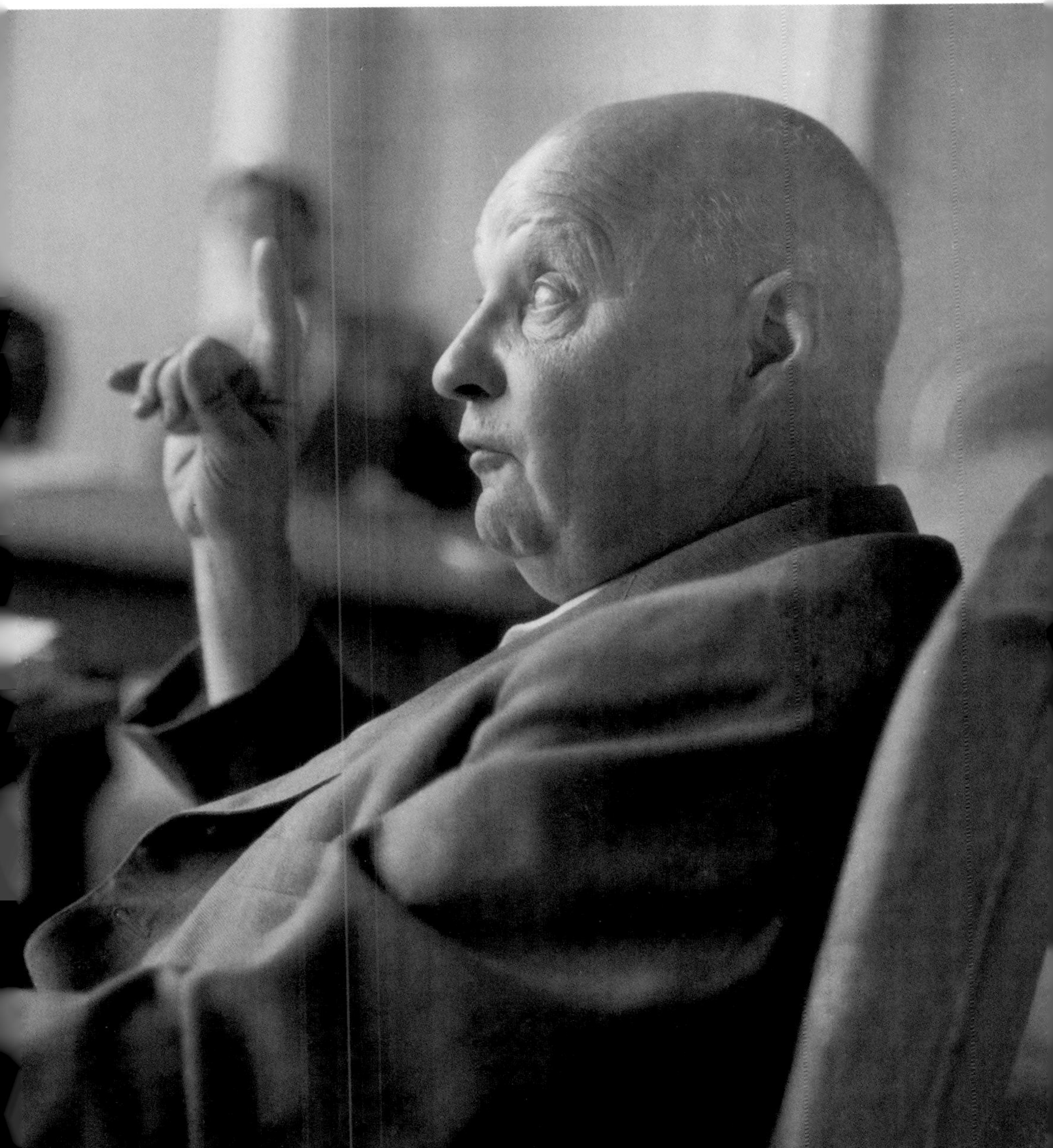

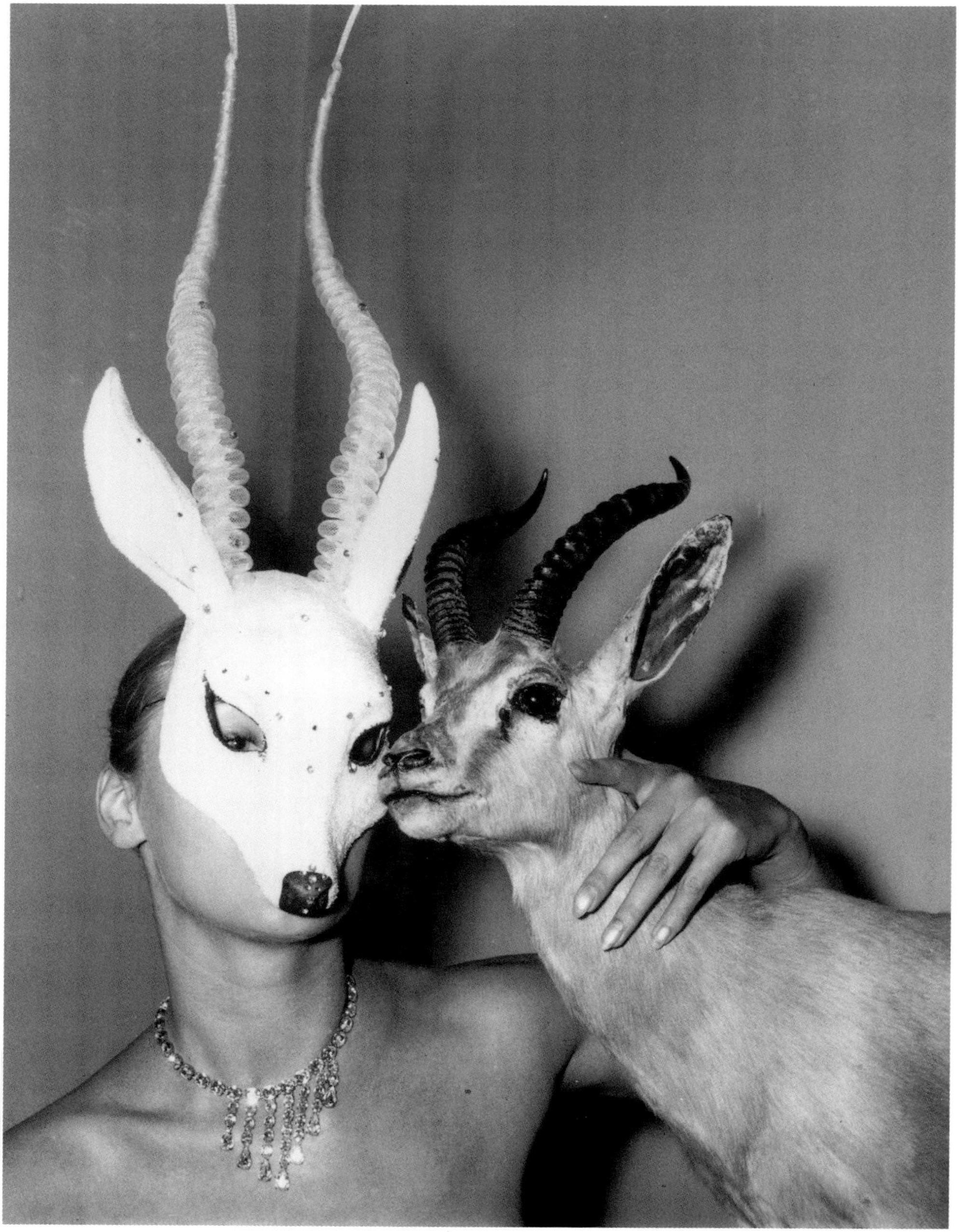

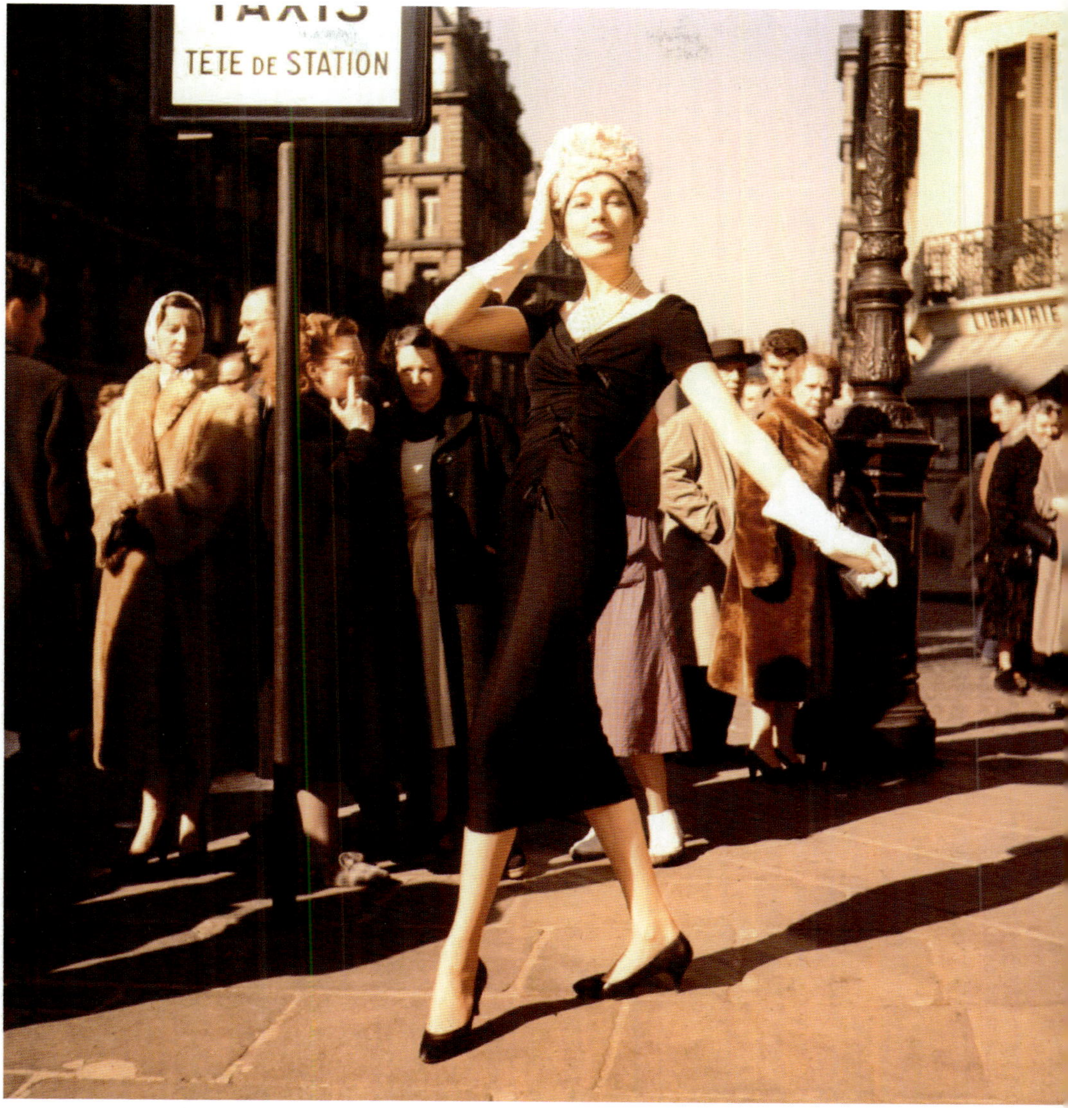

Las firmas de **alta costura** mostraban sus creaciones al mundo, sin ningún tipo de complejos, desde las calles, las pasarelas y las páginas de las revistas de moda. *(Arriba)* La modelo Bronwen Pugh, que más adelante se convertiría en lady Astor, posa con un vestido negro en una calle de París. *(Izquierda)* Máscara de gacela de Aubry, diseñada para una fiesta de carnaval parisina.

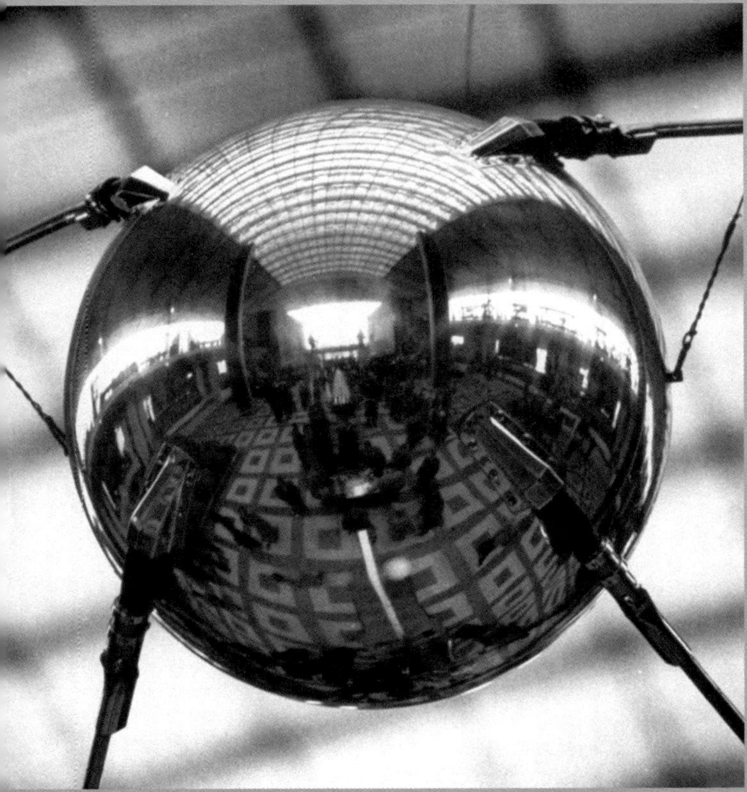

(*Izquierda*) **Reproducción del satélite *Sputnik I*, mostrada en el Pabellón Soviético de la Exposición Universal de Bruselas, en abril de 1958.** (*Derecha*) **Los doctores Fred L. Whipple (izquierda) y Josef A. Hynek trazan la órbita del *Sputnik I* desde el Observatorio Astrofísico Smithsonian de la Universidad de Harvard, en Cambridge (Massachussets, Estados Unidos), en octubre de 1957.**

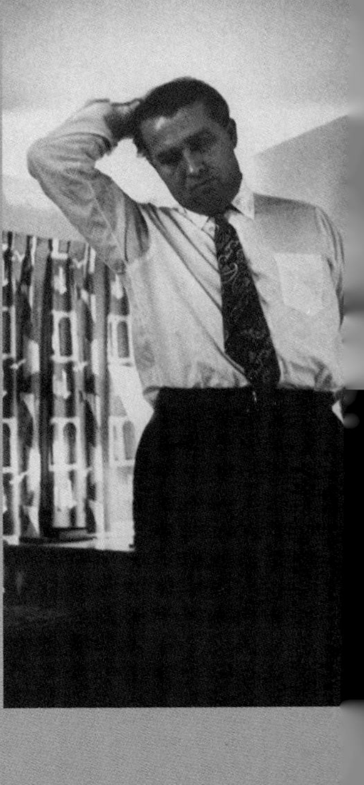

Puede que no estuviera escrito en las estrellas, pero los científicos e ingenieros estaban cada vez más seguros de que el espacio –«la última frontera»– iba a estar pronto al alcance de la humanidad. Ese día llegó el 4 de octubre de 1957, cuando se puso en órbita el *Sputnik I*, el primer satélite artificial. Aunque ambos bloques habían participado en la costosa pugna por alcanzar ese honor, la URSS superó a EE.UU. por tres meses de ventaja: el satélite estadounidense *Explorer I* fue enviado al espacio el 1 de febrero del año siguiente. Lo que asombró a los científicos estadounidenses –y dejó abatido a Wernher von Braun *(derecha)*, director de la Agencia de Misiles Balísticos de Estados Unidos– fue el peso del satélite rival: 83,5 kg, ocho veces superior al del *Explorer I*. El éxito soviético no hizo sino exacerbar la rivalidad entre ambos bloques en los doce años siguientes.

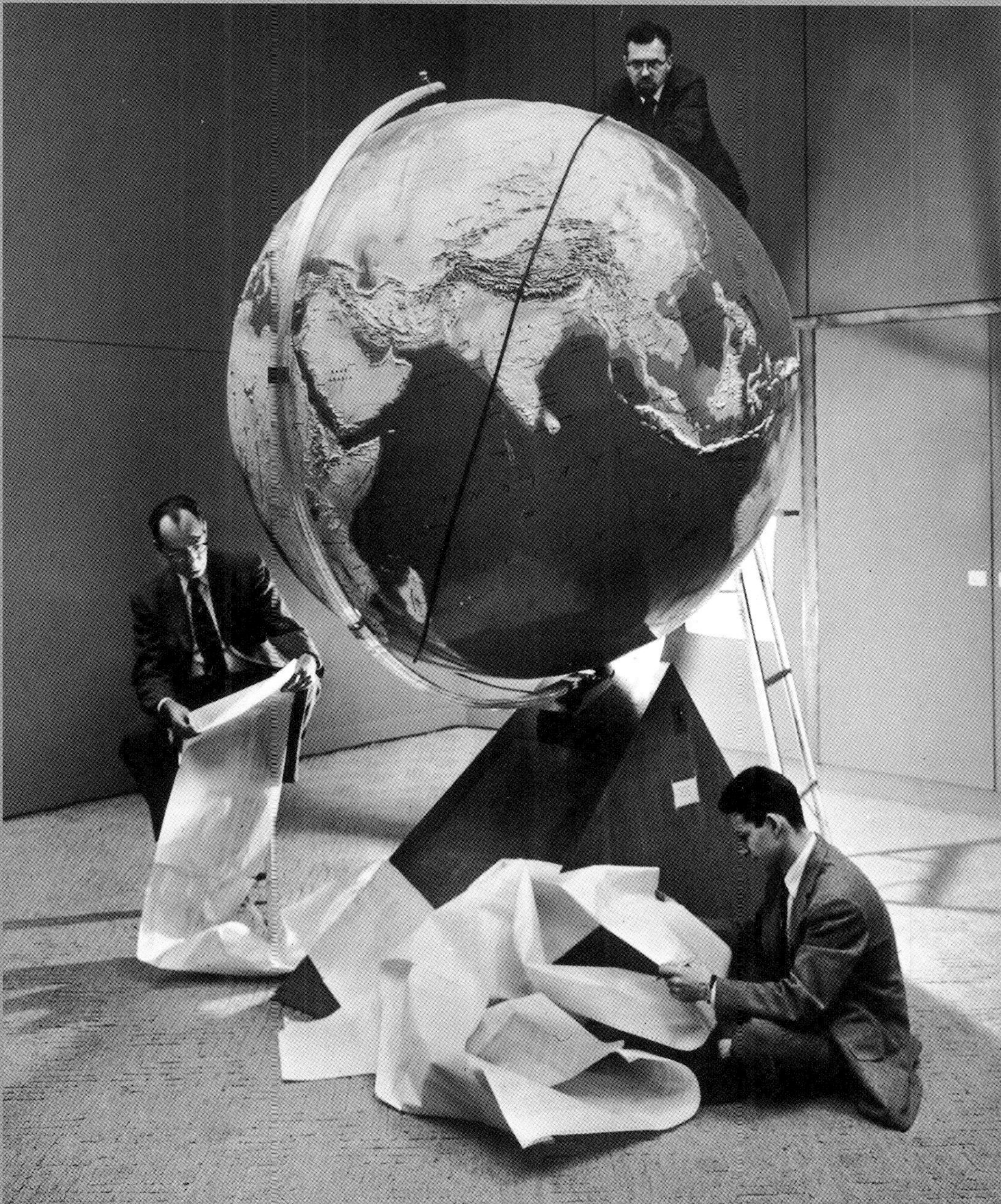

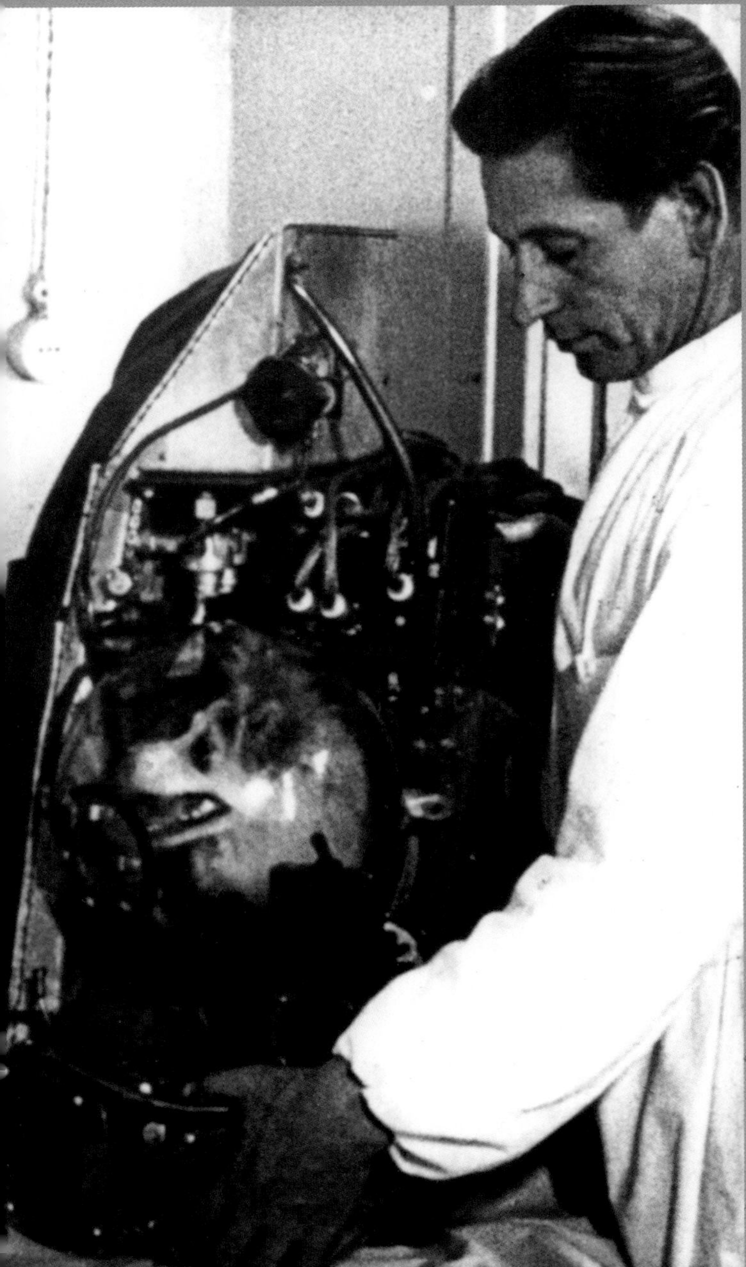

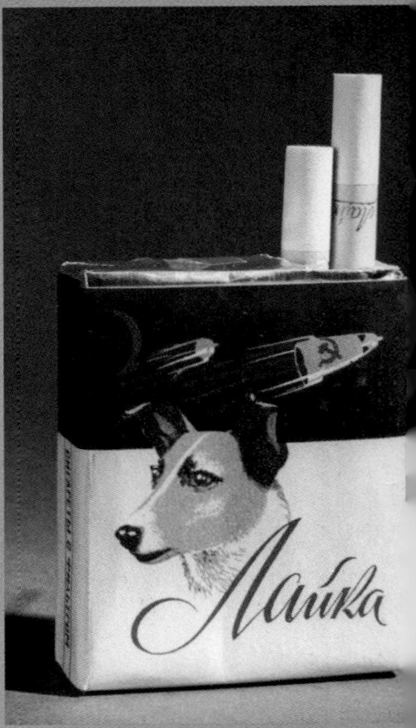

Un mes después del lanzamiento del *Sputnik I*, la URSS repitió la experiencia con el *Sputnik II*. En su interior viajaba Laika *(derecha)*, una perra sin dueño recogida en las calles de Moscú. La perra se hizo muy famosa y se convirtió en toda una heroína de la Unión Soviética. Su celebridad provocó que se llegara incluso a dar su nombre a unos cigarrillos *(arriba)*. Por desgracia, el animal no sobrevivió al viaje, puesto que murió cuando la cápsula espacial *(izquierda)* construida especialmente para la ocasión se incendió al regresar a la atmósfera terrestre.

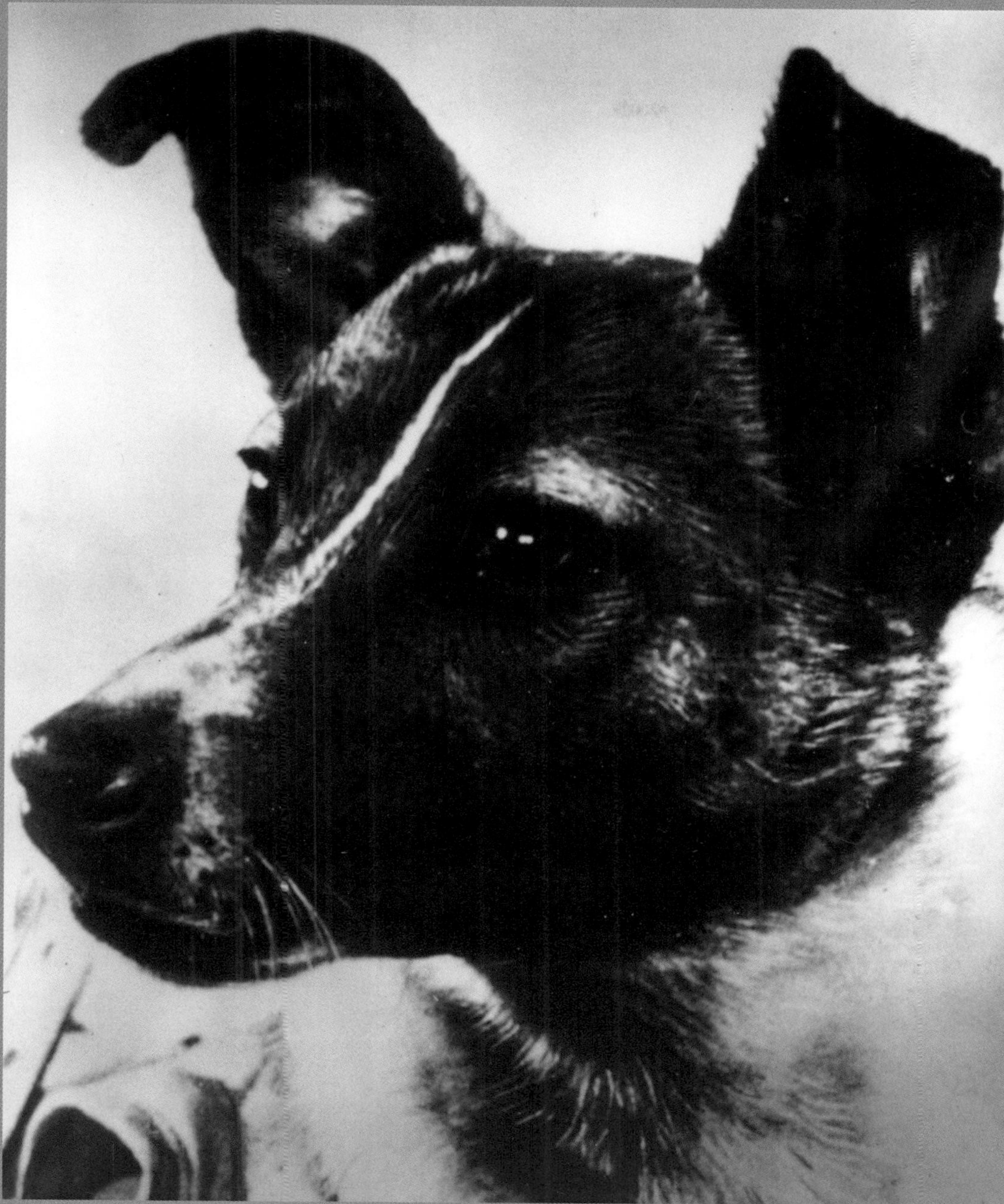

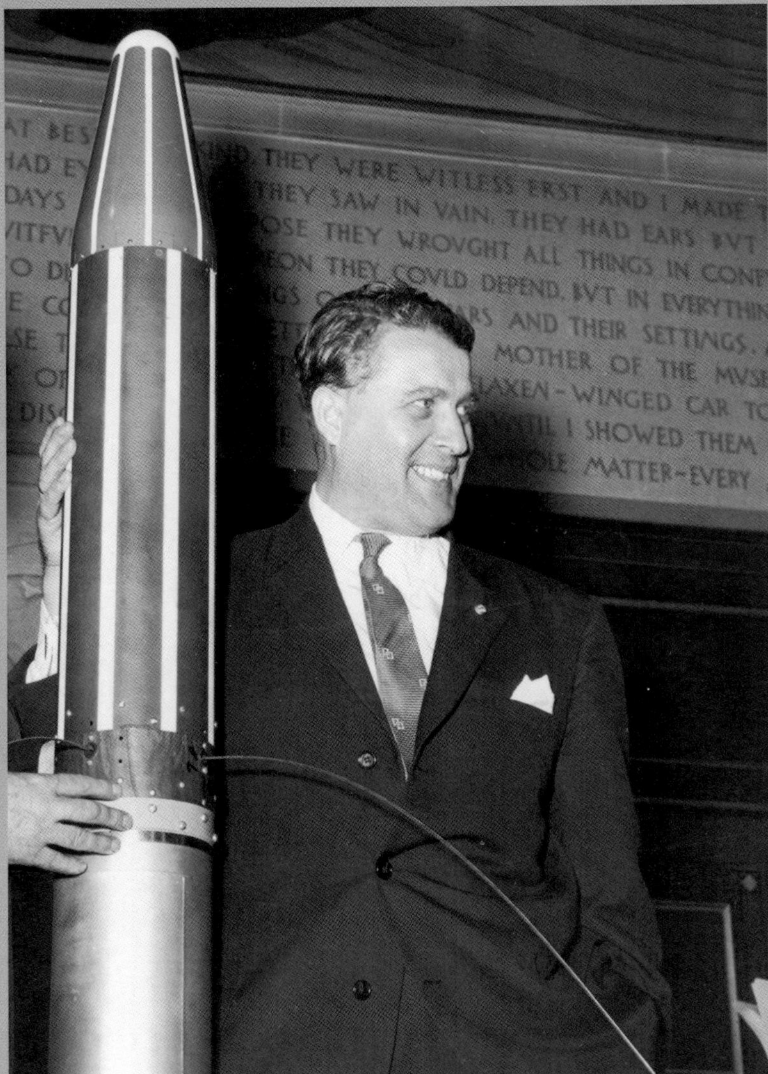

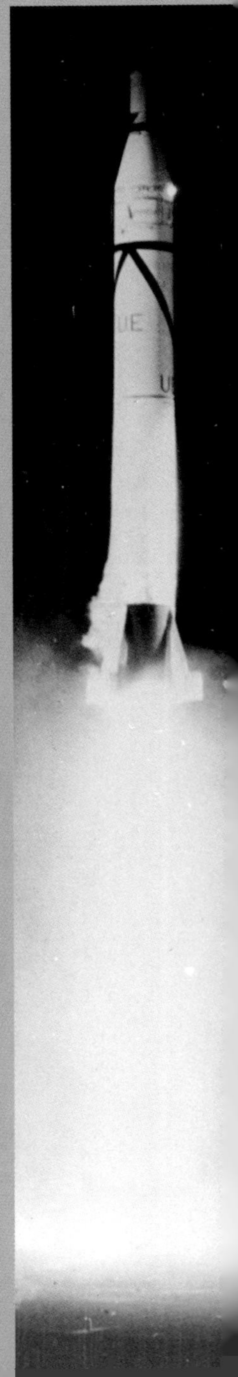

Un alegre Wernher von Braun *(arriba)*, posa junto a un modelo todavía poco desarrollado del satélite espacial estadounidense *Explorer I*. *(Derecha)* Lanzamiento desde el cabo Cañaveral (Florida, Estados Unidos) del *Explorer I*, el 1 de febrero de 1958.

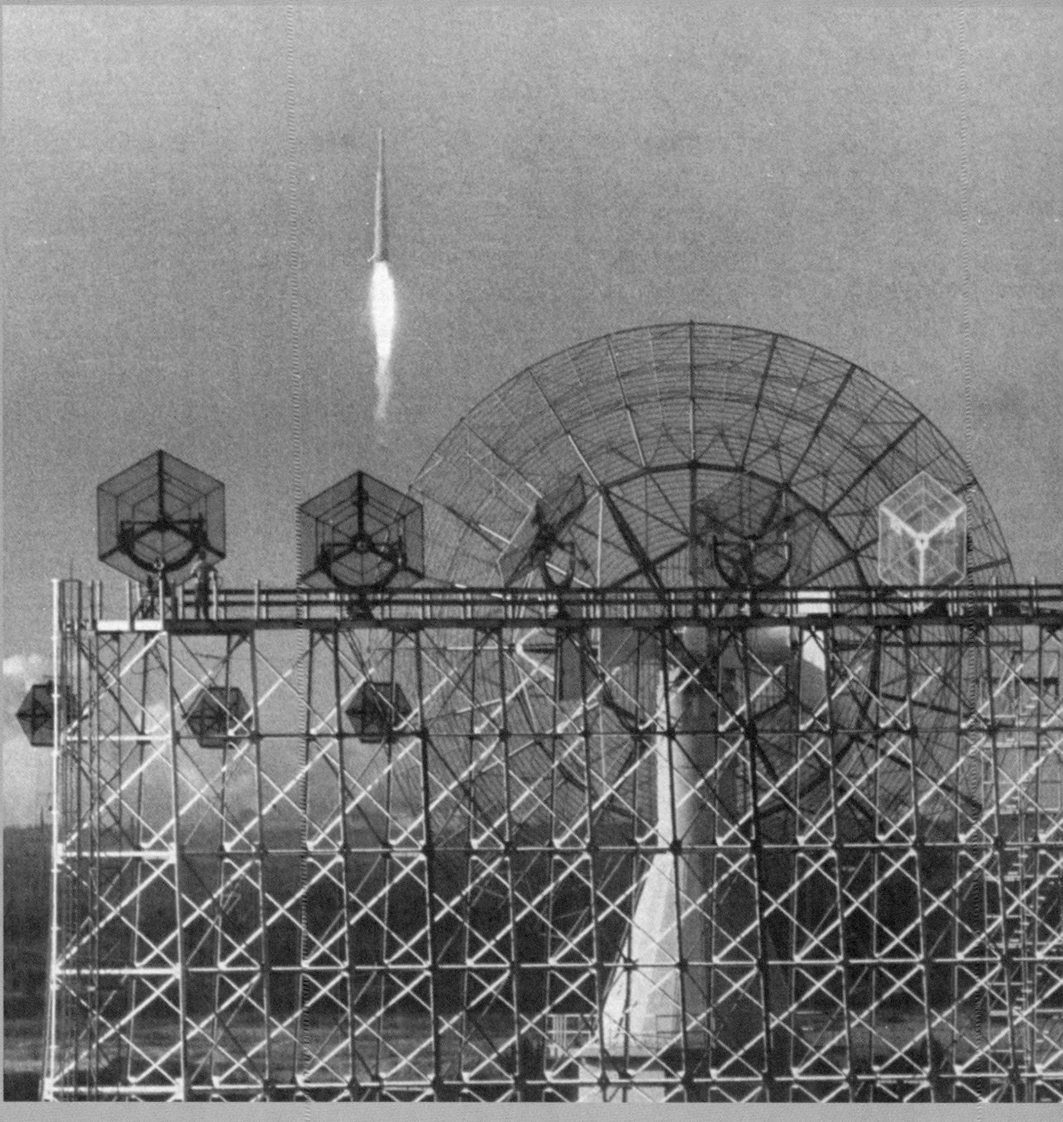

Durante el verano de 1958, Estados Unidos emprendió un programa de sondas lunares desde el cabo Cañaveral. El primer lanzamiento *(arriba)* se produjo en agosto, pero el artefacto estalló a los 77 segundos del despegue. En enero de 1959, el *Lunik 1* se quedó a 9.655 kilómetros de llegar a la Luna. Finalmente en septiembre, el *Lunik 2* alcanzó de pleno su objetivo.

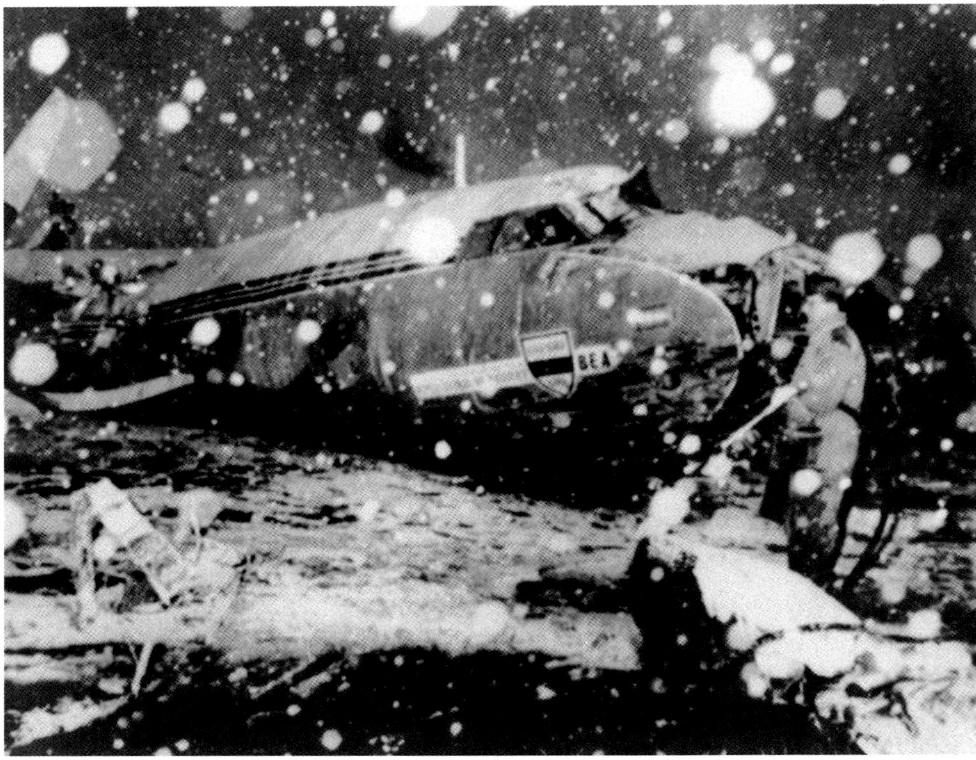

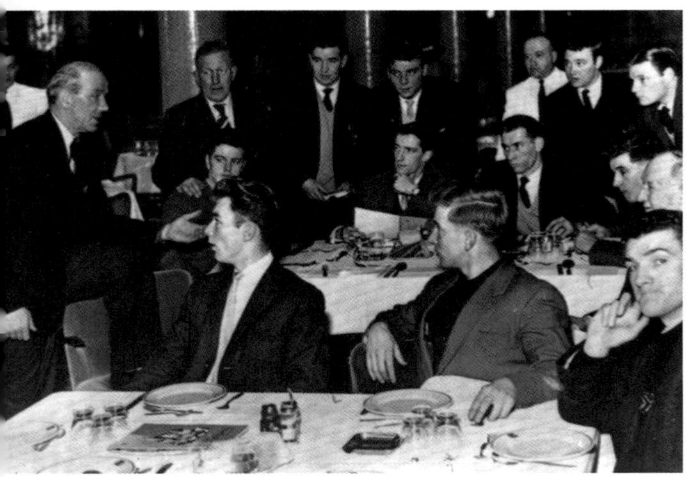

El 7 de febrero de 1958, Matt Busby, entrenador del equipo de fútbol británico **Manchester United,** preparó con sus jugadores *(izquierda)* el partido de la Copa de Europa contra el Estrella Roja de Belgrado. Horas más tarde, *(arriba)* el avión que los llevaba de vuelta a casa se estrelló en el **aeropuerto de Múnich**. *(Derecha)* El futbolista Bobby Charlton recuperándose en un hospital de Múnich. En el accidente perdieron la vida 21 pasajeros, de los cuales, 8 eran futbolistas.

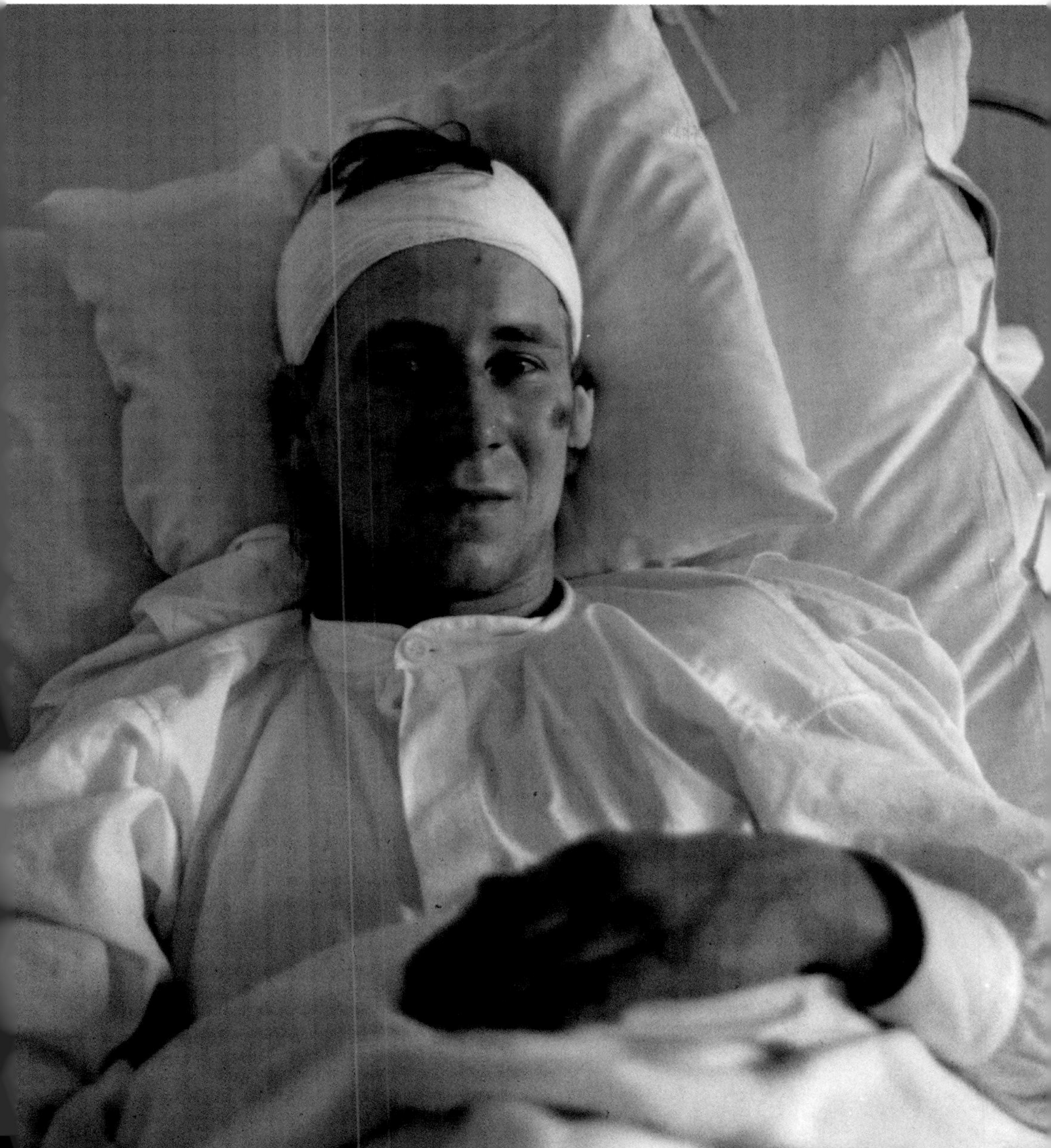

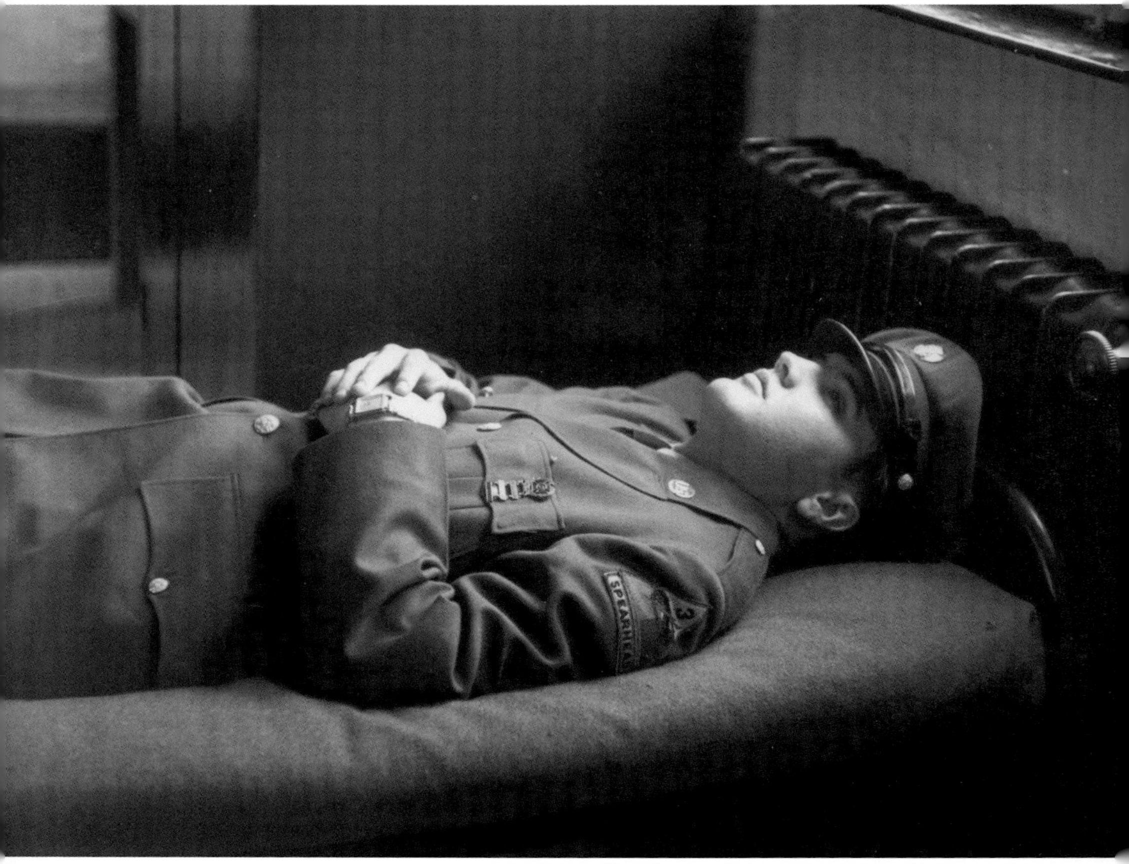

En marzo de 1958, el ejército de Estados Unidos llamó a filas a **Elvis Presley**. *(Derecha)* El músico presta juramento en el centro de presentación. *(Página siguiente)* El soldado Presley se dirige a los barracones del Centro de Recepción Fort Chaffee. *(Arriba)* Elvis Presley, vestido con el uniforme de gala, en actitud pensativa

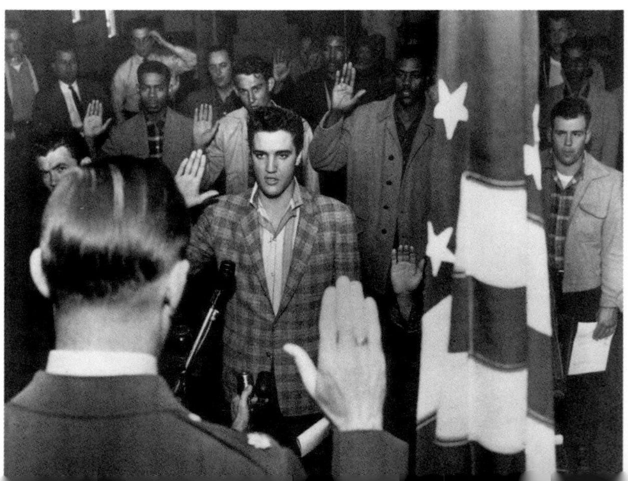

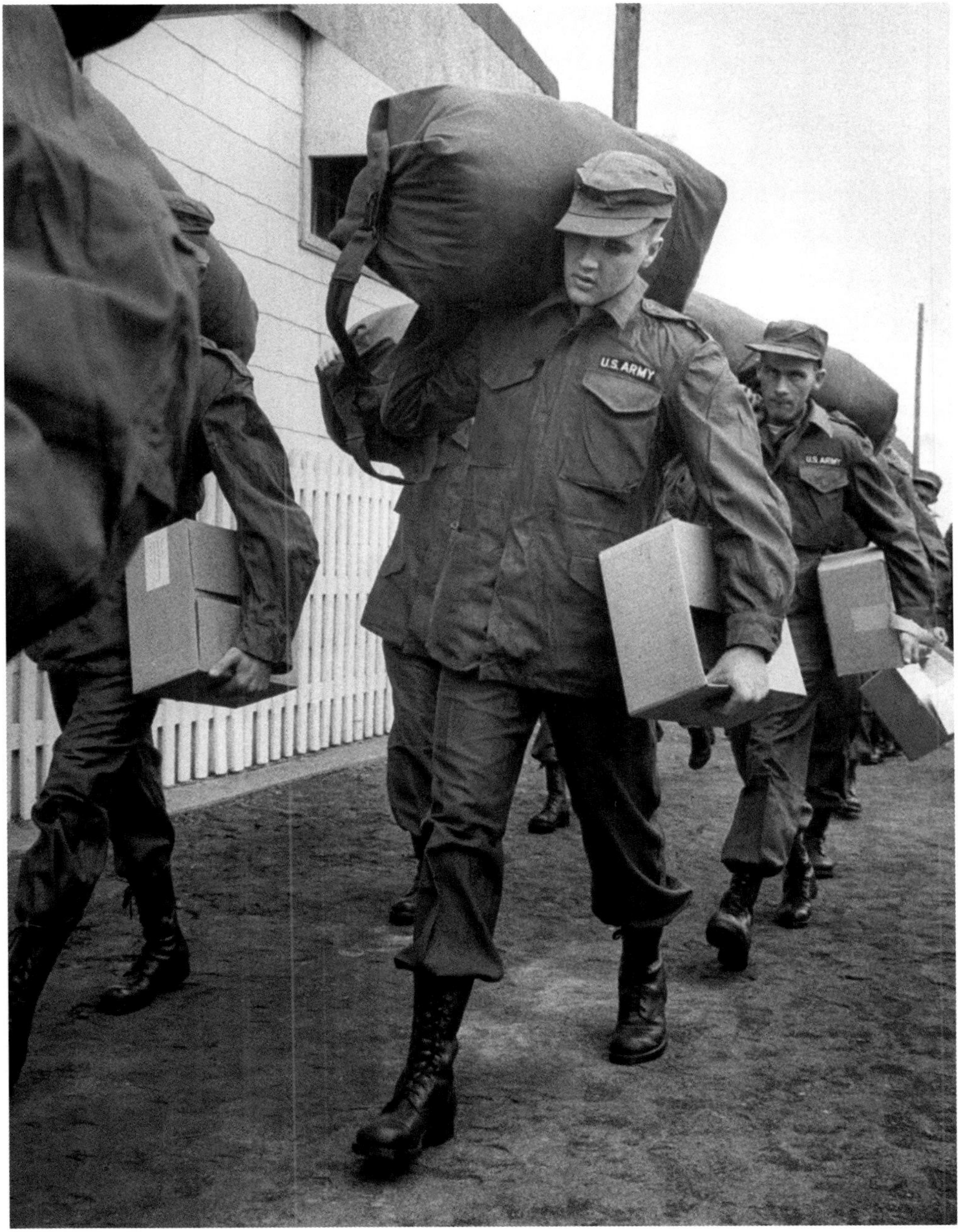
U.S. ARMY
U.S. ARMY

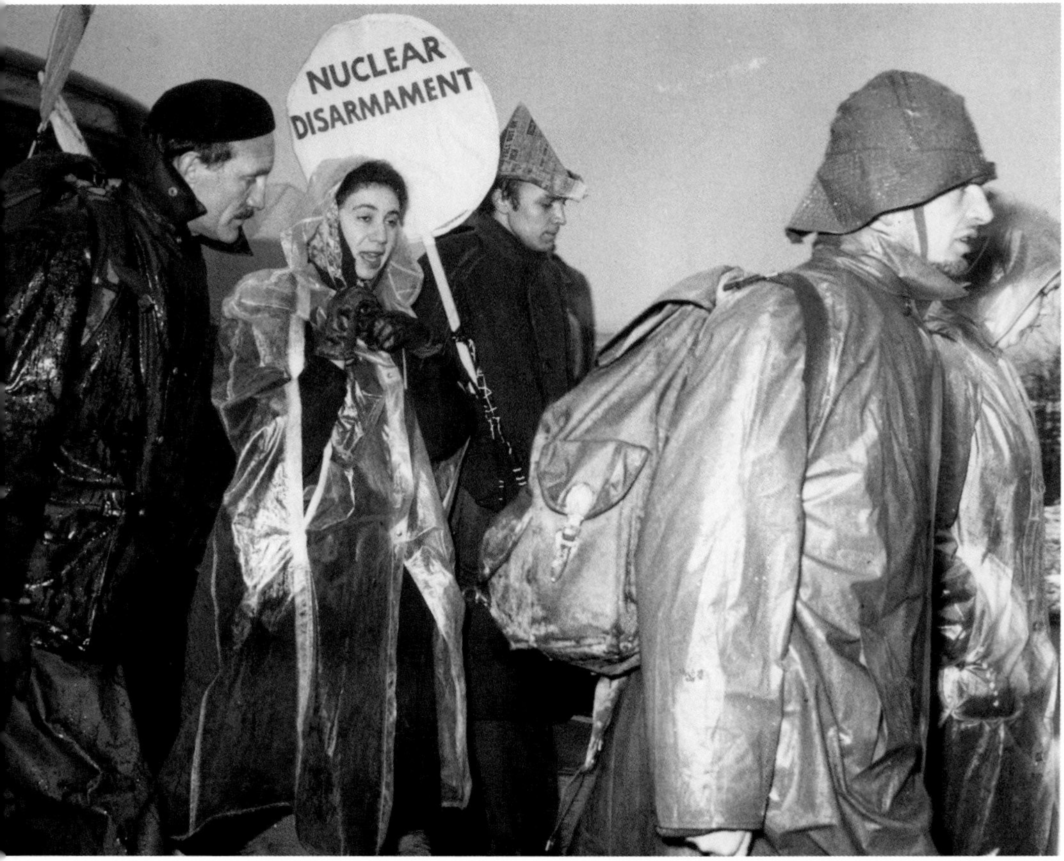

En febrero de 1958 se fundó en el Reino Unido un nuevo grupo de presión: la **Campaña por el Desarme Nuclear.** Dos meses más tarde, el colectivo organizó su primera marcha desde Londres hasta Aldermaston, donde había un centro de investigación en armas atómicas. *(Derecha)* Los manifestantes se ponen en camino por unas calles casi sin circulación, el 4 de abril de 1958. *(Arriba)* Tres días más tarde, empapados de lluvia, llegan a Aldermaston.

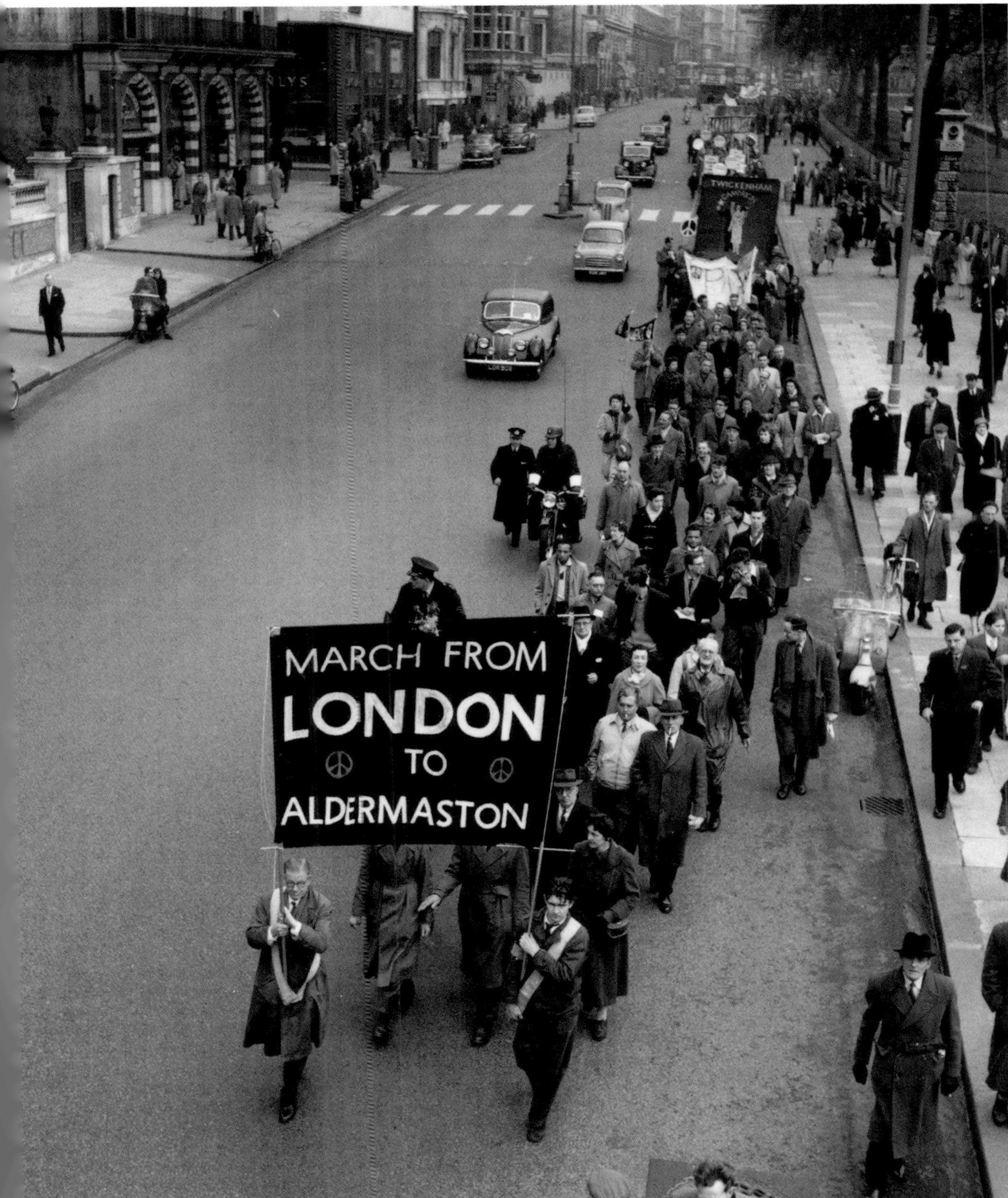
MARCH FROM
LONDON
TO
ALDERMASTON
TWICKENHAM

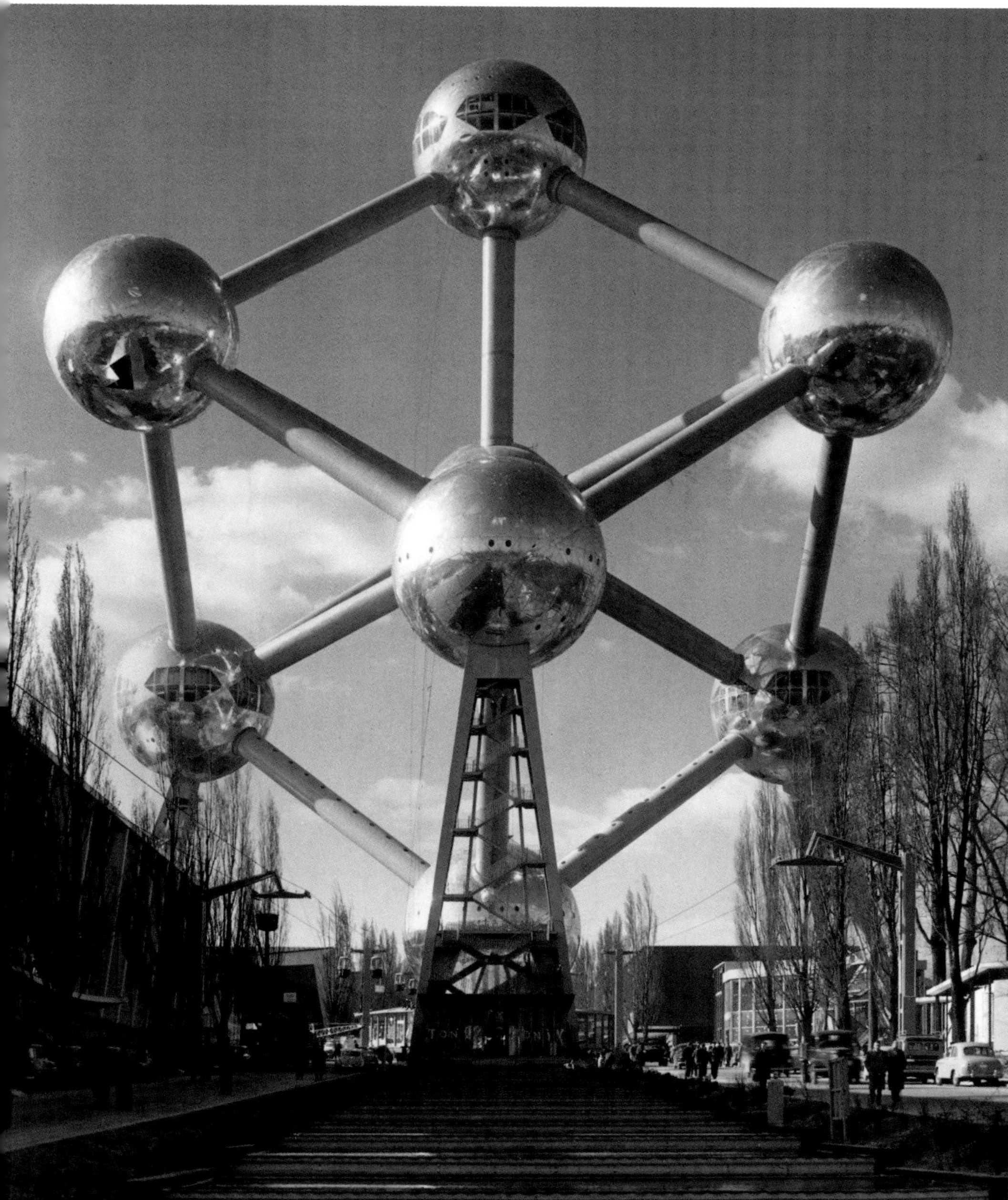

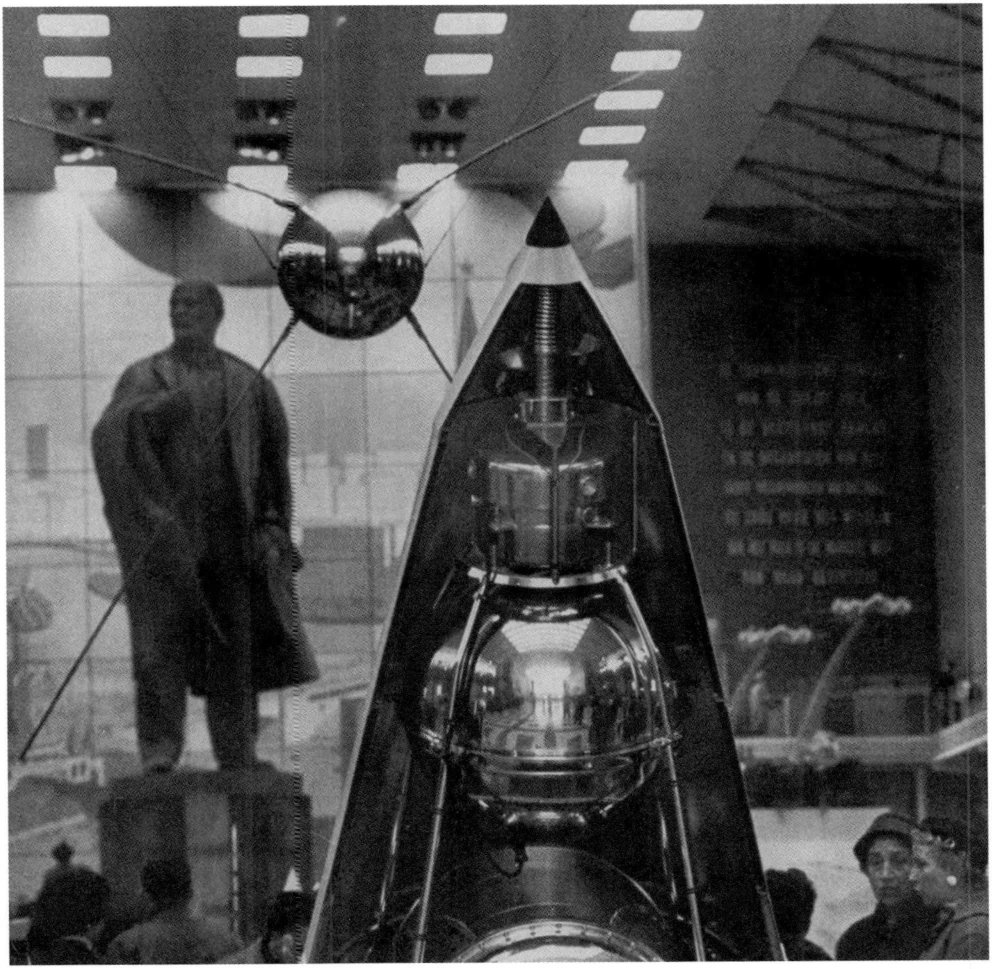

La **Exposición Universal de 1958,** celebrada en Bruselas, se inauguró el 17 de abril. Era la primera gran muestra posterior a la Segunda Guerra Mundial y habían sido necesarios tres años para organizarla. Acudieron a ella más de 42 millones de visitantes, atraídos en su mayoría por el Atomium *(izquierda)*, una gigantesca reproducción de un cristal de hierro en la que cada esfera representaba un átomo. En el pabellón soviético *(arriba)* se exhibían, entre otros objetos, una réplica de un satélite espacial e, inevitablemente, una estatua de Lenin.

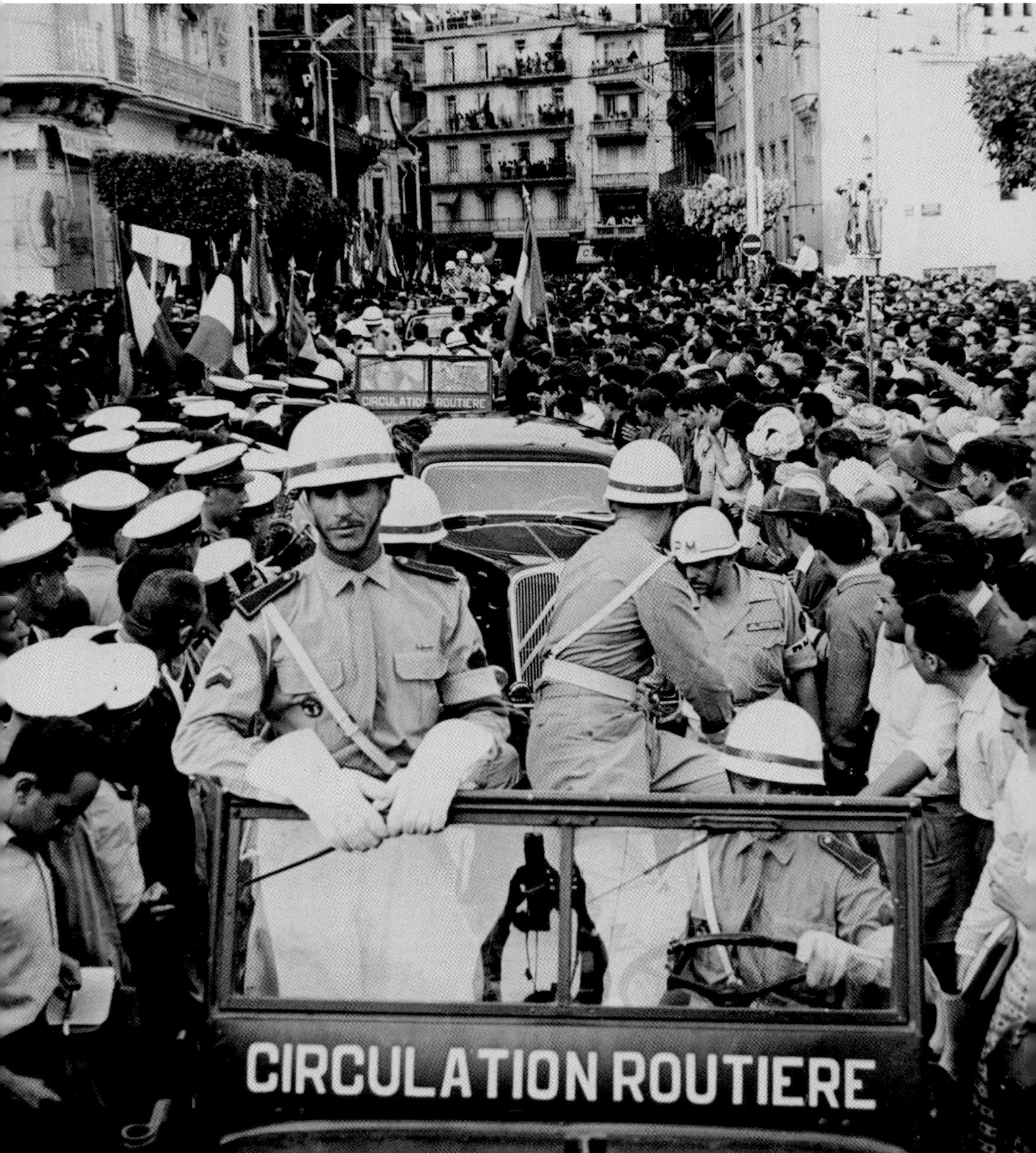
CIRCULATION ROUTIERE
CIRCULATION ROUTIERE

En mayo de 1958, el general Jacques **Massu** *(derecha)* encabezó la rebelión de los oficiales del ejército y los colonos franceses residentes en **Argelia,** quienes temían que el gobierno francés accediera a conceder la independencia a los argelinos. *(Izquierda)* La policía militar de Francia trata de mantener el orden en las calles de Argel durante la rebelión de Massu. El general insurgente falleció en 2002.

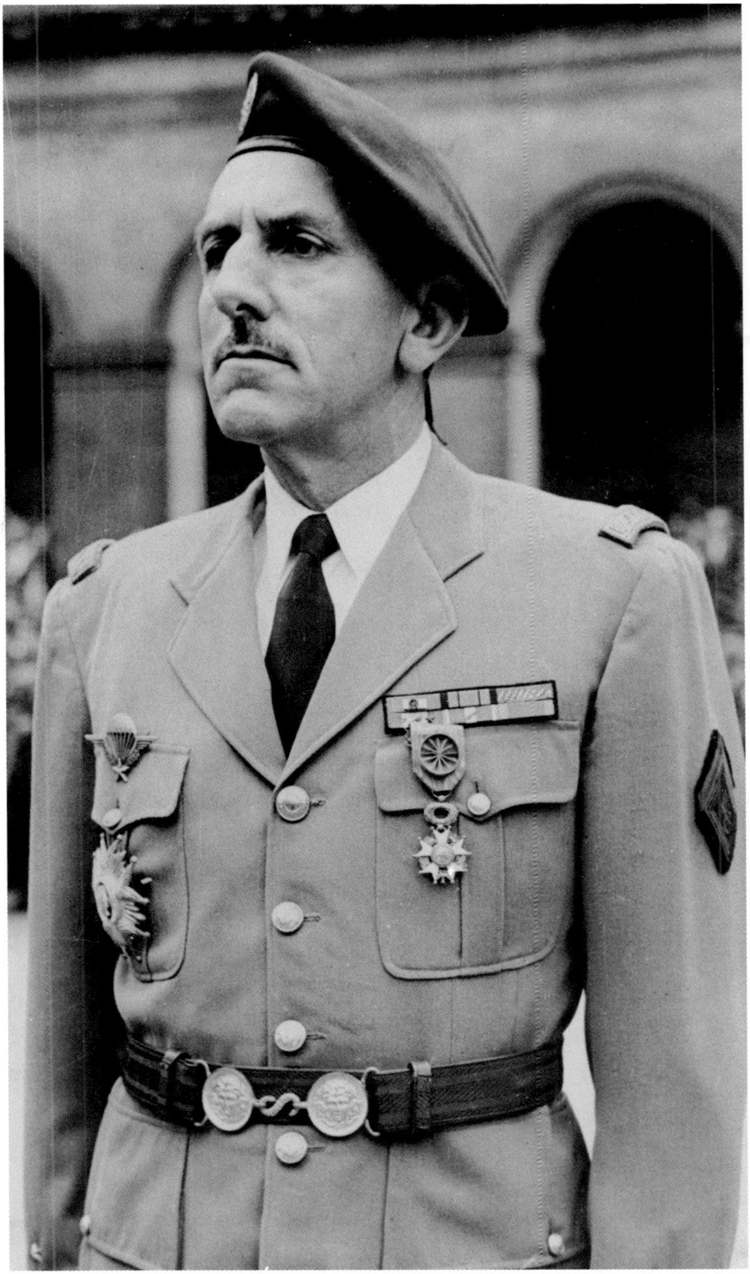

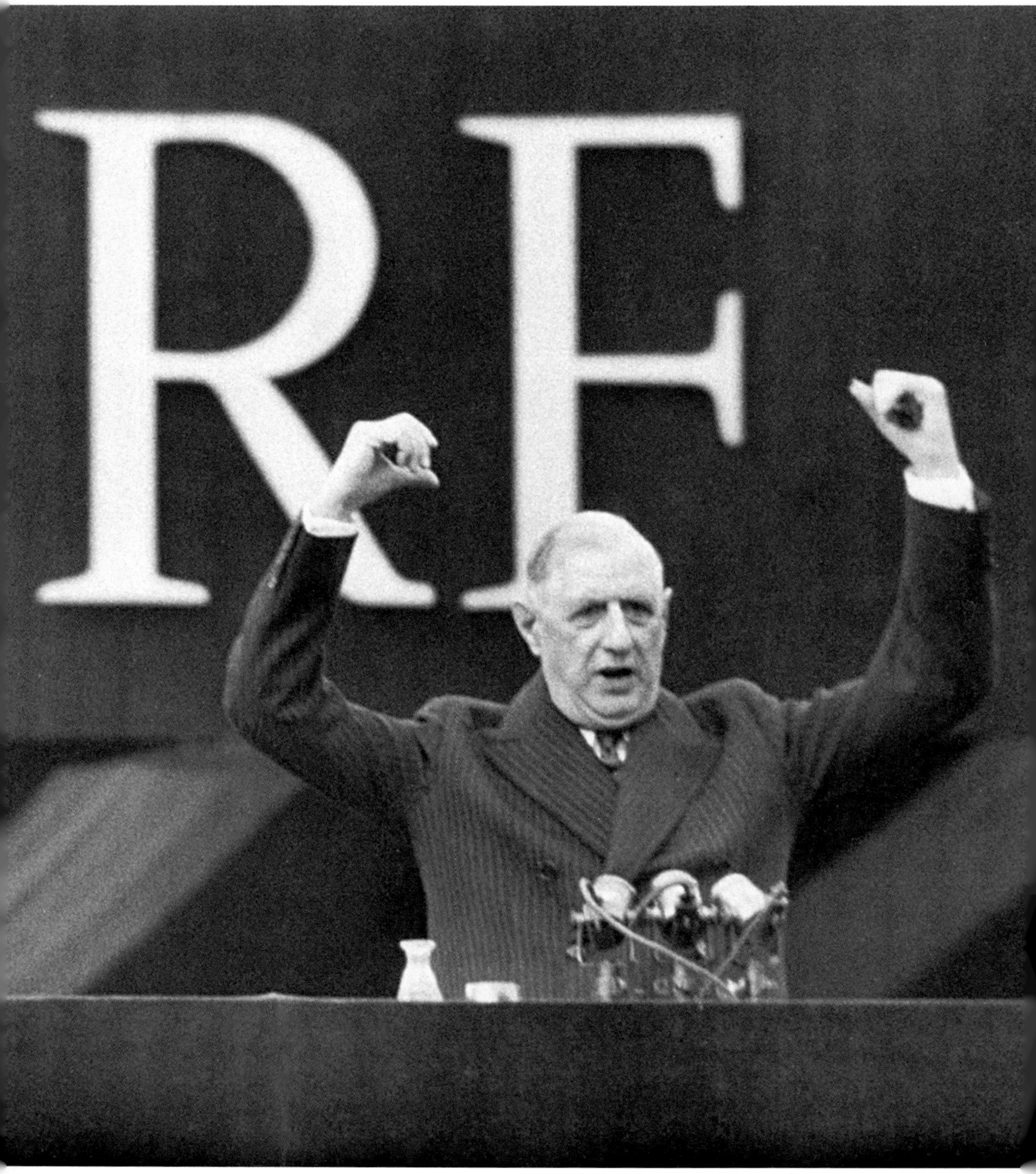
RF

Un mes después de la rebelión de Argelia, el gobierno francés capituló y concedió al **general Charles de Gaulle** *(izquierda)* los poderes «excepcionales» que éste había solicitado para gobernar Francia. *(Derecha)* Tras la concesión, el general visita Argel. Los *pieds noirs* (denominación que designa a los franceses de origen europeo residentes en Argelia) se alegraron de su visita, pero terminarían considerándolo un traidor cuando finalmente aceptó la independencia de Argelia.

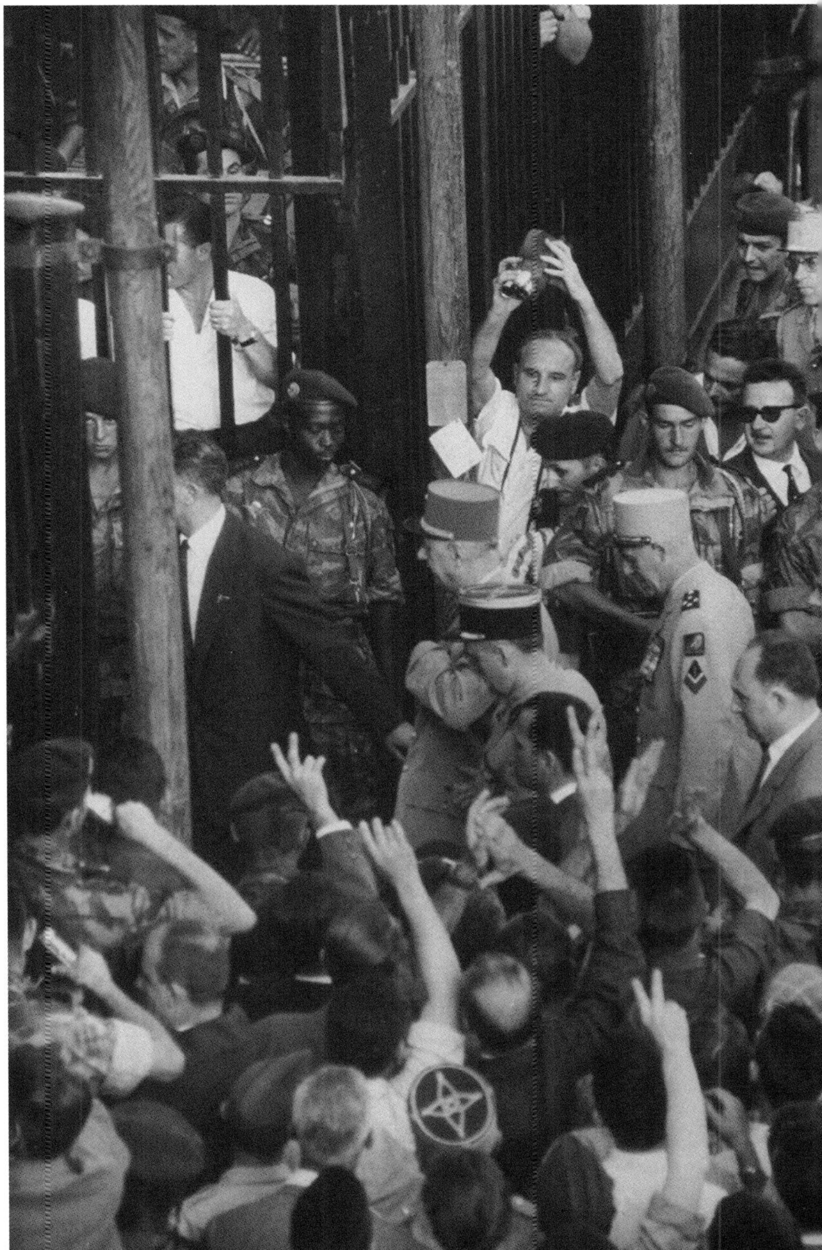

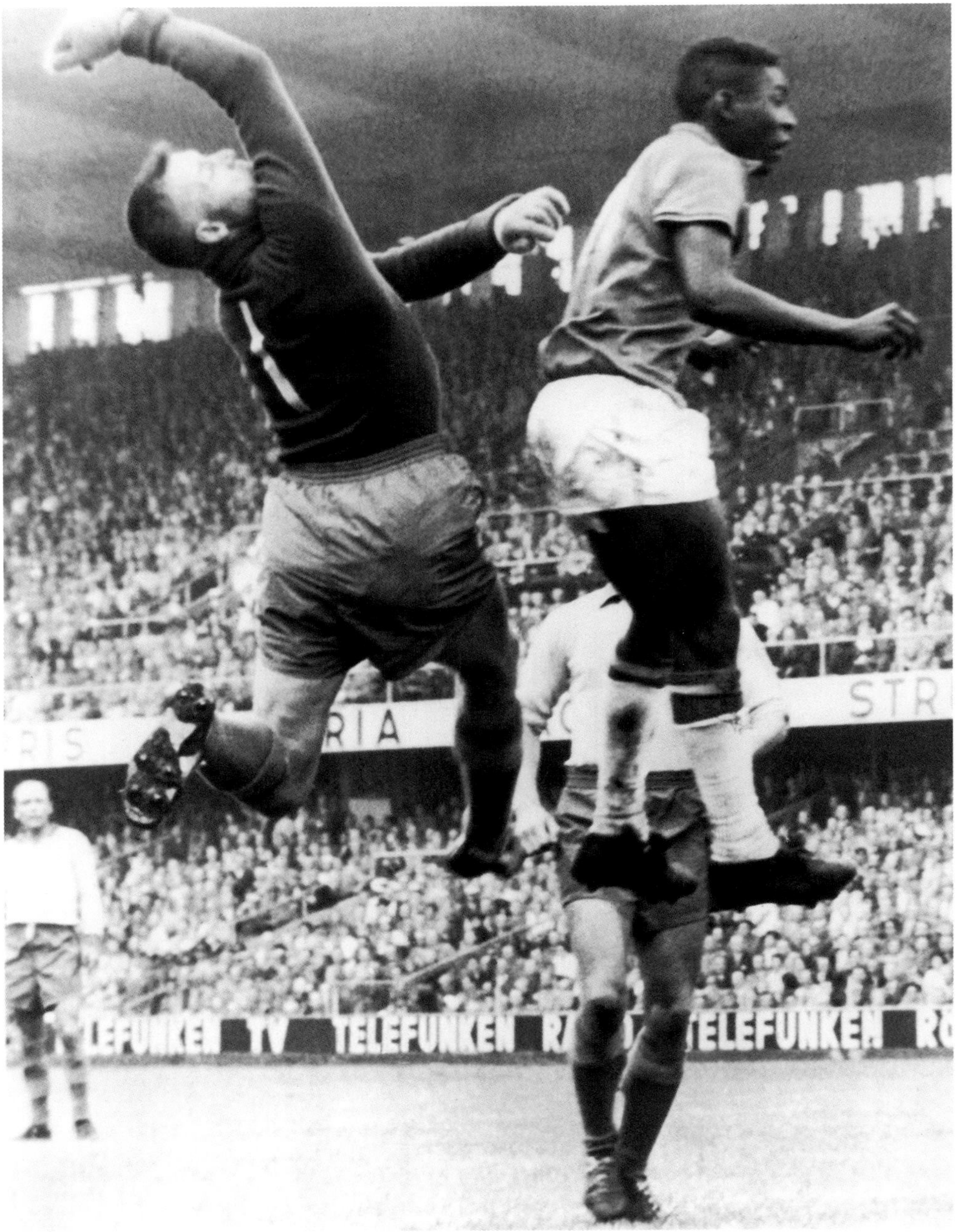
TV
TELEFUNKEN

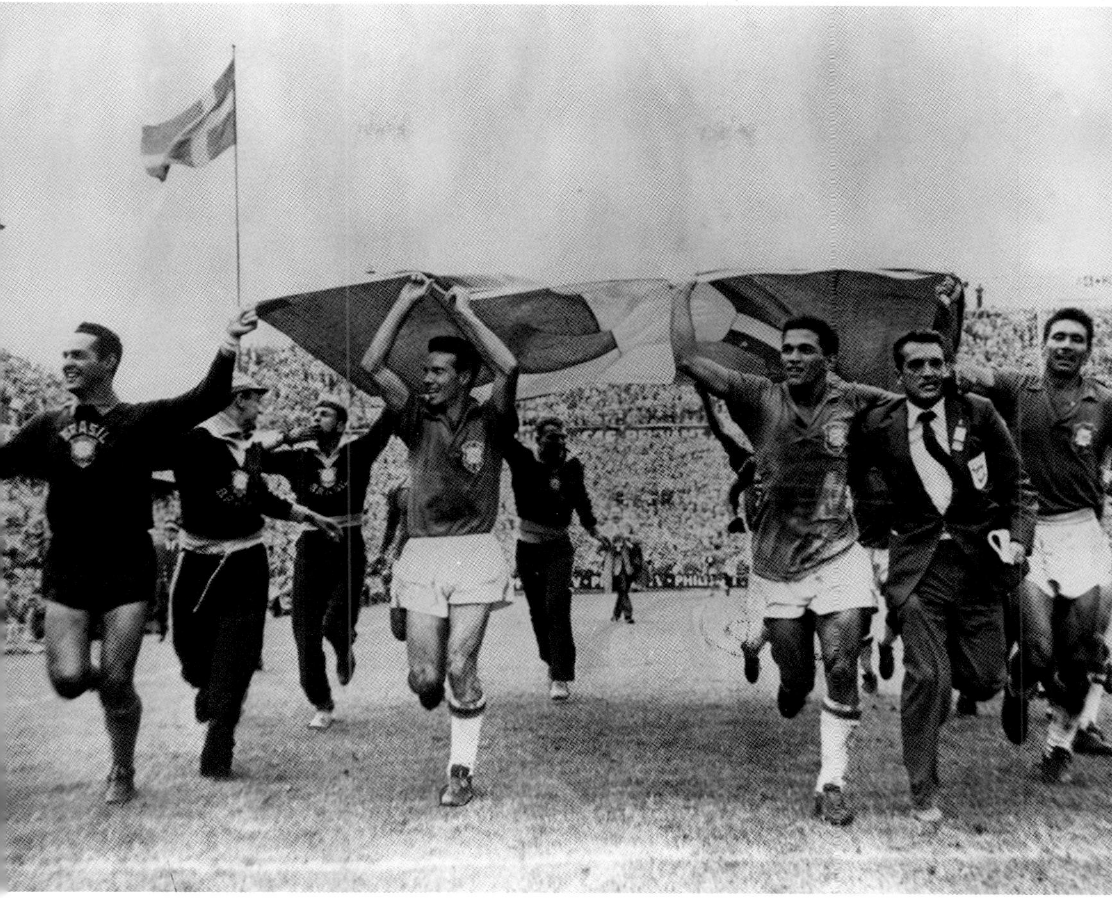

El equipo vencedor de la **Copa del Mundo de Fútbol de 1958** fue Brasil, que ganó a Suecia por 5 a 2 en la final, celebrada en Estocolmo el 29 de junio de 1958. *(Izquierda)* Edson Arantes do Nascimento, más conocido como ***«Pelé»***, pone en apuros al guardameta sueco Kalle Svensson en el área de penalti. *(Arriba)* El equipo brasileño, victorioso, da la vuelta de honor al estadio con una bandera de Suecia.

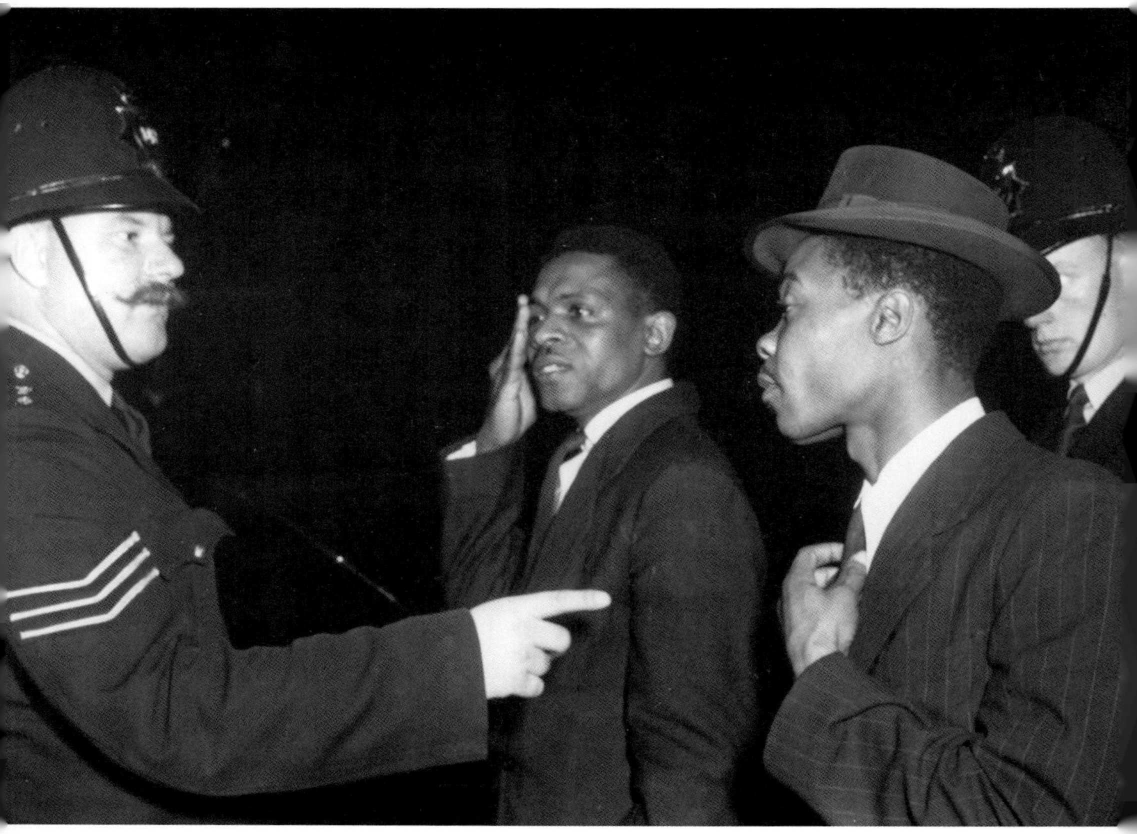

El 24 de agosto de 1958, una concentración de jóvenes blancos atacó a cinco hombres negros en el barrio londinense de **Notting Hil.** Seis noches más tarde, se produjo una batalla campal entre ciudadanos blancos y negros en esas mismas calles. *(Arriba)* Un sargento de policía aborda a un hombre negro en Notting Hill.

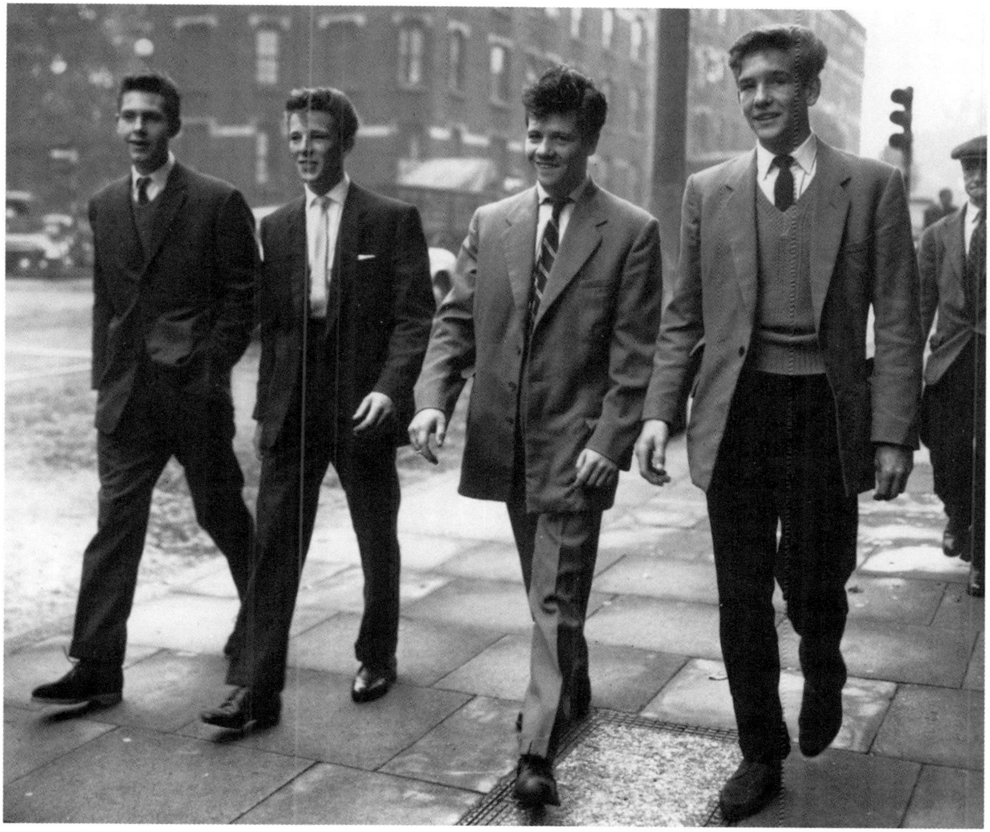

En los días posteriores, la violencia se intensificó. La noche del 31 de agosto, ya eran 400 los participantes en los disturbios de Notting Hill y, la noche siguiente, alrededor de 2.000 hombres y mujeres blancos, tanto adultos como adolescentes, atacaron barrios de la ciudad de población predominantemente negra. *(Arriba)* **Cuatro jóvenes** detenidos en un juzgado de West London tras los incidentes.

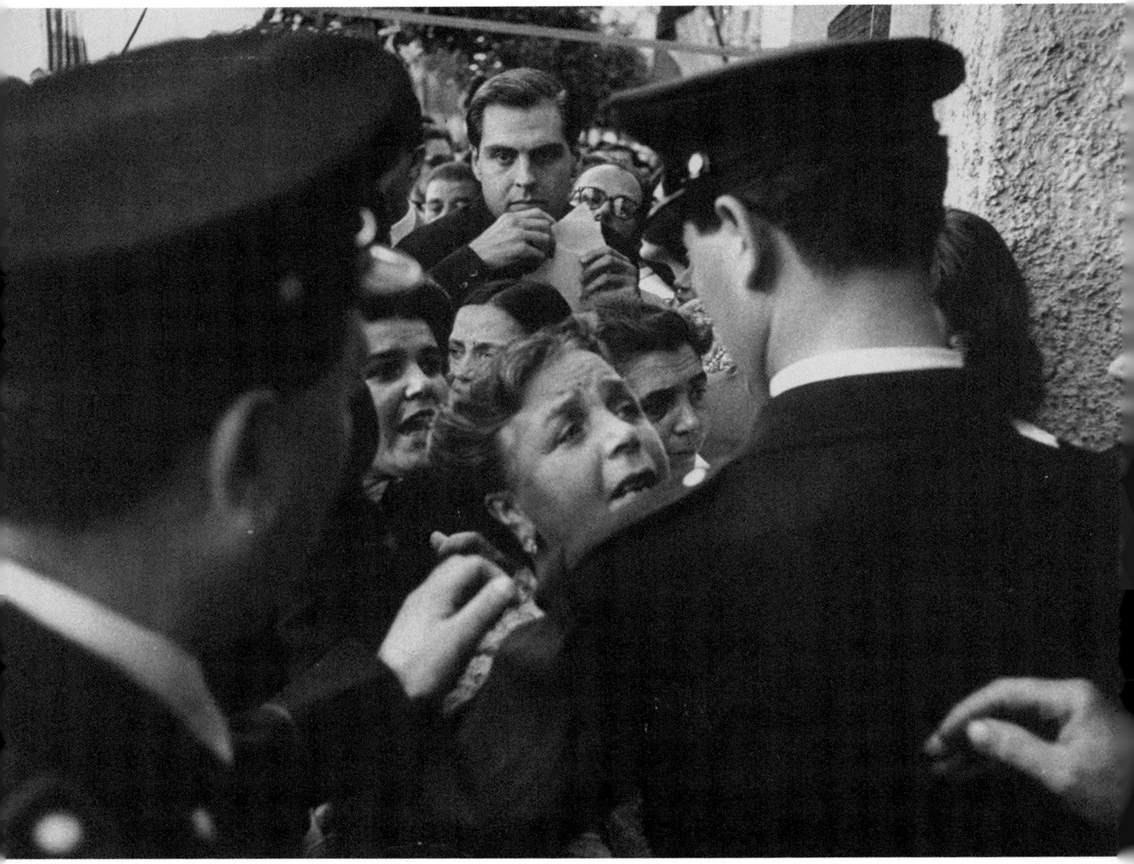

El 9 de octubre de 1958 murió en Roma el **papa Pío XII.** Su pontificado comenzó en marzo de 1939 y, si bien recibió críticas por su relación con el nazismo, muchas personas lo consideraban un santo. *(Arriba)* Miles de personas se agolpan para ver el cuerpo del papa en Castel Gandolfo (Vaticano). Tras su fallecimiento, se eligió como nuevo pontífice a **Juan XXIII,** más cordial y extravertido que su sobrio predecesor. *(Derecha)* Un recluso de la cárcel Regina Coeli de Roma besa la mano al nuevo papa, el 27 de diciembre de 1958.

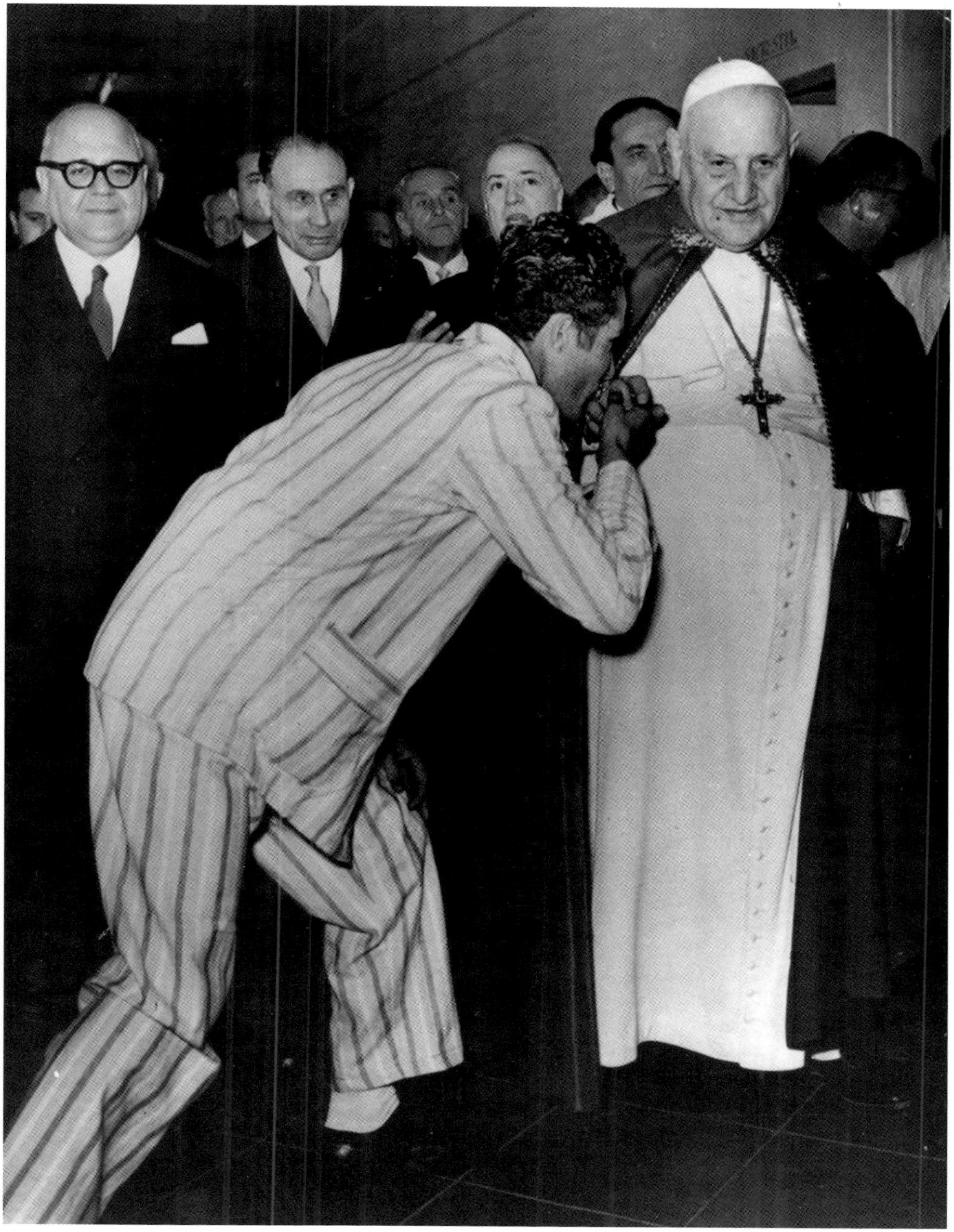

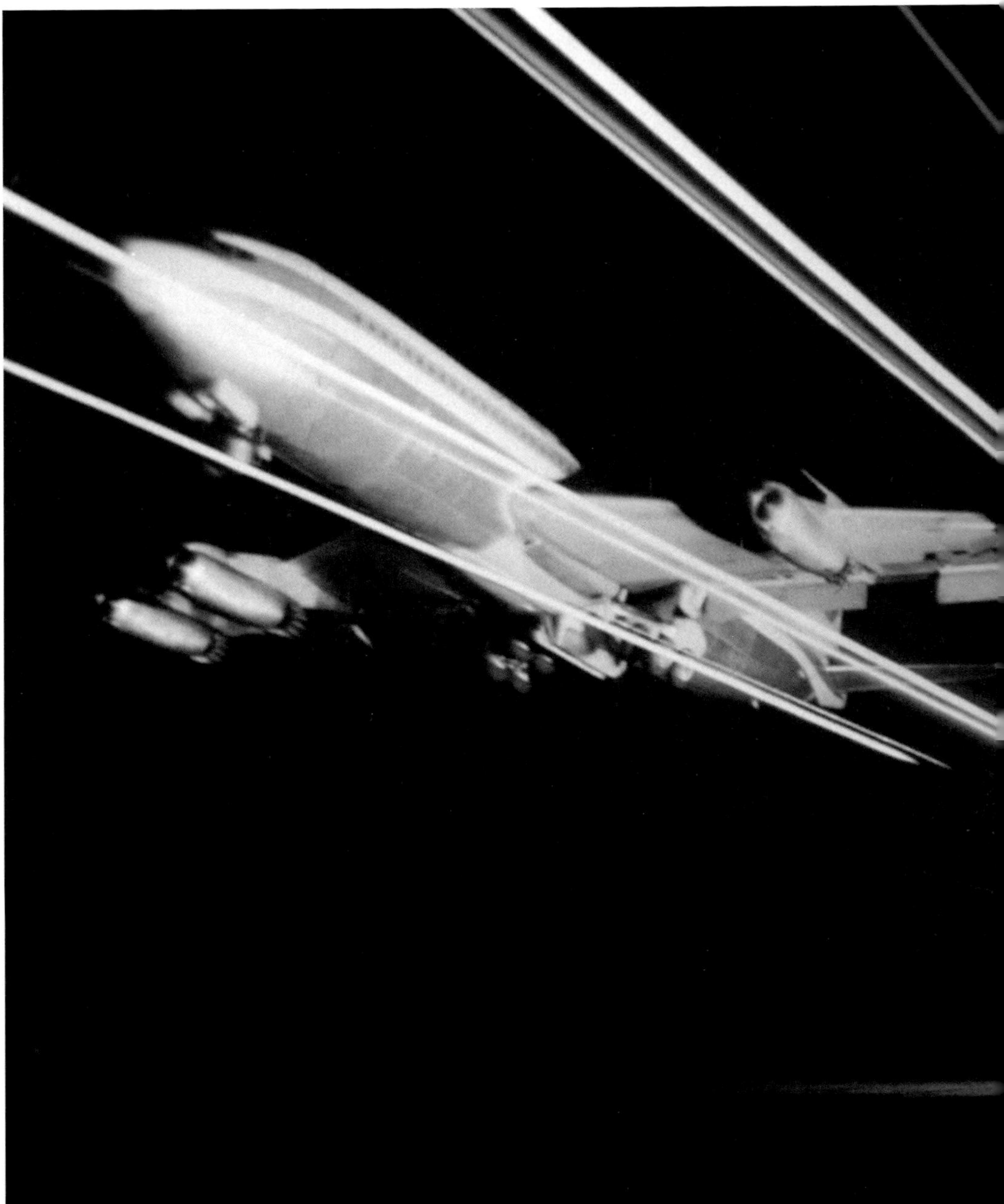

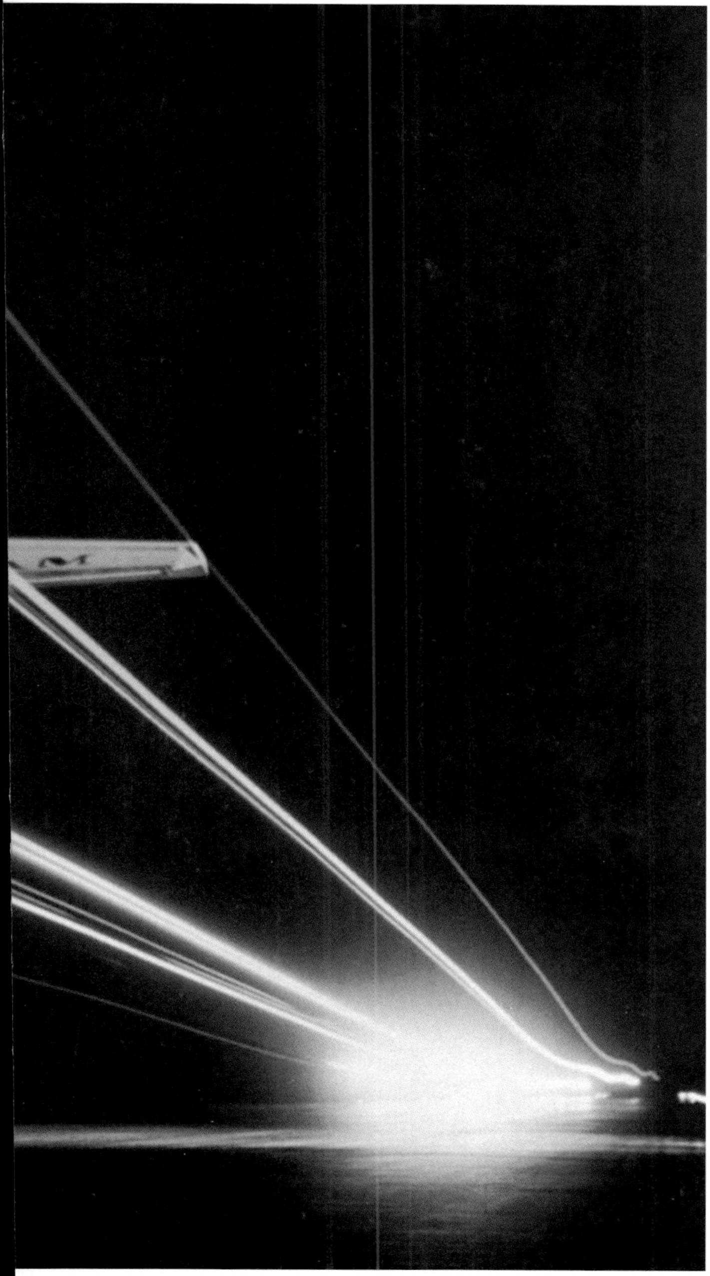

Aunque no fue el primer avión comercial de propulsión a chorro para el transporte de pasajeros, el ***Boeing 707*** hizo historia el 26 de octubre de 1958, cuando la compañía estadounidense Pan American World Airways inauguró el primer servicio transatlántico entre Nueva York y París. Fue toda una hazaña ya que la autonomía de vuelo del avión se ajustaba hasta el límite para llegar de América a Europa. *(Izquierda)* Un *Boeing 707* en vuelo.

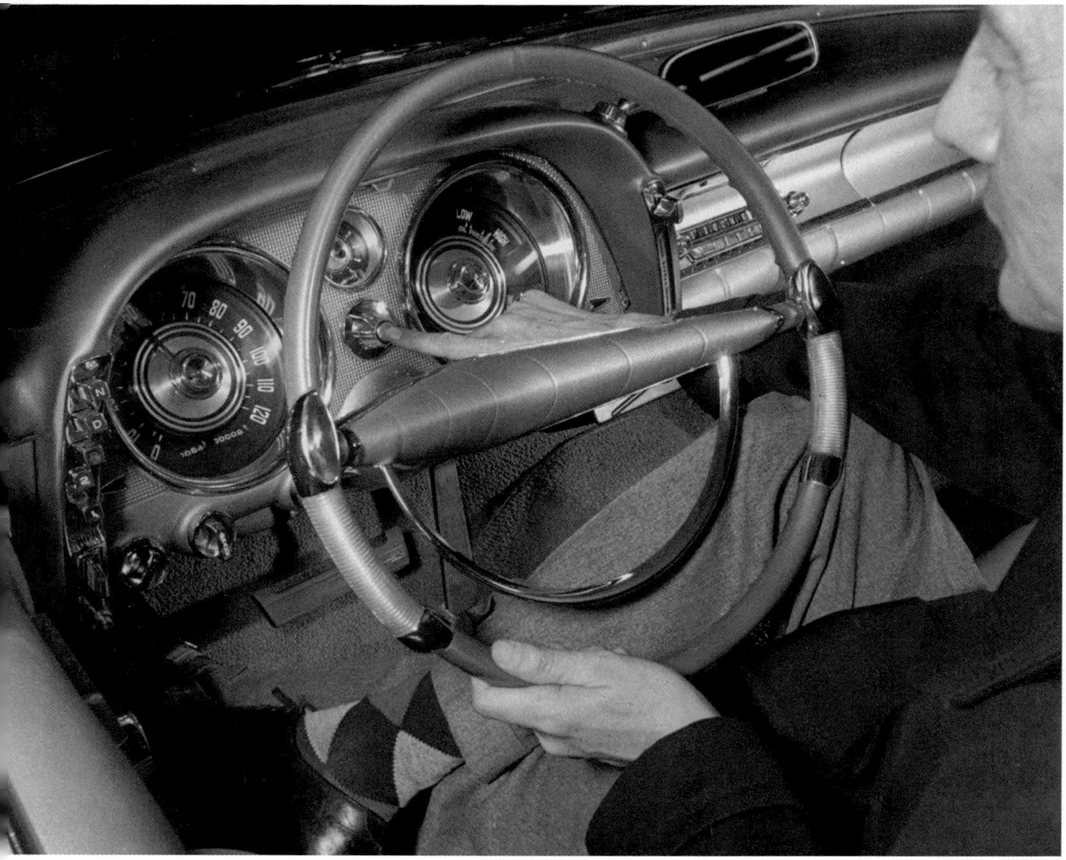

El esplendor del **diseño de automóviles de Estados Unidos** se mantuvo durante toda la década de 1950. Las ventas subían de manera constante, la gasolina era más barata que nunca y en las salas de juntas de Detroit todo el mundo estaba contento. *(Arriba)* Regulador automático de velocidad unido al volante de un Chrysler de 1958.

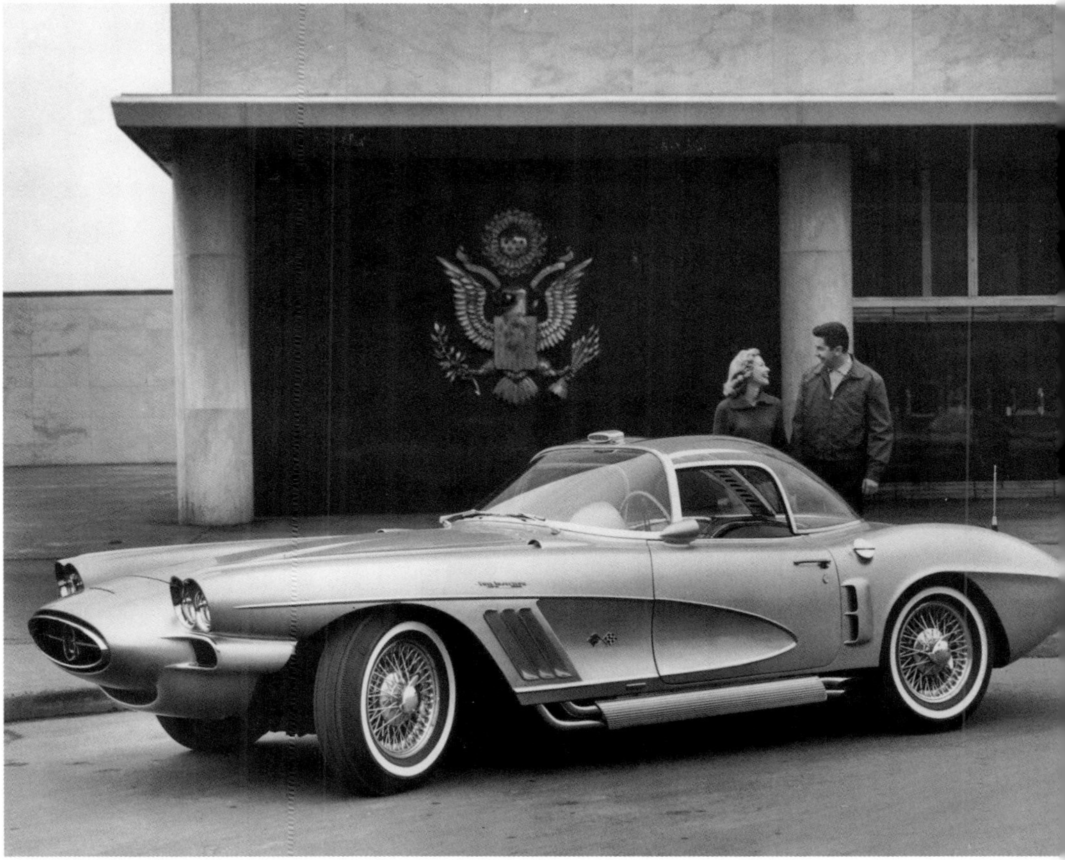

Imagen que reproduce la mitad del sueño americano. A esta estampa habitual le faltan la casa impecable y los encantadores niños, pero la pareja atractiva y el coche de último modelo están ahí. El vehículo es el **Chevrolet XP-700 Corvette,** uno de los automóviles más elegantes de 1958.

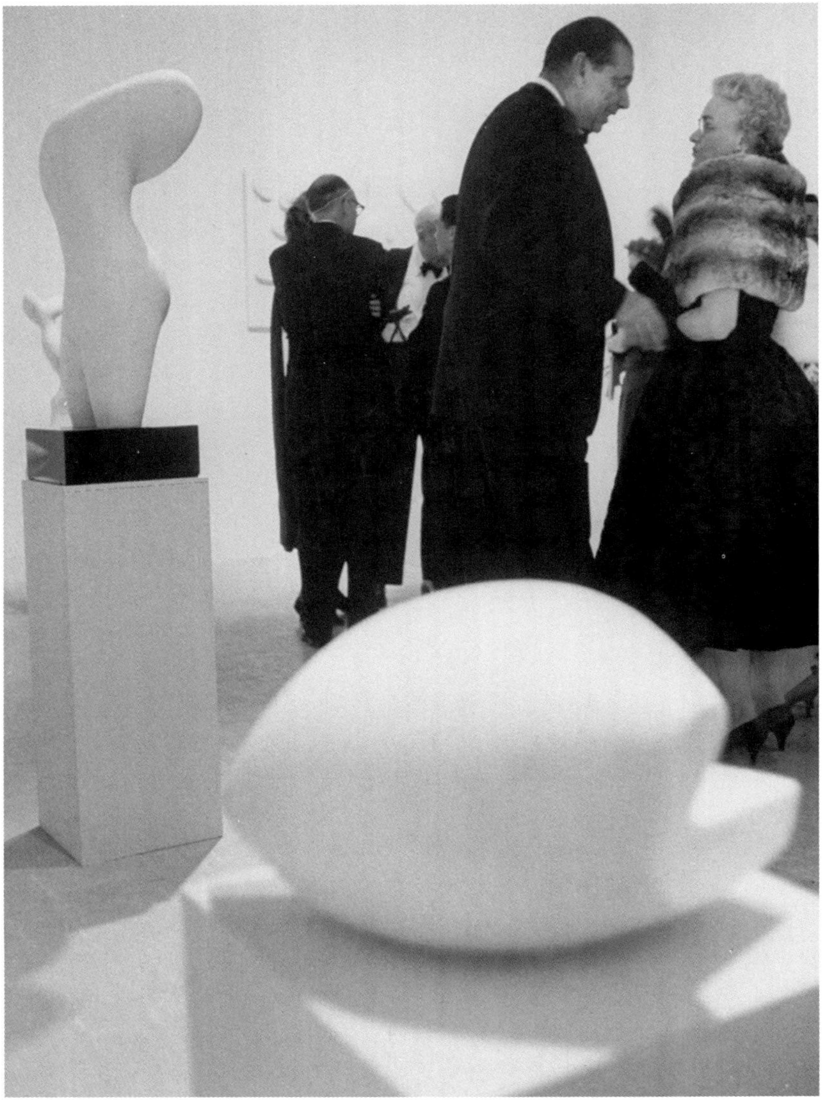

(Arriba) Exposición retrospectiva del artista francés **Jean Arp** en el Museum of Modern Art de Nueva York, en octubre de 1958. *(Derecha)* Imagen de las torres de Park Avenue: el Seagram Building, diseñado por el arquitecto estadounidense de origen alemán, **Ludwig Mies van der Rohe,** y la Lever House (a la derecha).

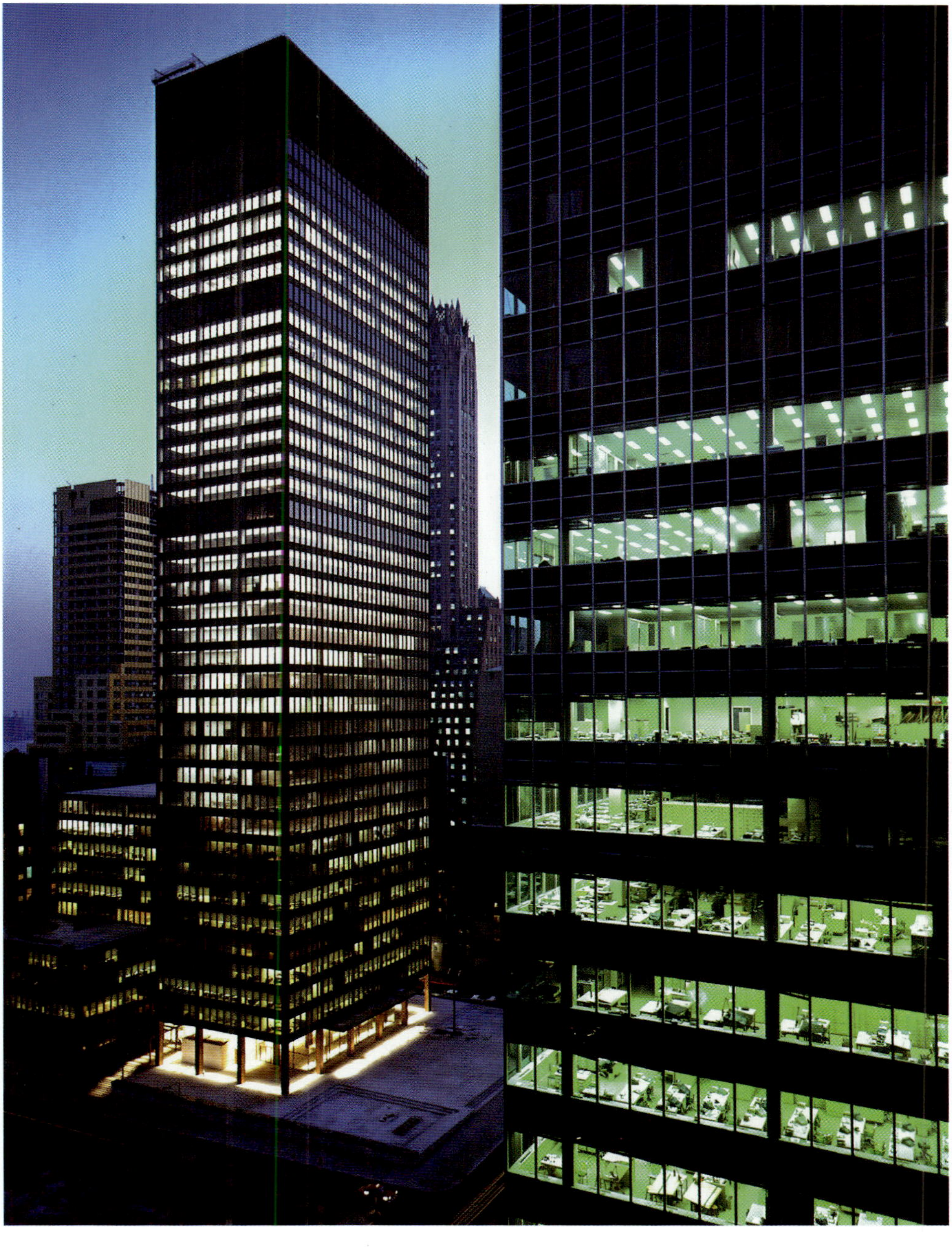

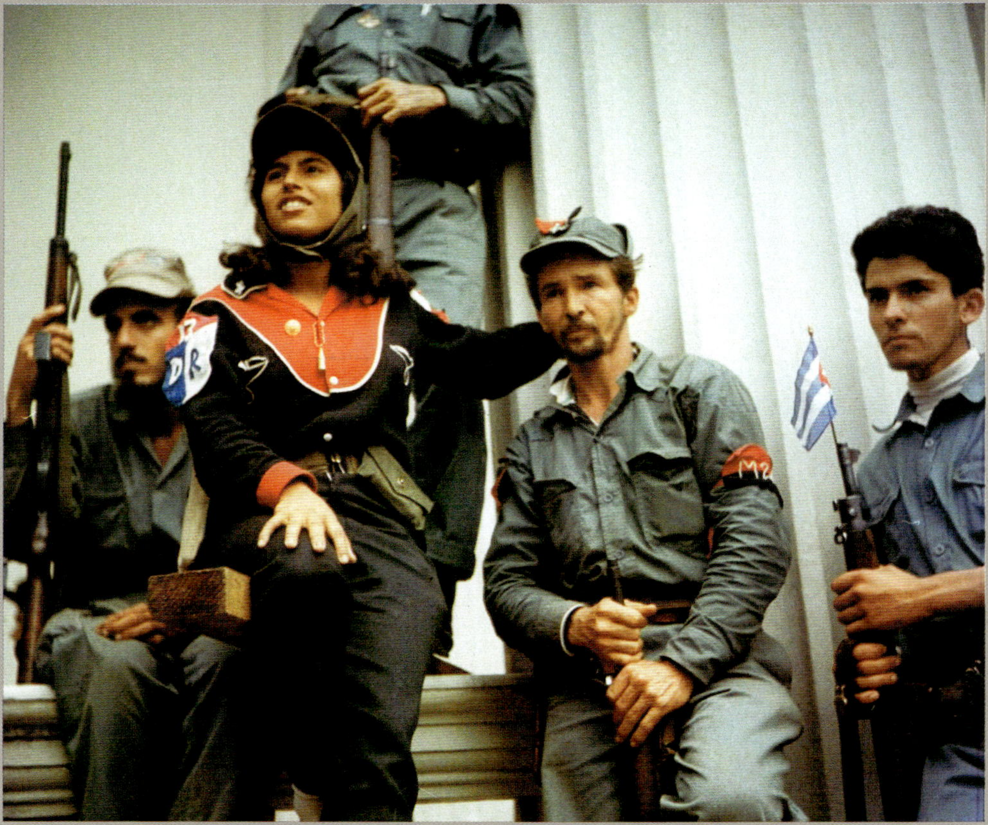

Tras cinco años de lucha para derrocar el régimen corrupto de Fulgencio Batista, la Revolución cubana tomó impulso en 1958. Los guerrilleros marxistas, liderados por los hermanos Fidel y Raúl Castro, Ernesto Che Guevara, Camilo Cienfuegos y Jaime Vega, atacaron las principales ciudades del país. El 31 de diciembre, Santa Clara cayó en manos de la guerrilla. Al día siguiente, Batista huyó de Cuba y, el 2 de enero de 1959, las fuerzas de Castro tomaron Santiago de Cuba mientras el Che Guevara y Cienfuegos entraban en La Habana. Se confiscaron las propiedades de la Iglesia y se juzgó a los colaboradores de Batista por crímenes de guerra y violaciones de los derechos humanos. Cuba dejó de ser el lugar de recreo de los estadounidenses ricos para convertirse en un peligroso enclave comunista a los ojos de la principal potencia capitalista del mundo.

***(Arriba)* Miembros del Movimiento 26 de Julio oyen un discurso de Fidel Castro tras la victoria. *(Derecha)* El líder de la rebelión –con gafas y fumando un puro– lleva consigo la noticia del éxito de la Revolución cubana, en su viaje de Sierra Maestra a La Habana, el 5 de enero de 1959.**

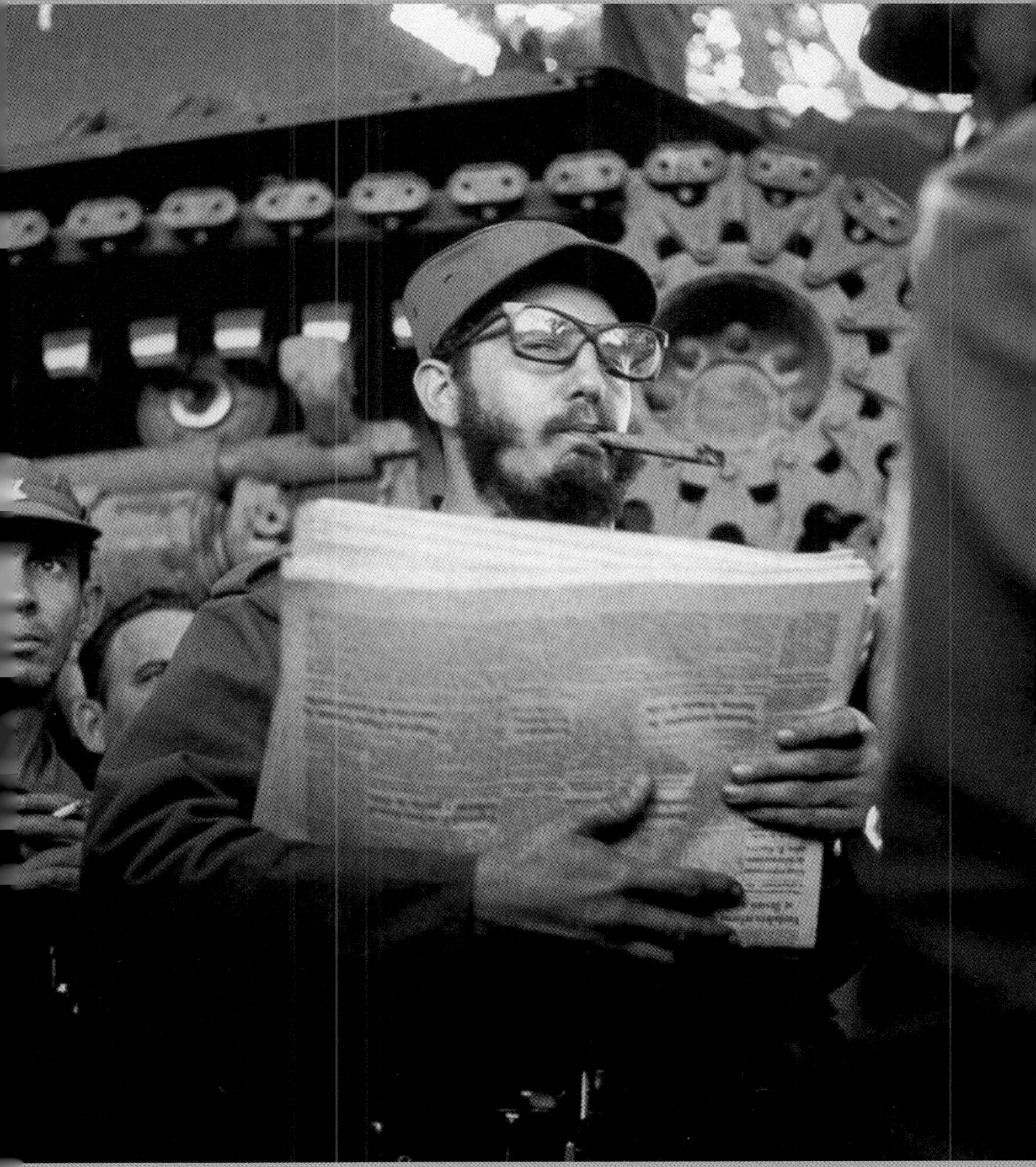

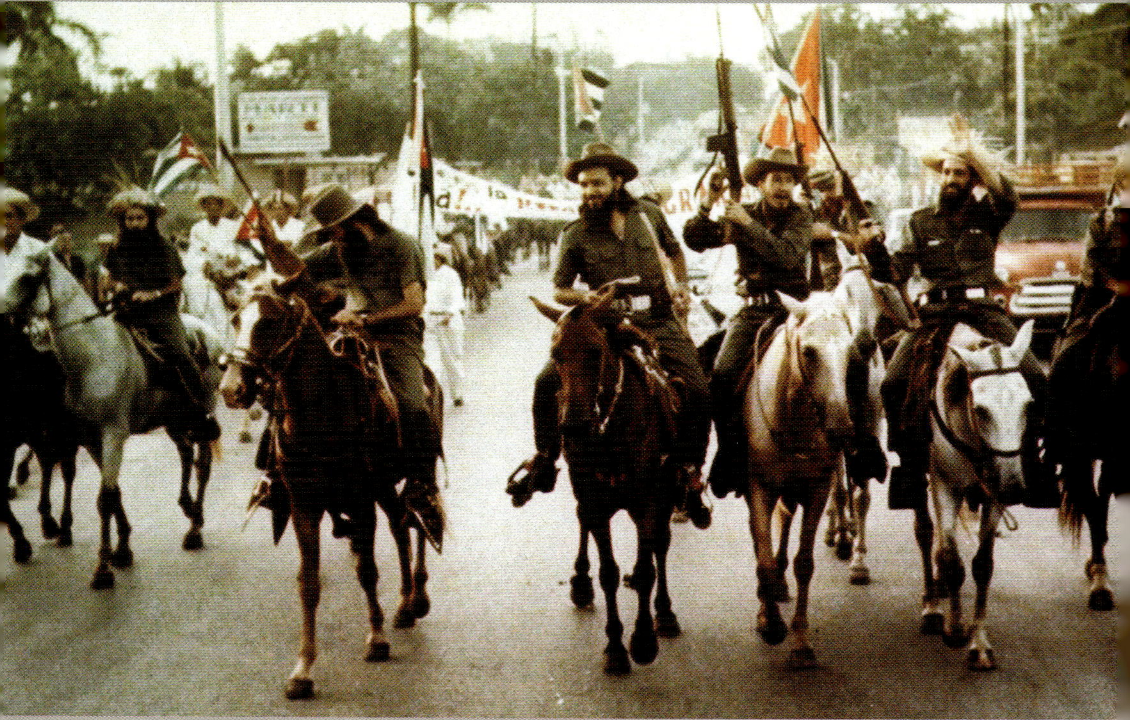

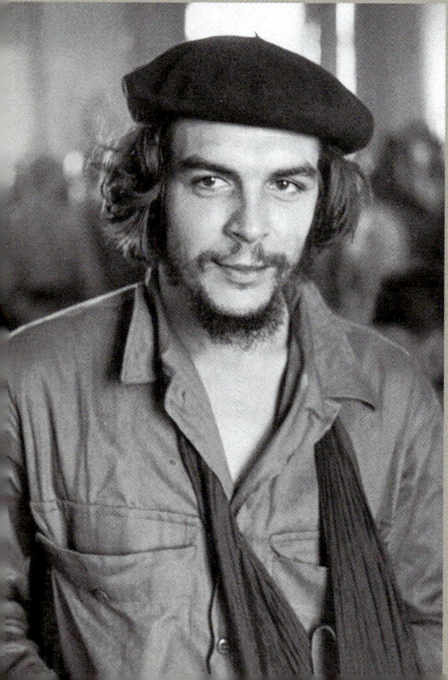

Las últimas etapas de la Revolución cubana, cuando ya la victoria parecía segura, se fotografiaron con profusión. Las imágenes de sus carismáticos héroes y sus guerreros dieron la vuelta al mundo. *(Arriba)* Cienfuegos entra en La Habana. *(Izquierda)* Imagen del Che Guevara, el 7 de enero de 1959. *(Derecha)* Raúl Castro durante una celebración de la victoria, varios meses después. *(Página siguiente)* Fidel es recibido como un héroe.

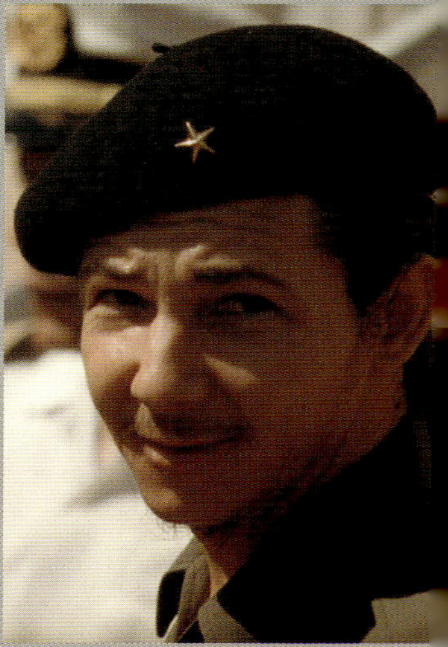

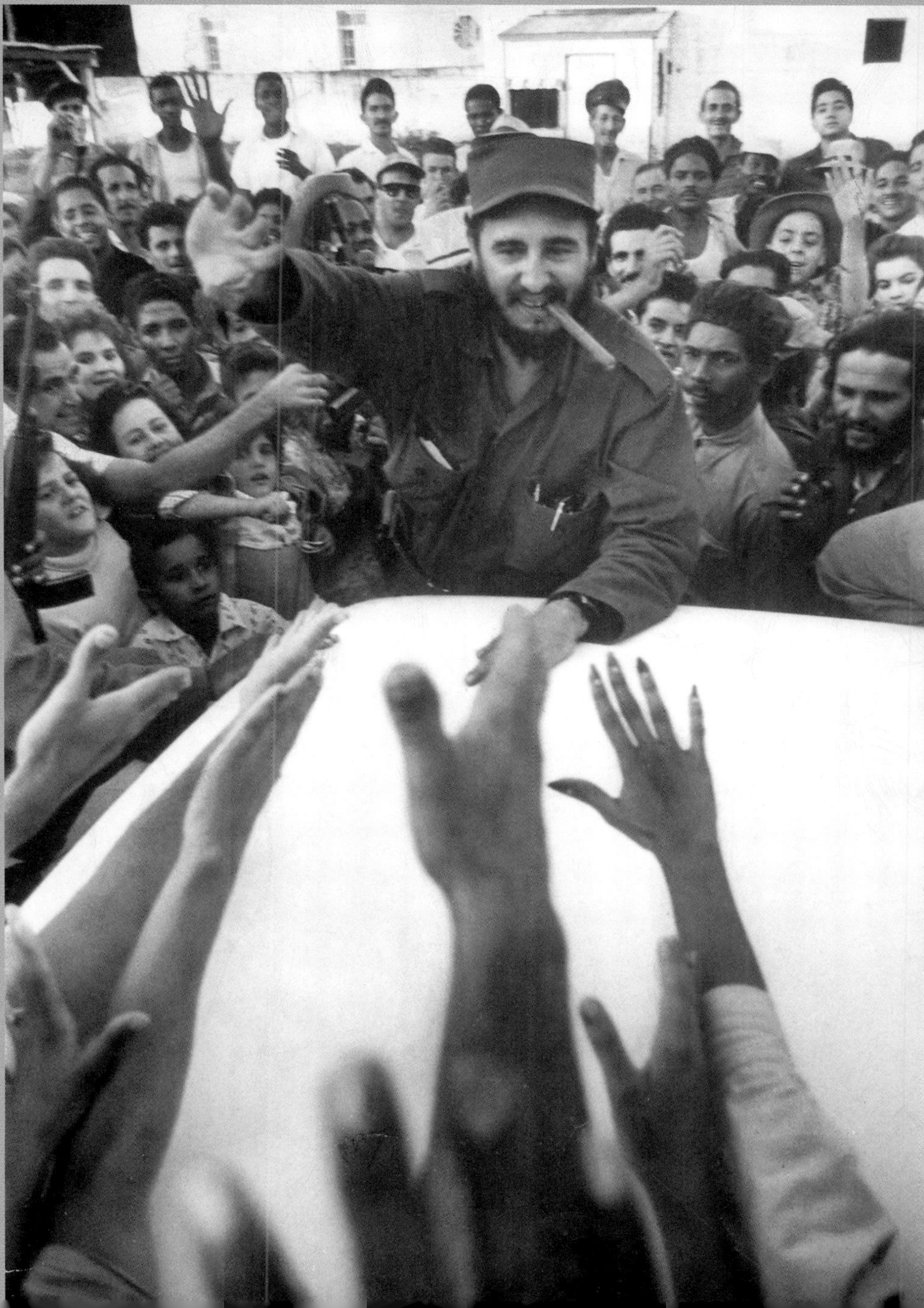

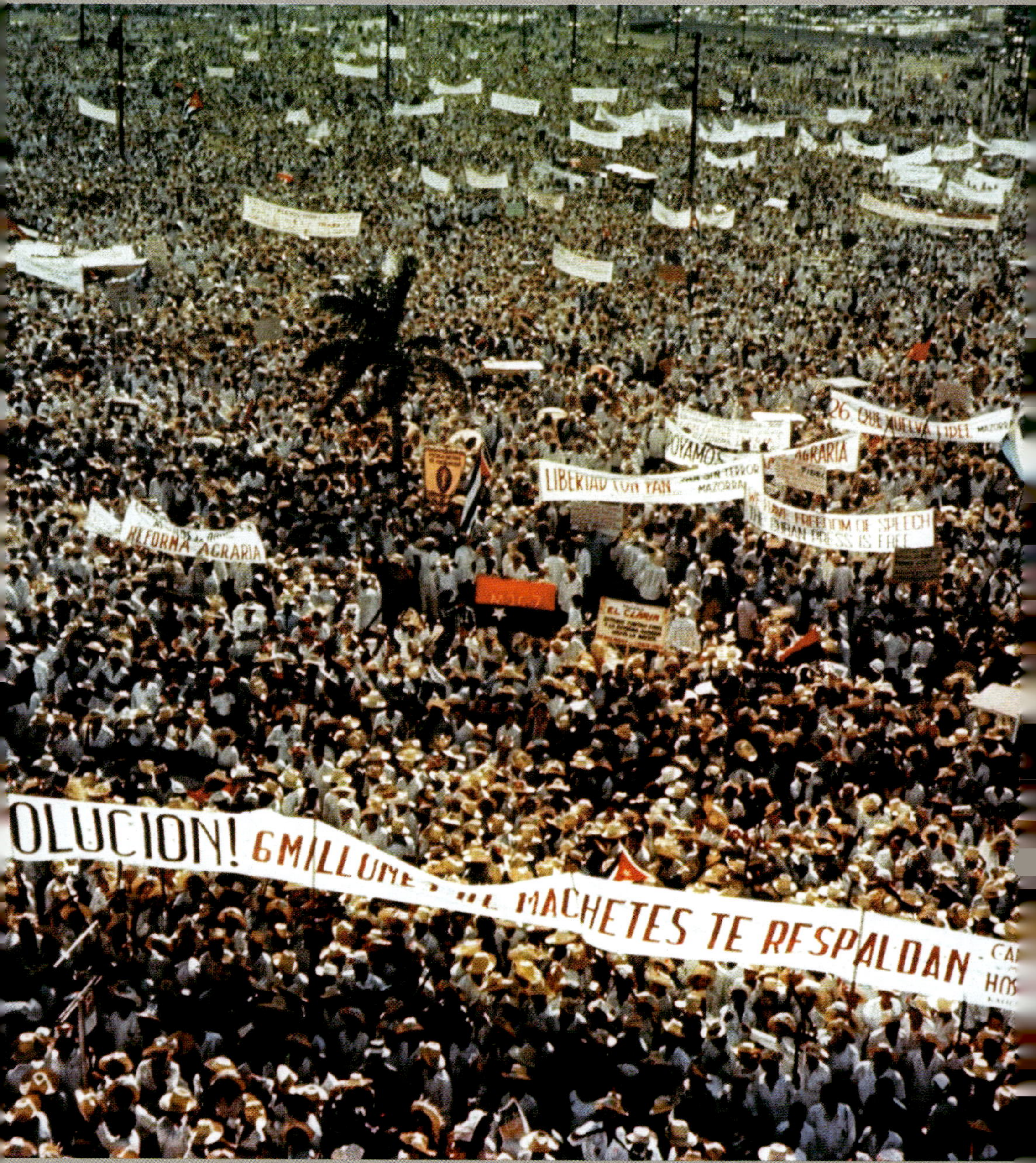
OLUCION!
MACHETES TE RESPALDAN
LIBERTAD CON PAN
REFORMA AGRARIA
26, QUE VUELVA FIDEL
WE HAVE FREEDOM OF SPEECH
THE CUBAN PRESS IS FREE
EL CLARIN

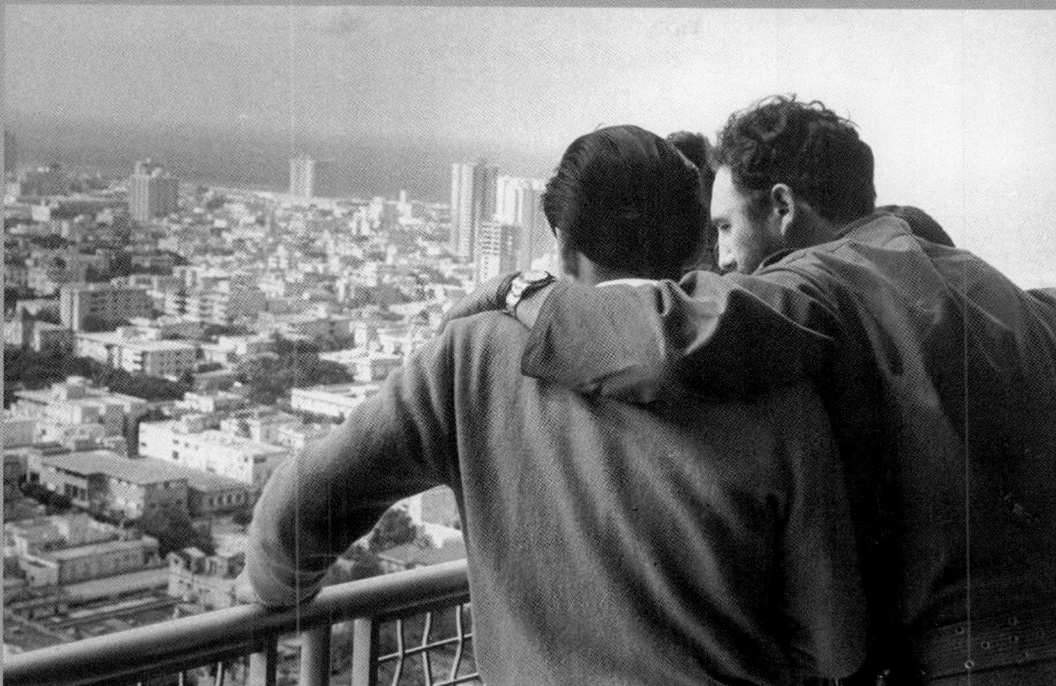

(*Arriba*) **Desde la azotea del Hotel Hilton, Fidel (a la derecha) y sus amigos contemplan La Habana.** (*Derecha*) **Los cubanos celebran la llegada de una nueva era, en enero de 1959.** (*Izquierda*) **El 26 de julio de 1959, a los seis años del inicio de la Revolución cubana en el cuartel de Moncada, Fidel se dirige a la multitud en La Habana.**

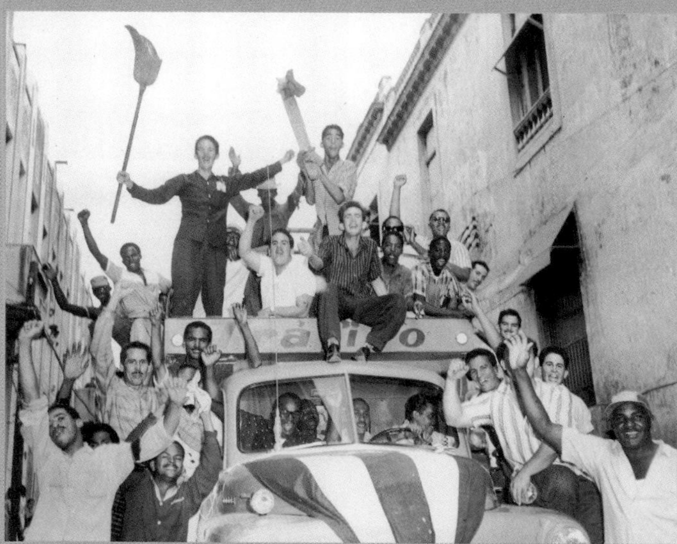

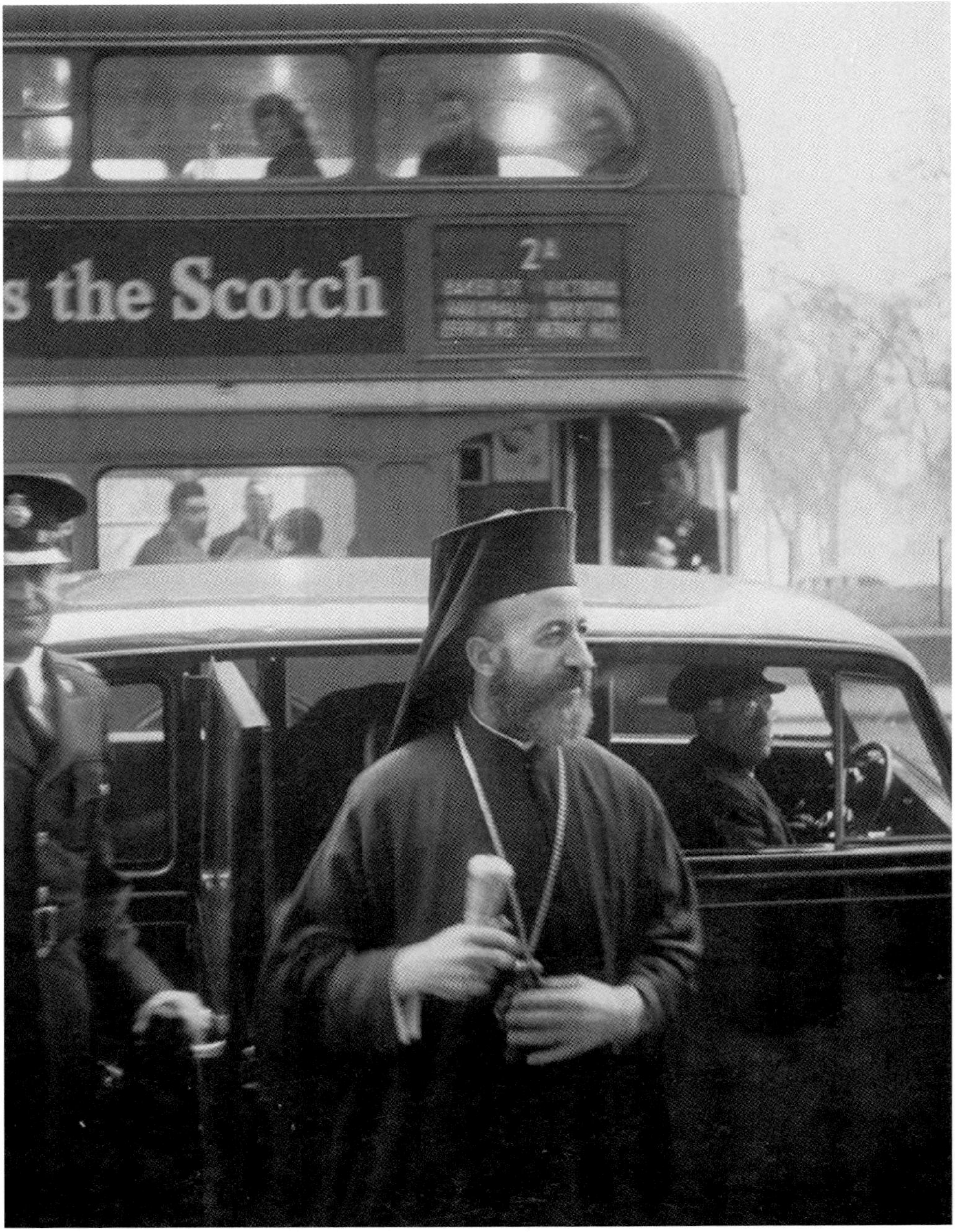
s the Scotch

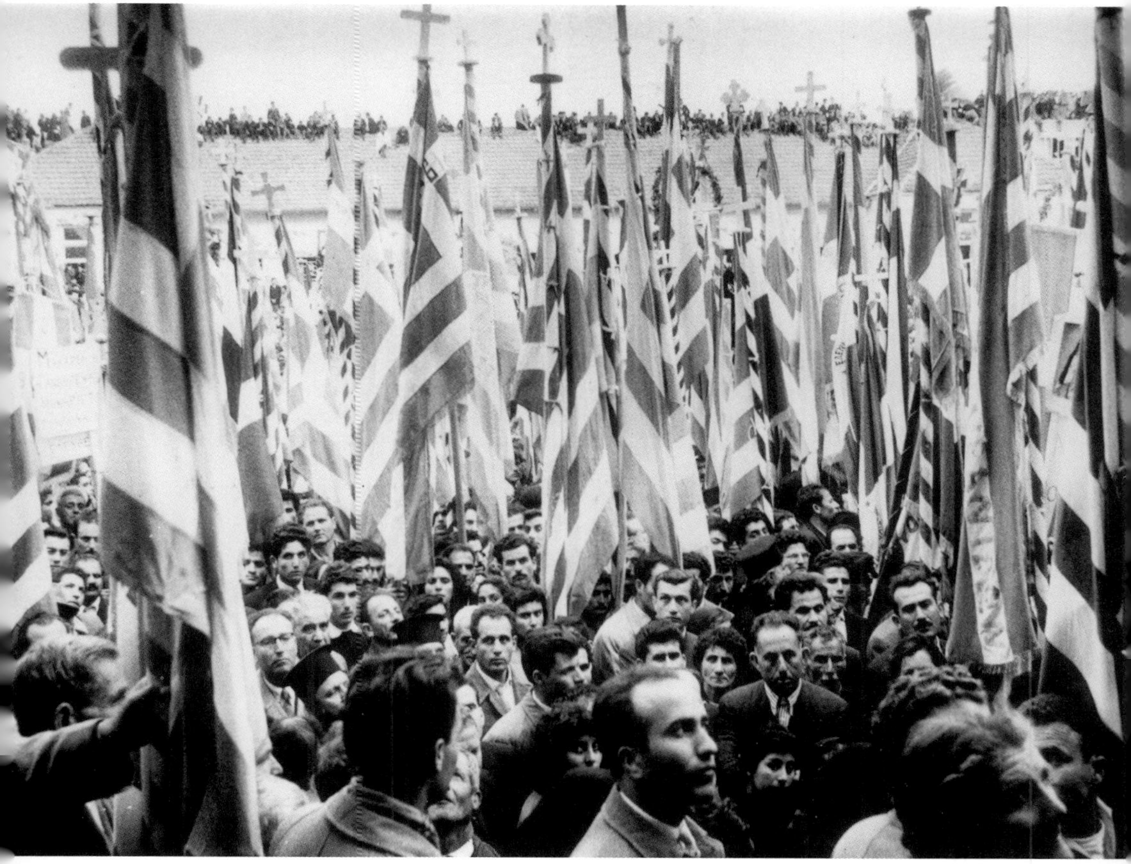

De una en una, las banderas de las colonias del Imperio británico se fueron arriando y sus trompetas guardando silencio para siempre. El 1 de marzo de 1959, el arzobispo **Makarios III,** líder nacionalista griego, regresó a Chipre tras tres años de exilio en el Reino Unido. La **enosis** («unión con Grecia») fue abolida, pero se firmó un acuerdo de soberanía conjunta de Grecia y Turquía. *(Izquierda)* El arzobispo en Londres, en febrero de 1959. *(Arriba)* En Chipre, la multitud da la bienvenida al dirigente nacionalista con motivo de su regreso a la isla, el 4 de marzo de 1959.

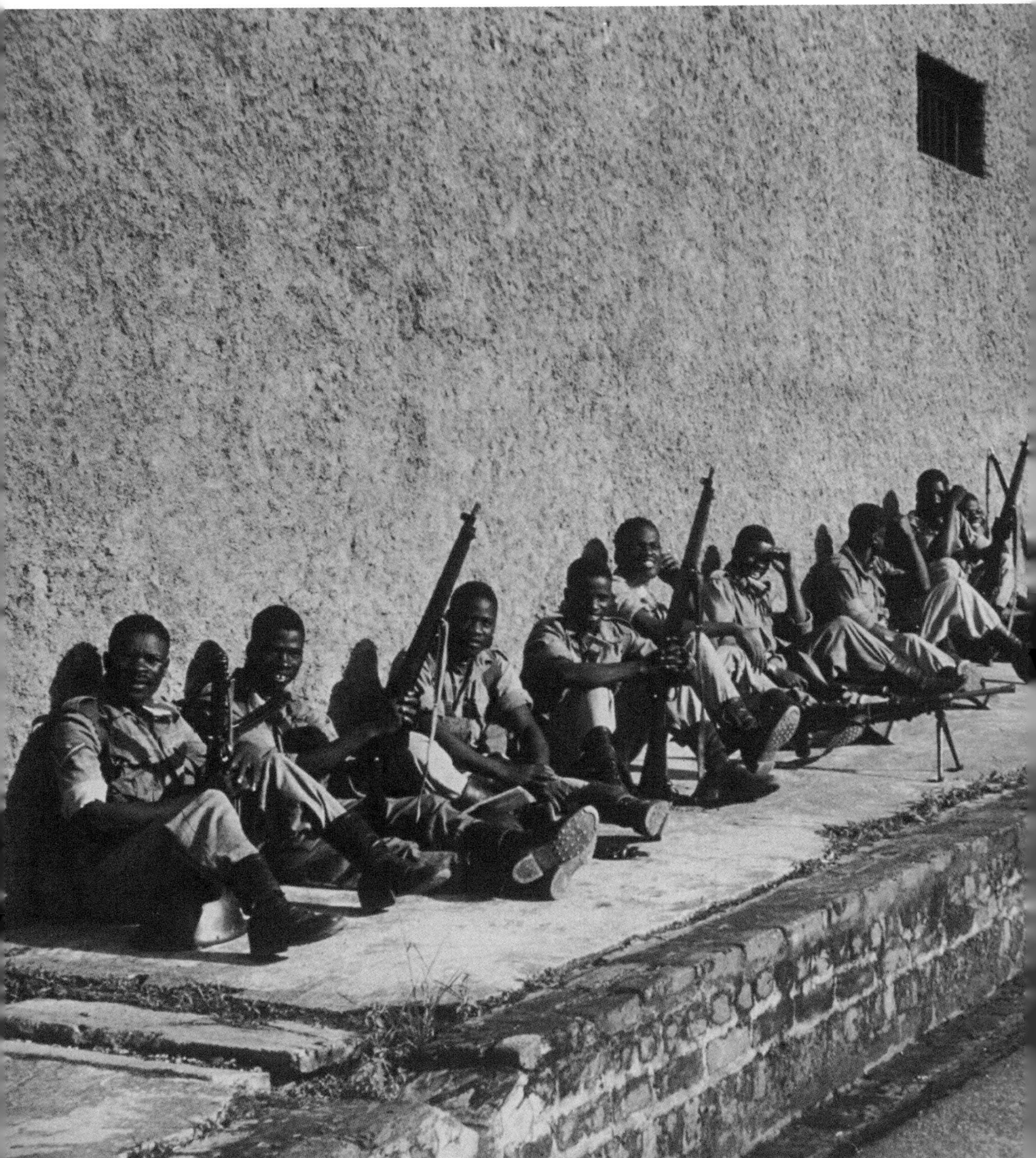

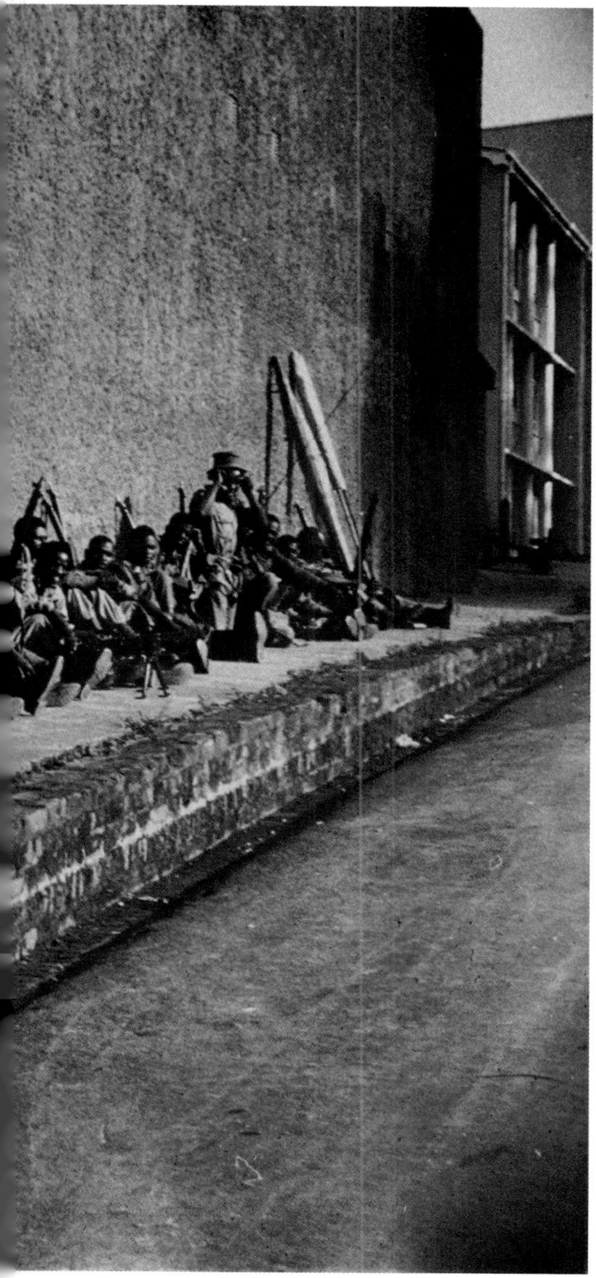

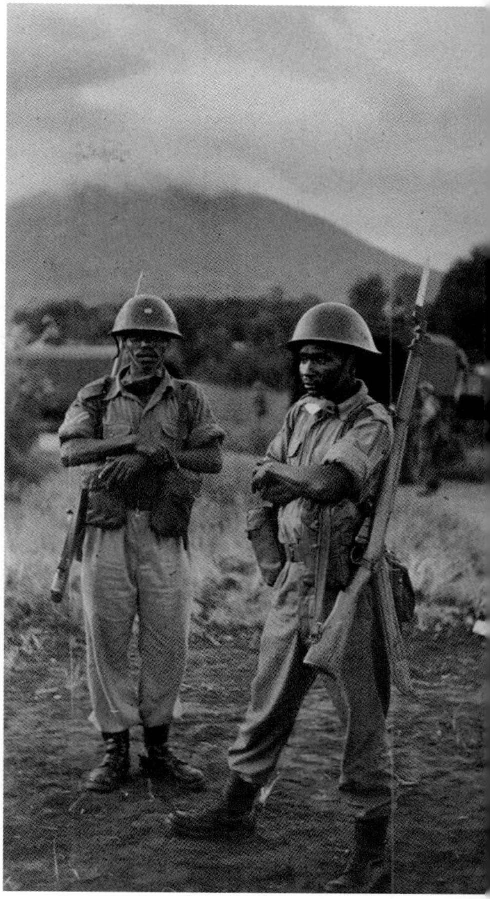

La hegemonía blanca se mantuvo en **Rodesia** hasta finales de la década de 1970, pero no sin dificultades. En 1959, con el apoyo del Congreso Nacional Africano, estallaron disturbios en Rodesia del Norte (actual Zambia) tras la detención del doctor Hastings Banda. *(Izquierda)* Trabajadores africanos de la **presa del lago Kariba** armados y en huelga. *(Arriba)* Soldados de Rodesia durante la huelga y los disturbios de febrero de 1959.

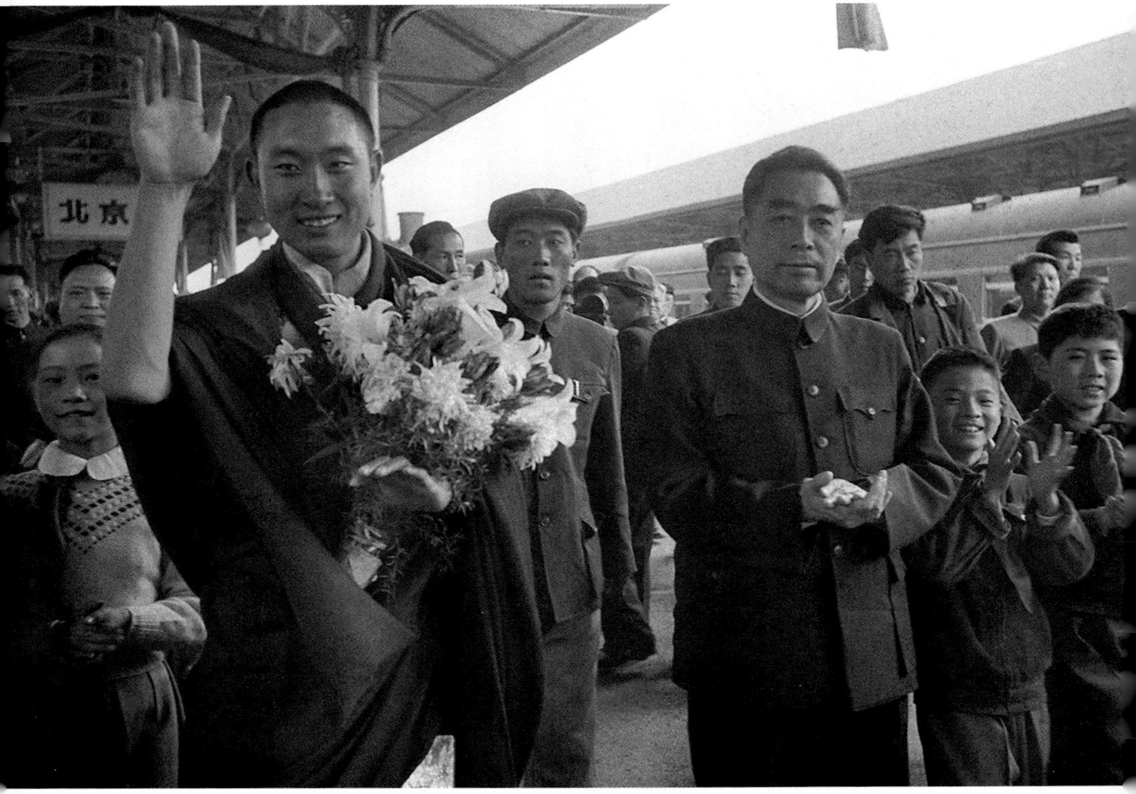

En marzo de 1959, estalló la violencia en el Tíbet. Las fuerzas de ocupación chinas se enfrentaron a los tibetanos en Lhasa, en vísperas del año nuevo tibetano. Tras la intervención, el **Dalai Lama,** junto con 100.000 partidarios, huyó del país y se refugió en la India, si bien su presencia en dicho país se mantuvo en secreto durante algún tiempo.

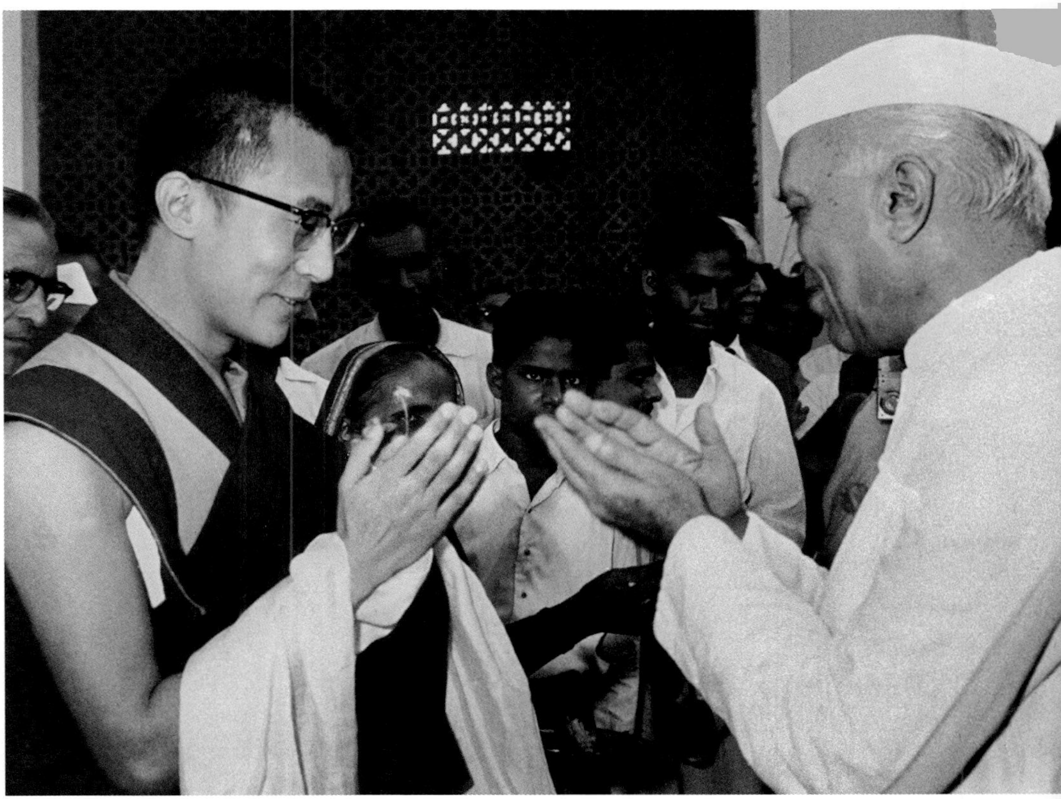

(Arriba) El primero ministro de la India, Jawaharlal Nehru, saluda al Dalai Lama al estilo budista. *(Página anterior)* Zhou Enlai, el máximo mandatario chino, recibe al **Panchen Lama,** el segundo maestro y líder espiritual más respetado del budismo tibetano, en la estación de ferrocarriles de Pekín, el 20 de abril de 1959. A ojos del gobierno de la República Popular China, él era el sustituto del Dalai Lama.

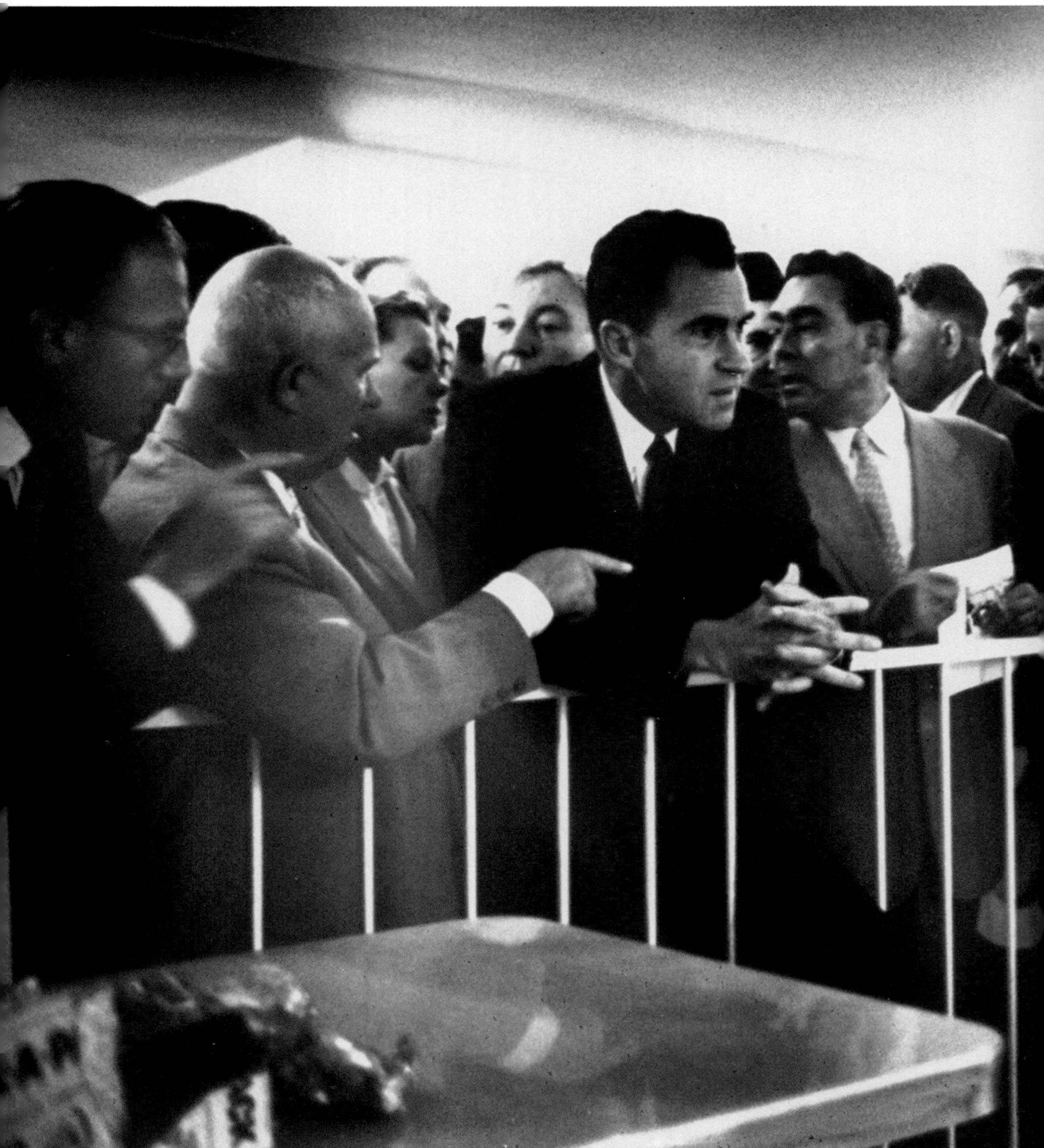

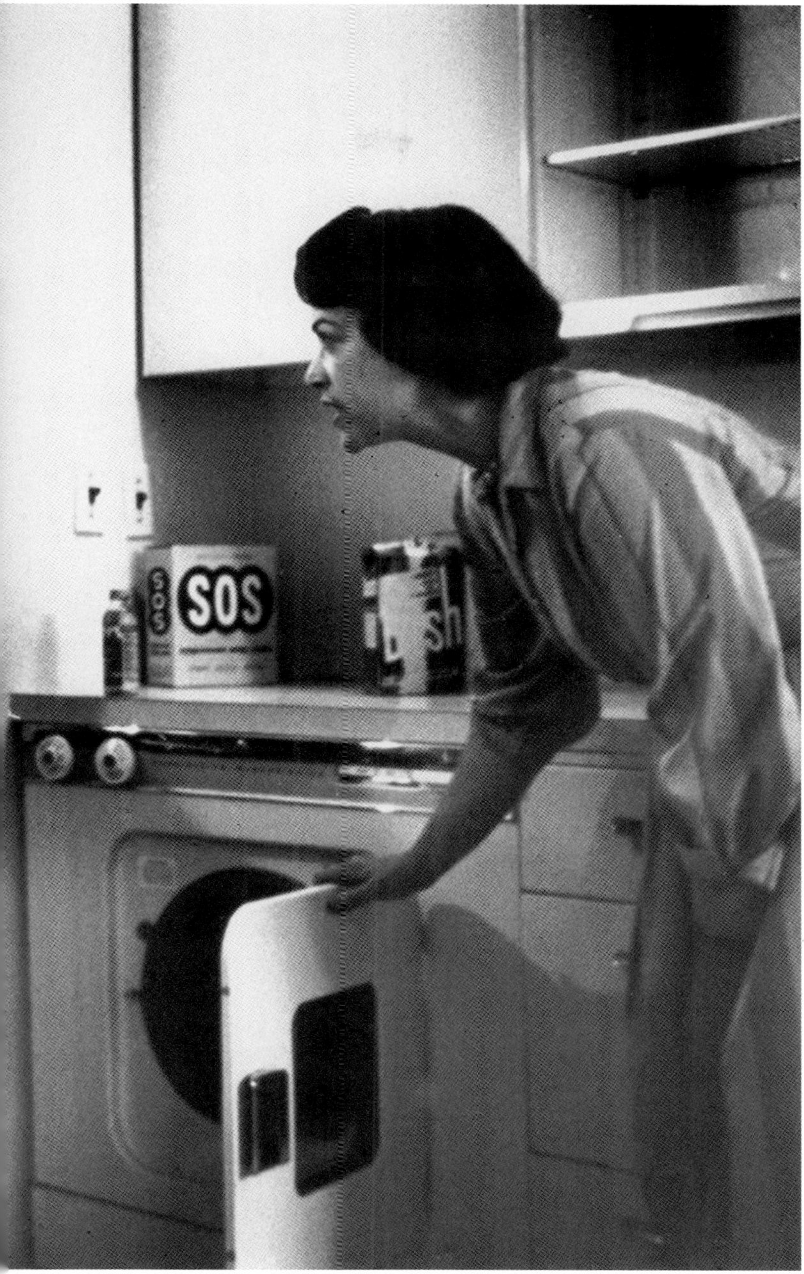

El denominado **«debate de la cocina»** entre el mandatario de la URSS, Nikita Serguéievich Jruschov, y el vicepresidente estadounidense, Richard Nixon, se produjo en la reproducción de una cocina de la Exposición Nacional Americana de Moscú, en julio de 1959. El dirigente soviético, horrorizado ante la profusión de artilugios, preguntó si no había ninguna máquina que «te pusiera la comida en la boca y la empujara hacia dentro». Nixon defendió la carrera tecnológica no militar con las palabras: «Con las armas modernas, no se va a notar la diferencia si estalla la guerra. Ambos la hemos tenido.»

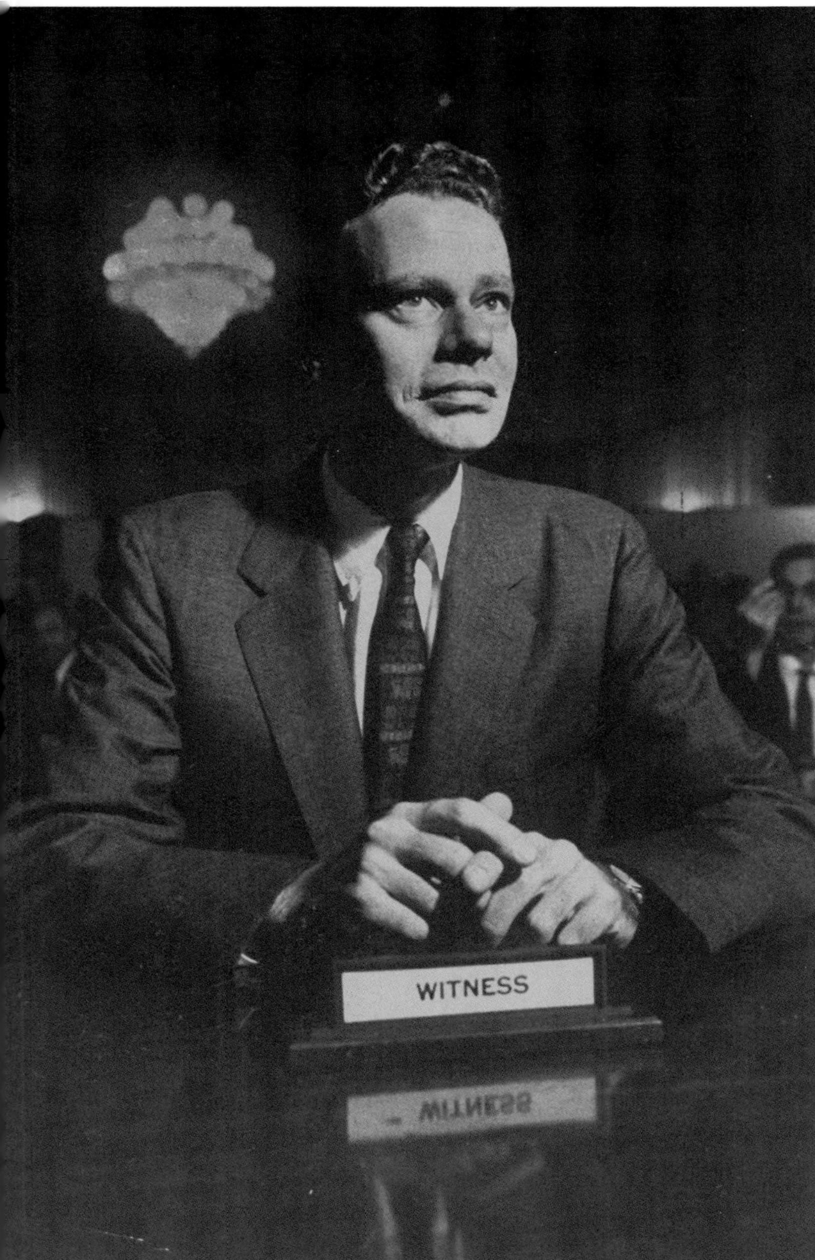

En 1959, dos escándalos mancillaron la reputación del mundo del espectáculo. La carrera radiofónica del presentador Alan Freed *(derecha)* se fue a pique cuando se descubrió que cobraba a cambio de poner determinada música. Además, el concursante **Charles Van Doren** ganó 138.000 dólares en el programa de televisión *Twenty One*, cuyos responsables le habían facilitado las respuestas y le habían indicado cómo debía actuar. *(Izquierda)* Van Doren declara ante el Comité Nacional de Comercio Exterior e Interestatal.

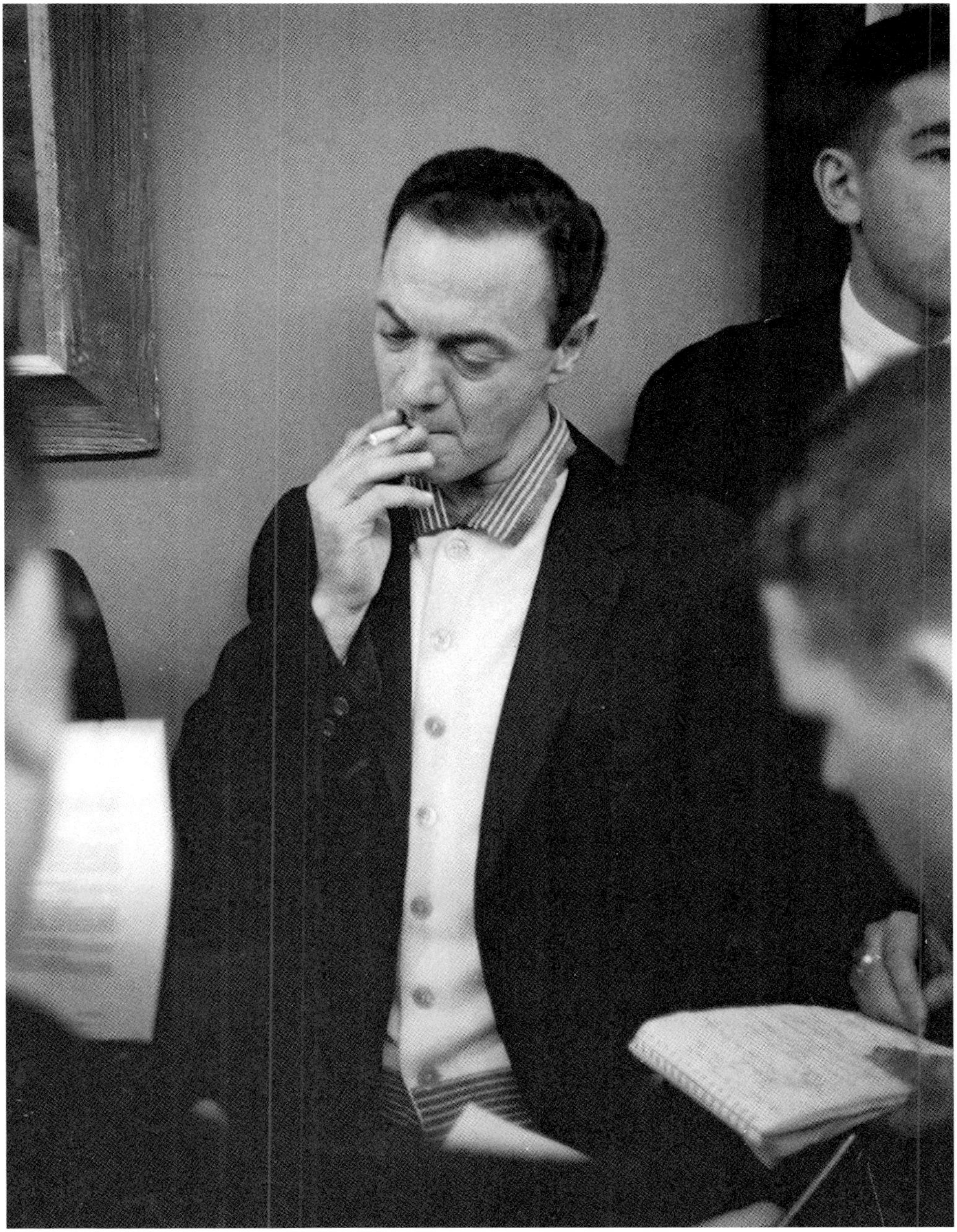

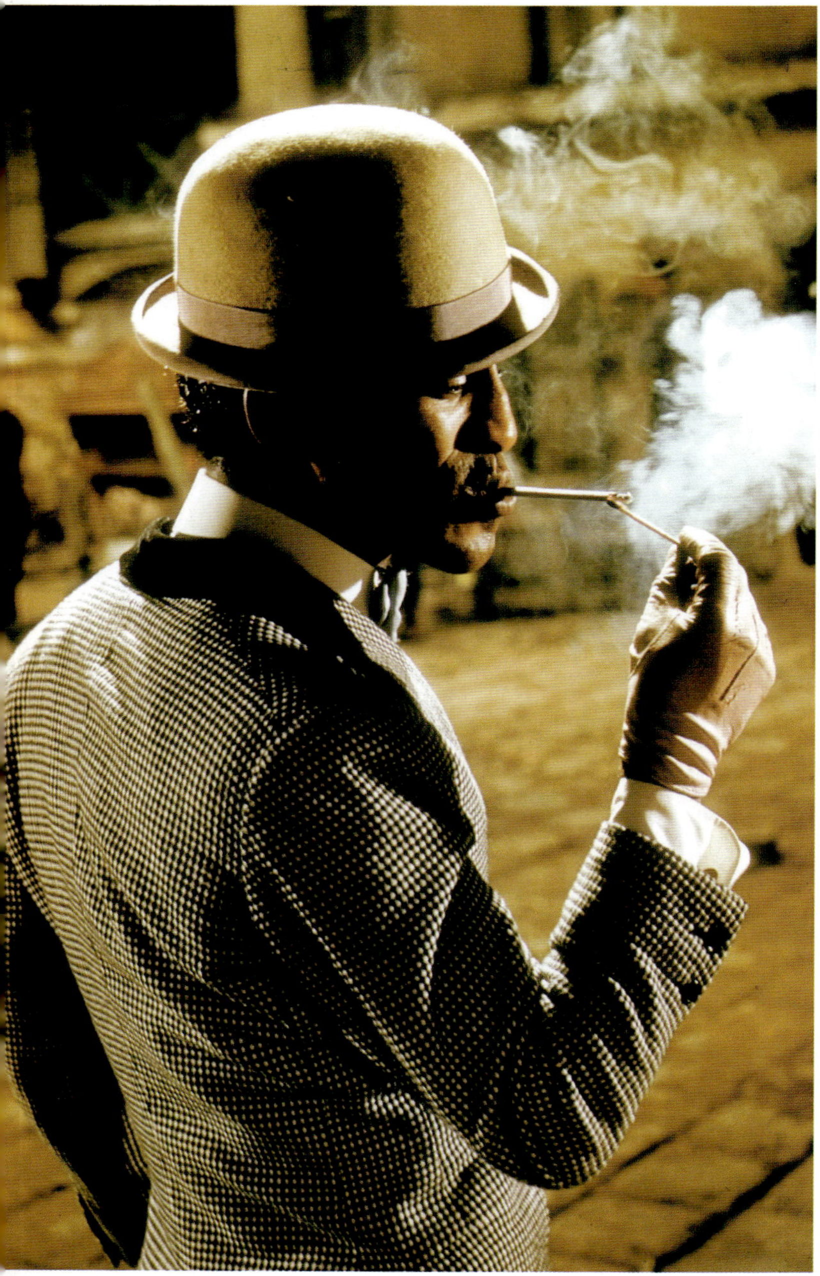

La película más taquillera de 1959 fue una superproducción de la Metro Goldwyn Mayer: ***Ben Hur.*** El filme obtuvo seis premios Oscar, entre ellos los de mejor película y mejor director (William Wyler). *(Derecha)* Charlton Heston, látigo en mano, en el papel protagonista. *(Izquierda)* El cantante y actor Sammy Davis Jr. caracterizado como Sportin' Life en la versión cinematográfica (producida por Samuel Goldwyn) de la ópera de George Gershwin, ***Porgy and Bess.***

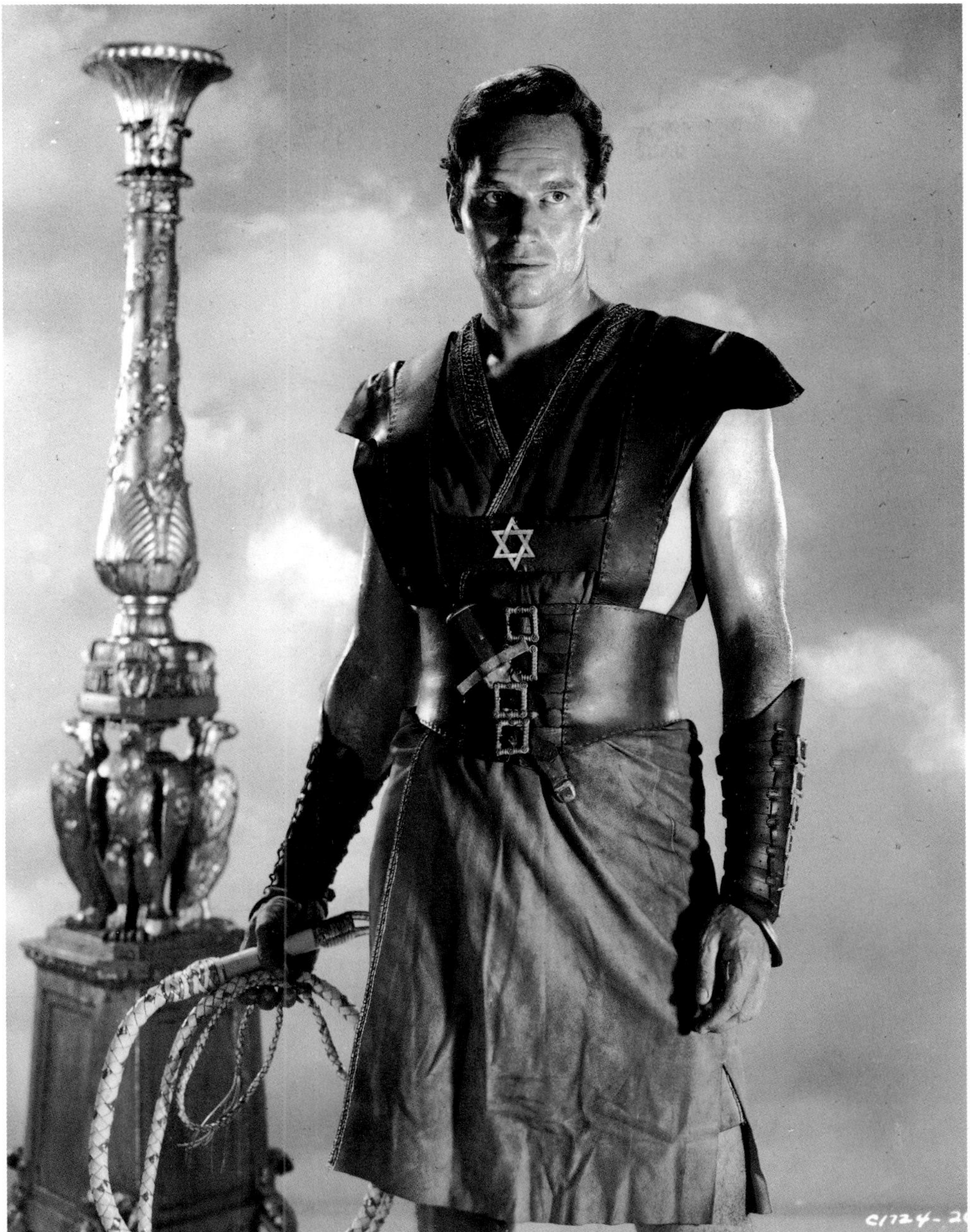

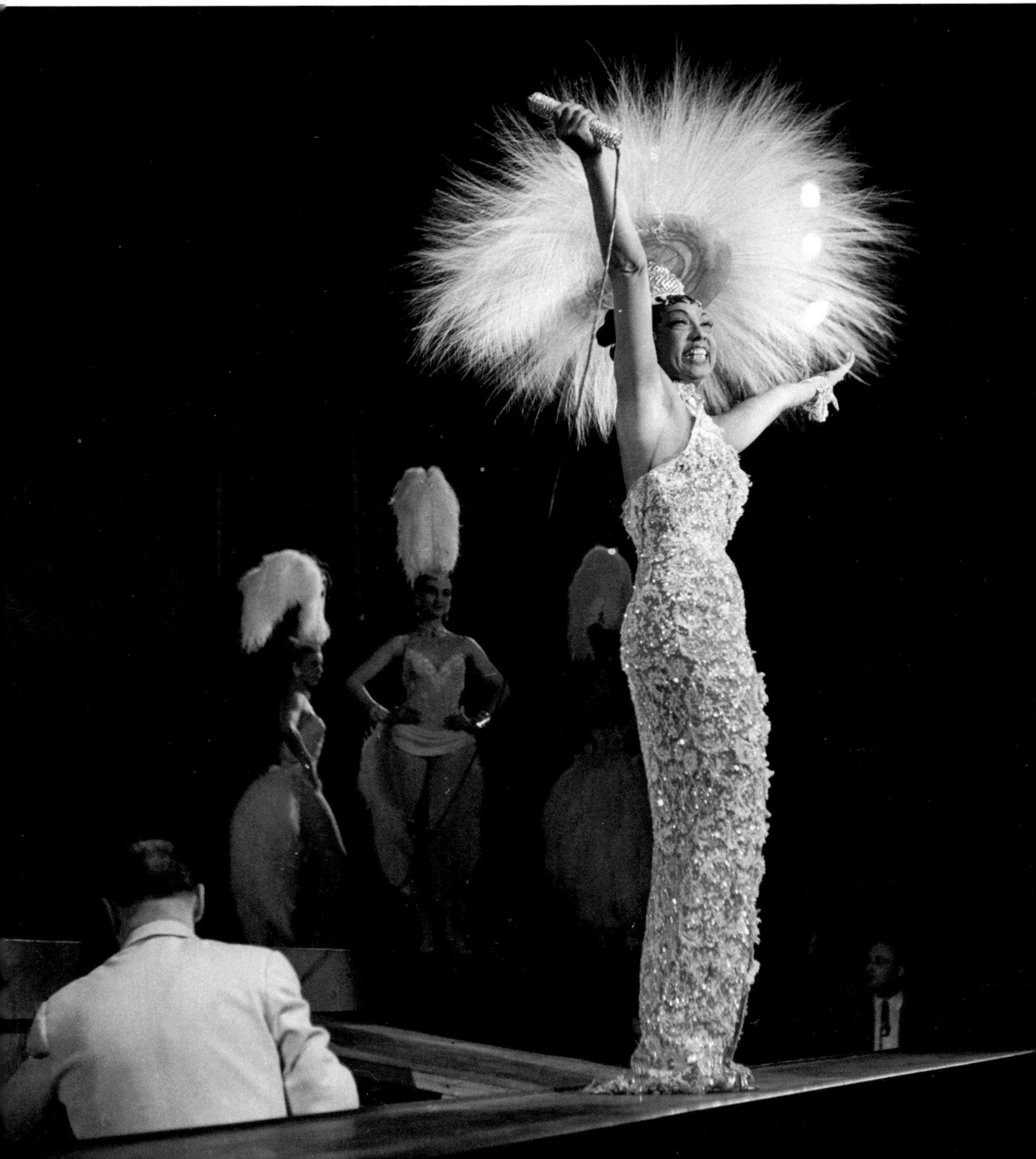

Historia de un vestido de lentejuelas... *(Izquierda)* Primera parte: la vedet **Josephine Baker,** a los 53 años, da lo mejor de sí misma en el Olympia de París, en marzo de 1959. *(Derecha)* Segunda parte: la joven **Shirley Bassey,** a los 22 años, en un espectáculo de cabaré. Fue el año de su gran éxito *As Long As He Needs Me* («Mientras él me necesite»), del musical de Lionel Bart, *Oliver!*

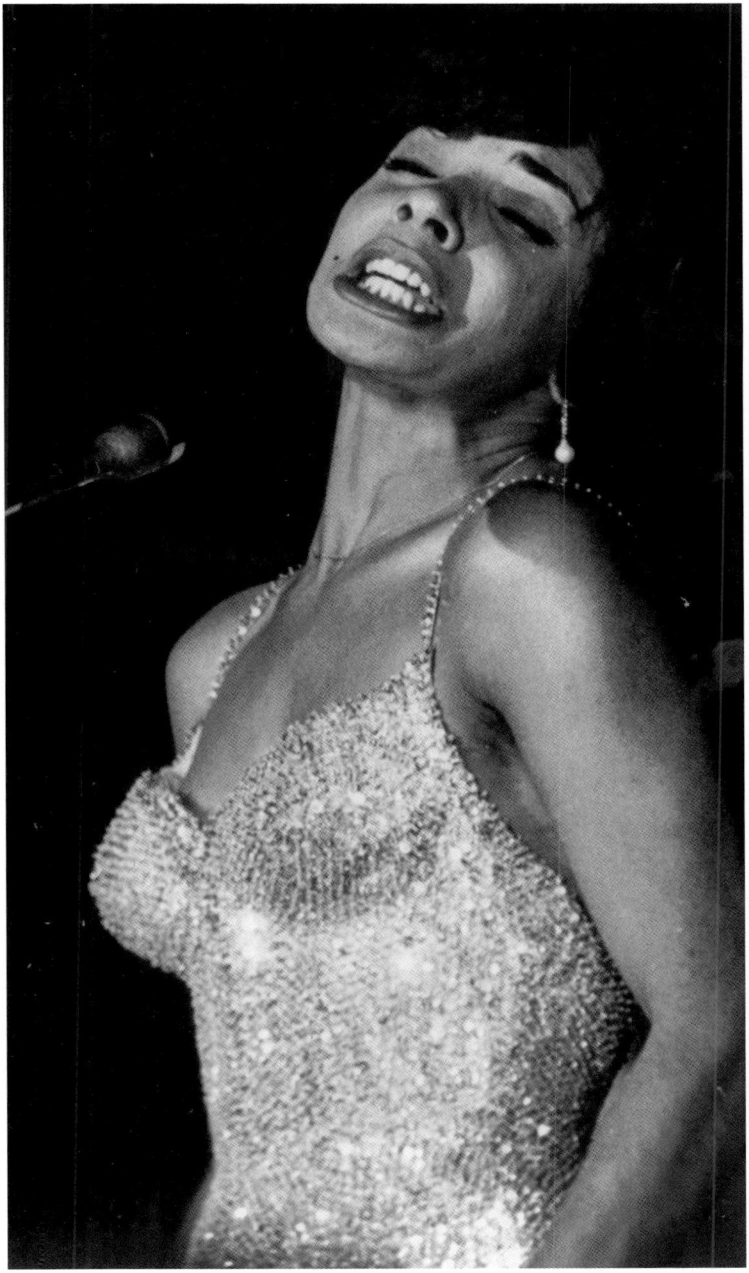

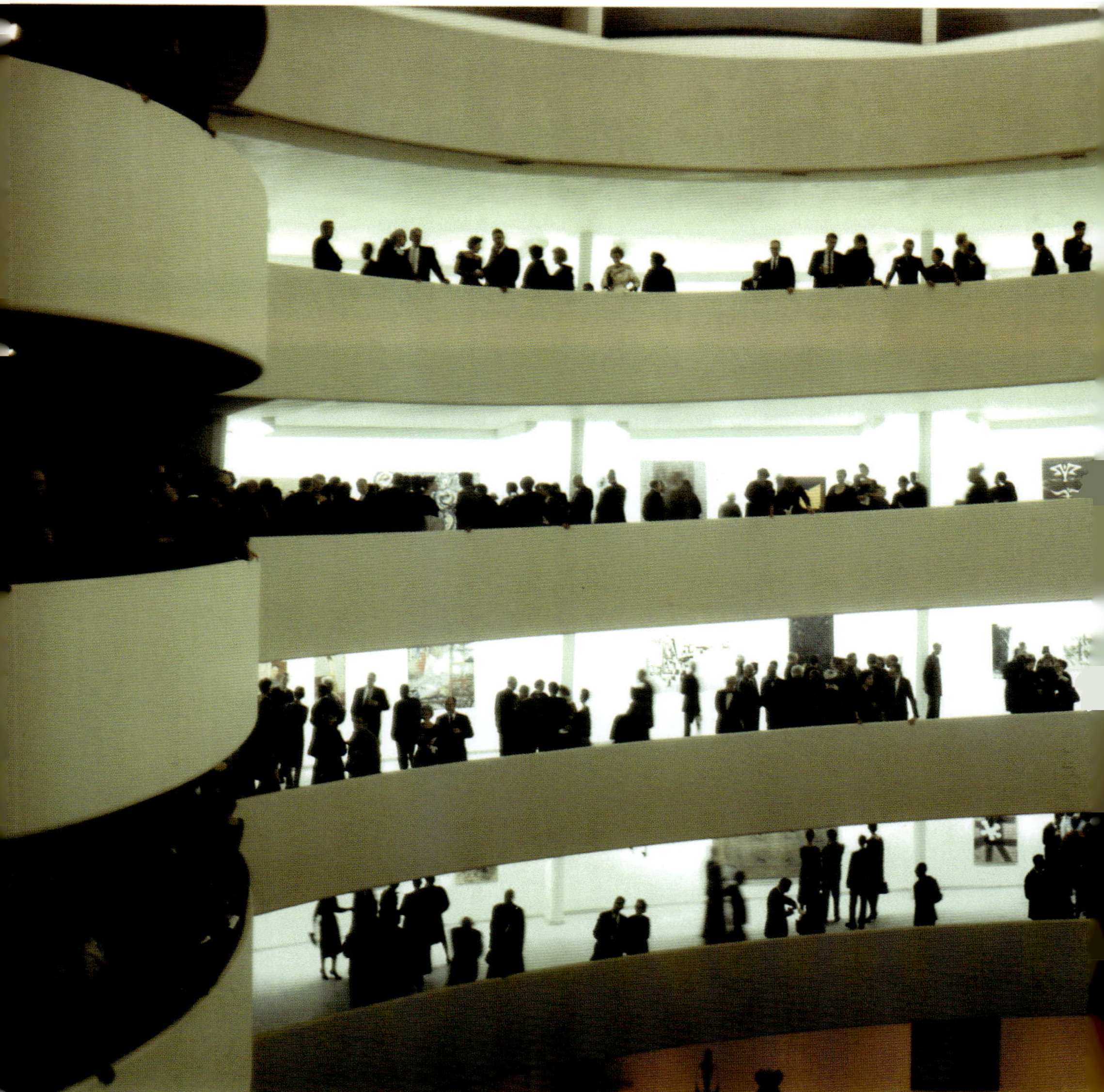

Fotografía, tomada con un objetivo gran angular, del **Museo Solomon R. Guggenheim** de Nueva York. El arquitecto que lo proyectó, Frank Lloyd Wright (fallecido el 9 de abril de 1959), escribió con respecto

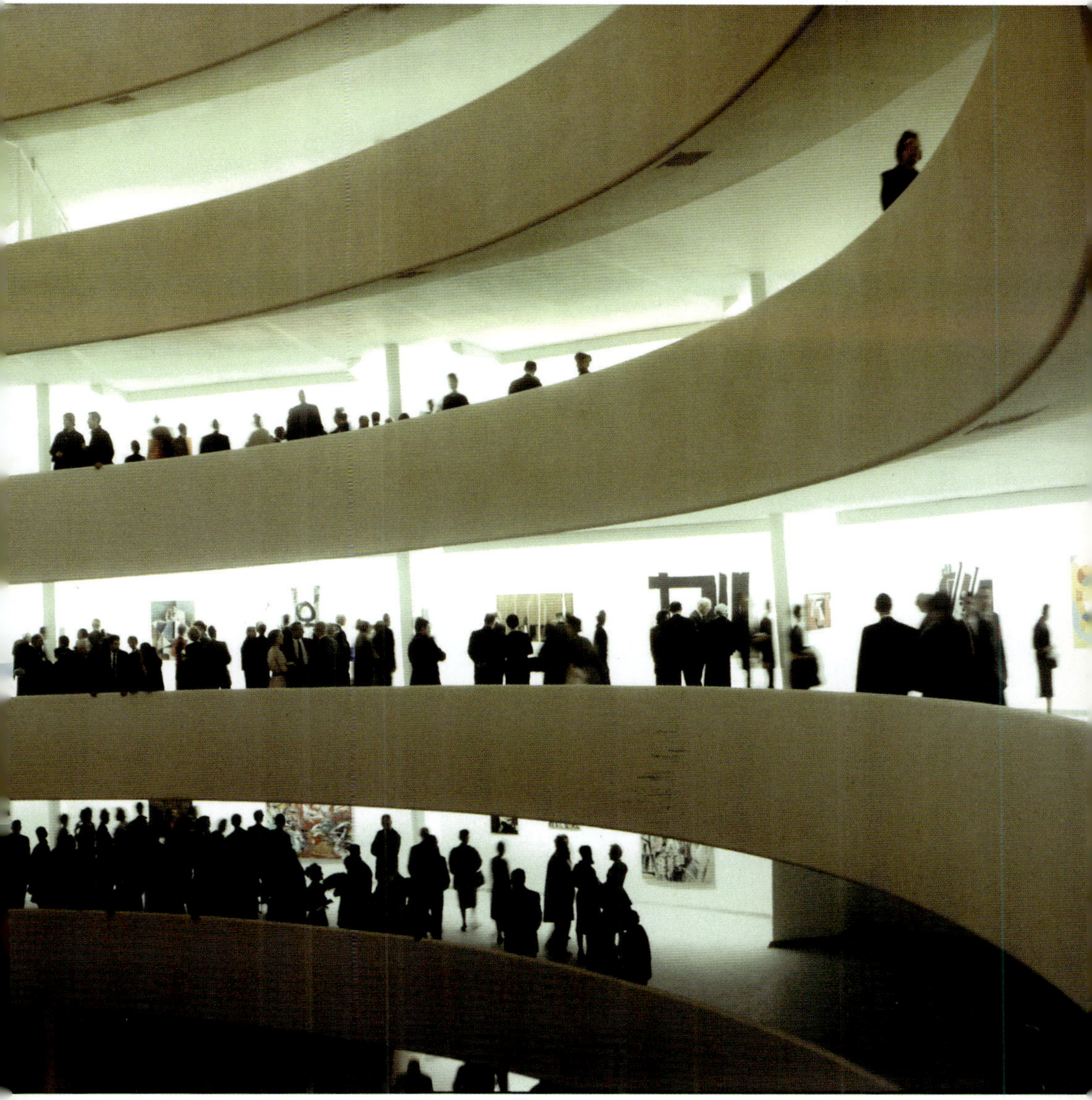

al edificio: «He aquí el ideal que propongo para la arquitectura de la era de las máquinas (...), para el modo en que debería desarrollarse una arquitectura ideal en Estados Unidos».

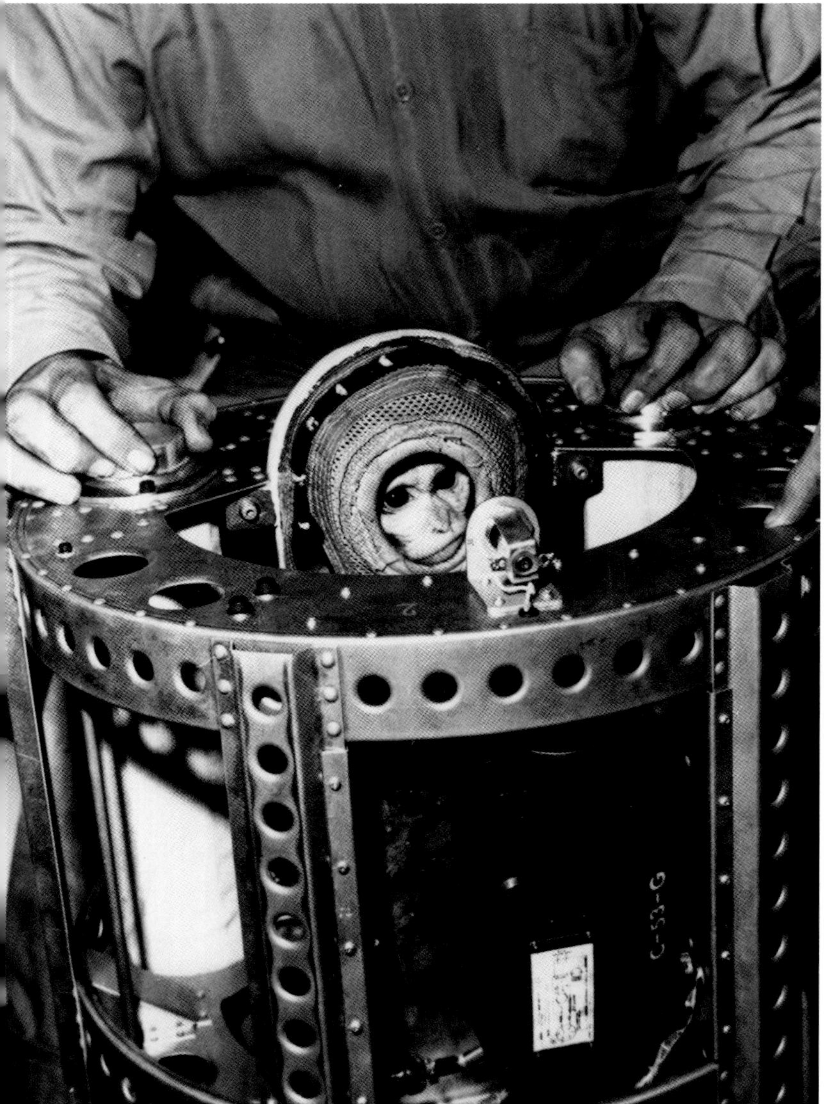

La exploración del espacio prosiguió con la colaboración de participantes voluntarios y forzados. *(Derecha)* **Donald Slayton,** astronauta del Proyecto Mercurio, prueba un simulador orbital en la base aérea de Langley (Virginia, Estados Unidos). A consecuencia de una enfermedad cardiaca, fue el único de los siete tripulantes previstos que no voló en la misión de 1962. *(Izquierda)* **Sam, un macaco rhesus,** tras su regreso a la Tierra, el 10 de diciembre de 1959.

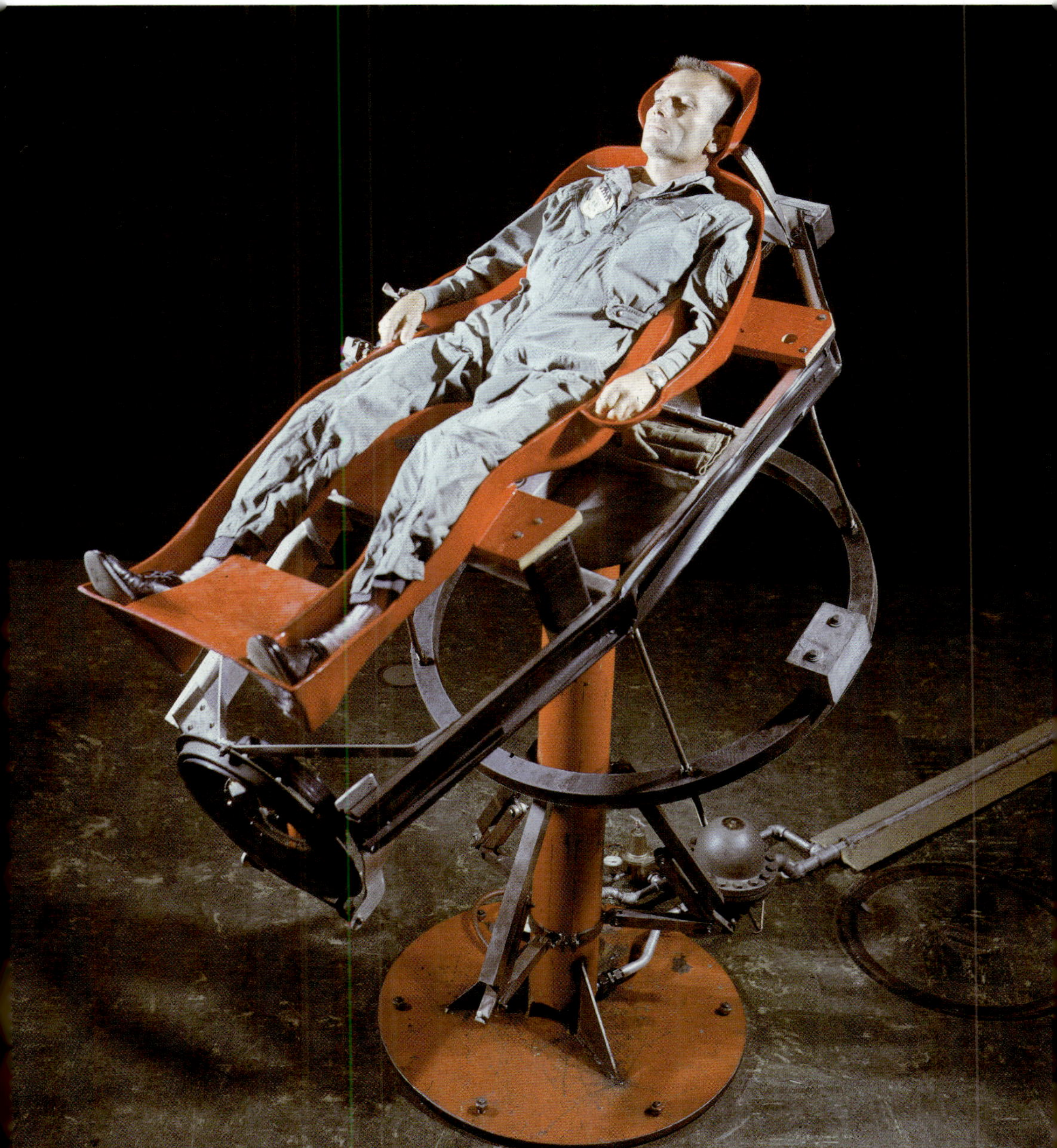

Índice *Los números de página indican las referencias textuales*